国家出版基金项目
"十二五"国家重点图书出版规划项目

孙中山全集

第十二卷
人事任免（上）

尚明轩 主编

人民出版社

第三卷　文告　规章
　　凡例
　　目录
　　　文告
　　　通电
　　　启事（含声明、讣告等）
　　　其他
　　　规章
　　正文

第四卷　函札（上）
　　凡例
　　目录
　　正文

第五卷　函札（下）
　　凡例
　　目录
　　正文

第六卷　文电
　　凡例
　　目录
　　正文

第七卷　演说

总 目 录

第一卷　专论
　　　　前言
　　　　凡例
　　　　目录
　　　　正文

第二卷　文集
　　　　凡例
　　　　目录
　　　　　论著
　　　　　传记与回忆
　　　　　序跋
　　　　　祭悼
　　　　　祝词
　　　　　其他
　　　　　译著
　　　　　遗嘱
　　　　正文

凡例
　　目录
　　正文

第八卷　谈话
　　凡例
　　目录
　　正文

第九卷　公牍（上）
　　凡例
　　目录
　　正文

第十卷　公牍（中）
　　凡例
　　目录
　　正文

第十一卷　公牍（下）
　　凡例
　　目录
　　正文

第十二卷　人事任免（上）
　　凡例

　　　　　　目录
　　　　　　正文

第十三卷　人事任免（下）
　　　　　　凡例
　　　　　　目录
　　　　　　正文

第十四卷　外文著述
　　　　　　凡例
　　　　　　目录
　　　　　　正文

第十五卷　题词遗墨
　　　　　　凡例
　　　　　　目录
　　　　　　正文

第十六卷　索引　传略
　　　　　　凡例
　　　　　　目录
　　　　　　　索引
　　　　　　　传略
　　　　　　后记

凡 例

一、本全集共收录孙中山现有著述11500余篇，按文体性质分类（含有多种性质的，据其主要倾向归类），依时间顺序编次，据类别和篇幅列卷。

二、日期与编次。底本有写作日期的，按原日期。无写作日期的，按最后发表日期，或通过考证予以判明；写作日期无从考证的，列于该类之末。著述日期统一采用公历，标于标题下方圆括号内。各卷原则上按时间顺序编次；卷内存在分类的，按各类时间顺序编次。

三、分类与列卷。根据类别和篇幅，分22类，列15卷：第一卷，专论（收录集中反映孙中山政治思想的5种著述）；第二卷，文集（含论著、传记与回忆、序跋、祭悼、祝词、译著、遗嘱等）；第三卷，文告规章（含文告、通电、启事、规章等）；第四、五卷，函札；第六卷，文电；第七卷，演说；第八卷，谈话；第九、十、十一卷，公牍；第十二、十三卷，人事任免；第十四卷，外文著述；第十五卷，题词遗墨。索引和传略单独列卷，为第十六卷。

四、底本的选择。优先采用原始文件、影印件和初刊本；充分吸收现有各种图书报刊的文献成果，如中国社会科学院近代史研究所中华民国史研究室、广东省社会科学院历史研究室（所）、中山大学历史系孙中山研究室合编《孙中山全集》（中华书局1981—1986年出版），秦孝仪主编《国父全集》（台北近代中国出版社1989年版）。发表在不同图书报刊的同内容文献,有歧义之处的,经考证后取其一说,其余在注释中简要介绍;诸说并存的,选择最佳版本;文字内容虽有出入但各具特色的,原则上选择底本来源较权威者为主文,其余作为"同题异文"附录于后。

五、标题。原有标题的,一般保留,个别编者酌改;原无标题的,编者酌拟。标题文字以国家现行文字规范为准。标题中的人名一律统一为现行惯称,文中不另做说明。

六、注释。每篇著述,文末均注明所据底本。文内酌加的注释,均为页下注。人物有多个字、号、别名的,地名有多种译法的,原则上在该卷首次出现时加注,其后不注。【 】内的文字,系编者为避免上下文表意脱节或缺省所加的说明。

七、校勘与标点。文内明显的错漏,编者均予以校勘:订正讹字,置于〔 〕内;增补脱字,置于〈 〉内;衍文加[ ];有疑误、难以确定的,用〔?〕表示;字句残缺或难以辨认的,用□表示。校勘、考释和外文翻译等,部分吸收前人成果,本全集一般不做具体说明。标点符号原则上执行国家现行规范。底本无标点或有标点但与国家现行规范不符的,均重新标点。

八、本全集中文为简体字横排,底本的繁体、古体和异体字,原则上统一为简体字,特殊含义者例外。第十四卷"外文著述",参考秦孝仪主编《国父全集》(台北近代中国出版社1989年版)编排。全集中插图及题词遗墨,一般据底本影印;质量较差的,适当修版或据原图重新绘制。

九、受时代局限,有的著述中使用的词语及字词用法和个别观点在今天看来欠妥,但因是原文固有,均不做改动。

目 录

给冯自由李自重委任状(一九〇五年九月八日) ················· 1
给宫崎寅藏委任状(一九〇七年十月十九日) ··················· 1
给布司委任状(译文)(一九一〇年三月十四日) ················· 2
给钟华雄委任状(一九一一年一月十四日) ····················· 2
给王宠惠委任状(一九一二年一月五日) ······················· 3
给伍廷芳委任状(一九一二年一月五日) ······················· 3
给徐绍桢委任状(一九一二年一月十一日) ····················· 4
给徐绍桢委任令(一九一二年一月十四日) ····················· 4
给内田良平委任状(一九一二年一月十五日) ··················· 5
给吴振南委任状(一九一二年一月十七日) ····················· 5
给秦毓鎏委任状(一九一二年一月十八日) ····················· 6
给陈兆丰委任状(一九一二年一月二十七日) ··················· 6
命陆军部委任宋子扬令(一九一二年二月十日) ················· 6
给王景春等委任状五件(一九一二年二月十二日) ··············· 7
令财政部委任汤寿潜林文庆赴南洋劝募公债文
　(一九一二年二月二十四日) ······························· 9
批陆军部关于顾忠琛等任命文(一九一二年二月二十八日) ······· 9
令内务部准南京府知事方潜辞职文(一九一二年三月六日) ······ 10
给梅乔林委任状(一九一二年三月九日) ······················ 11
给范光启委任状(一九一二年三月十三日) ···················· 11

给缪名震委任状(一九一二年三月十四日) …… 11
给黄晋三委任状(一九一二年三月十四日) …… 12
给彭丕昕委任状(一九一二年三月十四日) …… 12
给余沅委任状(一九一二年三月十四日) …… 13
给宾步程委任状(一九一二年三月十五日) …… 13
给陈干委任状(一九一二年三月二十九日) …… 14
给林莲荪委任状(一九一二年八月十六日) …… 14
给彭丕昕委任证(一九一二年十一月十四日) …… 15
给杨楚材委任证(一九一三年四月五日) …… 15
给陈新政委任证(一九一三年六月一日) …… 16
任命凌钺等职务令(一九一四年十月二十二日) …… 16
给陈新政委任状(一九一四年十月二十六日) …… 17
给林照英委任状(一九一四年十月二十八日) …… 18
任命苏无涯职务手谕(一九一四年十一月二日) …… 18
任命弓长杰职务手谕(一九一四年十一月三日) …… 19
任命宋瑞珊等职务令(一九一四年十一月二十日) …… 19
任命李峰栞范慕连职务令(一九一四年十一月二十三日) …… 20
任命叶独醒等职务令(一九一四年十一月二十六日) …… 20
任命吴藻华职务令(一九一四年十一月二十八日) …… 21
任命卢伯筠等职务令(一九一四年十二月四日) …… 21
任命梁愚陈乙民职务令(一九一四年十二月七日) …… 22
任命张宗海等职务令(一九一四年十二月十六日) …… 22
任命王善继白耀辰职务令(一九一四年十二月二十六日) …… 23
任命李萁职务令(一九一五年一月三日) …… 23
给邵元冲委任状(一九一五年二月四日) …… 24
给王敬祥委任状(一九一五年二月十一日) …… 24
给黄壬戌委任状(一九一五年二月二十日) …… 25
给李笃彬委任状(一九一五年三月十九日) …… 25

给金一清委任状(一九一五年四月二十九日) …… 26

准委席正铭职务令(一九一五年五月十四日) …… 26

批居正呈(一九一五年七月十五日) …… 26

给黄吉宸委任状(一九一五年七月十六日) …… 27

给彭炳森委任状(一九一五年七月二十二日) …… 27

任命张民达职务令(一九一五年七月三十一日) …… 28

给何荫三委任状(一九一五年八月十九日) …… 28

给黄德源委任状(一九一五年八月十九日) …… 29

给黄德源委任状(一九一五年八月二十二日) …… 29

给陈甘敏委任状(一九一五年八月二十二日) …… 30

给梁卓贵委任状(一九一五年八月二十二日) …… 30

给黄壬戌委任状(一九一五年八月二十二日) …… 31

给彭泽文委任状(一九一五年九月二十四日) …… 31

批总务部复邓子瑜函(一九一五年十月六日) …… 32

任命刘崛邓铿职务手谕(一九一五年十月二十六日) …… 32

任命赖天球职务令(一九一五年十月二十七日) …… 32

任命石蕴光等职务令(一九一五年十月二十七日) …… 33

任命甲必地等各分部支部正副部长科主任令
  (一九一五年十月二十八日) …… 33

给李源水委任状(一九一五年十月二十八日) …… 34

给郑螺生委任状(一九一五年十月二十八日) …… 34

给范毅委任状(一九一五年十月二十八日前后) …… 35

任命赵铁桥等职务令(一九一五年十一月二日) …… 35

任命洪耀国等职务令(一九一五年十一月四日) …… 36

任命王守愚职务令(一九一五年十一月五日) …… 36

准谢超武辞职令(一九一五年十一月六日) …… 37

委任郑汉淇职务(一九一五年十一月七日) …… 37

委任王忠诚职务(一九一五年十一月七日) …… 37

给郑螺生委任状(一九一五年十一月二十一日) …………………… 38

给山中峰太郎委任状(一九一五年十二月二十九日) ……………… 38

给李南生委任状(一九一六年一月二十四日) ……………………… 39

给何以兴委任状(一九一六年二月十八日) ………………………… 39

给陈继平委任状(一九一六年二月十八日) ………………………… 40

给刘谦祥委任状(一九一六年二月二十日) ………………………… 40

给朱定和委任状(一九一六年二月二十日) ………………………… 41

给叶独醒委任状(一九一六年四月二十二日) ……………………… 41

批居正函(一九一六年十月十三日) ………………………………… 42

委任卢鸿职务令(一九一六年) ……………………………………… 42

任命伍廷芳职务令(一九一七年九月十一日) ……………………… 43

任命唐绍仪职务令(一九一七年九月十一日) ……………………… 43

任命张开儒职务令(一九一七年九月十一日) ……………………… 43

任命程璧光职务令(一九一七年九月十一日) ……………………… 44

任命孙洪伊职务令(一九一七年九月十一日) ……………………… 44

任命胡汉民职务令(一九一七年九月十一日) ……………………… 44

任命王正廷职务令(一九一七年九月十一日) ……………………… 45

任命居正职务令(一九一七年九月十一日) ………………………… 45

任命王正廷职务令(一九一七年九月十一日) ……………………… 45

任命居正职务令(一九一七年九月十一日) ………………………… 46

任命林葆怿职务令(一九一七年九月十一日) ……………………… 46

任命方声涛职务令(一九一七年九月十一日) ……………………… 46

任命李烈钧职务令(一九一七年九月十一日) ……………………… 47

任命章炳麟职务令(一九一七年九月十一日) ……………………… 47

任命许崇智职务令(一九一七年九月十一日) ……………………… 47

任命李福林职务令(一九一七年九月十一日) ……………………… 48

任命黄大伟职务令(一九一七年九月十一日) ……………………… 48

任命周应时职务令(一九一七年九月十一日) ……………………… 48

任命邓玉麟职务令(一九一七年九月十一日) …… 49

任命高尚志职务令(一九一七年九月十一日) …… 49

任命周之贞职务令(一九一七年九月十一日) …… 49

任命罗家衡职务令(一九一七年九月十一日) …… 50

任命刘奇瑶职务令(一九一七年九月十一日) …… 50

任命秦广礼职务令(一九一七年九月十一日) …… 50

任命叶夏声职务令(一九一七年九月十一日) …… 51

任命张大义职务令(一九一七年九月十一日) …… 51

任命马君武职务令(一九一七年九月十一日) …… 51

任命贺赞元职务令(一九一七年九月十一日) …… 52

任命刘盥训职务令(一九一七年九月十一日) …… 52

任命张伯烈职务令(一九一七年九月十一日) …… 52

任命平刚职务令(一九一七年九月十一日) …… 53

任命吕复职务令(一九一七年九月十一日) …… 53

任命吴宗慈职务令(一九一七年九月十一日) …… 53

任命宋渊源职务令(一九一七年九月十一日) …… 54

任命周震鳞职务令(一九一七年九月十一日) …… 54

任命茅祖权职务令(一九一七年九月十一日) …… 55

任命吕志伊职务令(一九一七年九月十一日) …… 55

任命王湘职务令(一九一七年九月十一日) …… 55

任命马骧职务令(一九一七年九月十一日) …… 56

任命王法勤职务令(一九一七年九月十一日) …… 56

任命赵世钰职务令(一九一七年九月十一日) …… 56

任命邹鲁职务令(一九一七年九月十一日) …… 57

任命凌钺职务令(一九一七年九月十一日) …… 57

任命王湘职务令(一九一七年九月十二日) …… 57

任命吴宗慈职务令(一九一七年九月十二日) …… 58

任命陈炯明职务令(一九一七年九月十二日) …… 58

任命陈群职务令(一九一七年九月十二日) ············ 58

任命万黄裳职务令(一九一七年九月十二日) ············ 59

任命李执中职务令(一九一七年九月十三日) ············ 59

任命胡祖舜职务令(一九一七年九月十三日) ············ 59

任命张大昕职务令(一九一七年九月十三日) ············ 60

任命谢持职务令(一九一七年九月十三日) ············ 60

任命彭介石职务令(一九一七年九月十三日) ············ 60

任命萧晋荣职务令(一九一七年九月十三日) ············ 61

任命刘英职务令(一九一七年九月十三日) ············ 61

任命崔文藻职务令(一九一七年九月十三日) ············ 61

任命刘成禹职务令(一九一七年九月十三日) ············ 62

任命陆兰清职务令(一九一七年九月十三日) ············ 62

任命梅培职务令(一九一七年九月十四日) ············ 62

任命古应芬职务令(一九一七年九月十四日) ············ 63

任命梁树熊职务令(一九一七年九月十四日) ············ 63

任命谢英伯职务令(一九一七年九月十四日) ············ 63

任命熊英职务令(一九一七年九月十四日) ············ 64

任命冯自由职务令(一九一七年九月十四日) ············ 64

任命苏理平职务令(一九一七年九月十四日) ············ 64

任命毛仲芳职务令(一九一七年九月十四日) ············ 65

任命曹亚伯职务令(一九一七年九月十四日) ············ 65

任命郭椿森职务令(一九一七年九月十四日) ············ 65

任命徐之琛职务令(一九一七年九月十四日) ············ 66

任命徐瑞霖职务令(一九一七年九月十四日) ············ 66

任命龚政职务令(一九一七年九月十四日) ············ 66

任命覃超职务令(一九一七年九月十四日) ············ 67

任命曾彦职务令(一九一七年九月十四日) ············ 67

任命许继祥职务令(一九一七年九月十四日) ············ 67

任命黄展云职务令(一九一七年九月十四日) …………………… 68
任命陈民钟职务令(一九一七年九月十六日) …………………… 68
任命林直勉职务令(一九一七年九月十六日) …………………… 68
任命李禄超职务令(一九一七年九月十六日) …………………… 69
任命蒋文汉职务令(一九一七年九月十六日) …………………… 69
任命林焕庭职务令(一九一七年九月十六日) …………………… 69
任命时功玖职务令(一九一七年九月十六日) …………………… 70
任命董昆瀛职务令(一九一七年九月十六日) …………………… 70
任命邵元冲职务令(一九一七年九月十六日) …………………… 70
任命谭民三职务令(一九一七年九月十六日) …………………… 71
给邓耀任命状(一九一七年九月十六日) ………………………… 71
任命杨福田职务令(一九一七年九月十七日) …………………… 72
任命蒋国斌等职务令(一九一七年九月十七日) ………………… 72
任命黄伯耀李建中职务令(一九一七年九月十八日) …………… 73
任命吕复职务令(一九一七年九月十八日) ……………………… 73
任命林学衡职务令(一九一七年九月十八日) …………………… 73
任命蒙民伟职务令(一九一七年九月十八日) …………………… 74
任命段雄职务令(一九一七年九月十八日) ……………………… 74
任命张华澜职务令(一九一七年九月十八日) …………………… 74
任命梁培职务令(一九一七年九月十八日) ……………………… 75
任命李茂之等职务令(一九一七年九月十八日) ………………… 75
任命杨大实等职务令(一九一七年九月十八日) ………………… 76
任命丁象谦等职务令(一九一七年九月十八日) ………………… 76
任命李含芳职务令(一九一七年九月十八日) …………………… 77
任命覃振等职务令(一九一七年九月十九日) …………………… 77
任命张左丞林镜台职务令(一九一七年九月二十日) …………… 78
任命邹鲁职务令(一九一七年九月二十二日) …………………… 78
任命徐谦职务令(一九一七年九月二十二日) …………………… 79

任命廖仲恺职务令(一九一七年九月二十二日) …… 79
给郑祖怡任命状(一九一七年九月二十四日) …… 79
任命邓慕韩职务令(一九一七年九月二十五日) …… 80
任命叶夏声职务令(一九一七年九月二十五日) …… 80
任命马君武职务令(一九一七年九月二十五日) …… 80
给李炳初任命状(一九一七年九月二十七日) …… 81
给杨汉魂任命状(一九一七年九月二十七日) …… 81
任命吴铁城等职务令(一九一七年九月二十七日) …… 82
任命黄承胄职务令(一九一七年九月二十七日) …… 82
任命刘汉川职务令(一九一七年九月二十八日) …… 83
任命刘成职务令(一九一七年九月二十八日) …… 83
任命吴醒汉职务令(一九一七年十月二日) …… 83
给童杭时任命状(一九一七年十月四日) …… 84
给潘乃德任命状(一九一七年十月四日) …… 84
任命李玉昆职务令(一九一七年十月九日) …… 85
任命曾尚武职务令(一九一七年十月十一日) …… 85
任命熊秉坤等职务令(一九一七年十月十一日) …… 85
任命席正铭职务令(一九一七年十月十一日) …… 86
任命许崇智职务令(一九一七年十月十四日) …… 86
任命黄大伟代职令(一九一七年十月十四日) …… 87
任命蒋群职务令(一九一七年十月十五日) …… 87
任命李国定刘泽龙职务令(一九一七年十月十五日) …… 87
任命林祖涵职务令(一九一七年十月十七日) …… 88
给崔鼎新委任状(一九一七年十月十七日) …… 88
给刘谦祥委任状(一九一七年十月十七日) …… 88
任命林飞云职务令(一九一七年十月十九日) …… 89
任命蒋国斌职务令(一九一七年十月二十二日) …… 89
任命刘存厚职务令(一九一七年十月二十四日) …… 89

给王勷闻任命状(一九一七年十月二十五日) ……………………… 90
给戴愧生任命状(一九一七年十月二十七日) ……………………… 90
任命吴山职务令(一九一七年十月二十九日) ……………………… 91
给管鹏委任状(一九一七年十月二十九日) ………………………… 91
给朱晋经委任状(一九一七年十月三十日) ………………………… 92
任命张群蒋介石职务令(一九一七年十一月一日) ………………… 92
给刘汉华任命状(一九一七年十一月三日) ………………………… 93
给高敦焯委任状(一九一七年十一月三日) ………………………… 93
给阮日华委任状(一九一七年十一月三日) ………………………… 94
任命洪慈等职务令(一九一七年十一月四日) ……………………… 94
准任命阮复等职务令(一九一七年十一月五日) …………………… 95
任命孙洪伊职务令(一九一七年十一月五日) ……………………… 95
给刘汉华任命状(一九一七年十一月五日) ………………………… 96
准任命郑振春等职务令(一九一七年十一月二十一日) …………… 96
任命安健职务令(一九一七年十一月二十四日) …………………… 97
给林义顺任命状(一九一七年十一月二十六日) …………………… 97
任命连声海职务令(一九一七年十一月二十九日) ………………… 98
给管鹏任命状(一九一七年十一月三十日) ………………………… 98
任命苏苍职务令(一九一七年十二月五日) ………………………… 99
准任命周道万等职务令(一九一七年十二月七日) ………………… 99
任命石青阳职务令(一九一七年十二月十二日) …………………… 100
任命黄嘉梁职务令(一九一七年十二月十四日) …………………… 100
派赵德恒为云南靖国后备军慰问使令
　(一九一七年十二月二十四日) …………………………………… 100
任命郑启聪职务令(一九一七年十二月三十日) …………………… 101
任命刘景双张汇滔职务令(一九一八年一月二日) ………………… 101
给石青阳的命令(一九一八年一月二日) …………………………… 101
任命李建中职务令(一九一八年一月六日) ………………………… 102

给林祖密任命状(一九一八年一月六日) …………………………………… 102
任命但焘职务令(一九一八年一月八日) …………………………………… 102
准任命钟嘉澍职务令(一九一八年一月十日) ……………………………… 103
任命万斌冯中兴职务令(一九一八年一月十一日) ………………………… 103
准任命和耀奎职务令(一九一八年一月十二日) …………………………… 103
任命焦易堂职务令(一九一八年一月十二日) ……………………………… 104
任命刘星海职务令(一九一八年一月十四日) ……………………………… 104
任命陈家鼎岑楼职务令(一九一八年一月十五日) ………………………… 104
任命郭泰祺职务令(一九一八年一月十五日) ……………………………… 105
任命李锦纶职务令(一九一八年一月十五日) ……………………………… 105
任命徐世强职务令(一九一八年一月十五日) ……………………………… 105
任命罗诚职务令(一九一八年一月十六日) ………………………………… 106
任命颜如愚职务令(一九一八年一月十七日) ……………………………… 106
任命萧辉锦职务令(一九一八年一月十八日) ……………………………… 106
准任命张世忱乔根职务令(一九一八年一月十八日) ……………………… 107
准任命方作桢职务令(一九一八年一月十八日) …………………………… 107
任命刘燧昌职务令(一九一八年一月十九日) ……………………………… 107
任命严培俊职务令(一九一八年一月十九日) ……………………………… 108
任命李安邦职务令(一九一八年一月二十日) ……………………………… 108
特任李烈钧职务令(一九一八年一月二十日) ……………………………… 109
任命杨华馨职务令(一九一八年一月二十二日) …………………………… 109
任命邓柏年职务令(一九一八年一月二十二日) …………………………… 109
任命余祥炘职务令(一九一八年一月二十二日) …………………………… 110
任命田永正职务令(一九一八年一月二十四日) …………………………… 110
准任命李焕章等职务令(一九一八年一月二十四日) ……………………… 110
任命徐瑞霖职务令(一九一八年一月二十四日) …………………………… 111
任命张鉴安职务令(一九一八年一月二十五日) …………………………… 111
免席正铭彭瑞麟职务令(一九一八年一月二十五日) ……………………… 111

准许崇智辞去兼职令(一九一八年一月二十六日)……………… 112
任命徐忠立职务令(一九一八年一月二十七日)……………… 112
任命于均生职务令(一九一八年一月二十七日)……………… 113
委派朱大符等审判伪造任状案令(一九一八年一月二十七日) 113
任命陈家鼎职务令(一九一八年一月二十七日)……………… 114
任命陈家鼎等职务令(一九一八年一月二十七日)…………… 114
任命方谷职务令(一九一八年一月二十八日)………………… 114
任命马素职务令(一九一八年一月二十八日)………………… 115
任命卢振柳职务令(一九一八年一月二十九日)……………… 115
任命侯湘涛职务令(一九一八年一月三十日)………………… 115
任命梁醉生职务令(一九一八年一月三十日)………………… 116
任命易廷熹职务令(一九一八年二月一日)…………………… 116
任命马超群职务令(一九一八年二月一日)…………………… 116
任命陈其权职务令(一九一八年二月一日)…………………… 117
任命杨庶堪职务令(一九一八年二月一日)…………………… 117
准任命赵精武等职务令(一九一八年二月一日)……………… 117
准任命安瑞荘职务令(一九一八年二月一日)………………… 118
任命曾景星职务令(一九一八年二月二日)…………………… 118
任命林君复职务令(一九一八年二月二日)…………………… 119
任命松筠等五人职务令(一九一八年二月二日)……………… 119
任命李自芳职务令(一九一八年二月四日)…………………… 119
任命黄肇河职务令(一九一八年二月四日)…………………… 120
任命郑德元职务令(一九一八年二月四日)…………………… 120
任命陈祖烈职务令(一九一八年二月四日)…………………… 120
任命潘训初职务令(一九一八年二月四日)…………………… 121
任命周道万职务令(一九一八年二月四日)…………………… 121
任命谢心准职务令(一九一八年二月四日)…………………… 121
准任命宋华荀职务令(一九一八年二月四日)………………… 122

任命林翔职务令(一九一八年二月四日) ……………………………… 122
任命崔肃平职务令(一九一八年二月五日) ……………………………… 122
任命李述膺甄元熙职务令(一九一八年二月六日) ……………………… 123
任命邹苦辛职务令(一九一八年二月六日) ……………………………… 123
任命沈靖职务令(一九一八年二月六日) ………………………………… 123
任命张仁普职务令(一九一八年二月七日) ……………………………… 124
任命秦树勋职务令(一九一八年二月七日) ……………………………… 124
任命戴传贤职务令(一九一八年二月八日) ……………………………… 124
任命李元白职务令(一九一八年二月八日) ……………………………… 125
准任命陈承经等职务令(一九一八年二月八日) ………………………… 125
撤销朱廷燎职务令(一九一八年二月十日) ……………………………… 125
撤销夏芷芳职务令(一九一八年二月十日) ……………………………… 126
给张兆辰任命状(一九一八年二月十二日) ……………………………… 126
任命张义华张兆辰职务令(一九一八年二月十二日) …………………… 127
任命彭素民职务令(一九一八年二月十二日) …………………………… 127
任命罗剑仇职务令(一九一八年二月十二日) …………………………… 128
准任命宋树勋曹利民职务令(一九一八年二月十五日) ………………… 128
任命郑忾辰职务令(一九一八年二月二十一日) ………………………… 128
准任命陈养愚等职务令(一九一八年二月二十一日) …………………… 129
任命简书等职务令(一九一八年二月二十一日) ………………………… 129
准任命胡光姚职务令(一九一八年二月二十二日) ……………………… 129
准任命陈鸣谈等职务令(一九一八年二月二十二日) …………………… 130
任命蔡庆璋等职务令(一九一八年二月二十二日) ……………………… 130
任命陈星阁等职务令(一九一八年二月二十二日) ……………………… 130
任命彭玉田张化璋职务令(一九一八年二月二十二日) ………………… 131
任命胡汝翼蔡承瀛职务令(一九一八年二月二十五日) ………………… 131
任命李载赓刘白职务令(一九一八年二月二十六日) …………………… 131
任命丘国翰职务令(一九一八年二月二十六日) ………………………… 132

任命王用宾职务令（一九一八年二月二十七日）……………………… 132

任命焦易堂职务令（一九一八年二月二十七日）……………………… 132

任命宋大章职务令（一九一八年三月一日）…………………………… 133

任命蔡匡职务令（一九一八年三月二日）……………………………… 133

任命赵荣勋林翔职务令（一九一八年三月五日）……………………… 133

任命邹建廷职务令（一九一八年三月六日）…………………………… 134

任命颜炳元职务令（一九一八年三月六日）…………………………… 134

任命李茂之职务令（一九一八年三月六日）…………………………… 134

任命杨庶堪职务令（一九一八年三月六日）…………………………… 135

任命杨庶堪职务令（一九一八年三月八日）…………………………… 135

任命熊克武职务令（一九一八年三月八日）…………………………… 136

任命王安富职务令（一九一八年三月十二日）………………………… 136

任命李善波职务令（一九一八年三月十二日）………………………… 136

任命石青阳职务令（一九一八年三月十二日）………………………… 137

任命林伸寿江维三职务令（一九一八年三月十四日）………………… 137

准任命伍尚铨等职务令（一九一八年三月十四日）…………………… 137

准任命冯汝枬职务令（一九一八年三月十八日）……………………… 138

撤销赵端职务令（一九一八年三月十九日）…………………………… 138

任命黄德彰职务令（一九一八年三月二十日）………………………… 139

任命陈养愚职务令（一九一八年三月二十日）………………………… 139

任命吴澍勋职务令（一九一八年三月二十日）………………………… 139

任命黄汉杰职务令（一九一八年三月二十一日）……………………… 140

任命杨虎马伯麟职务令（一九一八年三月二十一日）………………… 140

准方声涛辞职令（一九一八年三月二十三日）………………………… 140

任命徐绍桢职务令（一九一八年三月二十三日）……………………… 141

准任命林达存郑国华职务令（一九一八年三月二十三日）…………… 141

任命周应时职务令（一九一八年三月二十五日）……………………… 142

准任命曾子书等职务令（一九一八年三月二十五日）………………… 142

准任命杨世督鲁鸣职务令(一九一八年三月二十五日)……143
准免冯汝栩石泉职务令(一九一八年三月二十六日)……143
任命邱于寄职务令(一九一八年三月二十六日)……143
任命徐绍桢职务令(一九一八年三月二十七日)……144
准任命陈养愚陈其植职务令(一九一八年三月二十七日)……144
任命李藩昌职务令(一九一八年三月二十七日)……145
任命马廷勷职务令(一九一八年三月二十九日)……145
特任徐绍桢职务令(一九一八年三月二十九日)……145
准林翔辞职令(一九一八年三月二十九日)……146
任命林翔职务令(一九一八年三月二十九日)……146
任命曾子书职务令(一九一八年三月二十九日)……146
准任命夏重民职务令(一九一八年三月二十九日)……147
准任命陆际升职务令(一九一八年三月二十九日)……147
准免谭炜楼职务令(一九一八年三月三十日)……147
任命林森职务令(一九一八年四月二日)……148
任命戴传贤职务令(一九一八年四月二日)……148
任命江屏藩严骥职务令(一九一八年四月二日)……149
给崔文藻兼职令(一九一八年四月二日)……149
任命高尔登职务令(一九一八年四月三日)……149
准任命章勤士职务令(一九一八年四月三日)……150
任命陈德全职务令(一九一八年四月三日)……150
准任命吴承斋职务令(一九一八年四月四日)……150
任命李锦纶职务令(一九一八年四月六日)……151
准任命孙科陈天骥职务令(一九一八年四月六日)……151
任命李安邦职务令(一九一八年四月八日)……151
任命沈靖职务令(一九一八年四月九日)……152
任命马崇昌职务令(一九一八年四月九日)……152
任命郑权职务令(一九一八年四月九日)……152

— 14 —

任命丁士杰职务令(一九一八年四月十日) …… 153

准任命杨芳胡继贤职务令(一九一八年四月十日) …… 153

准任命陈养愚陈其植职务令(一九一八年四月十一日) …… 153

任命华世澂职务令(一九一八年四月十六日) …… 154

任命陈家鼐职务令(一九一八年四月十六日) …… 154

准任命杨克兴职务令(一九一八年四月十六日) …… 155

任黄金城为参议令(一九一八年四月十七日) …… 155

准任命余辉照胡硂职务令(一九一八年四月十七日) …… 155

准尹岳辞职令(一九一八年四月十八日) …… 156

准颜炳元辞职令(一九一八年四月十八日) …… 156

任命林英杰职务令(一九一八年四月十八日) …… 157

任命邓耀职务令(一九一八年四月十八日) …… 157

任命崔文藻职务令(一九一八年四月十八日) …… 158

任命凌霄职务令(一九一八年四月十九日) …… 158

任命赵超职务令(一九一八年四月二十四日) …… 159

任命吴承斋职务令(一九一八年四月二十五日) …… 159

任命王伟夫职务令(一九一八年四月二十五日) …… 159

任命陈毅等职务令(一九一八年四月二十六日) …… 160

任命唐康培李兴高职务令(一九一八年四月二十六日) …… 160

任命林者仁职务令(一九一八年四月二十六日) …… 160

准任命林仲鲁郭冰槐职务令(一九一八年四月二十七日) …… 161

任命萧文职务令(一九一八年四月二十七日) …… 161

任命冯百砺职务令(一九一八年四月二十九日) …… 161

准任命陈树枏职务令(一九一八年四月二十九日) …… 162

任命姜汇清职务令(一九一八年四月二十九日) …… 162

任命姜汇清职务并授全权处理鲁事令(一九一八年四月二十九日) …… 162

准任命薛云章职务令(一九一八年四月三十日) …… 163

任命张庆豫等职务令(一九一八年四月三十日) …… 163

任命林斯琛职务令(一九一八年五月二日)	164
准任命蔡公时职务令(一九一八年五月二日)	164
任命王天纵职务令(一九一八年五月二日)	164
给陈东平委任状(一九一八年十月十一日)	165
给陈辉石委任状(一九一八年十月十一日)	165
给许寿民委任状(一九一八年十月十一日)	166
给黄壬戌委任状(一九一八年十月十一日)	166
给陈云樵委任状(一九一九年四月二十三日)	167
批居正呈(一九一九年十月十三日)	167
给黄德源委任状(一九一九年十二月三十日)	168
给陈东平委任状(一九一九年十二月三十日)	168
给许寿民委任状(一九一九年十二月三十日)	169
给朱伟民委任状(一九一九年十二月三十日)	169
给梁卓贵委任状(一九一九年十二月三十日)	170
给黄壬戌委任状(一九一九年十二月三十日)	170
给朱锦乔委任状(一九一九年十二月三十日)	171
给邝民志委任状(一九一九年十二月三十日)	171
给陈甘敏委任状(一九一九年十二月三十日)	172
给陈辉石委任状(一九一九年十二月三十日)	172
批谢持呈(一九二〇年一月二十日)	173
给叶独醒委任状(一九二〇年三月二十八日)	173
给刘谦祥委任状(一九二〇年三月二十八日)	174
批谢持呈(一九二〇年四月九日)	174
批谢持呈(一九二〇年四月九日)	175
给林蓬洲委任状(一九二〇年四月十八日)	176
给潘受之委任状(一九二〇年五月十日)	176
给廖伦委任状(一九二〇年六月十八日)	177
批谢持呈(一九二〇年七月七日)	177

委派陈箇民职务令(一九二〇年八月十一日) …………………… 178
给钟公任委任状(一九二〇年八月三十日) …………………… 179
给郭启仪任命状(一九二〇年九月十一日) …………………… 179
给麦森委任状(一九二〇年九月三十日) ……………………… 180
给马秋帆委任状(一九二〇年十月十日) ……………………… 180
免林葆怿职务令(一九二〇年十一月一日) …………………… 181
任命林永谟职务令(一九二〇年十一月一日) ………………… 181
特任林永谟职务令(一九二〇年十一月一日) ………………… 181
特任陈炯明职务令(一九二〇年十一月一日) ………………… 182
特任汤廷光职务令(一九二〇年十一月一日) ………………… 182
给骆连焕委任状(一九二〇年十一月八日) …………………… 182
给高发明委任状(一九二〇年十一月八日) …………………… 183
给龙培萼委任状(一九二〇年十一月八日) …………………… 183
特任孙文唐绍仪等职务令(一九二〇年十二月七日) ………… 184
给黄德源委任状(一九二〇年十二月十一日) ………………… 184
给陈东平委任状(一九二〇年十二月十一日) ………………… 185
给陈甘敏委任状(一九二〇年十二月十一日) ………………… 185
给朱锦乔委任状(一九二〇年十二月十一日) ………………… 186
给黄壬戌委任状(一九二〇年十二月十一日) ………………… 186
给许寿民委任状(一九二〇年十二月十一日) ………………… 187
给云金发委任状(一九二〇年十二月十二日) ………………… 187
给陈辉石委任状(一九二〇年十二月十三日) ………………… 188
着伍廷芳等照旧供职令(一九二〇年十二月十四日) ………… 188
特任王伯群职务令(一九二〇年十二月十四日) ……………… 188
以参谋部次长蒋尊簋暂代部务任马君武为秘书厅长
  (一九二〇年十二月十四日) ……………………………… 189
给刘宗汉委任状(一九二〇年十二月二十一日) ……………… 189
任命吴东启职务令(一九二一年一月十四日) ………………… 190

任命黄骚职务令(一九二一年二月三日) …………………………………… 190

任命容觐彤职务令(一九二一年二月三日) …………………………………… 190

任命李禄超职务令(一九二一年二月十八日) ………………………………… 191

任命黎泽闿等职务令(一九二一年二月二十四日) …………………………… 191

给陈天成委任状(一九二一年二月二十五日) ………………………………… 192

给陈天一委任状(一九二一年二月二十五日) ………………………………… 192

给叶独醒委任状(一九二一年二月二十八日) ………………………………… 193

给林不帝委任状(一九二一年二月二十八日) ………………………………… 193

给冯自由委任状(一九二一年三月十日) ……………………………………… 194

特任顾品珍职务令(一九二一年四月二日) …………………………………… 194

特任卢焘职务令(一九二一年四月二日) ……………………………………… 195

给任金委任状(一九二一年四月二十日) ……………………………………… 195

给李圣林委任状(一九二一年四月二十日) …………………………………… 196

给敖文珍委任状(一九二一年四月二十八日) ………………………………… 196

给廖伦委任状(一九二一年四月二十八日) …………………………………… 197

给童杭时委任状(一九二一年四月) …………………………………………… 197

内政部长孙文等辞职均准免本职令(一九二一年五月五日) ………………… 198

特任徐谦职务令(一九二一年五月五日) ……………………………………… 198

任命伍朝枢等职务令(一九二一年五月七日) ………………………………… 198

任命伍廷芳等职务令(一九二一年五月七日) ………………………………… 199

任命顾品珍等职务令(一九二一年五月七日) ………………………………… 199

给陈干简任状(一九二一年五月十四日) ……………………………………… 199

给朱普元委任状(一九二一年五月十六日) …………………………………… 200

给黄凤书委任状(一九二一年五月二十日) …………………………………… 200

任命吕志伊职务令(一九二一年五月二十四日) ……………………………… 201

给郑受炳委任状(一九二一年五月二十六日) ………………………………… 201

给黄方白委任状(一九二一年五月二十六日) ………………………………… 202

给卢兴原简任状(一九二一年五月三十一日) ………………………………… 202

给何儒群委任状(一九二一年五月) …………………………… 203

准李章达辞职令(一九二一年六月三日) …………………… 203

给周雍能委任状(一九二一年六月五日) …………………… 204

任命但焘职务令(一九二一年六月六日) …………………… 204

任命毛邦燕职务令(一九二一年六月六日) ………………… 205

给管鹏简任状(一九二一年六月十三日) …………………… 205

任命钟鼎基等职务令(一九二一年六月十三日) …………… 205

任命曹笃等职务令(一九二一年六月十四日) ……………… 206

任命何畏等职务令(一九二一年六月十四日) ……………… 206

给杨纯美委任状(一九二一年六月十七日) ………………… 207

任命吕志伊程潜职务令(一九二一年六月二十五日) ……… 207

准杨仙逸辞职令(一九二一年六月二十五日) ……………… 208

准任命邝石职务令(一九二一年六月二十五日) …………… 208

准免孙祥夫职务令(一九二一年六月二十七日) …………… 208

准任命叶显职务令(一九二一年六月二十七日) …………… 209

给柏文蔚聘任状(一九二一年六月二十八日) ……………… 209

给苏法聿委任状(一九二一年六月二十九日) ……………… 210

给陈德熹委任状(一九二一年六月二十九日) ……………… 210

给王鸣亚委任状(一九二一年六月) ………………………… 211

给张鹏程简任状(一九二一年七月八日) …………………… 211

准任命吴兆枚陈恭职务令(一九二一年七月十一日) ……… 211

准任命何蔚等职务令(一九二一年七月十一日) …………… 212

准任命曹受坤等职务令(一九二一年七月十一日) ………… 212

任命刘湘职务令(一九二一年七月十二日) ………………… 213

给陈安仁委任状(一九二一年七月二十七日) ……………… 213

任命马君武谢持职务令(一九二一年七月二十八日) ……… 213

准谢持辞职令(一九二一年七月二十九日) ………………… 214

任命邓家彦职务令(一九二一年七月二十九日) …………… 214

给麦森委任状(一九二一年八月一日) ……………………………… 214
准免赵德裕职并通缉蒋超青等令(一九二一年八月一日) ……… 215
准张华澜辞职令(一九二一年八月四日) ………………………… 215
准任俞河汉职务令(一九二一年八月四日) ……………………… 216
给王用宾简任状(一九二一年八月九日) ………………………… 216
任命杨愿公职务令(一九二一年八月十九日) …………………… 216
任命吕一夔职务令(一九二一年八月十九日) …………………… 217
委派周震鳞职务令(一九二一年九月六日) ……………………… 217
给邓耀简任状(一九二一年九月八日) …………………………… 217
准任命黄心持职务令(一九二一年九月十二日) ………………… 218
给杨鹤龄聘任状(一九二一年九月十四日) ……………………… 218
任命王伯群职务令(一九二一年九月二十日) …………………… 218
任命卢焘职务令(一九二一年九月二十日) ……………………… 219
任命麦英俊职务令(一九二一年九月二十六日) ………………… 219
任命麦英俊职务令(一九二一年九月二十六日) ………………… 219
准李国柱辞职令(一九二一年九月二十七日) …………………… 220
任命路孝忱职务令(一九二一年九月二十七日) ………………… 220
给陈东平委任状(一九二一年九月二十八日) …………………… 220
给李庆标委任状(一九二一年九月二十八日) …………………… 221
给陈辉石委任状(一九二一年九月二十八日) …………………… 221
给朱伟民委任状(一九二一年九月二十八日) …………………… 222
给陈甘敏委任状(一九二一年九月二十八日) …………………… 222
给邝民志委任状(一九二一年九月二十八日) …………………… 223
给黄壬戌委任状(一九二一年九月二十八日) …………………… 223
给许寿民委任状(一九二一年九月二十八日) …………………… 224
给欧阳敬之委任状(一九二一年九月二十八日) ………………… 224
给苏福委任状(一九二一年九月三十日) ………………………… 225
给张继委任状(一九二一年十月四日) …………………………… 225

给苏法聿委任状(一九二一年十月五日) …… 226
给柏文蔚委任状(一九二一年十月八日) …… 226
准免莫鲁李寅中职务令(一九二一年十月十三日) …… 227
给苏福委任状(一九二一年十月十五日) …… 227
给王宗沂委任状(一九二一年十月十五日) …… 228
给林蓬洲委任状(一九二一年十月二十一日) …… 228
任命钟秀南等职务令(一九二一年十月二十五日) …… 229
给张秋白委任状(一九二一年十月三十日) …… 229
聘任唐继尧等职务令(一九二一年十月) …… 229
委任陈炯光等职务令(一九二一年十一月十日) …… 230
任命刘震寰等职务令(一九二一年十一月二十八日) …… 230
给何以兴委任状(一九二一年十一月三十日) …… 231
给杨剑秋委任状(一九二一年十一月三十日) …… 231
任命李汉丞萧度职务令(一九二一年十二月六日) …… 232
给丁惟汾委任状(一九二一年十二月六日) …… 232
任命蒋作宾等职务令(一九二一年十二月十日) …… 233
任命赵德恒职务令(一九二一年十二月十日) …… 233
任命王乃昌职务令(一九二一年十二月十四日) …… 234
任命焦易堂职务令(一九二一年十二月十四日) …… 234
委派陈策职务令(一九二一年十二月十六日) …… 235
任命蔡大愚职务令(一九二一年十二月十九日) …… 235
任命冯焯勋职务令(一九二一年十二月二十一日) …… 236
任命吴忠信职务令(一九二一年十二月二十三日) …… 236
委派林云陔职务令(一九二一年十二月二十六日) …… 236
任命王乃昌职务令(一九二一年十二月二十七日) …… 237
任命韦振谋李作砺职务令(一九二一年十二月三十一日) …… 237
任命陈白职务令(一九二二年一月二日) …… 238
任命梁长海伍于簪职务令(一九二二年一月七日) …… 238

准任黄隆生职务令(一九二二年一月七日) …… 239

任命顾品珍金汉鼎职务令(一九二二年一月八日) …… 239

陈请任命但焘等职务令(一九二二年一月十日) …… 240

任命邓毅夫职务令(一九二二年一月十一日) …… 240

任命赵士觐职务令(一九二二年一月十一日) …… 241

任命金汉鼎职务令(一九二二年一月十五日) …… 241

任命刘祖武职务令(一九二二年一月十六日) …… 242

免江映枢杨德源职务令(一九二二年一月十六日) …… 242

准任吕国治职务令(一九二二年一月十七日) …… 242

任命谷正伦等职务令(一九二二年一月十九日) …… 243

给邢森洲委任状(一九二二年一月二十三日) …… 243

准任罗任等职务令(一九二二年一月二十三日) …… 244

准任罗兆奎唐冠亚职务令(一九二二年一月二十三日) …… 244

给李国定委任状(一九二二年一月) …… 244

任命陈德春职务令(一九二二年二月四日) …… 245

准吕国治辞职令(一九二二年二月六日) …… 245

准任朱廷燎职务令(一九二二年二月六日) …… 245

委派徐谦等职务令(一九二二年二月十四日) …… 246

给刘恢汉委任状(一九二二年二月十五日) …… 246

给林蓬洲委任状(一九二二年二月十五日) …… 247

给高敦焯委任状(一九二二年三月九日) …… 247

任命金汉鼎职务令(一九二二年三月十四日) …… 248

给廖伦委任状(一九二二年三月十四日) …… 248

给苏法聿委任状(一九二二年三月二十八日) …… 249

给陈德熹委任状(一九二二年三月二十八日) …… 249

给王宗沂委任状(一九二二年三月二十八日) …… 250

给陈再喜委任状(一九二二年三月二十八日) …… 250

给骆连焕委任状(一九二二年三月二十八日) …… 251

给任金委任状(一九二二年三月三十一日) …………………… 251
给郑受炳委任状(一九二二年四月四日) ……………………… 252
给朱普元委任状(一九二二年四月四日) ……………………… 252
给何石安委任状(一九二二年四月四日) ……………………… 253
给陈景星委任状(一九二二年四月四日) ……………………… 253
给黄方白委任状(一九二二年四月四日) ……………………… 254
给谭进委任状(一九二二年四月四日) ………………………… 254
给周南山委任状(一九二二年四月十日) ……………………… 255
给吴醒汉委任状(一九二二年四月十六日) …………………… 255
准陈炯明辞职令(一九二二年四月二十一日) ………………… 256
任命伍廷芳职务令(一九二二年四月二十一日) ……………… 256
任命魏邦平兼职令(一九二二年四月二十一日) ……………… 256
任命梁鸿楷等职务令(一九二二年四月二十三日) …………… 257
任命程天斗林直勉职务令(一九二二年四月二十三日) ……… 257
给陈天一委任状(一九二二年四月二十五日) ………………… 257
给符养华委任状(一九二二年四月二十五日) ………………… 258
任命吕志伊职务令(一九二二年四月二十六日) ……………… 258
任命郭泰祺职务令(一九二二年四月二十六日) ……………… 259
任命陈策职务令(一九二二年四月二十九日) ………………… 259
任命冯伟职务令(一九二二年四月三十日) …………………… 259
任命刘纪信等职务令(一九二二年四月三十日) ……………… 260
任命温树德职务令(一九二二年四月三十日) ………………… 260
任命孙祥夫职务令(一九二二年四月三十日) ………………… 260
任命马伯麟职务令(一九二二年四月三十日) ………………… 261
任命陈可钰李章达职务令(一九二二年四月三十日) ………… 261
任命温树德等职务令(一九二二年四月三十日) ……………… 261
任命冯自由职务令(一九二二年五月一日) …………………… 262
任命叶秉衡职务令(一九二二年五月一日) …………………… 262

任命朱卓文张惠长职务令（一九二二年五月一日）……………… 262

任命太永宽职务令（一九二二年五月一日）…………………… 263

任命何振职务令（一九二二年五月二日）……………………… 263

任命谢心准职务令（一九二二年五月二日）…………………… 263

准吴礼和辞职令（一九二二年五月二日）……………………… 263

任命陈策职务令（一九二二年五月二日）……………………… 264

任命蔡庚职务令（一九二二年五月二日）……………………… 264

任命冯演秀职务令（一九二二年五月三日）…………………… 264

任命胡毅等职务令（一九二二年五月四日）…………………… 264

任命刘通职务令（一九二二年五月四日）……………………… 265

命欧阳格何瀚澜对调职务令（一九二二年五月五日）………… 265

任命于右任职务令（一九二二年五月五日）…………………… 265

任命陈树藩职务令（一九二二年五月五日）…………………… 266

任命叶举职务令（一九二二年五月五日）……………………… 266

准陈策辞职令（一九二二年五月五日）………………………… 266

任命陈策职务令（一九二二年五月五日）……………………… 267

任命居正职务令（一九二二年五月六日）……………………… 267

任命欧阳琳职务令（一九二二年五月七日）…………………… 267

任命刘崛萧辉锦职务令（一九二二年五月七日）……………… 268

任命郭昌明职务令（一九二二年五月七日）…………………… 268

准任郑衡之等职务令（一九二二年五月七日）………………… 268

准任胡人杰职务令（一九二二年五月七日）…………………… 269

准任洪兆康等职务令（一九二二年五月七日）………………… 269

准任姜俊鹏职务令（一九二二年五月七日）…………………… 269

任命翁捷三职务令（一九二二年五月七日）…………………… 270

任命余垚职务令（一九二二年五月八日）……………………… 270

任命杨光湛职务令（一九二二年五月九日）…………………… 270

任命朱念祖职务令（一九二二年五月十日）…………………… 270

任命许崇智职务令(一九二二年五月十一日) …………………… 271
任命吕超职务令(一九二二年五月十一日) ………………………… 271
任命张岂庸梁钟汉职务令(一九二二年五月十一日) ……………… 271
任命邓召荫职务令(一九二二年五月十一日) ……………………… 272
任命何梓林等职务令(一九二二年五月十二日) …………………… 272
任命何蔚职务令(一九二二年五月十二日) ………………………… 272
任命关国雄等职务令(一九二二年五月十四日) …………………… 273
任命朱之洪职务令(一九二二年五月十四日) ……………………… 273
任命姜汉翘等职务令(一九二二年五月十五日) …………………… 273
准任刘署成等职务令(一九二二年五月十五日) …………………… 274
任命陈嘉祐职务令(一九二二年五月十五日) ……………………… 274
任命王湘职务令(一九二二年五月十五日) ………………………… 274
任命冯轶裴职务令(一九二二年五月十五日) ……………………… 275
任命柏文蔚职务令(一九二二年五月十七日) ……………………… 275
任命卢善矩等职务令(一九二二年五月十八日) …………………… 275
任命张孝准职务令(一九二二年五月十八日) ……………………… 276
任命章裕昆职务令(一九二二年五月十八日) ……………………… 276
准任吴斌等职务令(一九二二年五月十八日) ……………………… 276
给陈家鼐委任状(一九二二年五月十九日) ………………………… 277
任命丁培龙职务令(一九二二年五月十九日) ……………………… 277
任命刘崛苏无涯职务令(一九二二年五月十九日) ………………… 277
给刘濂委任状(一九二二年五月二十日) …………………………… 278
给徐天琛委任状(一九二二年五月二十一日) ……………………… 278
任命伍毓瑞职务令(一九二二年五月二十二日) …………………… 279
准任谭长年等职务令(一九二二年五月二十二日) ………………… 279
任命陈宗舜等职务令(一九二二年五月二十二日) ………………… 279
准吴介璋辞职令(一九二二年五月二十二日) ……………………… 280
任命孔庚职务令(一九二二年五月二十二日) ……………………… 280

准任命华振中职务令(一九二二年五月二十七日)………… 280

任命吕维新等职务令(一九二二年五月二十八日)………… 281

准蒋光鼐章裕昆辞职令(一九二二年五月二十九日)………… 281

准任邹竞赵启骡职务令(一九二二年五月二十九日)………… 281

准任缪培南职务令(一九二二年五月二十九日)………… 282

任命许崇灏职务令(一九二二年五月二十九日)………… 282

任命谢远涵职务令(一九二二年六月五日)………… 282

任命徐元诰职务令(一九二二年六月五日)………… 283

任命萧炳章江维华职务令(一九二二年六月五日)………… 283

任命夏重民职务令(一九二二年六月七日)………… 283

任命韩恢职务令(一九二二年六月十四日)………… 284

给王用宾委任状(一九二二年六月十五日)………… 284

给丁惟汾委任状(一九二二年六月十五日)………… 285

任命谭延闿职务令(一九二二年六月十五日)………… 285

给赵汉一任命状(一九二二年六月二十三日)………… 286

任命王鸣亚职务令(一九二二年七月一日)………… 286

任命冼灿云职务令(一九二二年七月三日)………… 286

任命徐树荣职务令(一九二二年七月四日)………… 287

任命许春草职务令(一九二二年七月十四日)………… 287

任命徐天琛职务令(一九二二年七月三十日)………… 287

给林宗斌委任状(一九二二年九月二日)………… 288

给何碧炎委任状(一九二二年九月二日)………… 288

给苏福委任状(一九二二年九月十五日)………… 289

给叶任生委任状(一九二二年十月六日)………… 289

给杨其焕委任状(一九二二年十月六日)………… 290

给陈秉心委任状(一九二二年十月六日)………… 290

给彭丕昕委任状(一九二二年十月十四日)………… 291

给李月华委任状(一九二二年十月十四日)………… 291

任命蒋介石职务令(一九二二年十月十八日) …… 292

任命黄大伟职务令(一九二二年十月十八日) …… 292

任命许崇智职务令(一九二二年十月十八日) …… 292

任命李福林职务令(一九二二年十月十八日) …… 293

给黄馥生委任状(一九二二年十月二十日) …… 293

给何侠任命状(一九二二年十月二十三日) …… 294

任命伍汝康职务令(一九二二年十月三十一日) …… 294

给邝金保任命状(一九二二年十一月四日) …… 295

给陈辉石任命状(一九二二年十一月四日) …… 295

给卓祖泽委任状(一九二二年十一月十一日) …… 296

任命周之贞职务令(一九二二年十一月十二日) …… 296

给高发明委任状(一九二二年十一月十三日) …… 297

给黄德源委任状(一九二二年十一月二十一日) …… 297

给李庆标委任状(一九二二年十一月二十一日) …… 298

给梁卓贵委任状(一九二二年十一月二十一日) …… 298

给陈辉石委任状(一九二二年十一月二十一日) …… 299

给朱伟民委任状(一九二二年十一月二十一日) …… 299

给陈东平委任状(一九二二年十一月二十一日) …… 300

给许寿民委任状(一九二二年十一月二十一日) …… 300

给叶独醒委任状(一九二二年十一月二十三日) …… 301

给林不帝委任状(一九二二年十一月二十三日) …… 301

任命杨仙逸职务令(一九二二年十二月六日) …… 302

给何如群委任状(一九二二年十二月二十日) …… 302

任命李钺森等职务令(一九二二年十二月二十六日) …… 302

委任邹鲁胡汉民职务电令(一九二三年一月十八日) …… 303

委派治理粤事官员电令(一九二三年一月十九日) …… 303

任命胡汉民等职务电令(一九二三年一月二十日) …… 304

给彭素民等委任状(一九二三年一月二十一日) …… 304

给居正等委任状（一九二三年一月二十三日） …………………………… 305
　　附录　委任国民党参议名单 …………………………………………… 305
给张继委任状（一九二三年一月二十三日） ……………………………… 306
给王用宾委任状（一九二三年一月二十三日） …………………………… 306
给周佩箴委任状（一九二三年一月二十六日） …………………………… 307
给丁惟汾等委任状（一九二三年一月三十日） …………………………… 307
给谭平山委任状（一九二三年一月三十日） ……………………………… 307
任命徐苏中等职务令（一九二三年一月三十日） ………………………… 308
给周雍能委任状（一九二三年一月三十日） ……………………………… 308
委任李翼民杨子修职务令（一九二三年一月三十日） …………………… 308
给柏文蔚等职务状（一九二三年二月三日） ……………………………… 309
改委杨子修职务令（一九二三年二月三日） ……………………………… 309
任命程潜等职务令（一九二三年二月四日） ……………………………… 309
给曾省三等委任状（一九二三年二月七日） ……………………………… 310
给郑观等委任状（一九二三年二月七日） ………………………………… 310
给杨庶堪委任状（一九二三年二月七日） ………………………………… 310
给田桓委任状（一九二三年二月七日） …………………………………… 311
给吴公斡等委任状（一九二三年二月八日） ……………………………… 311
给刘殿生委任状（一九二三年二月八日） ………………………………… 312
给程亮初委任状（一九二三年二月八日） ………………………………… 312
给冯幼拔委任状（一九二三年二月八日） ………………………………… 313
给林焕廷等委任状（一九二三年二月八日） ……………………………… 313
给李儒修等委任状（一九二三年二月八日） ……………………………… 314
给熊秉坤委任状（一九二三年二月八日） ………………………………… 314
给冯子恭等委任状（一九二三年二月八日） ……………………………… 314
给吴忠信委任状（一九二三年二月八日） ………………………………… 315
任命熊秉坤职务手谕（一九二三年二月九日） …………………………… 315
给邢诒濡等委任状（一九二三年二月十日） ……………………………… 315

给张经席等委任状（一九二三年二月十日）……………………… 317
给陈文闸等委任状（一九二三年二月十日）……………………… 317
给符卓颜等委任状（一九二三年二月十日）……………………… 318
给罗瑛等委任状（一九二三年二月十日）………………………… 318
任命吴忠信职务手谕（一九二三年二月十一日）………………… 320
给赵公璧委任状（一九二三年二月二十一日）…………………… 321
给林丽生委任状（一九二三年二月二十一日）…………………… 321
给林云陔委任状（一九二三年二月二十一日）…………………… 322
给何效由等委任状（一九二三年二月二十一日）………………… 322
给陈卓郎等委任状（一九二三年二月二十一日）………………… 323
给伍毅廷等委任状（一九二三年二月二十一日）………………… 324
给李侠夫等委任状（一九二三年二月二十一日）………………… 325
给林文彬等委任状（一九二三年二月二十一日）………………… 325
任命沈鸿英职务令（一九二三年二月二十四日）………………… 328
委任梅光培职务令（一九二三年二月二十四日）………………… 328
任命张继职务令（一九二三年二月二十六日）…………………… 329
给余荣等委任状（一九二三年二月二十六日）…………………… 329
给张绍峰朱景委任状（一九二三年二月二十六日）……………… 330
给黄树培林汝扬委任状（一九二三年二月二十六日）…………… 330
给黄来旺马伯乔委任状（一九二三年二月二十六日）…………… 331
给董直等委任状（一九二三年二月二十六日）…………………… 331
委派姚雨平等职务令（一九二三年二月二十六日）……………… 332
任命林树巍职务令（一九二三年二月二十六日）………………… 332
任命李章达职务令（一九二三年二月二十七日）………………… 333
委派胡汉民等职务令（一九二三年二月二十八日）……………… 333
任命黄昌谷职务令（一九二三年二月二十八日）………………… 334
任命张振武职务令（一九二三年二月二十八日）………………… 334
任命傅秉常职务令（一九二三年二月二十八日）………………… 335

任命钱铖职务令(一九二三年二月二十八日) ………………………………… 335

给沈选青等委任状(一九二三年二月二十八日) ………………………………… 335

给陈任梁叶雨亭委任状(一九二三年二月二十八日) ………………………… 336

给钟秀珊廖心尧委任状(一九二三年二月二十八日) ………………………… 337

给李汉平等委任状(一九二三年二月二十八日) ……………………………… 337

给吴公辅李慕石委任状(一九二三年二月二十八日) ………………………… 338

任杨庶堪朱培德职务手令(一九二三年三月一日前) ………………………… 338

任命李禄超等职务令(一九二三年三月一日) ………………………………… 339

任命姚观顺等职务令(一九二三年三月一日) ………………………………… 339

任命朱培德职务令(一九二三年三月一日) …………………………………… 340

任命朱培德职务令(一九二三年三月一日) …………………………………… 340

委派黄隆生职务令(一九二三年三月一日) …………………………………… 341

给朱培德的训令(一九二三年三月一日) ……………………………………… 341

任命杨庶堪职务令(一九二三年三月二日) …………………………………… 342

任命程潜等职务令(一九二三年三月二日) …………………………………… 342

任命黄建勋职务令(一九二三年三月二日) …………………………………… 343

任命古应芬等职务令(一九二三年三月二日) ………………………………… 343

任命邓泽如刘纪文兼职令(一九二三年三月二日) …………………………… 344

准范其务辞职令(一九二三年三月二日) ……………………………………… 344

任命杨熙绩职务令(一九二三年三月三日) …………………………………… 345

任命谢良牧职务令(一九二三年三月三日) …………………………………… 345

任命陈融职务令(一九二三年三月五日) ……………………………………… 346

任命陆嗣曾职务令(一九二三年三月五日) …………………………………… 346

委任谢持全权代表执行中国国民党党务电令
　　(一九二三年三月五日) ………………………………………………… 347

委派程天斗职务令(一九二三年三月六日) …………………………………… 347

委派程天斗职务令(一九二三年三月六日) …………………………………… 348

准魏邦平辞职令(一九二三年三月六日) ……………………………………… 348

任命戴永萃廖湘芸职务令(一九二三年三月七日) …………… 349

任命林警魂职务令(一九二三年三月七日) ………………… 349

委派林警魂职务令(一九二三年三月八日) ………………… 350

任命董鸿勋职务令(一九二三年三月八日) ………………… 350

任命黄镇磐职务令(一九二三年三月九日) ………………… 351

任命区玉书职务令(一九二三年三月九日) ………………… 351

给上海执行部的电令(一九二三年三月九日) ……………… 352

任命冯祝万等职务令(一九二三年三月十日) ……………… 352

委派黄伯淑职务令(一九二三年三月十日) ………………… 352

免李章达兼职令(一九二三年三月十日) …………………… 353

准刘纪文辞兼职令(一九二三年三月十日) ………………… 353

任命梅光培代职令(一九二三年三月十日) ………………… 354

任命金华林等职务令(一九二三年三月十日) ……………… 354

任命李烈钧职务令(一九二三年三月十一日) ……………… 355

给曾卫民等委任状(一九二三年三月十二日) ……………… 355

给叶汉溪等委任状(一九二三年三月十二日) ……………… 356

给戴翠帘等委任状(一九二三年三月十二日) ……………… 357

给王叔金等委任状(一九二三年三月十二日) ……………… 357

给柯教诲等委任状(一九二三年三月十二日) ……………… 358

任命寸性奇职务令(一九二三年三月十二日) ……………… 359

任命谢良牧刘泳阊职务令(一九二三年三月十二日) ……… 359

任命陈树人职务令(一九二三年三月十二日) ……………… 360

任命陈兴汉王棠职务令(一九二三年三月十二日) ………… 360

任命盛延祺等职务令(一九二三年三月十二日) …………… 360

任命周之武职务令(一九二三年三月十二日) ……………… 361

免谢良牧职务令(一九二三年三月十二日) ………………… 361

任命伍岳暂代职令(一九二三年三月十二日) ……………… 362

任命徐树荣吴敌职务令(一九二三年三月十二日) ………… 362

给朱肇新等委任状(一九二三年三月十三日) …………………………… 362

给聂光汉等委任状(一九二三年三月十三日) …………………………… 365

给黄桂华等委任状(一九二三年三月十三日) …………………………… 366

给李周等委任状(一九二三年三月十三日) ……………………………… 367

给赵璧如等委任状(一九二三年三月十三日) …………………………… 368

给彭星海委任状(一九二三年三月十三日) ……………………………… 372

给谭声根等委任状(一九二三年三月十四日) …………………………… 372

给谭炜南阮煜委任状(一九二三年三月十四日) ………………………… 373

给谭裁之林照委任状(一九二三年三月十四日) ………………………… 373

给梁顾西张炳生委任状(一九二三年三月十四日) ……………………… 374

给陈镜廷等委任状(一九二三年三月十四日) …………………………… 374

任命陈策杨廷培职务令(一九二三年三月十四日) ……………………… 375

任命苏从山谢铁良职务令(一九二三年三月十四日) …………………… 375

任命陈天太职务令(一九二三年三月十四日) …………………………… 376

给黄祖芹等委任状(一九二三年三月十五日) …………………………… 376

给杨桐桂等委任状(一九二三年三月十五日) …………………………… 377

给黄敦和等委任状(一九二三年三月十五日) …………………………… 377

给李子铿等委任状(一九二三年三月十五日) …………………………… 378

给方擎汉等委任状(一九二三年三月十五日) …………………………… 378

任命李朗如职务令(一九二三年三月十五日) …………………………… 379

任命戴德抚职务令(一九二三年三月十五日) …………………………… 379

准任姚观顺等职务令(一九二三年三月十五日) ………………………… 380

聘任张开儒职务令(一九二三年三月十五日) …………………………… 380

给张郁梅等委任状(一九二三年三月十六日) …………………………… 380

给丘右传委任状(一九二三年三月十六日) ……………………………… 381

给巫廷福委任状(一九二三年三月十六日) ……………………………… 382

给余伯良委任状(一九二三年三月十六日) ……………………………… 382

给赖粥华等委任状(一九二三年三月十六日) …………………………… 382

任命蒋介石职务令(一九二三年三月十七日) …………………………… 383

任命李烈钧职务令(一九二三年三月十七日) …………………………… 383

任命朱一民职务令(一九二三年三月十七日) …………………………… 384

任命杨子毅等职务令(一九二三年三月十七日) ………………………… 384

准任宾镇远等职务令(一九二三年三月十七日) ………………………… 385

给黄军庶委任状(一九二三年三月十七日) ……………………………… 385

免林云陔职务令(一九二三年三月十七日) ……………………………… 386

委周公谋为工兵委员令(一九二三年三月十八日) ……………………… 386

任命李易标职务令(一九二三年三月十九日) …………………………… 387

任命沈荣光职务令(一九二三年三月十九日) …………………………… 387

任命黄垣职务令(一九二三年三月十九日) ……………………………… 387

任命熊秉坤职务令(一九二三年三月十九日) …………………………… 388

给萧锦波等委任状(一九二三年三月十九日) …………………………… 388

给刘惠良等委任状(一九二三年三月十九日) …………………………… 389

给梁捷炜等委任状(一九二三年三月十九日) …………………………… 389

给卢华岳等委任状(一九二三年三月十九日) …………………………… 390

给梁捷炜等委任状(一九二三年三月十九日) …………………………… 390

免张九维职务令(一九二三年三月十九日) ……………………………… 392

委派古应芬职务令(一九二三年三月十九日) …………………………… 392

委派周公谋职务令(一九二三年三月十九日) …………………………… 393

任命周之贞职务令(一九二三年三月二十日) …………………………… 393

委任徐树荣职务令(一九二三年三月二十日) …………………………… 394

委派马超俊李纪堂职务令(一九二三年三月二十日) …………………… 394

委任谢良牧职务令(一九二三年三月二十日) …………………………… 395

委任吴敌职务令(一九二三年三月二十日) ……………………………… 395

给吴伯群等委任状(一九二三年三月二十日) …………………………… 395

给邝维新等委任状(一九二三年三月二十日) …………………………… 400

给邝修彦等委任状(一九二三年三月二十日) …………………………… 402

给马达三等委任状(一九二三年三月二十日) …… 403

给张锦等委任状(一九二三年三月二十日) …… 405

给李圣林委任状(一九二三年三月二十日) …… 413

给林蓬洲委任状(一九二三年三月二十日) …… 414

任命罗翼群职务令(一九二三年三月二十一日) …… 414

特任赵士北职务令(一九二三年三月二十二日) …… 415

给林植庭等委任状(一九二三年三月二十二日) …… 415

给梁振琴委任状(一九二三年三月二十二日) …… 416

给梁贤清委任状(一九二三年三月二十二日) …… 416

给许武权委任状(一九二三年三月二十二日) …… 417

给彭荣燊等委任状(一九二三年三月二十二日) …… 417

任命王均职务令(一九二三年三月二十三日) …… 418

任命赵德恒职务令(一九二三年三月二十三日) …… 418

任命姚禔昌职务令(一九二三年三月二十三日) …… 419

任命李伯恺职务令(一九二三年三月二十三日) …… 419

准任陈漳等职务令(一九二三年三月二十三日) …… 420

准任霍恒职务令(一九二三年三月二十三日) …… 420

委任谢持职务令(一九二三年三月二十六日) …… 421

委派杨华馨职务令(一九二三年三月二十七日) …… 421

批叶楚伧呈(一九二三年三月二十七日) …… 422

给胡维济等委任状(一九二三年三月二十八日) …… 422

给余云初委任状(一九二三年三月二十八日) …… 423

给余京委任状(一九二三年三月二十八日) …… 423

给梁泽生委任状(一九二三年三月二十八日) …… 424

给谢维悁等委任状(一九二三年三月二十八日) …… 424

准免罗翼群职务令(一九二三年三月二十八日) …… 425

准免莫擎宇职务令(一九二三年三月二十八日) …… 425

任命杨希闵职务令(一九二三年三月二十九日) …… 426

准任黄民生职务令(一九二三年三月二十九日) …………………… 426

任命陈友仁职务令(一九二三年三月二十九日) …………………… 427

任命韦玉职务令(一九二三年三月二十九日) ……………………… 427

任命杨池生等职务令(一九二三年三月三十日) …………………… 428

给林云陔的指令(一九二三年三月三十日) ………………………… 428

任命刘震寰职务令(一九二三年三月三十一日) …………………… 429

任命冯伟职务令(一九二三年三月三十一日) ……………………… 429

任命韦冠英等职务令(一九二三年三月三十一日) ………………… 429

任命宋辑先职务令(一九二三年四月二日) ………………………… 430

任命李卓峰职务令(一九二三年四月二日) ………………………… 430

给蒋道日等委任状(一九二三年四月二日) ………………………… 431

给黄吉庵等委任状(一九二三年四月二日) ………………………… 433

给蒋修身等委任状(一九二三年四月二日) ………………………… 434

给高发明等委任状(一九二三年四月二日) ………………………… 435

给方以情等委任状(一九二三年四月二日) ………………………… 436

委派赵志戎职务令(一九二三年四月二日) ………………………… 440

委派古应芬职务令(一九二三年四月二日) ………………………… 440

给何教委任状(一九二三年四月二日) ……………………………… 441

给杨嘉猷委任状(一九二三年四月二日) …………………………… 441

给侯中庸委任状(一九二三年四月二日) …………………………… 442

任命马伯麟职务令(一九二三年四月四日) ………………………… 442

任命林云陔职务令(一九二三年四月四日) ………………………… 443

任命梁鸿楷职务令(一九二三年四月四日) ………………………… 443

任命杨蓁等职务令(一九二三年四月四日) ………………………… 444

任命李济深郑润琦职务令(一九二三年四月四日) ………………… 444

委派古日光职务令(一九二三年四月四日) ………………………… 445

委派杨鹤龄职务令(一九二三年四月四日) ………………………… 445

给林有祥等委任状(一九二三年四月九日) ………………………… 445

给林耀如等委任状(一九二三年四月九日) …… 446

给林润泽等委任状(一九二三年四月九日) …… 447

给陈英担等委任状(一九二三年四月九日) …… 447

给李引口等委任状(一九二三年四月九日) …… 448

准任张国森职务令(一九二三年四月九日) …… 448

准任吴文龙职务令(一九二三年四月九日) …… 449

给萱野长知特派状(一九二三年四月九日) …… 449

任命张开儒职务令(一九二三年四月十日) …… 450

委派陈独秀等职务令(一九二三年四月十日) …… 450

准蒋介石辞职令(一九二三年四月十日) …… 451

免马超俊职务令(一九二三年四月十日) …… 451

任命梅光培职务令(一九二三年四月十一日) …… 452

委派廖仲恺职务令(一九二三年四月十二日) …… 452

任命刘玉山职务令(一九二三年四月十二日) …… 453

任命陈天太职务令(一九二三年四月十二日) …… 453

任命杨虎等职务令(一九二三年四月十四日) …… 454

任命赵德恒职务令(一九二三年四月十六日) …… 454

委派李绮庵职务令(一九二三年四月十六日) …… 455

任命廖湘芸职务令(一九二三年四月十七日) …… 455

给黄冠三等委任状(一九二三年四月十七日) …… 456

给陈金晃委任状(一九二三年四月十七日) …… 456

给吴泽庭委任状(一九二三年四月十七日) …… 457

给陈祥委任状(一九二三年四月十七日) …… 457

给苏孟裔等委任状(一九二三年四月十七日) …… 457

委派陈兴汉职务令(一九二三年四月十七日) …… 458

给李晖等委任状(一九二三年四月十八日) …… 458

给陈顺成等委任状(一九二三年四月十八日) …… 460

给罗翙云等委任状(一九二三年四月十八日) …… 461

给黄焯民等委任状(一九二三年四月十八日) …………………………… 462

给鲍应隆等委任状(一九二三年四月十八日) …………………………… 469

准任吴嵋职务令(一九二三年四月十八日) ……………………………… 473

任命胡谦职务令(一九二三年四月十八日) ……………………………… 474

免杨蓁职务令(一九二三年四月十八日) ………………………………… 474

任命杨蓁职务令(一九二三年四月十八日) ……………………………… 475

着取消谢心准委任令(一九二三年四月十八日) ………………………… 475

任命朱培德兼职令(一九二三年四月十八日) …………………………… 475

任命陈同赟职务令(一九二三年四月十九日) …………………………… 476

免朱卓文职务令(一九二三年四月十九日) ……………………………… 476

免朱和中职务令(一九二三年四月十九日) ……………………………… 477

任命朱和中职务令(一九二三年四月十九日) …………………………… 477

给霍居南等委任状(一九二三年四月二十日) …………………………… 477

给廖文科等委任状(一九二三年四月二十日) …………………………… 478

给邓伯朋等委任状(一九二三年四月二十日) …………………………… 479

给霍胜刚等委任状(一九二三年四月二十日) …………………………… 479

给黎铁石等委任状(一九二三年四月二十日) …………………………… 480

任命罗翼群职务令(一九二三年四月二十日) …………………………… 481

任命喻毓西职务令(一九二三年四月二十日) …………………………… 481

委派赵士觐等职务令(一九二三年四月二十日) ………………………… 482

褫夺李易标沈荣光职务令(一九二三年四月二十日) …………………… 482

给黄馥生派状(一九二三年四月二十日) ………………………………… 483

给刘进旭委任状(一九二三年四月二十日) ……………………………… 483

准林云陔辞职令(一九二三年四月二十一日) …………………………… 484

给梁鸿楷的指令(一九二三年四月二十一日) …………………………… 484

任命陈可钰职务令(一九二三年四月二十三日) ………………………… 485

给郭铸人等委任状(一九二三年四月二十四日) ………………………… 485

给张蓝田委任状(一九二三年四月二十四日) …………………………… 486

给冯少强委任状(一九二三年四月二十四日) …………………… 486

给潘奕源委任状(一九二三年四月二十四日) …………………… 487

给陈白宣等委任状(一九二三年四月二十四日) ………………… 487

任命卢焘职务令(一九二三年四月二十四日) …………………… 488

任命蒋隆荣职务令(一九二三年四月二十四日) ………………… 488

委派宋子文职务令(一九二三年四月二十四日) ………………… 489

给黄同发等委任状(一九二三年四月二十五日) ………………… 489

给陈中等委任状(一九二三年四月二十五日) …………………… 490

给杨刘安等委任状(一九二三年四月二十五日) ………………… 491

给颜丽邦等委任状(一九二三年四月二十五日) ………………… 491

给颜鉴光等委任状(一九二三年四月二十五日) ………………… 492

任命周演明等职务令(一九二三年四月二十六日) ……………… 494

准任侬鼎和职务令(一九二三年四月二十六日) ………………… 494

委派王国璇等职务令(一九二三年四月二十六日) ……………… 495

命即发委黄骚职务令(一九二三年四月二十六日) ……………… 495

准任王吉壬杨泰职务令(一九二三年四月二十七日) …………… 495

准任高中禹职务令(一九二三年四月二十七日) ………………… 496

任命林直勉职务令(一九二三年四月二十八日) ………………… 496

准任张鉴藻职务令(一九二三年四月二十八日) ………………… 497

委派李亦梅等职务令(一九二三年四月二十八日) ……………… 497

准杨煦绩辞职令(一九二三年四月二十八日) …………………… 498

任命田士捷职务令(一九二三年四月二十九日) ………………… 498

任命卢兴原职务令(一九二三年四月二十九日) ………………… 499

任命徐于职务令(一九二三年四月二十九日) …………………… 499

委派万黄裳职务令(一九二三年四月二十九日) ………………… 500

任命戴任职务令(一九二三年四月三十日) ……………………… 500

任命罗伟彊职务令(一九二三年四月三十日) …………………… 500

准任容景芳职务令(一九二三年四月三十日) …………………… 501

任命赵志戎职务手谕(一九二三年四月) …………………………… 501

附件一　委任中华革命党人员姓名录(一九一四至一九一六年) ……… 502
附件二　中华革命党各支分部职员姓名录
　　　　(一九一四至一九一六年) ………………………………… 540
附件三　中华革命党特务职员姓名录(一九一四至一九一六年) ……… 573
附件四　委任中华革命军人员姓名录(一九一五至一九一六年) ……… 576
附件五　大元帅府特任人员职务姓名录(一九一七至一九一八年) …… 582
附件六　大元帅府简任人员职务姓名录(一九一七至一九一八年) …… 584
附件七　大元帅府荐任人员职务姓名录(一九一七至一九一八年) …… 623
附件八　民国十一年大元帅任命讨陈将领姓名录
　　　　(一九二二年六月至十二月) ………………………………… 636

给冯自由李自重委任状

(一九〇五年九月八日)

中国革命同盟会总理孙文,特委托本会会员冯君自由、李君自重二人,在香港、粤城、澳门等地联络同志。二君热心爱国,诚实待人,足堪本会委托之任。凡有志入盟者,可由二君主盟收接,特此通知,仰祈察照是荷。

中国革命同盟会总理　孙文(押印)

天运岁次乙巳年八月十日发

据冯自由著《中华民国开国前革命史》上编(上海革命史编辑社一九二八年版)原函影印件

给宫崎寅藏委任状

(一九〇七年十月十九日)

委任状

中国革命同盟会总理孙文逸仙,委任宫崎寅藏君在日本全权办理筹资购械,接济革命军。所有与资主交涉条件,悉便宜行事。此委宫崎寅藏君。

天运岁次丁未年九月十三日

(中国同盟会印章 The China Federal Association①)

据中国社会科学院近代史研究所藏原件微缩底片

---

① 此为委任状上加盖圆形印章原文。

给布司委任状（译文）

（一九一〇年三月十四日）

兹经中国同盟会本部之同意与授权，特派任美国加利福尼亚州洛杉矶市之查理斯·布司为中国同盟会驻国外唯一之财务代表。委请布司经本会总理认可授权后，代表本会全权处理接洽贷款、收银与支付事宜；及在本会总理指导下，随时进行任何性质之委办事项。由本会财务代表查理斯·布司代表本会所缔造之任何协议，与经本会总理或本部所签署之协议，将对本会具有相等之约束力。

中国同盟会总理　孙文
一九一〇年三月十四日于加州洛杉矶

据秦孝仪主编《国父全集》第八册（台北近代中国出版社一九八九年版）

给钟华雄委任状

（一九一一年一月十四日）

委任状

今委任钟华雄君为深水埗主盟人，依本会所定规则招集同志。倘有特别事务，当报告附近支部，待命施行。

天运庚戌年十二月十四日
中国同盟会本部部长　孙文签发
南部副支部〈长〉　孙寿屏①代

据中国国民党中央文化传播委员会党史馆藏一般档案051/318

---

① 孙寿屏，即孙眉，号寿屏。南部，指香港南方支部。

给王宠惠委任状

（一九一二年一月五日）

委任状

今委任王宠惠为外交部总长。此状。

中华民国临时大总统　孙　文
中华民国元年正月五日

据《近代中国》双月刊第二十期（一九八〇年十二月三十一日）

给伍廷芳委任状

（一九一二年一月五日）

委任状

今委任伍廷芳为议和全权大使。此状。

中华民国临时大总统　孙　文
中华民国元年正月五日

据观渡庐编《共和关键录》（上海著易书局一九一二年版）

给徐绍桢委任状

(一九一二年一月十一日)

委任状
　　今委任徐绍桢为南京卫戍总督。此状。

中华民国临时大总统　孙　文
中华民国元年正月十一日
据上海市档案馆藏原件

给徐绍桢委任令

(一九一二年一月十四日)

中华民国临时大总统令
　　案查南京卫戍总督一缺,前经委任在案,所有应用印信,兹特派员赍送,希即查收备用,并将(启)用印信日期呈报备案。此令。
　　计送南京卫戍总督印信一颗,卫戍条例一件
　　南京卫戍总督徐绍桢知照

孙　文
中华民国元年元月十四日
据上海市档案馆藏原件

给内田良平委任状

（一九一二年一月十五日）

委任状

　　今委任内田良平为外交顾问。此状。

中华民国临时大总统　孙　文
中华民国元年正月十五日

据传记文学编辑委员会编《传记文学》第三十八卷第五期（台北一九八一年五月）

给吴振南委任状

（一九一二年一月十七日）

委任状

　　令委任吴振南为海军部参事官。此状。

中华民国临时大总统　孙　文
中华民国元年元月十七日

据中国国家博物馆藏原件

给秦毓鎏委任状

（一九一二年一月十八日）

委任状

今委任秦毓鎏为总统府秘书员。此状。

中华民国临时大总统　孙　文

中华民国元年正月十八日

据《中华之光》画册（译林出版社一九九一年版）原件影印

给陈兆丰委任状

（一九一二年一月二十七日）

委任状

今委任陈兆丰充步队十六团团长。此状。

孙　文

陆军部总长　黄　兴

据中国国民党中央文化传播委员会党史馆藏一般档案051/332

命陆军部委任宋子扬令

（一九一二年二月十日）

临时大总统令

徐州地方，现值戒严，军政长一职，亟应委员充任。查有宋子扬，前经该地方刘仁航等联名禀请委任,当经令行江苏都督查核办理在案。合行令仰该部迅即发给该员宋子扬委任状,责成该员克日受事,以重地方。至名称权限一并由该部规定饬知可也。此令。

陆军部知照

孙 文

中华民国元年二月十日

据中国第二历史档案馆藏《南京临时政府档案》原件

给王景春等委任状五件

（一九一二年二月十二日）

一

委任状

今委任王景春为外交部参事。此状。

中华民国临时大总统　孙　文

中华民国元年二月十二日

据上海《民立报》一九一二年二月十五日

二

委任状

今委任冯自由为外交部商务司长。此状。

中华民国临时大总统　孙　文

中华民国元年二月十二日

据上海市档案馆藏原件

三

委任状

  今委任马良为外交部外政司长。此状。

           中华民国临时大总统　孙　文
           中华民国元年二月十二日

据上海《民立报》一九一二年二月十五日

四

委任状

  今委任徐田为外交部编译司长。此状。

           中华民国临时大总统　孙　文
           中华民国元年二月十二日

据上海《民立报》一九一二年二月十五日

五

委任状

  今委任徐霁为外交部秘书长。此状。

           中华民国临时大总统　孙　文
           中华民国元年二月十二日

据上海《民立报》一九一二年二月十五日

令财政部委任汤寿潜林文庆赴南洋劝募公债文

（一九一二年二月二十四日）①

案据该部因劝募南洋各埠公债事宜，呈请委任总副理会同前往等因。准此。兹特委任汤寿潜为南洋劝募公债总理，林文庆为劝募南洋公债副理，各该委任状一纸，附令颁发，仰即遵照转达毋误。切切。此令。

据《临时政府公报》第二十一号（南京一九一二年二月二十四日）《大总统令财政部委任汤寿潜林文庆往南洋劝募公债并颁发委任状由》

批陆军部关于顾忠琛等任命文

（一九一二年二月二十八日）

临时大总统孙批

　　陆军部呈请以顾忠琛充第十六师师长，张振发、赵念伯充第三十一及三十二旅旅长由

　　呈悉。准如所请。此批。

二月廿八日

据中国第二历史档案馆藏《南京临时政府档案》原件

---

① 此件所标时间系《临时政府公报》第二十一号出版日期。

令内务部准南京府知事方潜辞职文

（一九一二年三月六日）①

据南京府知事呈称"潜江左下士，一介书生，少污伪命，薄宦淮上。痛心北廷腥德，弃官之日本，结纳豪俊，谋复诸华，尝胆卧薪，不敢或懈，奔走革命，亦有年矣。天厌虏德，汉上师兴，素旄一扬，区宇混一。潜之初志，于是乎遂。本当肥遯浚谷，抱璞保真，为共和国民以终老。当金陵初下、中原未复时，大总统不以潜为不肖，委以今职。区夏鼎沸，百务待举之际，身为党人，自不能不勉从诸贤之后，以济艰难。然而服官非潜志也。今幸南北统一，中夏安定，袁大总统将次南来，隆平之治，庶几可望。潜以菲材，忝兹重任，若不自引退以让贤者，不特陨越贻羞，有伤总统之明，亦有背潜之初志。伏望总统别举贤才，俾潜得优游林下，则实南京百姓无疆之休，非仅潜一人之私幸"等情前来。查该知事奔走国事，夙著贤劳，前由该部荐任南京府知事，方冀从容布施，兹阅来呈，力辞今职，情词肫切，自应准予所请。合行令仰该部遵照荐员接任可也。此令。

据《临时政府公报》第三十号（南京一九一二年三月六日）
《大总统令内务部许南京府知事方潜辞职荐员接任文》

---

① 此件所标时间系《临时政府公报》第三十号出版日期。

给梅乔林委任状

（一九一二年三月九日）

委任状

今委任梅乔林为总统府秘书员。此状。

中华民国临时大总统　孙　文

中华民国元年三月九日

据中国国民党中央文化传播委员会党史馆藏一般档案051/171

给范光启委任状

（一九一二年三月十三日）

委任状

今委任范光启君为本部政事部干事。此状。

中国同盟会总理　孙　文

据中国国民党中央文化传播委员会党史馆藏一般档案051/361

给缪名震委任状

（一九一二年三月十四日）

今委任缪名震为总统府庶务员。此状。

中华民国临时大总统　孙　文

中华民国元年三月十四日

据辛亥革命武昌起义纪念馆编《辛亥革命大写真》（湖北美术出版社二〇〇一年版）原件影印

给黄晋三委任状

（一九一二年三月十四日）

委任状

  今委任黄晋三为总统府庶务员。此状。

中华民国临时大总统　孙　文
中华民国元年三月十四日

据中国国民党中央文化传播委员会党史馆藏一般档案
051/206

给彭丕昕委任状

（一九一二年三月十四日）

委任状

  今委任彭丕昕为印铸局庶务长兼工正。此状。

中华民国临时大总统　孙　文
中华民国元年三月十四日

据中国国民党中央文化传播委员会党史馆藏一般档案
359/4

给余沅委任状

（一九一二年三月十四日）

委任状

今委任余沅为议和秘书。此状。

中华民国临时大总统　孙　文
中华民国元年三月十四日补发

据全国政协文史资料研究委员会、中国革命博物馆联合编辑《孙中山先生画册》（中国文史出版社一九八六年版）影印原件

给宾步程委任状

（一九一二年三月十五日）

委任状

今委任宾步程充金陵机器局局长。此状。

孙　文
陆军部总长　黄　兴
中华民国元年三月十五日

据秦孝仪主编《国父全集》第八册（台北近代中国出版社一九八九年版）

给陈干委任状

（一九一二年三月二十九日）

委任状

今委任陈干充三十九旅旅长。此状。

孙　文

陆军部总长　黄　兴

中华民国元年三月二十九日

据中国国民党中央文化传播委员会党史馆藏一般档案051/326

给林莲荪委任状

（一九一二年八月十六日）

委任状

今委任林莲荪为中华银行总理。此状。

中华银行总董　孙　文

中华民国元年八月十六日

据陈旭麓、郝盛潮主编，王耿雄等编《孙中山集外集》（上海人民出版社一九九〇年版）

给彭丕昕委任证

（一九一二年十一月十四日）

委任证

今委任彭丕昕君为本党重庆交际员。此证。

国民党理事长　孙　文
吴景濂代理
中华民国元年十一月十四日

据中国国民党中央文化传播委员会党史馆藏一般档案051/142

给杨楚材委任证

（一九一三年四月五日）

委任证

今委任杨楚材君为本党甘肃交际员。此证。

国民党理事长　孙　文
理事　吴景濂代理
中华民国二年四月初五日

据中国国民党中央文化传播委员会党史馆藏一般档案051/315

给陈新政委任证

（一九一三年六月一日）

委任证
    今委任陈新政君为本党南洋槟榔屿支部副部长。此证。

国民党理事长   孙   文

代理理事长   吴景濂

中华民国二年六月一日

据中国国民党中央文化传播委员会党史馆藏一般档案051/323

任命凌钺等职务令

（一九一四年十月二十二日）

中华革命党总理令（第二号）
    据党务部呈请委任如下①：
    委凌钺为党务部第一局长。
    委萧萱为党务部第二局长。
    委张肇基为党务部第三局长。
    委贺治寰为党务部第四局长。
    委徐朗西为党务部第五局长。
    委范鸿钧为党务部机要职务长。

---

① 原文为"如左"，今依排版方式酌改为"如下"。下同。

委方谷为党务部机要庶务。

委钟鼎为党务部第三局职务员。

委夏重民为党务部第三局职务员。

委周道万为党务部第三局职务员。

孙　文

中华民国三年十月二十二日

据中国国民党中央文化传播委员会党史馆藏一般档案051/434

给陈新政委任状

（一九一四年十月二十六日）

委任状

委任陈新政为庇能支部长。此状。

中华革命党总理　孙　文
总务部部长　陈其美
党务部部长　居　正
中华民国三年十月二十六日

据中国国民党中央文化传播委员会党史馆藏一般档案051/472

给林照英委任状

（一九一四年十月二十八日）

委任状

委任林照英为蔴坡支部副支部长。此状。

中华革命党总理　孙　文
总务部部长　陈其美
党务部部长　居　正
中华民国三年十月二十八日

据中国国民党中央文化传播委员会党史馆藏一般档案 051/204

任命苏无涯职务手谕

（一九一四年十一月二日）①

委任苏无涯为广西支部长。

据中国国民党中央文化传播委员会党史馆藏一般档案 051/437

---

① 原件无年代，仅署"由部长交来，十一月二日"，据《民国三至五年委任中华革命党人员姓名录》考订，确定为1914年。

任命弓长杰职务手谕

（一九一四年十一月三日）①

委任弓长杰为联络委员。寄巴城天铎报馆。

孙　文
十一月三日

据中国国民党中央文化传播委员会党史馆藏一般档案 051/350

任命宋瑞珊等职务令

（一九一四年十一月二十日）

中华革命党总理令

委任宋瑞珊为高丽丸分部正分部长；委任黄碧珊为高丽丸分部副分部长；委任陈槐卿为天洋丸分部部长。

孙　文
中华民国三年十一月二十日

据中国国民党中央文化传播委员会党史馆藏一般档案 051/436

---

① 原件无年代，据《民国三至五年中华革命党各支分部职员姓名录》考订，确定为1914年。

任命李峄琹范慕连职务令

（一九一四年十一月二十三日）

中华革命党总理令
　　特委李峄琹、范慕连为经理借款委员。此令。

孙　文

据中国国民党中央文化传播委员会党史馆藏一般档案051/438

任命叶独醒等职务令

（一九一四年十一月二十六日）

中华革命党总理令
　　委任叶独醒为宿务支部正支部长。此令。
　　委任伍尚铨为宿务支部副支部长。此令。
　　委任傅荣华为吉礁支部正支部长。此令。
　　委任李启明为吉礁支部副支部长。此令。

孙　文
中华民国三年十一月二十六日

据中国国民党中央文化传播委员会党史馆藏一般档案051/436

任命吴藻华职务令

（一九一四年十一月二十八日）

中华革命党总理令
　　委任吴藻华为江南皖南革命军司令长官。此令。

　　　　　　　　　　　　　　　　　　　　孙　文

　　　　　　　　　　　中华民国三年十一月二十八日

　　　　　据中国国民党中央文化传播委员会党史馆藏一般档案
　　　　　051/443

任命卢伯筠等职务令

（一九一四年十二月四日）

中华革命党总理令（第九号）
　　据党务部呈请委任如下：
　　委任卢伯筠为西伯利亚船分部长。
　　委任黄林为地洋丸分部长。
　　委任罗光汉为蒙古船分部长。
　　委任蔡文修为China（支那）船分部长。
　　委任戴焯文为满洲船分部长。

　　　　　　　　　　　　　　　　　　　　孙　文

　　　　　据中国国民党中央文化传播委员会党史馆藏一般档案
　　　　　051/436

任命梁愚陈乙民职务令

（一九一四年十二月七日）

中华革命党总理令（第十号）

　　委任梁愚为日里属正支部长，委任陈乙民为日里属副支部长。

孙　文
民国三年十二月七日

据中国国民党中央文化传播委员会党史馆藏一般档案 051/349

任命张宗海等职务令

（一九一四年十二月十六日）

中华革命党总理令

　　委任张宗海为甘肃支部长。此令。
　　委任陈家鼐为湖南支部长。此令。
　　委任何天炯为广东支部长。此令。

孙　文
中华民国三年十二月十六日

据中国国民党中央文化传播委员会党史馆藏一般档案 051/433

任命王善继白耀辰职务令

（一九一四年十二月二十六日）

中华革命党总理令

  委任王善继为河南军事联络员。此令。

  委任白耀辰为关外军事联络员。此令。

孙　文
中华民国三年十二月二十六日

据中国国民党中央文化传播委员会党史馆藏环龙路档案00295

任命李萁职务令

（一九一五年一月三日）

十三号。四年一月三日。

  李萁为革命军广东游击队司令。

据中国国民党中央文化传播委员会党史馆藏一般档案051/353

给邵元冲委任状

（一九一五年二月四日）

委任邵元冲为浙江革命军绍兴司令官。此状。

中华革命党总理　孙　文
总务部部长　陈其美
军务部部长　许崇智
中华民国四年二月四日

据《建国月刊》第一卷第二期原件影印

给王敬祥委任状

（一九一五年二月十一日）

委任状

委任王敬祥为神户大阪支部长。此状。

中华革命党总理　孙　文
总务部部长　陈其美
党务部部长　居　正
中华民国四年二月十一日

据中国国民党中央文化传播委员会党史馆藏一般档案 051/431

给黄壬戌委任状

（一九一五年二月二十日）

委任状

委任黄壬戌为仰光支部总务科副主任。此状。

中华革命党总理　孙　文
总务部部长　陈其美
党务部部长　居　正
中华民国四年二月二十日

据中国国民党中央文化传播委员会党史馆藏一般档案051/321

给李笃彬委任状

（一九一五年三月十九日）

委任状

委任李笃彬为巴城筹饷局长。此状。

中华革命党总理　孙　文
总务部部长　陈其美
财政部部长　张人杰
中华民国四年三月十九日

据中国国民党中央文化传播委员会党史馆藏一般档案051/182

给金一清委任状

（一九一五年四月二十九日）

委任状

委任金一清为南洋荷属联络委员。此状。

中华革命党总理　孙　文
总务部部长　陈其美
党务部部长　居　正
中华民国四年四月二十九日

据中国国民党中央文化传播委员会党史馆藏一般档案051/166

准委席正铭职务令

（一九一五年五月十四日）

准委席正铭为贵州中华革命军参谋长。

据黄季陆主编《革命文献》第四十八辑（台北一九六九年版）

批 居 正 呈①

（一九一五年七月十五日）

所委六人均改为菲律宾联络委员。

总理批

据中国国民党中央文化传播委员会党史馆藏一般档案052/220

---

① 原定为拟请委员李思辕为菲律宾支部主监正委员，张本汉为副委员，黄燮泰为总务委员，冯万罹为党务委员，陈天扶为财务委员，甄佑为联络委员事。

给黄吉宸委任状

（一九一五年七月十六日）

委任状

委任黄吉宸为星加坡①支部正支部长。此状。

中华革命党总理　孙　文
总务部部长　陈其美
党务部部长　居　正
中华民国四年七月十六日

据中国国民党中央文化传播委员会党史馆藏一般档案051/428

给彭炳森委任状

（一九一五年七月二十二日）

委任状

委任彭炳森为仰光支部财务科副主任。此状。

中华革命党总理　孙　文
总务部部长　陈其美
党务部部长　居　正
中华民国四年七月二十二日

据中国国民党中央文化传播委员会党史馆藏一般档案051/244

---

① 星加坡，指现新加坡。

任命张民达职务令

(一九一五年七月三十一日)

中华革命党总理令(第十二号)
　　委任张民达为南洋联络员。此令。

孙　文
中华民国四年七月三十一日发

据中国国民党中央文化传播委员会党史馆藏一般档案051/356

给何荫三委任状

(一九一五年八月十九日)

委任状
　　委任何荫三为仰光筹饷局监督。此状。

中华革命党总理　孙　文
总务部部长　陈其美
财政部部长　张人杰
中华民国四年八月十九日

据中国国民党中央文化传播委员会党史馆藏一般档案051/331

给黄德源委任状

（一九一五年八月十九日）

委任状

　　委任黄德源为仰光筹饷局长。此状。

中华革命党总理　孙　文
总务部部长　陈其美
财政部部长　张人杰
中华民国四年八月十九日

据中国国民党中央文化传播委员会党史馆藏一般档案051/331

给黄德源委任状

（一九一五年八月二十二日）

委任状

　　委任黄德源为仰光筹饷局理财员。此状。

中华革命党总理　孙　文
总务部部长　陈其美
财政部部长　张人杰
中华民国四年八月二十二日

据中国国民党中央文化传播委员会党史馆藏一般档案051/331

给陈甘敏委任状

(一九一五年八月二十二日)

委任状

委任陈甘敏为仰光筹饷局董事。此状。

中华革命党总理　孙　文
总务部部长　陈其美
财政部部长　张人杰
中华民国四年八月二十二日

据中国国民党中央文化传播委员会党史馆藏一般档案051/327

给梁卓贵委任状

(一九一五年八月二十二日)

委任状

委任梁卓贵为仰光筹饷局董事。此状。

中华革命党总理　孙　文
总务部部长　陈其美
财政部部长　张人杰
中华民国四年八月二十二日

据中国国民党中央文化传播委员会党史馆藏一般档案051/324

给黄壬戌委任状

（一九一五年八月二十二日）

委任状

委任黄壬戌为仰光筹饷局董事。此状。

中华革命党总理　孙　文
总务部部长　陈其美
财政部部长　张人杰
中华民国四年八月二十二日

据中国国民党中央文化传播委员会党史馆藏一般档案051/321

给彭泽文委任状

（一九一五年九月二十四日）

委任状

委任彭泽文①为雪兰峨副支部长。此状。

中华革命党总理　孙　文
总务部部长　陈其美
党务部部长　居　正
中华民国四年九月二十四日

据彭泽民之女彭润平寄赠原件影印

---

① 彭泽文是彭泽民的曾用名。

批总务部复邓子瑜函①

（一九一五年十月六日）

（甲）委足下为总司理，各旧股东为董事，代本部办理该栈。

据中国国民党中央文化传播委员会党史馆藏一般档案
052/31

任命刘崛邓铿职务手谕

（一九一五年十月二十六日）②

委任刘崛为广西革命军司令长官、邓铿为广东司令长官。

据中国国民党中央文化传播委员会党史馆藏一般档案
051/437

任命赖天球职务令

（一九一五年十月二十七日）

命令第一号。十月二十七日。

  委任赖天球为南赣游击司令。此令。

  总务部

孙文之印

据中国国民党中央文化传播委员会党史馆藏一般档案
051/345

---

  ① 原函为中华革命党总务部部长陈其美函派邓子瑜为新加坡民安栈总司理。
  ② 原件无年代，仅署"总理面交陈部长手，十月二十六日收到"，据《民国四年至五年委任中华革命军人员姓名录》，确定为民国四年，即1915年。

任命石蕴光等职务令

（一九一五年十月二十七日）

命令第二号。十月二十七日。

　　委任石蕴光为川东区司令官，刘国佐为川北区司令官，韩傀为下川南区司令官。此令。

　　总务部

　　外发给空白委状十五张。

孙文之印

据中国国民党中央文化传播委员会党史馆藏一般档案 051/342

任命甲必地等各分部支部正副部长科主任令

（一九一五年十月二十八日）①

命令第三号。十月二十八日。

　　委任梁泽生、胡维济为甲必地分部正、副分部长；余才、余京、李福、高福为总务、党务、财务、调查、交际各科主任；叶夏声、李海云为港澳支部正、副支部长；郑螺生、李源水为怡保支部正、副支部长，李孝章为党务科正主任，冯业生为财务科正主任；梁省躬、唐藻华为太平支部正、副支部长，雷宜礼、陆元陞、何鉴源为总务、党务、财务各科正主任；叶青眼为闽南支部正支部长，邱厘竞、许春草、陈金芳为总务、党务、财务各科正主任，黄

---

① 原件上有"四年十一月一日下午三时收到"字样。

冈、黄瑞伯、施仁德为总务、党务、财务各科副主任；赵植芝为香港海上交通委员。此令。

总务部

孙文之印

据中国国民党中央文化传播委员会党史馆藏一般档案051/435

给李源水委任状

（一九一五年十月二十八日）

委任状

　　委任李源水为霹雳筹饷局理财员。此状。

中华革命党总理　孙　文
总务部部长　陈其美
财政部部长　张人杰

中华民国四年十月二十八日

据黄警顽编《南洋霹雳华侨革命史迹》（上海文华美术图书公司一九三三年版）影印原件

给郑螺生委任状

（一九一五年十月二十八日）

委任状

　　委任郑螺生为霹雳筹饷局监督。此状。

中华革命党总理　孙　文
总务部部长　陈其美

財政部部長　張人杰

中华民国四年十月二十八日

据黄警顽编《南洋霹雳华侨革命史迹》(上海文华美术图书公司一九三三年版)影印原件

给范毅委任状

（一九一五年十月二十八日前后）①

委任状

　　委任范毅为中华革命军四川川西区司令。此状。

中华革命党总理　孙　文

总务部部长　陈其美

军事部部长　许崇智

中华民国　年　月　日

据中国国民党中央文化传播委员会党史馆藏一般档案051/232

任命赵铁桥等职务令

（一九一五年十一月二日）②

命令第五号。十一月二日。

　　委任赵铁桥为四川支部参议兼总务科科长,夏名儒为党务科科长,刘镛为调查科科长,吴山为会计科科长,卢师谞为书记长。此令。

---

① 原件未署日期。据《委任中华革命军人员姓名录》,孙中山委任四川川东区、川南区、川北区司令官的时间均系1915年10月28日,据此推测,委任四川川西区司令官的时间当为此前后。

② 原件上有"四年十一月二日下二时收到"字样。

总务部

孙文之印

据中国国民党中央文化传播委员会党史馆藏一般档案 051/333

任命洪耀国等职务令

(一九一五年十一月四日)①

命令第六号。十一月四日。

委任洪耀国、洪兆创为东婆罗支部正、副支部长;程文岳、吴六奇为麻六甲支部党务科正、副主任,郑美金为调查科副主任,姚金溪为交际科正主任,何纲为交际科副主任;彭吉平为广东钦廉分部长。此令。

总务部

孙文之印

据中国国民党中央文化传播委员会党史馆藏一般档案 051/334

任命王守愚职务令

(一九一五年十一月五日)

命令第八号。十一月五日。

委任王守愚为湖北第三区司令官参谋长。此令。

总务部

孙文之印

据中国国民党中央文化传播委员会党史馆藏一般档案 051/343

---

① 原件上有"四年十一月五日下二时收到"字样。

准谢超武辞职令

（一九一五年十一月六日）

命令第九号。十一月六日。

湖北第三区司令官参谋长谢超武准其辞职。此令。

总、军务部查照

孙文之印

据中国国民党中央文化传播委员会党史馆藏一般档案 051/344

委任郑汉淇职务

（一九一五年十一月七日）①

委任郑汉淇为飞律滨群岛支部长。其前寄之泯利剌支部长郑台委任状一纸掣回。

据中国国民党中央文化传播委员会党史馆藏环龙路档案 05118

委任王忠诚职务

（一九一五年十一月七日）

委任王忠诚为飞律滨群岛支部副〈部〉长。

据中国国民党中央文化传播委员会党史馆藏环龙路档案 05118

---

① 原件旁注云："此状填发日期系十一月三日，以用前日已填日期之状纸也。"

给郑螺生委任状

（一九一五年十一月二十一日）

委任状

委任郑螺生为霹雳支部正部长。此状。

中华革命党总理　孙　文
总务部部长　陈其美
党务部部长　居　正
中华民国四年十一月二十一日

据黄警顽编《南洋霹雳华侨革命史迹》（上海文华美术图书公司一九三三年版）影印原件

给山中峰太郎委任状①

（一九一五年十二月二十九日）

委任状

委任山中峰太郎为中华革命军东北军参谋长。此状。

中华革命党总理　孙　文
中华民国四年十二月二十九日

据郝盛潮主编、王耿雄等编《孙中山集外集补编》（上海人民出版社一九九四年版）

---

① 1991年10月上海图书馆举办"辛亥革命八十周年纪念展览"开幕时，有某人持此委任状原件出示，是首次发现，由编者抄录。（底本原注）

给李南生委任状

（一九一六年一月二十四日）

委任状

  委任李南生为怡保支部总务科正主任。此状。

中华革命党总理　孙　文

总务部部长　陈其美

党务部部长　居　正

中华民国五年一月二十日

据黄警顽编《南洋霹雳华侨革命史迹》（上海文华美术图书公司一九三三年版）

给何以兴委任状

（一九一六年二月十八日）

委任状

  委任何以兴为大山脚分部总务科主任。此状。

中华革命党总理　孙　文

总务部部长　陈其美

党务部部长　居　正

中华民国五年二月十八日

据中国国民党中央文化传播委员会党史馆藏一般档案051/205

给陈继平委任状

（一九一六年二月十八日）

委任状

  委任陈继平为星加坡琼州分部交际科主任。此状。

中华革命党总理　孙　文
总务部部长　陈其美
党务部部长　居　正
中华民国五年二月十八日

据中国国民党中央文化传播委员会党史馆藏一般档案051/238

给刘谦祥委任状

（一九一六年二月二十日）

委任状

  委任刘谦祥为宿务筹饷局董事。此状。

中华革命党总理　孙　文
总务部部长　陈其美
财政部部长　张人杰
中华民国五年二月二十日

据中国国民党中央文化传播委员会党史馆藏一般档案051/161

给朱定和委任状

（一九一六年二月二十日）

委任状

委任朱定和为庇能筹饷局局长。此状。

中华革命党总理　孙　文

总务部部长　陈其美

财政部部长　张人杰

中华民国五年二月二十日

据李穗梅主编《孙中山与帅府名人文物与未刊资料选编》（广东科技出版社二〇一一年版）影印原件

给叶独醒委任状

（一九一六年四月二十二日）

委任状

委任叶独醒为宿务筹饷局总劝募员。此状。

中华革命党总理　孙　文

总务部部长　陈其美

财政部部长　张人杰

中华民国五年四月二十二日

据中国国民党中央文化传播委员会党史馆藏一般档案051/328

批居正函①

（一九一六年十月十三日）

呈悉。即委居正为总务主任，谢持为党务主任，廖仲恺为财务主任。

孙　文

据黄季陆主编《总理全集》下册（成都近芬书屋一九四四年版）

委任卢鸿职务令

（一九一六年）②

委卢鸿为广属安抚使。

文

附：香港来电：三万五千六百元收。卢鸿系请委广属安抚使，误写多四字能委，乞电示。符。

据中国国民党中央文化传播委员会党史馆藏一般档案051/440

---

① 原函请指定中华革命党本部事务所各部主任事。
② 原件无日期，当系朱执信于1916年任广东司令长官时所发之电报。

任命伍廷芳职务令

（一九一七年九月十一日）

大元帅令

  特任伍廷芳为中华民国军政府外交总长。此令。

大元帅（印）

中华民国六年九月十一日

据《军政府公报》第一号（广州一九一七年九月十七日）

任命唐绍仪职务令

（一九一七年九月十一日）

大元帅令

  特任唐绍仪为中华民国军政府财政总长。此令。

大元帅（印）

中华民国六年九月十一日

据《军政府公报》第一号（广州一九一七年九月十七日）

任命张开儒职务令

（一九一七年九月十一日）

大元帅令

  特任张开儒为中华民国军政府陆军总长。此令。

大元帅（印）

中华民国六年九月十一日

据《军政府公报》第一号（广州一九一七年九月十七日）

任命程璧光职务令

（一九一七年九月十一日）

大元帅令

  特任程璧光为中华民国军政府海军总长。此令。

大元帅（印）

中华民国六年九月十一日

据《军政府公报》第一号（广州一九一七年九月十七日）

任命孙洪伊职务令

（一九一七年九月十一日）

大元帅令

  特任孙洪伊为中华民国军政府内政总长。此令。

大元帅（印）

中华民国六年九月十一日

据《军政府公报》第一号（广州一九一七年九月十七日）

任命胡汉民职务令

（一九一七年九月十一日）

大元帅令

  特任胡汉民为中华民国军政府交通总长。此令。

大元帅（印）

中华民国六年九月十一日

据《军政府公报》第一号（广州一九一七年九月十七日）

任命王正廷职务令

（一九一七年九月十一日）

大元帅令

　　任命王正廷为中华民国军政府外交次长。此令。

大元帅（印）
中华民国六年九月十一日

据《军政府公报》第一号（广州一九一七年九月十七日）

任命居正职务令

（一九一七年九月十一日）

大元帅令

　　任命居正为中华民国军政府内政次长。此令。

大元帅（印）
中华民国六年九月十一日

据《军政府公报》第一号（广州一九一七年九月十七日）

任命王正廷职务令

（一九一七年九月十一日）

大元帅令

　　外交总长伍廷芳未到任以前，着王正廷暂行代理。此令。

大元帅（印）
中华民国六年九月十一日

据《军政府公报》第一号（广州一九一七年九月十七日）

任命居正职务令

（一九一七年九月十一日）

大元帅令

　　内政总长孙洪伊未到任以前,着居正暂行代理。此令。

大元帅（印）

中华民国六年九月十一日

据《军政府公报》第一号（广州一九一七年九月十七日）

任命林葆怿职务令

（一九一七年九月十一日）

大元帅令

　　特任林葆怿为中华民国军政府海军总司令。此令。

大元帅（印）

中华民国六年九月十一日

据《军政府公报》第一号（广州一九一七年九月十七日）

任命方声涛职务令

（一九一七年九月十一日）

大元帅令

　　特任方声涛为中华民国军政府卫戍总司令。此令。

大元帅（印）

中华民国六年九月十一日

据《军政府公报》第一号（广州一九一七年九月十七日）

任命李烈钧职务令

（一九一七年九月十一日）

大元帅令

　　特任李烈钧为中华民国军政府参谋总长。此令。

大元帅（印）
中华民国六年九月十一日
据《军政府公报》第一号（广州一九一七年九月十七日）

任命章炳麟职务令

（一九一七年九月十一日）

大元帅令

　　特任章炳麟为大元帅府秘书长。此令。

大元帅（印）
中华民国六年九月十一日
据《军政府公报》第一号（广州一九一七年九月十七日）

任命许崇智职务令

（一九一七年九月十一日）

大元帅令

　　特任许崇智为大元帅府参军长。此令。

大元帅（印）
中华民国六年九月十一日
据《军政府公报》第一号（广州一九一七年九月十七日）

任命李福林职务令

（一九一七年九月十一日）

大元帅令

　　任命李福林为大元帅府亲军总司令。此令。

　　　　　　　　　　　　　　　　　　　　大元帅（印）

　　　　　　　　　　　　　　　　　　　中华民国六年九月十一日

据《军政府公报》第一号（广州一九一七年九月十七日）

任命黄大伟职务令

（一九一七年九月十一日）

大元帅令

　　任命黄大伟为大元帅府参军。此令。

　　　　　　　　　　　　　　　　　　　　大元帅（印）

　　　　　　　　　　　　　　　　　　　中华民国六年九月十一日

据《军政府公报》第一号（广州一九一七年九月十七日）

任命周应时职务令

（一九一七年九月十一日）

大元帅令

　　任命周应时为大元帅府参军。此令。

　　　　　　　　　　　　　　　　　　　　大元帅（印）

　　　　　　　　　　　　　　　　　　　中华民国六年九月十一日

据《军政府公报》第一号（广州一九一七年九月十七日）

任命邓玉麟职务令

（一九一七年九月十一日）

大元帅令

　　任命邓玉麟为大元帅府参军。此令。

大元帅（印）
中华民国六年九月十一日

据《军政府公报》第一号（广州一九一七年九月十七日）

任命高尚志职务令

（一九一七年九月十一日）

大元帅令

　　任命高尚志为大元帅府参军。此令。

大元帅（印）
中华民国六年九月十一日

据《军政府公报》第一号（广州一九一七年九月十七日）

任命周之贞职务令

（一九一七年九月十一日）

大元帅令

　　任命周之贞为大元帅府参军。此令。

大元帅（印）
中华民国六年九月十一日

据《军政府公报》第一号（广州一九一七年九月十七日）

任命罗家衡职务令

（一九一七年九月十一日）

大元帅令

  任命罗家衡为大元帅府秘书。此令。

             大元帅（印）
           中华民国六年九月十一日

据《军政府公报》第一号(广州一九一七年九月十七日)

任命刘奇瑶职务令

（一九一七年九月十一日）

大元帅令

  任命刘奇瑶为大元帅府秘书。此令。

             大元帅（印）
           中华民国六年九月十一日

据《军政府公报》第一号(广州一九一七年九月十七日)

任命秦广礼职务令

（一九一七年九月十一日）

大元帅令

  任命秦广礼为大元帅府秘书。此令。

             大元帅（印）
           中华民国六年九月十一日

据《军政府公报》第一号(广州一九一七年九月十七日)

任命叶夏声职务令

（一九一七年九月十一日）

大元帅令

  任命叶夏声为大元帅府秘书。此令。

大元帅（印）

中华民国六年九月十一日

据《军政府公报》第一号（广州一九一七年九月十七日）

任命张大义职务令

（一九一七年九月十一日）

大元帅令

  任命张大义为大元帅府秘书。此令。

大元帅（印）

中华民国六年九月十一日

据《军政府公报》第一号（广州一九一七年九月十七日）

任命马君武职务令

（一九一七年九月十一日）

大元帅令

  任命马君武为大元帅府秘书。此令。

大元帅（印）

中华民国六年九月十一日

据《军政府公报》第一号（广州一九一七年九月十七日）

任命贺赞元职务令

（一九一七年九月十一日）

大元帅令

　　任命贺赞元为大元帅府秘书。此令。

大元帅（印）
中华民国六年九月十一日

据《军政府公报》第一号（广州一九一七年九月十七日）

任命刘盥训职务令

（一九一七年九月十一日）

大元帅令

　　任命刘盥训为大元帅府秘书。此令。

大元帅（印）
中华民国六年九月十一日

据《军政府公报》第一号（广州一九一七年九月十七日）

任命张伯烈职务令

（一九一七年九月十一日）

大元帅令

　　任命张伯烈为大元帅府秘书。此令。

大元帅（印）
中华民国六年九月十一日

据《军政府公报》第一号（广州一九一七年九月十七日）

任命平刚职务令

（一九一七年九月十一日）

大元帅令

　　任命平刚为大元帅府秘书。此令。

　　　　　　　　　　　　　　　　　　大元帅（印）

　　　　　　　　　　　　　　中华民国六年九月十一日

据《军政府公报》第一号（广州一九一七年九月十七日）

任命吕复职务令

（一九一七年九月十一日）

大元帅令

　　任命吕复为大元帅府参议。此令。

　　　　　　　　　　　　　　　　　　大元帅（印）

　　　　　　　　　　　　　　中华民国六年九月十一日

据《军政府公报》第一号（广州一九一七年九月十七日）

任命吴宗慈职务令

（一九一七年九月十一日）

大元帅令

　　任命吴宗慈为大元帅府参议。此令。

　　　　　　　　　　　　　　　　　　大元帅（印）

　　　　　　　　　　　　　　中华民国六年九月十一日

据《军政府公报》第一号（广州一九一七年九月十七日）

任命宋渊源职务令

（一九一七年九月十一日）

大元帅令

  任命宋渊源为大元帅府参议。此令。

大元帅（印）

中华民国六年九月十一日

据《军政府公报》第一号（广州一九一七年九月十七日）

任命周震鳞职务令

（一九一七年九月十一日）

大元帅令

  任命周震麟〔鳞〕①为大元帅府参议。此令。

大元帅（印）

中华民国六年九月十一日

据《军政府公报》第一号（广州一九一七年九月十七日）

---

① 原文作"麟"，据《大元帅府简任人员职务姓名录》改为"鳞"。

任命茅祖权职务令

（一九一七年九月十一日）

大元帅令

  任命茅祖权为大元帅府参议。此令。

大元帅（印）

中华民国六年九月十一日

据《军政府公报》第一号（广州一九一七年九月十七日）

任命吕志伊职务令

（一九一七年九月十一日）

大元帅令

  任命吕志伊为大元帅府参议。此令。

大元帅（印）

中华民国六年九月十一日

据《军政府公报》第一号（广州一九一七年九月十七日）

任命王湘职务令

（一九一七年九月十一日）

大元帅令

  任命王湘为大元帅府参议。此令。

大元帅（印）

中华民国六年九月十一日

据《军政府公报》第一号（广州一九一七年九月十七日）

任命马骧职务令

（一九一七年九月十一日）

大元帅令

　　任命马骧为大元帅府参议。此令。

大元帅（印）

中华民国六年九月十一日

据《军政府公报》第一号（广州一九一七年九月十七日）

任命王法勤职务令

（一九一七年九月十一日）

大元帅令

　　任命王法勤为大元帅府参议。此令。

大元帅（印）

中华民国六年九月十一日

据《军政府公报》第一号（广州一九一七年九月十七日）

任命赵世钰职务令

（一九一七年九月十一日）

大元帅令

　　任命赵世钰为大元帅府参议。此令。

大元帅（印）

中华民国六年九月十一日

据《军政府公报》第一号（广州一九一七年九月十七日）

任命邹鲁职务令

（一九一七年九月十一日）

大元帅令

　　任命邹鲁为大元帅府参议。此令。

大元帅（印）

中华民国六年九月十一日

据《军政府公报》第一号（广州一九一七年九月十七日）

任命凌钺职务令

（一九一七年九月十一日）

大元帅令

　　任命凌钺为大元帅府参议。此令。

大元帅（印）

中华民国六年九月十一日

据《军政府公报》第一号（广州一九一七年九月十七日）

任命王湘职务令

（一九一七年九月十二日）

大元帅令

　　任命王湘为川滇劳军使。此令。

大元帅（印）

中华民国六年九月十二日

据《军政府公报》第一号（广州一九一七年九月十七日）

任命吴宗慈职务令

（一九一七年九月十二日）

大元帅令

  任命吴宗慈为川滇劳军使。此令。

大元帅（印）

中华民国六年九月十二日

据《军政府公报》第一号（广州一九一七年九月十七日）

任命陈炯明职务令

（一九一七年九月十二日）

大元帅令

  特任陈炯明为中华民国军政府第一军总司令。此令。

大元帅（印）

中华民国六年九月十二日

据《军政府公报》第一号（广州一九一七年九月十七日）

任命陈群职务令

（一九一七年九月十二日）

大元帅令

  任命陈群为大元帅府秘书。此令。

大元帅（印）

中华民国六年九月十二日

据《军政府公报》第一号（广州一九一七年九月十七日）

任命万黄裳职务令

（一九一七年九月十二日）

大元帅令

　　任命万黄裳为大元帅府秘书。此令。

大元帅（印）
中华民国六年九月十二日
据《军政府公报》第一号（广州一九一七年九月十七日）

任命李执中职务令

（一九一七年九月十三日）

大元帅令

　　任命李执中为大元帅府参议。此令。

大元帅（印）
中华民国六年九月十三日
据《军政府公报》第一号（广州一九一七年九月十七日）

任命胡祖舜职务令

（一九一七年九月十三日）

大元帅令

　　任命胡祖舜为大元帅府参议。此令。

大元帅（印）
中华民国六年九月十三日
据《军政府公报》第一号（广州一九一七年九月十七日）

任命张大昕职务令

（一九一七年九月十三日）

大元帅令

　　任命张大昕为大元帅府参议。此令。

　　　　　　　　　　　　　　　　　　大元帅（印）
　　　　　　　　　　　　　　　　中华民国六年九月十三日

据《军政府公报》第一号（广州一九一七年九月十七日）

任命谢持职务令

（一九一七年九月十三日）

大元帅令

　　任命谢持为大元帅府参议。此令。

　　　　　　　　　　　　　　　　　　大元帅（印）
　　　　　　　　　　　　　　　　中华民国六年九月十三日

据《军政府公报》第一号（广州一九一七年九月十七日）

任命彭介石职务令

（一九一七年九月十三日）

大元帅令

　　任命彭介石为大元帅府参议。此令。

　　　　　　　　　　　　　　　　　　大元帅（印）
　　　　　　　　　　　　　　　　中华民国六年九月十三日

据《军政府公报》第一号（广州一九一七年九月十七日）

任命萧晋荣职务令

（一九一七年九月十三日）

大元帅令

　　任命萧晋荣为大元帅府参议。此令。

大元帅（印）

中华民国六年九月十三日

据《军政府公报》第一号（广州一九一七年九月十七日）

任命刘英职务令

（一九一七年九月十三日）

大元帅令

　　任命刘英为大元帅府参议。此令。

大元帅（印）

中华民国六年九月十三日

据《军政府公报》第一号（广州一九一七年九月十七日）

任命崔文藻职务令

（一九一七年九月十三日）

大元帅令

　　任命崔文藻为大元帅府参议。此令。

大元帅（印）

中华民国六年九月十三日

据《军政府公报》第一号（广州一九一七年九月十七日）

任命刘成禺职务令

（一九一七年九月十三日）

大元帅令

　　任命刘成禺为大元帅府参议。此令。

　　　　　　　　　　　　　　　　　　　　　　大元帅（印）

　　　　　　　　　　　　　　　　　　中华民国六年九月十三日

据《军政府公报》第一号（广州一九一七年九月十七日）

任命陆兰清职务令

（一九一七年九月十三日）

大元帅令

　　任命陆兰清为大元帅府参军。此令。

　　　　　　　　　　　　　　　　　　　　　　大元帅（印）

　　　　　　　　　　　　　　　　　　中华民国六年九月十三日

据《军政府公报》第一号（广州一九一七年九月十七日）

任命梅培职务令

（一九一七年九月十四日）

大元帅令

　　任命梅培为大元帅府秘书。此令。

　　　　　　　　　　　　　　　　　　　　　　大元帅（印）

　　　　　　　　　　　　　　　　　　中华民国六年九月十四日

据《军政府公报》第二号（广州一九一七年九月二十日）

任命古应芬职务令

（一九一七年九月十四日）

大元帅令

  任命古应芬为大元帅府秘书。此令。

大元帅（印）
中华民国六年九月十四日
据《军政府公报》第二号（广州一九一七年九月二十日）

任命梁树熊职务令

（一九一七年九月十四日）

大元帅令

  任命梁树熊为大元帅府秘书。此令。

大元帅（印）
中华民国六年九月十四日
据《军政府公报》第二号（广州一九一七年九月二十日）

任命谢英伯职务令

（一九一七年九月十四日）

大元帅令

  任命谢英伯为大元帅府秘书。此令。

大元帅（印）
中华民国六年九月十四日
据《军政府公报》第二号（广州一九一七年九月二十日）

任命熊英职务令

（一九一七年九月十四日）

大元帅令

  任命熊英为大元帅府秘书。此令。

大元帅（印）

中华民国六年九月十四日

据《军政府公报》第二号（广州一九一七年九月二十日）

任命冯自由职务令

（一九一七年九月十四日）

大元帅令

  任命冯自由为大元帅府参议。此令。

大元帅（印）

中华民国六年九月十四日

据《军政府公报》第二号（广州一九一七年九月二十日）

任命苏理平职务令

（一九一七年九月十四日）

大元帅令

  任命苏理平为大元帅府秘书。此令。

大元帅（印）

中华民国六年九月十四日

据《军政府公报》第二号（广州一九一七年九月二十日）

任命毛仲芳职务令

（一九一七年九月十四日）

大元帅令

  任命毛仲芳为大元帅府参议。此令。

大元帅（印）

中华民国六年九月十四日

据《军政府公报》第二号（广州一九一七年九月二十日）

任命曹亚伯职务令

（一九一七年九月十四日）

大元帅令

  任命曹亚伯为大元帅府参议。此令。

大元帅（印）

中华民国六年九月十四日

据《军政府公报》第二号（广州一九一七年九月二十日）

任命郭椿森职务令

（一九一七年九月十四日）

大元帅令

  任命郭椿森为大元帅府参议。此令。

大元帅（印）

中华民国六年九月十四日

据《军政府公报》第二号（广州一九一七年九月二十日）

任命徐之琛职务令

（一九一七年九月十四日）

大元帅令

任命徐之琛为大元帅府参议。此令。

大元帅（印）

中华民国六年九月十四日

据《军政府公报》第二号（广州一九一七年九月二十日）

任命徐瑞霖职务令

（一九一七年九月十四日）

大元帅令

任命徐瑞霖为大元帅府参议。此令。

大元帅（印）

中华民国六年九月十四日

据《军政府公报》第二号（广州一九一七年九月二十日）

任命龚政职务令

（一九一七年九月十四日）

大元帅令

任命龚政为大元帅府参议。此令。

大元帅（印）

中华民国六年九月十四日

据《军政府公报》第二号（广州一九一七年九月二十日）

任命覃超职务令

（一九一七年九月十四日）

大元帅令

　　任命覃超为大元帅府参议。此令。

大元帅（印）
中华民国六年九月十四日

据《军政府公报》第二号（广州一九一七年九月二十日）

任命曾彦职务令

（一九一七年九月十四日）

大元帅令

　　任命曾彦为大元帅府参议。此令。

大元帅（印）
中华民国六年九月十四日

据《军政府公报》第二号（广州一九一七年九月二十日）

任命许继祥职务令

（一九一七年九月十四日）

大元帅令

　　任命许继祥为大元帅府参议。此令。

大元帅（印）
中华民国六年九月十四日

据《军政府公报》第二号（广州一九一七年九月二十日）

任命黄展云职务令

（一九一七年九月十四日）

大元帅令

　　任命黄展云为大元帅府秘书。此令。

　　　　　　　　　　　　　　　　　　大元帅（印）
　　　　　　　　　　　　　　　　中华民国六年九月十四日

据《军政府公报》第二号（广州一九一七年九月二十日）

任命陈民钟职务令

（一九一七年九月十六日）

大元帅令

　　任命陈民钟为大元帅府参议。此令。

　　　　　　　　　　　　　　　　　　大元帅（印）
　　　　　　　　　　　　　　　　中华民国六年九月十六日

据《军政府公报》第二号（广州一九一七年九月二十日）

任命林直勉职务令

（一九一七年九月十六日）

大元帅令

　　任命林直勉为大元帅府秘书。此令。

　　　　　　　　　　　　　　　　　　大元帅（印）
　　　　　　　　　　　　　　　　中华民国六年九月十六日

据《军政府公报》第二号（广州一九一七年九月二十日）

任命李禄超职务令

（一九一七年九月十六日）

大元帅令

　　任命李禄超为大元帅府秘书。此令。

大元帅（印）
中华民国六年九月十六日
据《军政府公报》第二号（广州一九一七年九月二十日）

任命蒋文汉职务令

（一九一七年九月十六日）

大元帅令

　　任命蒋文汉为大元帅府秘书。此令。

大元帅（印）
中华民国六年九月十六日
据《军政府公报》第二号（广州一九一七年九月二十日）

任命林焕庭职务令

（一九一七年九月十六日）

大元帅令

　　任命林焕庭为大元帅府秘书。此令。

大元帅（印）
中华民国六年九月十六日
据《军政府公报》第二号（广州一九一七年九月二十日）

任命时功玖职务令

（一九一七年九月十六日）

大元帅令

　　任命时功玖为大元帅府参议。此令。

大元帅（印）
中华民国六年九月十六日

据《军政府公报》第二号（广州一九一七年九月二十日）

任命董昆瀛职务令

（一九一七年九月十六日）

大元帅令

　　任命董昆瀛为大元帅府参议。此令。

大元帅（印）
中华民国六年九月十六日

据《军政府公报》第二号（广州一九一七年九月二十日）

任命邵元冲职务令

（一九一七年九月十六日）

大元帅令

　　任命邵元冲为大元帅府秘书。此令。

大元帅（印）
中华民国六年九月十六日

据《军政府公报》第二号（广州一九一七年九月二十日）

任命谭民三职务令

（一九一七年九月十六日）

大元帅令

任命谭民三为大元帅府参议。此令。

大元帅（印）
中华民国六年九月十六日

据《军政府公报》第二号（广州一九一七年九月二十日）

给邓耀任命状

（一九一七年九月十六日）

任命状

任命邓耀为广东招抚局长。此状。

中华民国海陆军大元帅　孙　文
中华民国六年九月十六日

据中国国民党中央文化传播委员会党史馆藏一般档案051/217

任命杨福田职务令

(一九一七年九月十七日)

大元帅令

　　任命杨福田为大元帅府参军。此令。

大元帅(印)
中华民国六年九月十七日

据《军政府公报》第三号(广州一九一七年九月二十一日)

任命蒋国斌等职务令

(一九一七年九月十七日)

大元帅令

　　参军长许崇智呈请,任命蒋国斌为参军处总务科科长,梅培为参军处会计科科长,陈永惠为参军处庶务科科长,应照准。此令。

大元帅(印)
中华民国六年九月十七日

据《军政府公报》第三号(广州一九一七年九月二十一日)

任命黄伯耀李建中职务令

(一九一七年九月十八日)

大元帅令

  任命黄伯耀、李建中为大元帅府秘书。此令。

大元帅(印)
中华民国六年九月十八日

据《军政府公报》第三号(广州一九一七年九月二十一日)

任命吕复职务令

(一九一七年九月十八日)

大元帅令

  任命吕复兼大元帅府秘书。此令。

大元帅(印)
中华民国六年九月十八日

据《军政府公报》第三号(广州一九一七年九月二十一日)

任命林学衡职务令

(一九一七年九月十八日)

大元帅令

  任命林学衡为大元帅府秘书。此令。

大元帅(印)
中华民国六年九月十八日

据《军政府公报》第三号(广州一九一七年九月二十一日)

任命蒙民伟职务令

（一九一七年九月十八日）

大元帅令

　　任命蒙民伟为大元帅府参议。此令。

　　　　　　　　　　　　　　　　　　　　　　大元帅（印）
　　　　　　　　　　　　　　　　　　　中华民国六年九月十八日

据《军政府公报》第三号（广州一九一七年九月二十一日）

任命段雄职务令

（一九一七年九月十八日）

大元帅令

　　任命段雄为大元帅府参议。此令。

　　　　　　　　　　　　　　　　　　　　　　大元帅（印）
　　　　　　　　　　　　　　　　　　　中华民国六年九月十八日

据《军政府公报》第三号（广州一九一七年九月二十一日）

任命张华澜职务令

（一九一七年九月十八日）

大元帅令

　　任命张华澜为大元帅府参议。此令。

　　　　　　　　　　　　　　　　　　　　　　大元帅（印）
　　　　　　　　　　　　　　　　　　　中华民国六年九月十八日

据《军政府公报》第三号（广州一九一七年九月二十一日）

任命梁培职务令

（一九一七年九月十八日）

大元帅令

　　任命梁培为大元帅府参议。此令。

　　　　　　　　　　　　　　　　　　　　　大元帅（印）

　　　　　　　　　　　　　　　　　　中华民国六年九月十八日

　　　　　　　　据《军政府公报》第三号（广州一九一七年九月二十一日）

任命李茂之等职务令

（一九一七年九月十八日）

大元帅令

　　任命李茂之、卢信、李华林、朱念祖、王有兰、张于浔、陈时铨、黄元白、黄玫素、庐〔卢〕①仲琳为大元帅府参议。此令。

　　　　　　　　　　　　　　　　　　　　　大元帅（印）

　　　　　　　　　　　　　　　　　　中华民国六年九月十八日

　　　　　　　　据《军政府公报》第三号（广州一九一七年九月二十一日）

---

① 此处据《大元帅府简任人员职务姓名录》（1917至1918年）校改。

任命杨大实等职务令

(一九一七年九月十八日)

大元帅令

任命杨大实、于洪起、邓天一、李秉恕、方潜、张瑞萱、曹振懋、王观铭、寇遐、杨铭源、王乃昌为大元帅府参议。此令。

大元帅(印)

中华民国六年九月十八日

据《军政府公报》第三号(广州一九一七年九月二十一日)

任命丁象谦等职务令

(一九一七年九月十八日)

大元帅令

任命丁象谦、刘泽龙、李国定为大元帅府参议。此令。

大元帅(印)

中华民国六年九月十八日

据《军政府公报》第三号(广州一九一七年九月二十一日)

任命李含芳职务令

（一九一七年九月十八日）

大元帅令
　　任命李含芳为大元帅府参议。此令。

　　　　　　　　　　　　　　　　　大元帅（印）
　　　　　　　　　　　　　中华民国六年九月十八日
　　　　　据《军政府公报》第三号（广州一九一七年九月二十一日）

任命覃振等职务令

（一九一七年九月十九日）

大元帅令
　　任命覃振、田桐、陈策、王釜、陈寿如、刘芷芳〔芬〕①、陈鸿钧、汪唠鸾为大元帅府参议。此令。

　　　　　　　　　　　　　　　　　大元帅（印）
　　　　　　　　　　　　　中华民国六年九月十九日
　　　　　据《军政府公报》第三号（广州一九一七年九月二十一日）

---

① 此处据《大元帅府简任人员职务姓名录》（1917至1918年）校改。

任命张左丞林镜台职务令

（一九一七年九月二十日）

大元帅令

　　任命张左丞、林镜台为大元帅府参议。此令。

大元帅（印）
中华民国六年九月二十日

据《军政府公报》第三号（广州一九一七年九月二十一日）

任命邹鲁职务令

（一九一七年九月二十二日）

大元帅令

　　任命邹鲁为中华民国军政府财政次长。此令。

大元帅（印）
中华民国六年九月二十二日

据《军政府公报》第五号（广州一九一七年九月二十三日）

任命徐谦职务令

（一九一七年九月二十二日）

大元帅令

特任徐谦代理大元帅府秘书长。此令。

大元帅（印）

中华民国六年九月二十二日

据《军政府公报》第五号（广州一九一七年九月二十三日）

任命廖仲恺职务令

（一九一七年九月二十二日）

大元帅令

特任廖仲恺代理中华民国军政府财政总长。此令。

大元帅（印）

中华民国六年九月二十二日

据《军政府公报》第五号（广州一九一七年九月二十三日）

给郑祖怡任命状

（一九一七年九月二十四日）

任命状

任命楚豫舰长郑祖怡为大元帅府参军。此状。

中华民国海陆军大元帅 孙 文

中华民国六年九月二十四日

据中国国民党中央文化传播委员会党史馆藏一般档案 051/191

任命邓慕韩职务令

（一九一七年九月二十五日）

大元帅令

  任命邓慕韩为大元帅府参议。此令。

大元帅（印）

中华民国六年九月二十五日

据《军政府公报》第六号（广州一九一七年九月二十五日）

任命叶夏声职务令

（一九一七年九月二十五日）

大元帅令

  任命叶夏声代理内政次长。此令。

大元帅（印）

中华民国六年九月二十五日

据《军政府公报》第六号（广州一九一七年九月二十五日）

任命马君武职务令

（一九一七年九月二十五日）

大元帅令

  特任马君武代理中华民国军政府交通总长。此令。

大元帅（印）

中华民国六年九月二十五日

据《军政府公报》第六号（广州一九一七年九月二十五日）

给李炳初任命状

(一九一七年九月二十七日)

任命状

  任命李炳初为筹饷委员。此状。

          中华民国海陆军大元帅 孙 文
          中华民国六年九月二十七日

据中国国民党中央文化传播委员会党史馆藏一般档案051/207

给杨汉魂任命状

(一九一七年九月二十七日)

任命状

  任命杨汉魂为筹饷委员。此状。

          中华民国海陆军大元帅 孙 文
          中华民国六年九月二十七日

据中国国民党中央文化传播委员会党史馆藏一般档案051/207

任命吴铁城等职务令

（一九一七年九月二十七日）

大元帅令

　　任命吴铁城、金〔余〕①雅丞、孙继烈、冯镇东、彭泽为大元帅府参议。此令。

　　　　　　　　　　　　　　　　　　　　　　　　大元帅（印）
　　　　　　　　　　　　　　　　　　　　　中华民国六年九月二十七日
　　　　　　　　　　　　据《军政府公报》第八号（广州一九一七年九月二十七日）

任命黄承胄职务令

（一九一七年九月二十七日）

大元帅令

　　任命黄承胄为大元帅府参议。此令。

　　　　　　　　　　　　　　　　　　　　　　　　大元帅（印）
　　　　　　　　　　　　　　　　　　　　　中华民国六年九月二十七日
　　　　　　　　　　　　据《军政府公报》第九号（广州一九一七年九月二十八日）

---

① 此处据《大元帅府简任人员职务姓名录》（1917至1918年）校改。

任命刘汉川职务令

（一九一七年九月二十八日）

大元帅令

　　任命刘汉川为大元帅府参议。此令。

　　　　　　　　　　　　　　　　　　大元帅（印）

　　　　　　　　　　　　　　　中华民国六年九月二十八日

据《军政府公报》第九号（广州一九一七年九月二十八日）

任命刘成职务令

（一九一七年九月二十八日）

大元帅令

　　任命刘成为大元帅府参军。此令。

　　　　　　　　　　　　　　　　　　大元帅（印）

　　　　　　　　　　　　　　　中华民国六年九月二十八日

据《军政府公报》第九号（广州一九一七年九月二十八日）

任命吴醒汉职务令

（一九一七年十月二日）

大元帅令

　　任命吴醒汉为大元帅府参军。此令。

　　　　　　　　　　　　　　　　　　大元帅（印）

　　　　　　　　　　　　　　　　中华民国六年十月二日

据《军政府公报》第十五号（广州一九一七年十月十七日）

给童杭时任命状

(一九一七年十月四日)

任命状

  任命童杭时为大元帅府参议。此状。

中华民国海陆军大元帅　孙　文
中华民国六年十月四日

据中国国民党中央文化传播委员会党史馆藏一般档案051/226

给潘乃德任命状

(一九一七年十月四日)

任命状

  任命潘乃德为大元帅府参议。此状。

中华民国海陆军大元帅　孙　文
中华民国六年十月四日

据秦孝仪主编《国父全集》第八册(台北近代中国出版社一九八九年版)

任命李玉昆职务令

（一九一七年十月九日）

大元帅令

　　任命李玉昆为大元帅府参军。此令。

大元帅（印）
中华民国六年十月九日

据《军政府公报》第十五号（广州一九一七年十月十七日）

任命曾尚武职务令

（一九一七年十月十一日）

大元帅令

　　任命曾尚武为大元帅府参军。此令。

大元帅（印）
中华民国六年十月十一日

据《军政府公报》第十五号（广州一九一七年十月十七日）

任命熊秉坤等职务令

（一九一七年十月十一日）

大元帅令

　　任命熊秉坤为大元帅府参军。此令。

大元帅（印）
中华民国六年十月十一日

据《军政府公报》第十八号（广州一九一七年十月二十七日）

任命席正铭职务令

（一九一七年十月十一日）

大元帅令

任命席正钦〔铭〕①为大元帅府参军。此令。

大元帅（印）

中华民国六年十月十一日

据《军政府公报》第十五号（广州一九一七年十月十七日）

任命许崇智职务令

（一九一七年十月十四日）

大元帅令

特任许崇智署理中华民国军政府陆军总长。此令。

大元帅（印）

中华民国六年十月十四日

据《军政府公报》第十四号（广州一九一七年十月十五日）

---

① 此处据《大元帅府简任人员职务姓名录》（1917 至 1918 年）校改。

任命黄大伟代职令

（一九一七年十月十四日）

大元帅令

许崇智现署理陆军总长，其参军长事务，着黄大伟代理。此令。

大元帅（印）

中华民国六年十月十四日

据《军政府公报》第十四号（广州一九一七年十月十五日）

任命蒋群职务令

（一九一七年十月十五日）

大元帅令

任命蒋群为大元帅府参军。此令。

大元帅（印）

中华民国六年十月十五日

据《军政府公报》第十五号（广州一九一七年十月十七日）

任命李国定刘泽龙职务令

（一九一七年十月十五日）

大元帅令

委任李国定、刘泽龙为四川劳军使。此令。

大元帅（印）

中华民国六年十月十五日

据《军政府公报》第十五号（广州一九一七年十月十七日）

任命林祖涵职务令

（一九一七年十月十七日）

大元帅令

  任命林祖涵为湖南劳军使。此令。

中华民国六年十月十七日

据《军政府公报》第十七号（广州一九一七年十月二十三日）

给崔鼎新委任状

（一九一七年十月十七日）

任命状

  任命崔鼎新为西提筹饷委员。此状。

中华民国海陆军大元帅　孙　文
中华民国六年十月十七日

据中国国民党中央文化传播委员会党史馆藏一般档案051/155

给刘谦祥委任状

（一九一七年十月十七日）

任命状

  任命刘谦祥为小吕宋筹饷委员。此状。

中华民国海陆军大元帅　孙　文
中华民国六年十月十七日

据中国国民党中央文化传播委员会党史馆藏一般档案051/161

任命林飞云职务令

（一九一七年十月十九日）

大元帅令

　　任命林飞云为大元帅府秘书。此令。

大元帅（印）

中华民国六年十月十九日

据《军政府公报》第十六号（广州一九一七年十月二十日）

任命蒋国斌职务令

（一九一七年十月二十二日）

大元帅令

　　任命蒋国斌为大元帅府参军。此令。

大元帅（印）

中华民国六年十月二十二日

据《军政府公报》第十八号（广州一九一七年十月二十七日）

任命刘存厚职务令

（一九一七年十月二十四日）

大元帅令

　　特任刘存厚为中华民国军政府四川督军。此令。

大元帅（印）

中华民国六年十月二十四日

据《军政府公报》第二十四号（广州一九一七年十一月十七日）

给王孰闻任命状

（一九一七年十月二十五日）

任命状

  特任王孰闻为西北利亚调查专员，此状。

          中华民国海陆军大元帅 孙 文
          中华民国六年十月二十五日

据全国政协文史资料研究委员会、中国革命博物馆联合编辑《孙中山先生画册》（中国文史出版社一九八六年版）图版四三九号

给戴愧生任命状

（一九一七年十月二十七日）

任命状

  任命戴愧生为小吕宋筹饷委员。此状。

          中华民国海陆军大元帅 孙 文
          中华民国六年十月十七日

据秦孝仪主编《国父全集》第八册（台北近代中国出版社一九八九年版）

任命吴山职务令

（一九一七年十月二十九日）

大元帅令

　　任命吴山为大元帅府秘书。此令。

大元帅（印）
中华民国六年十月二十九日

据《军政府公报》第二十号（广州一九一七年十一月六日）

给管鹏委任状

（一九一七年十月二十九日）

任命状

　　任命管鹏为大元帅府参议。此状。

中华民国海陆军大元帅　孙　文
中华民国六年十月二十九日

据中国国民党中央文化传播委员会党史馆藏一般档案051/140

给朱晋经委任状

（一九一七年十月三十日）

任命状

　　任命朱晋经为筹饷委员。此令。

中华民国海陆军大元帅　孙　文
中华民国六年十月三十日

据中国国民党中央文化传播委员会党史馆藏一般档案051/159

任命张群蒋介石职务令

（一九一七年十一月一日）

大元帅令

　　任命张群、蒋介石为大元帅府参军。此令。

大元帅（印）
中华民国六年十一月一日

据《军政府公报》第二十号（广州一九一七年十一月六日）

给刘汉华任命状

（一九一七年十一月三日）

任命状

　　任命刘汉华为军事委员。此状。

中华民国海陆军大元帅　孙　文
中华民国六年十一月三日

　　据中国国民党中央文化传播委员会党史馆藏一般档案051/317

给高敦焯委任状

（一九一七年十一月三日）

任命状

　　任命高敦焯为筹饷委员。此状。

中华民国海陆军大元帅　孙　文
中华民国六年十一月三日

　　据中国国民党中央文化传播委员会党史馆藏一般档案051/7

给阮日华委任状

（一九一七年十一月三日）

任命状

　　任命阮日华为筹饷委员。此状。

中华民国海陆军大元帅　孙　文
中华民国六年十一月三日

据中国国民党中央文化传播委员会党史馆藏一般档案051/4

任命洪慈等职务令

（一九一七年十一月四日）

大元帅令

　　任命洪慈、瞿钧、祈〔祁〕①耿寰为大元帅府参军。此令。

大元帅（印）
中华民国六年十一月四日

据《军政府公报》第二十号（广州一九一七年十一月六日）

---

① 此处据《大元帅府简任人员职务姓名录》（1917至1918年）校改。

准任命阮复等职务令

（一九一七年十一月五日）

大元帅令

代理内政总长居正呈请任命阮复、丁震、王度、张龙云、方谷为内政部秘书，方策、詹德烜、丁象离为内政部佥事，应照准。此令。

大元帅（印）
中华民国六年十一月五日

据《军政府公报》第二十一号（广州一九一七年十一月八日）

任命孙洪伊职务令

（一九一七年十一月五日）

大元帅令

任命内政总长孙洪伊为中华民国军政府驻沪全权代表。此令。

大元帅（印）
中华民国六年十一月五日

据《军政府公报》第二十一号（广州一九一七年十一月八日）

给刘汉华任命状

（一九一七年十一月五日）

任命状

　　任命刘汉华为东海十六沙护沙督办。此状。

中华民国海陆军大元帅　孙　文
中华民国六年十一月五日

据中国国民党中央文化传播委员会党史馆藏一般档案051/317

准任命郑振春等职务令

（一九一七年十一月二十一日）

大元帅令

　　代理内政总长居正呈请任命郑振春、袁麟阁、黎庆恩、林者仁、曹羡、吴适为佥事，李维新为技正，应照准。此令。

大元帅（印）
中华民国六年十一月二十一日

据《军政府公报》第三十号（广州一九一七年十一月三十日）

任命安健职务令

（一九一七年十一月二十四日）

大元帅令

　　任命安健为川边宣慰使。此令。

大元帅（印）
中华民国六年十一月二十四日

据《军政府公报》第三十号（广州一九一七年十一月三十日）

给林义顺任命状

（一九一七年十一月二十六日）

任命状

　　任命林义顺为大元帅府参议。此状。

中华民国海陆军大元帅　孙　文
中华民国六年十一月二十六日

据中国国民党中央文化传播委员会党史馆藏一般档案 051/313

任命连声海职务令

(一九一七年十一月二十九日)

大元帅令

　　任命连声海为印铸局长。此令。

大元帅(印)
中华民国六年十一月二十九日

据《军政府公报》第三十号(广州一九一七年十一月三十日)

给管鹏任命状

(一九一七年十一月三十日)

任命状

　　任命管鹏为安徽招抚使。此状。

中华民国海陆军大元帅　孙　文
中华民国六年十一月三十日

据中国国民党中央文化传播委员会党史馆藏一般档案051/141

任命苏苍职务令

(一九一七年十二月五日)

大元帅令

  任命苏苍为大元帅府秘书。此令。

大元帅(印)
中华民国六年十二月五日

据《军政府公报》第三十三号(广州一九一七年十二月十二日)

准任命周道万等职务令

(一九一七年十二月七日)

大元帅令

  代理内政总长居正呈请任命周道万、周知礼、汪鲲南为内政部佥事,应照准。此令。

大元帅(印)
中华民国六年十二月七日

据《军政府公报》第三十三号(广州一九一七年十二月十二日)

任命石青阳职务令

（一九一七年十二月十二日）

大元帅令

  任命石青阳为川北招讨使。此令。

大元帅（印）
中华民国六年十二月十二日

    据《军政府公报》第三十五号（广州一九一七年十二月二十日）

任命黄嘉梁职务令

（一九一七年十二月十四日）

任命黄嘉梁为云南劳军使。

    据中国国民党中央文化传播委员会党史馆藏环龙路档案04088

派赵德恒为云南靖国后备军慰问使令

（一九一七年十二月二十四日）

大元帅令

  派本府参军赵德恒为云南靖国后备军慰问使。此令。

    据中国国民党中央文化传播委员会党史馆藏一般档案051/339

任命郑启聪职务令

（一九一七年十二月三十日）

大元帅令

  任命郑启聪为大元帅府参议。此令。

大元帅（印）

中华民国六年十二月三十日

据《军政府公报》第四十七号（广州一九一八年二月十五日）

任命刘景双张汇滔职务令

（一九一八年一月二日）

大元帅令

  任命刘景双、张汇滔为大元帅府参军。此令。

据《命令簿》404/40，转录自秦孝仪主编《国父全集》第八册（台北近代中国出版社一九八九年版）

给石青阳的命令

（一九一八年一月二日）

大元帅令

  川东招讨使石青阳着改为川北招讨使。此令。

据《命令簿》404/40，转录自秦孝仪主编《国父全集》第八册（台北近代中国出版社一九八九年版）

任命李建中职务令

（一九一八年一月六日）

大元帅令

　　任命李建中为湘西劳军使。此令。

据《命令簿》404/40，转录自秦孝仪主编《国父全集》第八册（台北近代中国出版社一九八九年版）

给林祖密任命状

（一九一八年一月六日）

任命状

　　任林祖密为闽南军司令。此状。

中华民国海陆军大元帅　孙　文

据秦孝仪主编《国父全集》第八册（台北近代中国出版社一九八九年版）

任命但焘职务令

（一九一八年一月八日）

大元帅令

　　任命但焘为大元帅府秘书。此令。

据《命令簿》404/40，转录自秦孝仪主编《国父全集》第八册（台北近代中国出版社一九八九年版）

准任命钟嘉澍职务令

(一九一八年一月十日)

大元帅令

代理内政总长居正呈请任命钟嘉澍为佥事,应照准。此令。

> 据《命令簿》404/40,转录自秦孝仪主编《国父全集》第八册(台北近代中国出版社一九八九年版)

任命万斌冯中兴职务令

(一九一八年一月十一日)

大元帅令

任命万斌、冯中兴为四川军事委员。此令。

> 据《命令簿》404/40,转录自秦孝仪主编《国父全集》第八册(台北近代中国出版社一九八九年版)

准任命和耀奎职务令

(一九一八年一月十二日)

大元帅令

代理内政总长居正呈请任命和耀奎为内政部秘书,应照准。此令。

> 据《命令簿》404/40,转录自秦孝仪主编《国父全集》第八册(台北近代中国出版社一九八九年版)

任命焦易堂职务令

（一九一八年一月十二日）

大元帅令

　　任命焦易堂为大元帅府参议。此令。

　　　　　　　　据《命令簿》404/40，转录自秦孝仪主编《国父全集》第八册（台北近代中国出版社一九八九年版）

任命刘星海职务令

（一九一八年一月十四日）

大元帅令

　　任命刘星海为澳洲筹饷委员。此令。

　　　　　　　　据《命令簿》404/40，转录自秦孝仪主编《国父全集》第八册（台北近代中国出版社一九八九年版）

任命陈家鼎岑楼职务令

（一九一八年一月十五日）

大元帅令

　　任命陈家鼎、岑楼为大元帅府秘书。此令。

　　　　　　　　据《命令簿》404/40，转录自秦孝仪主编《国父全集》第八册（台北近代中国出版社一九八九年版）

任命郭泰祺职务令

（一九一八年一月十五日）

大元帅令

  任命郭泰祺为大元帅府秘书。此令。

据《命令簿》404/40，转录自秦孝仪主编《国父全集》第八册（台北近代中国出版社一九八九年版）

任命李锦纶职务令

（一九一八年一月十五日）

大元帅令

  任命李锦纶为外交委员。此令。

据《命令簿》404/40，转录自秦孝仪主编《国父全集》第八册（台北近代中国出版社一九八九年版）

任命徐世强职务令

（一九一八年一月十五日）

大元帅令

  任命徐世强为大元帅府秘书。此令。

据《命令簿》404/40，转录自秦孝仪主编《国父全集》第八册（台北近代中国出版社一九八九年版）

任命罗诚职务令

（一九一八年一月十六日）

大元帅令

　　任命罗诚为广州交涉员。此令。

　　　　　　　　据《命令簿》404/40，转录自秦孝仪主编《国父全集》第八
　　　　　　　　册（台北近代中国出版社一九八九年版）

任命颜如愚职务令

（一九一八年一月十七日）

大元帅令

　　任命颜如愚为四川军事特派员。此令。

　　　　　　　　据《命令簿》404/40，转录自秦孝仪主编《国父全集》第八
　　　　　　　　册（台北近代中国出版社一九八九年版）

任命萧辉锦职务令

（一九一八年一月十八日）

大元帅令

　　任命萧辉锦为大元帅府秘书。此令。

　　　　　　　　　　　　　　　　　大元帅（印）
　　　　　　　　　　　　　　中华民国七年一月十八日
　　　　　　　　据《军政府公报》第四十一号（广州一九一八年一月二十
　　　　　　　　一日）

准任命张世忱乔根职务令

（一九一八年一月十八日）

大元帅令

　　代理内政总长居正呈请任命张世忱为秘书、乔根为佥事，应照准。此令。

　　　　据《命令簿》404/40，转录自秦孝仪主编《国父全集》第八册（台北近代中国出版社一九八九年版）

准任命方作桢职务令

（一九一八年一月十八日）

大元帅令

　　代理内政总长居正呈请任命方作桢为佥事，应照准。此令。

　　　　据《命令簿》404/40，转录自秦孝仪主编《国父全集》第八册（台北近代中国出版社一九八九年版）

任命刘燧昌职务令

（一九一八年一月十九日）

大元帅令

　　任命刘燧昌为大元帅府参议。此令。

　　　　　　　　　　　　　　　　　　大元帅（印）
　　　　　　　　　　　　　　　　中华民国七年一月十九日

　　　　据《军政府公报》第四十一号（广州一九一八年一月二十一日）

任命严培俊职务令

（一九一八年一月十九日）

大元帅令

　　任命严培俊为大元帅府参议。此令。

　　　　　　　　　　　　　　　　　　　　大元帅（印）

　　　　　　　　　　　　　　　　中华民国七年一月十九日

据《军政府公报》第四十一号（广州一九一八年一月二十一日）

任命李安邦职务令

（一九一八年一月二十日）

大元帅令

　　任命李安邦为大元帅行营卫队司令。此令。

　　　　　　　　　　　　　　　　　　　　大元帅（印）

　　　　　　　　　　　　　　　　中华民国七年一月二十日

据《军政府公报》第四十一号（广州一九一八年一月二十一日）

特任李烈钧职务令

（一九一八年一月二十日）

大元帅令

　　特任李烈钧为总参谋长。此令。

据《命令簿》404/40，转录自秦孝仪主编《国父全集》第八册（台北近代中国出版社一九八九年版）

任命杨华馨职务令

（一九一八年一月二十二日）

大元帅令

　　任命杨华馨为滇边宣慰使。此令。

大元帅（印）

中华民国七年一月二十二日

据《军政府公报》第四十二号（广州一九一八年一月二十六日）

任命邓柏年职务令

（一九一八年一月二十二日）

大元帅令

　　任命邓柏年为大元帅府参议。此令。

大元帅（印）

中华民国七年一月二十二日

据《军政府公报》第四十二号（广州一九一八年一月二十六日）

任命余祥炘职务令

（一九一八年一月二十二日）

大元帅令

　　任命余祥炘为军事委员。此令。

据《命令簿》404/40,转录自秦孝仪主编《国父全集》第八册(台北近代中国出版社一九八九年版)

任命田永正职务令

（一九一八年一月二十四日）

大元帅令

　　任命田永正为大元帅府秘书。此令。

大元帅（印）
中华民国七年一月二十四日

据《军政府公报》第四十二号(广州一九一八年一月二十六日)

准任命李焕章等职务令

（一九一八年一月二十四日）

大元帅令

　　代理内政总长居正呈请任命李焕章、甘华黼、张治中为佥事，应照准。此令。

据《命令簿》404/40,转录自秦孝仪主编《国父全集》第八册(台北近代中国出版社一九八九年版)

任命徐瑞霖职务令

(一九一八年一月二十四日)

大元帅令

任命徐瑞霖为潮汕筹饷委员长。此令。

据《命令簿》404/40,转录自秦孝仪主编《国父全集》第八册(台北近代中国出版社一九八九年版)

任命张鉴安职务令

(一九一八年一月二十五日)

大元帅令

任命张鉴安为大元帅府参议。此令。

大元帅(印)

中华民国七年一月二十五日

据《军政府公报》第四十二号(广州一九一八年一月二十六日)

免席正铭彭瑞麟职务令

(一九一八年一月二十五日)

大元帅令

本府参军席正铭、军事委员彭瑞麟因犯刑事嫌疑,着先行免职,归案讯办。此令。

            大元帅（印）
          中华民国七年一月二十五日

据《军政府公报》第四十三号（广州一九一八年一月三十日）

准许崇智辞去兼职令

（一九一八年一月二十六日）

大元帅令

  本府参军长兼署陆军总长许崇智呈请辞去陆军总长兼职,应照准。此令。

            大元帅（印）
           中华民国七年一月二十六日

据《军政府公报》第四十三号（广州一九一八年一月三十日）

任命徐忠立职务令

（一九一八年一月二十七日）

大元帅令

  任命徐忠立为大元帅府参议。此令。

            大元帅（印）
           中华民国七年一月二十七日

据《军政府公报》第四十三号（广州一九一八年一月三十日）

任命于均生职务令

（一九一八年一月二十七日）

大元帅令

　　任命于均生为大元帅府参议。此令。

大元帅（印）
中华民国七年一月二十七日

　　据《军政府公报》第四十三号（广州一九一八年一月三十日）

委派朱大符等审判伪造任状案令

（一九一八年一月二十七日）

大元帅令

　　据公民黄克勋呈请究办伪造任状骗款私逃一案，派朱大符为临时审判长，叶夏声、萧萱为临时审判员，切实讯明究办。此令。

大元帅（印）
中华民国七年一月二十七日

　　据《军政府公报》第四十三号（广州一九一八年一月三十日）

任命陈家鼎职务令

(一九一八年一月二十七日)

大元帅令

　　任命陈家鼎为大元帅府参议。此令。

大元帅(印)
中华民国七年一月二十七日

据《军政府公报》第四十三号(广州一九一八年一月三十日)

任命陈家鼎等职务令

(一九一八年一月二十七日)

大元帅令

　　任命陈家鼎、恩秉彝、于均生、徐忠立为大元帅府参议。此令。

据《命令簿》404/40，转录自秦孝仪主编《国父全集》第八册(台北近代中国出版社一九八九年版)

任命方谷职务令

(一九一八年一月二十八日)

大元帅令

　　任命方谷为大元帅府秘书。此令。

大元帅(印)
中华民国七年一月二十八日

据《军政府公报》第四十三号(广州一九一八年一月三十日)

任命马素职务令

（一九一八年一月二十八日）

大元帅令

  任命马素为美东筹饷局长。此令。

> 据《命令簿》404/40，转录自秦孝仪主编《国父全集》第八册（台北近代中国出版社一九八九年版）

任命卢振柳职务令

（一九一八年一月二十九日）

大元帅令

  任命卢振柳为华侨义勇队司令。此令。

大元帅（印）

中华民国七年一月二十九日

> 据《军政府公报》第四十四号（广州一九一八年二月四日）

任命侯湘涛职务令

（一九一八年一月三十日）

大元帅令

  任命侯湘涛为大元帅府参议。此令。

大元帅（印）

中华民国七年一月三十日

> 据《军政府公报》第四十四号（广州一九一八年二月四日）

任命梁醉生职务令

（一九一八年一月三十日）

大元帅令

　　任命梁醉生为大元帅府秘书。此令。

　　　　　　　　　　　　　　　　　　　　　　　　大元帅（印）

　　　　　　　　　　　　　　　　　　　　　　中华民国七年一月三十日

　　　　　　　据《军政府公报》第四十四号（广州一九一八年二月四日）

任命易廷熹职务令

（一九一八年二月一日）

大元帅令

　　任命易廷熹为大元帅府秘书。此令。

　　　　　　　　　　　　　　　　　　　　　　　　大元帅（印）

　　　　　　　　　　　　　　　　　　　　　　中华民国七年二月一日

　　　　　　　据《军政府公报》第四十四号（广州一九一八年二月四日）

任命马超群职务令

（一九一八年二月一日）

大元帅令

　　任命马超群为大元帅府秘书。此令。

　　　　　　　　　　　　　　　　　　　　　　　　大元帅（印）

　　　　　　　　　　　　　　　　　　　　　　中华民国七年二月一日

　　　　　　　据《军政府公报》第四十四号（广州一九一八年二月四日）

任命陈其权职务令

（一九一八年二月一日）

大元帅令

任命陈其权为广州地方审判厅厅长。

大元帅（印）
中华民国七年二月一日

据《军政府公报》第四十八号（广州一九一八年二月十八日）

任命杨庶堪职务令

（一九一八年二月一日）

大元帅令

任命杨庶堪为四川宣抚使。

据《命令簿》404/40，转录自秦孝仪主编《国父全集》第八册（台北近代中国出版社一九八九年版）

准任命赵精武等职务令

（一九一八年二月一日）

大元帅令

代理参军长黄大伟呈请任命赵精武、辛焕庭、朱海山、钱嘉祥、文明清、何贵元、徐适、萧荣芳、李兴高、张本汉、丁士杰、陈方培、陈万金、罗家修、夏登云、张海洲、陈庆云、张惠长、刘浩、邓治斌、李景熙、许德宽、彭维杰、刘靖、高秉光、于克勋为大元帅府参军处副官,应照准。此令。

据《命令簿》404/40,转录自秦孝仪主编《国父全集》第八册(台北近代中国出版社一九八九年版)

准任命安瑞荘职务令

（一九一八年二月一日）

大元帅令

署理财政总长廖仲恺呈请任命安瑞荘为财政部员,应照准。此令。

据《命令簿》404/40,转录自秦孝仪主编《国父全集》第八册(台北近代中国出版社一九八九年版)

任命曾景星职务令

（一九一八年二月二日）

大元帅令

任命曾景星为大元帅府参议。此令。

大元帅(印)
中华民国七年二月二日
据《军政府公报》第四十五号(广州一九一八年二月八日)

任命林君复职务令

（一九一八年二月二日）

大元帅令

  任命林君复为大元帅府参议。此令。

             大元帅（印）
           中华民国七年二月二日

据《军政府公报》第四十五号（广州一九一八年二月八日）

任命松筠等五人职务令

（一九一八年二月二日）

大元帅令

  任命松筠、赵介宸、刘万里、汪宪琦、宋惠卿为军事委员。此令。

据《命令簿》404/40，转录自秦孝仪主编《国父全集》第八册（台北近代中国出版社一九八九年版）

任命李自芳职务令

（一九一八年二月四日）

大元帅令

  任命李自芳为大元帅府参议。此令。

             大元帅（印）
           中华民国七年二月四日

据《军政府公报》第四十五号（广州一九一八年二月八日）

任命黄肇河职务令

（一九一八年二月四日）

大元帅令

　　任命黄肇河为大元帅府参议。此令。

大元帅（印）

中华民国七年二月四日

据《军政府公报》第四十五号（广州一九一八年二月八日）

任命郑德元职务令

（一九一八年二月四日）

大元帅令

　　任命郑德元为大元帅府参议。此令。

大元帅（印）

中华民国七年二月四日

据《军政府公报》第四十五号（广州一九一八年二月八日）

任命陈祖烈职务令

（一九一八年二月四日）

大元帅令

　　任命陈祖烈为大元帅府参议。此令。

大元帅（印）

中华民国七年二月四日

据《军政府公报》第四十五号（广州一九一八年二月八日）

任命潘训初职务令

（一九一八年二月四日）

大元帅令

　　任命潘训初为大元帅府参议。此令。

大元帅（印）

中华民国七年二月四日

据《军政府公报》第四十五号（广州一九一八年二月八日）

任命周道万职务令

（一九一八年二月四日）

大元帅令

　　任命周道万为大元帅府秘书。此令。

大元帅（印）

中华民国七年二月四日

据《军政府公报》第四十五号（广州一九一八年二月八日）

任命谢心准职务令

（一九一八年二月四日）

大元帅令

　　任命谢心准为大元帅府参议。此令。

大元帅（印）

中华民国七年二月四日

据《军政府公报》第四十五号（广州一九一八年二月八日）

准任命宋华荀职务令

（一九一八年二月四日）

大元帅令

代理内政总长居正呈请任命宋华荀为秘书,应照准。此令。

> 据《命令簿》404/40,转录自秦孝仪主编《国父全集》第八册(台北近代中国出版社一九八九年版)

任命林翔职务令

（一九一八年二月四日）

大元帅令

任命林翔为广州地方检察厅检察长。此令。

> 据《命令簿》404/40,转录自秦孝仪主编《国父全集》第八册(台北近代中国出版社一九八九年版)

任命崔肃平职务令

（一九一八年二月五日）

大元帅令

任命崔肃平为军事委员。此令。

> 据《命令簿》404/40,转录自秦孝仪主编《国父全集》第八册(台北近代中国出版社一九八九年版)

任命李述膺甄元熙职务令

(一九一八年二月六日)

大元帅令

　　任命李述膺、甄元熙为大元帅府参议。此令。

　　　　　　　　　　　　　　　　　　大元帅(印)

　　　　　　　　　　　　　　　　中华民国七年二月六日

据《军政府公报》第四十八号(广州一九一八年二月十八日)

任命邹苦辛职务令

(一九一八年二月六日)

大元帅令

　　任命邹苦辛为大元帅府秘书。此令。

　　　　　　　　　　　　　　　　　　大元帅(印)

　　　　　　　　　　　　　　　　中华民国七年二月六日

据《军政府公报》第四十八号(广州一九一八年二月十八日)

任命沈靖职务令

(一九一八年二月六日)

大元帅令

　　任命沈靖为大元帅府参军。此令。

　　　　　　　　　　　　　　　　　　大元帅(印)

　　　　　　　　　　　　　　　　中华民国七年二月六日

据《军政府公报》第四十八号(广州一九一八年二月十八日)

任命张仁普职务令

(一九一八年二月七日)

大元帅令

　　任命张仁普为广东高等检察厅检察长。此令。

据《命令簿》404/40,转录自秦孝仪主编《国父全集》第八册(台北近代中国出版社一九八九年版)

任命秦树勋职务令

(一九一八年二月七日)

大元帅令

　　任命秦树勋为广东高等审判厅长。此令。

据《命令簿》404/40,转录自秦孝仪主编《国父全集》第八册(台北近代中国出版社一九八九年版)

任命戴传贤职务令

(一九一八年二月八日)

大元帅令

　　特任戴传贤代理大元帅府秘书长。此令。

大元帅(印)
中华民国七年二月八日

据《军政府公报》第四十八号(广州一九一八年二月十八日)

任命李元白职务令

（一九一八年二月八日）

大元帅令

　　任命秘书李元白为四川调查员。此令。

> 据《命令簿》404/40，转录自秦孝仪主编《国父全集》第八册（台北近代中国出版社一九八九年版）

准任命陈承经等职务令

（一九一八年二月八日）

大元帅令

　　代理内政总长居正呈请任命陈承经、王荫槐、彭年为佥事，应照准。此令。

> 据《命令簿》404/40，转录自秦孝仪主编《国父全集》第八册（台北近代中国出版社一九八九年版）

撤销朱廷燎职务令

（一九一八年二月十日）

大元帅训令第十六号

　　照得苏沪方面近日情势变迁，未便遽事进行。所有苏沪总司令名义，应即行取消，停止办理。其该员苏沪总司令任命状，着即交丁仁杰收回缴销可也。此令。

上令①朱廷燎

据中国国民党中央文化传播委员会党史馆藏环龙路档案11374《大元帅训令朱廷燎取消苏沪总司令》

撤销夏芷芳职务令

（一九一八年二月十日）

大元帅训令第十七号

  照得上海方面，现因情势变迁，该员驻沪调查员职务，应即行取消，停止办理。该调查员任命状，着即交丁仁杰收回缴销可也。此令。

  上令夏芷芳

据中国国民党中央文化传播委员会党史馆藏环龙路档案11375《大元帅训令夏芷芳取消驻沪调查员》

给张兆辰任命状

（一九一八年二月十二日）

任命状

  任命张兆辰为大元帅府参议。此状。

中华民国海陆军大元帅　孙　文
中华民国七年二月十二日

据中国国民党中央文化传播委员会党史馆藏一般档案051/246

---

① 原文为"右令"，今依排版方式酌改为"下令"。下同。

任命张义华张兆辰职务令

（一九一八年二月十二日）

大元帅令
　　任命张我〔义〕①华、张兆辰为大元帅府参议。此令。

　　　　　　　　　　　　　　　大元帅（印）
　　　　　　　　　　　　　中华民国七年二月十二日
　　　　　　据《军政府公报》第四十八号（广州一九一八年二月十八日）

任命彭素民职务令

（一九一八年二月十二日）

大元帅令
　　任命彭素民为大元帅府秘书。此令。

　　　　　　　　　　　　　　　大元帅（印）
　　　　　　　　　　　　　中华民国七年二月十二日
　　　　　　据《军政府公报》第四十八号（广州一九一八年二月十八日）

---

① 此处据《大元帅府简任人员职务姓名录》（1917至1918年）校改。

任命罗剑仇职务令

（一九一八年二月十二日）

大元帅令

　　任命罗剑仇为湘西军事委员。此令。

据《命令簿》404/40，转录自秦孝仪主编《国父全集》第八册（台北近代中国出版社一九八九年版）

准任命宋树勋曹利民职务令

（一九一八年二月十五日）

大元帅令

　　代理内政总长居正呈请任命宋树勋、曹利民为佥事，应照准。此令。

据《命令簿》404/40，转录自秦孝仪主编《国父全集》第八册（台北近代中国出版社一九八九年版）

任命郑忾辰职务令

（一九一八年二月二十一日）

大元帅令

　　任命郑忾辰为大元帅府参议。此令。

据《命令簿》404/40，转录自秦孝仪主编《国父全集》第八册（台北近代中国出版社一九八九年版）

准任命陈养愚等职务令

（一九一八年二月二十一日）

大元帅批令

代理内政总长居正呈请任命陈养愚署理广州地方厅民二庭庭长，葛习昌、蔡承瀛署理广州地方审判厅推事，应照准。此令。

据《命令簿》404/40，转录自秦孝仪主编《国父全集》第八册（台北近代中国出版社一九八九年版）

任命简书等职务令

（一九一八年二月二十一日）

大元帅令

任命简书、安克庚、杨惠为山东军事委员。此令。

据《命令簿》404/40，转录自秦孝仪主编《国父全集》第八册（台北近代中国出版社一九八九年版）

准任命胡光姚职务令

（一九一八年二月二十二日）

大元帅令

代理参军长黄大伟呈请任命胡光姚为参军处副官，应照准。此令。

据《命令簿》404/40，转录自秦孝仪主编《国父全集》第八册（台北近代中国出版社一九八九年版）

准任命陈鸣谈等职务令

（一九一八年二月二十二日）

大元帅令

代理内政总长居正呈请任命陈鸣谈、陈伯江、邓元章、刘屹为佥事，应照准。此令。

据《命令簿》404/40，转录自秦孝仪主编《国父全集》第八册（台北近代中国出版社一九八九年版）

任命蔡庆璋等职务令

（一九一八年二月二十二日）

大元帅令

任命蔡庆璋、刘柳坡、黄洽仁、游子山为安南滀臻埠筹饷委员。此令。

据《命令簿》404/40，转录自秦孝仪主编《国父全集》第八册（台北近代中国出版社一九八九年版）

任命陈星阁等职务令

（一九一八年二月二十二日）

大元帅令

任命陈星阁、杨木钦、李斗田、陈侣云、李睦之、郭澍亭、张仰云、刘懋卿为安南薄寮埠筹饷委员。此令。

据《命令簿》404/40，转录自秦孝仪主编《国父全集》第八册（台北近代中国出版社一九八九年版）

任命彭玉田张化璋职务令

（一九一八年二月二十二日）

大元帅令

　　任命彭玉田、张化璋为安南唝吥埠筹饷委员。此令。

据《命令簿》404/40，转录自秦孝仪主编《国父全集》第八册（台北近代中国出版社一九八九年版）

任命胡汝翼蔡承瀛职务令

（一九一八年二月二十五日）

大元帅令

　　任命胡汝翼、蔡承瀛为大元帅府参议。此令。

据《命令簿》404/40，转录自秦孝仪主编《国父全集》第八册（台北近代中国出版社一九八九年版）

任命李载赓刘白职务令

（一九一八年二月二十六日）

大元帅令

　　任命李载赓、刘白为大元帅府秘书。此令。

据《命令簿》404/40，转录自秦孝仪主编《国父全集》第八册（台北近代中国出版社一九八九年版）

任命丘国翰职务令

（一九一八年二月二十六日）

大元帅令

　　任命丘国翰为大元帅府参议。此令。

据《命令簿》404/40，转录自秦孝仪主编《国父全集》第八册（台北近代中国出版社一九八九年版）

任命王用宾职务令

（一九一八年二月二十七日）

大元帅令

　　任命王用宾为大元帅府参议。此令。

据中国国民党中央文化传播委员会党史馆藏一般档案051/185

任命焦易堂职务令

（一九一八年二月二十七日）

大元帅令

　　任命焦易堂为陕西劳军使。此令。

据《命令簿》404/40，转录自秦孝仪主编《国父全集》第八册（台北近代中国出版社一九八九年版）

任命宋大章职务令

（一九一八年三月一日）

大元帅令

　　任命宋大章为大元帅府参议。此令。

据《命令簿》404/40，转录自秦孝仪主编《国父全集》第八册（台北近代中国出版社一九八九年版）

任命蔡匡职务令

（一九一八年三月二日）

大元帅令

　　任命蔡匡为大元帅府参议。此令。

据《命令簿》404/40，转录自秦孝仪主编《国父全集》第八册（台北近代中国出版社一九八九年版）

任命赵荣勋林翔职务令

（一九一八年三月五日）

大元帅令

　　任命赵荣勋署理广东高等审判厅厅长，林翔为广州地方检察厅检察长并署理广东高等检察厅检察长。此令。

大元帅（印）
中华民国七年三月五日

据《军政府公报》第五十九号（广州一九一八年三月十九日）

任命邹建廷职务令

（一九一八年三月六日）

大元帅令

　　任命邹建廷为大元帅府秘书。此令。

据《命令簿》404/40，转录自秦孝仪主编《国父全集》第八册（台北近代中国出版社一九八九年版）

任命颜炳元职务令

（一九一八年三月六日）

大元帅令

　　任命颜炳元为大元帅府参议。此令。

据《命令簿》404/40，转录自秦孝仪主编《国父全集》第八册（台北近代中国出版社一九八九年版）

任命李茂之职务令

（一九一八年三月六日）

大元帅令

　　任命李茂之为两广盐运使。此令。

据《命令簿》404/40，转录自秦孝仪主编《国父全集》第八册（台北近代中国出版社一九八九年版）

任命杨庶堪职务令

（一九一八年三月六日）①

电上海。派杨庶堪为军政府驻四川代表。此令。

孙　文

据中国国民党中央文化传播委员会党史馆藏一般档案051/351

任命杨庶堪职务令

（一九一八年三月八日）

大元帅令

特任杨庶堪为四川省长，未到任以前，着四川靖国军总司令黄复生代理。此令。

大元帅（印）
中华民国七年三月八日

据《军政府公报》第五十三号（广州一九一八年三月九日）

---

① 原件无年代，仅署"三月六日发"，系大元帅手令。据秦孝仪主编《国父全集》考订，当在1918年。

任命熊克武职务令

（一九一八年三月八日）

大元帅令

　　特任熊克武为四川督军。此令。

大元帅（印）
中华民国七年三月八日

据《军政府公报》第五十三号（广州一九一八年三月九日）

任命王安富职务令

（一九一八年三月十二日）

大元帅令

　　任命王安富为四川靖国军援鄂第一路总司令。此令。

大元帅（印）
中华民国七年三月十二日

据《军政府公报》第五十四号（广州一九一八年三月十二日）

任命李善波职务令

（一九一八年三月十二日）

大元帅令

　　任命李善波为四川靖国军援鄂第一路副司令。此令。

大元帅（印）
中华民国七年三月十二日

据《军政府公报》第五十四号（广州一九一八年三月十二日）

任命石青阳职务令

（一九一八年三月十二日）

大元帅令

　　任命石青阳为四川陆军第二师师长兼川北镇守使。此令。

大元帅（印）

中华民国七年三月十二日

据《军政府公报》第五十六号（广州一九一八年三月十四日）

任命林伸寿江维三职务令

（一九一八年三月十四日）

大元帅令

　　任命林伸寿为宿务筹饷局局长，江维三为宿务筹饷局监督。此令。

据《命令簿》404/40，转录自秦孝仪主编《国父全集》第八册（台北近代中国出版社一九八九年版）

准任命伍尚铨等职务令

（一九一八年三月十四日）

大元帅令

　　代理财政总长廖仲恺呈请任命伍尚铨为宿务筹饷局财政员，黄瑞为宿务筹饷局书记，刘谦祥、廖宿生、包魏荣、郑丹志、薛彬良、薛秉禧、叶独醒、谢耀光、林良玉、枢佥、冯国华、林应祥、梁宝珊为宿务筹饷局董事。应照准。此令。

据《命令簿》404/40,转录自秦孝仪主编《国父全集》第八册(台北近代中国出版社一九八九年版)

准任命冯汝枬职务令

（一九一八年三月十八日）

大元帅令

代理内政总长居正呈请任命冯汝枬署理澄海地方审判厅厅长。应照准。此令。

大元帅（印）

中华民国七年三月十八日

据《军政府公报》第五十九号(广州一九一八年三月十九日)

撤销赵端职务令

（一九一八年三月十九日）

大元帅令

军事委员赵端着撤销任命。此令。

大元帅（印）

中华民国七年三月十九日

据《军政府公报》第六十号(广州一九一八年三月二十日)

任命黄德彰职务令

（一九一八年三月二十日）

大元帅令

任命黄德彰为高雷军事委员。此令。

据中国国民党中央文化传播委员会党史馆藏一般档案 051/154

任命陈养愚职务令

（一九一八年三月二十日）

大元帅令

任命陈养愚为大元帅府参议。此令。

据《命令簿》404/40，转录自秦孝仪主编《国父全集》第八册（台北近代中国出版社一九八九年版）

任命吴澍勋职务令

（一九一八年三月二十日）

大元帅令

任命吴澍勋为湖南军事调查员。此令。

据《命令簿》404/40，转录自秦孝仪主编《国父全集》第八册（台北近代中国出版社一九八九年版）

任命黄汉杰职务令

（一九一八年三月二十一日）

大元帅令

　　任命黄汉杰为两阳四邑军事调查员。此令。

　　　　　　据《命令簿》404/40，转录自秦孝仪主编《国父全集》第八册（台北近代中国出版社一九八九年版）

任命杨虎马伯麟职务令

（一九一八年三月二十一日）

大元帅令

　　任命杨虎、马伯麟为大元帅府参军。此令。

　　　　　　据《命令簿》404/40，转录自秦孝仪主编《国父全集》第八册（台北近代中国出版社一九八九年版）

准方声涛辞职令

（一九一八年三月二十三日）

大元帅令

　　卫戍总司令方声涛因援闽亲赴前敌，呈请辞职。应照准。此令。

　　　　　　大元帅（印）
　　　　　　中华民国七年三月二十三日
　　　　　　据《军政府公报》第六十五号（广州一九一八年三月二十九日）

任命徐绍桢职务令

（一九一八年三月二十三日）

大元帅令

特任徐绍桢代理中华民国军政府卫戍总司令。此令。

大元帅（印）

中华民国七年三月二十三日

据《军政府公报》第六十五号（广州一九一八年三月二十九日）

准任命林达存郑国华职务令

（一九一八年三月二十三日）

大元帅令

据本府接洽商会善堂代表谭民三、吴铁城呈请任命林达存、郑国华为交际委员，应照准。此令。

据《命令簿》404/40，转录自秦孝仪主编《国父全集》第八册（台北近代中国出版社一九八九年版）

任命周应时职务令

(一九一八年三月二十五日)

大元帅令

　　任命周应时为陆军部司长。此令。

　　　　　　　　　　　　　　　　大元帅(印)
　　　　　　　　　　　　中华民国七年三月二十五日

据《军政府公报》第六十五号(广州一九一八年三月二十九日)

准任命曾子书等职务令

(一九一八年三月二十五日)

大元帅令

　　陆军总长张开儒呈请任命曾子书、孙天霖、姚景澂为秘书,马汝刚兼署副官长,曹铭、李月秋为科长。应照准。此令。

　　　　　　　　　　　　　　　　大元帅(印)
　　　　　　　　　　　　中华民国七年三月二十五日

据《军政府公报》第六十四号(广州一九一八年三月二十七日)

准任命杨世督鲁鸣职务令

（一九一八年三月二十五日）

大元帅令

代理参军长黄大伟呈请任命杨世督、鲁鸣为大元〈帅〉府参军处副官，应照准。此令。

据《命令簿》404/40，转录自秦孝仪主编《国父全集》第八册（台北近代中国出版社一九八九年版）

准免冯汝枬石泉职务令

（一九一八年三月二十六日）

大元帅令

代理内政总长居正呈称：据澄海地方审判厅长冯汝枬呈请辞职，又请免去澄海地方检察厅检察长石泉本职。应照准。此令。

大元帅（印）

中华民国七年三月二十六日

据《军政府公报》第六十六号（广州一九一八年四月一日）

任命邱于寄职务令

（一九一八年三月二十六日）

大元帅令

任命邱于寄为大元帅府参议。此令。

据《命令簿》404/40，转录自秦孝仪主编《国父全集》第八册（台北近代中国出版社一九八九年版）

任命徐绍桢职务令

（一九一八年三月二十七日）

大元帅令

代理卫戍总司令徐绍桢着兼充陆军部练兵督办。此令。

大元帅（印）

中华民国七年三月二十七日

据《军政府公报》第六十五号（广州一九一八年三月二十九日）

准任命陈养愚陈其植职务令

（一九一八年三月二十七日）

大元帅令

代理内政总长居正呈请任命陈养愚署理澄海地方审判厅厅长，陈其植署理澄海地方检察厅检察长。应照准。此令。

大元帅（印）

中华民国七年三月二十七日

据《军政府公报》第六十六号（广州一九一八年四月一日）

任命李藩昌职务令

（一九一八年三月二十七日）

大元帅令

　　任命李藩昌为大元帅府参议。此令。

据《命令簿》404/40，转录自秦孝仪主编《国父全集》第八册（台北近代中国出版社一九八九年版）

任命马廷勷职务令

（一九一八年三月二十九日）

大元帅令

　　任命马廷勷为大元帅府参军。此令。

据《命令簿》404/40，转录自秦孝仪主编《国父全集》第八册（台北近代中国出版社一九八九年版）

特任徐绍桢职务令

（一九一八年三月二十九日）

大元帅令

　　特任徐绍桢为中华民国军政府卫戍总司令。此令。

据《命令簿》404/40，转录自秦孝仪主编《国父全集》第八册（台北近代中国出版社一九八九年版）

准林翔辞职令

(一九一八年三月二十九日)

大元帅令

代理内政总长居正呈称:广州地方检察厅检察长林翔呈请辞广州地方检察厅长本职。应照准。此令。

大元帅(印)
中华民国七年三月二十九日

据《军政府公报》第六十六号(广州一九一八年四月一日)

任命林翔职务令

(一九一八年三月二十九日)

大元帅令

任命林翔为广东高等检察厅检察长。此令。

大元帅(印)
中华民国七年三月二十九日

据《军政府公报》第六十六号(广州一九一八年四月一日)

任命曾子书职务令

(一九一八年三月二十九日)

大元帅令

任命曾子书署理广州地方检察厅检察长。此令。

大元帅(印)
中华民国七年三月二十九日

据《军政府公报》第六十六号(广州一九一八年四月一日)

准任命夏重民职务令

（一九一八年三月二十九日）

大元帅令

　　代理参军长黄大伟呈请任命夏重民为大元帅府稽查长。应照准。此令。

大元帅（印）
中华民国七年三月二十九日

据《军政府公报》第六十六号（广州一九一八年四月一日）

准任命陆际升职务令

（一九一八年三月二十九日）

大元帅令

　　代理内政总长居正呈请任命陆际升为佥事。应照准。此令。

大元帅（印）
中华民国七年三月二十九日

据《军政府公报》第六十六号（广州一九一八年四月一日）

准免谭炜楼职务令

（一九一八年三月三十日）

大元帅令

　　代理参军长黄大伟呈称参军处庶务科二等科员谭炜楼常旷职守，并不服从命令,请免去科员本职。应照准。此令。

大元帅(印)
中华民国七年三月三十日
据《军政府公报》第六十六号(广州一九一八年四月一日)

任命林森职务令

(一九一八年四月二日)

大元帅令

  特任林森署理中华民国军政府外交总长。此令。

大元帅(印)
中华民国七年四月二日
据《军政府公报》第六十七号(广州一九一八年四月三日)

任命戴传贤职务令

(一九一八年四月二日)

大元帅令

  任命戴传贤代理中华民国军政府外交次长。此令。

大元帅(印)
中华民国七年四月二日
据《军政府公报》第六十七号(广州一九一八年四月三日)

任命江屏藩严骥职务令

（一九一八年四月二日）

大元帅令

任命江屏藩、严骥为大元帅府参议。此令。

据《命令簿》404/40，转录自秦孝仪主编《国父全集》第八册（台北近代中国出版社一九八九年版）

给崔文藻兼职令

（一九一八年四月二日）

大元帅令

交通次长崔文藻着暂行兼任陆军部总务厅长事。此令。

据《命令簿》404/40，转录自秦孝仪主编《国父全集》第八册（台北近代中国出版社一九八九年版）

任命高尔登职务令

（一九一八年四月三日）

大元帅令

任命高尔登为军政府卫戍总司令部参谋长。此令。

大元帅（印）

中华民国七年四月三日

据《军政府公报》第六十九号（广州一九一八年四月九日）

准任命章勤士职务令

（一九一八年四月三日）

大元帅令

卫戍总司令徐绍桢呈请任命章勤士为军政府卫戍总司令部秘书长。应照准。此令。

大元帅（印）
中华民国七年四月三日

据《军政府公报》第六十九号（广州一九一八年四月九日）

任命陈德全职务令

（一九一八年四月三日）

大元帅令

任命陈德全为大元帅府参议。此令。

据《命令簿》404/40，转录自秦孝仪主编《国父全集》第八册（台北近代中国出版社一九八九年版）

准任命吴承斋职务令

（一九一八年四月四日）

大元帅令

署理交通总长马君武呈请任命吴承斋为秘书。应照准。此令。

大元帅（印）
中华民国七年四月四日

据《军政府公报》第六十八号（广州一九一八年四月五日）

任命李锦纶职务令

（一九一八年四月六日）

大元帅令

　　任命李锦纶为军政府外交部政务司长。此令。

大元帅（印）
中华民国七年四月六日

据《军政府公报》第六十九号（广州一九一八年四月九日）

准任命孙科陈天骥职务令

（一九一八年四月六日）

大元帅令

　　署理外交部总长林森呈请任命孙科、陈天骥为秘书。应照准。此令。

大元帅（印）
中华民国七年四月六日

据《军政府公报》第六十九号（广州一九一八年四月九日）

任命李安邦职务令

（一九一八年四月八日）

大元帅令

　　任命李安邦为行营卫队司令。此令。

据《命令簿》404/40，转录自秦孝仪主编《国父全集》第八册（台北近代中国出版社一九八九年版）

任命沈靖职务令

（一九一八年四月九日）

大元帅令

　　任命沈靖为陆军部练兵处参谋长。此令。

大元帅（印）
中华民国七年四月九日

据《军政府公报》第七十一号（广州一九一八年四月十三日）

任命马崇昌职务令

（一九一八年四月九日）

大元帅令

　　任命马崇昌为大元帅府参议。此令。

大元帅（印）
中华民国七年四月九日

据《军政府公报》第七十一号（广州一九一八年四月十三日）

任命郑权职务令

（一九一八年四月九日）

大元帅令

　　任命郑权为大元帅府秘书。此令。

大元帅（印）
中华民国七年四月九日

据《军政府公报》第七十二号（广州一九一八年四月十七日）

任命丁士杰职务令

（一九一八年四月十日）

大元帅令

　　任命丁士杰为大元帅府参军。

据《命令簿》404/40，转录自秦孝仪主编《国父全集》第八
册（台北近代中国出版社一九八九年版）

准任命杨芳胡继贤职务令

（一九一八年四月十日）

大元帅令

　　署理外交总长林森呈请任命杨芳为秘书，胡继贤为佥事。应照准。此令。

大元帅（印）
中华民国七年四月十日
据《军政府公报》第七十一号（广州一九一八年四月十三日）

准任命陈养愚陈其植职务令

（一九一八年四月十一日）①

　　代理内政总长居正呈请任命陈养愚署理澄海地方审判厅厅长，陈其植

---

① 此件时间为上海《民国日报》刊出日期。

署理澄海地方检察厅检察长,应照准。此令。

据上海《民国日报》一九一八年四月十一日

任命华世澂职务令

（一九一八年四月十六日）

大元帅令

　　任命华世澂为大元帅府秘书。此令。

大元帅（印）
中华民国七年四月十六日
据《军政府公报》第七十二号(广州一九一八年四月十七日)

任命陈家鼐职务令

（一九一八年四月十六日）

大元帅令

　　任命陈家鼐为大元帅府参军。此令。

大元帅（印）
中华民国七年四月十六日
据《军政府公报》第七十二号(广州一九一八年四月十七日)

准任命杨克兴职务令

（一九一八年四月十六日）

大元帅令

代理财政总长廖仲恺呈请任命杨克兴为谏义里埠筹饷委员，应照准。此令。

> 据《命令簿》404/40，转录自秦孝仪主编《国父全集》第八册（台北近代中国出版社一九八九年版）

任黄金城为参议令

（一九一八年四月十七日）

大元帅令

任命黄金城为大元帅府参议。此令。

> 据《命令簿》404/40，转录自秦孝仪主编《国父全集》第八册（台北近代中国出版社一九八九年版）

准任命余辉照胡硷职务令

（一九一八年四月十七日）

大元帅令

代理参军长黄大伟呈请任命余辉照、胡硷为大元帅府参军处副官，应照准。此令。

> 据《命令簿》404/40，转录自秦孝仪主编《国父全集》第八册（台北近代中国出版社一九八九年版）

准尹岳辞职令

（一九一八年四月十八日）

大元帅令

　　印铸局长连声海呈称佥事尹岳热心向学，恳请辞职。应照准。此令。

大元帅（印）
中华民国七年四月十八日

据《军政府公报》第七十四号（广州一九一八年四月二十二日）

准颜炳元辞职令

（一九一八年四月十八日）

大元帅令

　　参议颜炳元呈请辞职。应照准。此令。

大元帅（印）
中华民国七年四月十八日

据《军政府公报》第七十四号（广州一九一八年四月二十二日）

任命林英杰职务令

（一九一八年四月十八日）

大元帅令

任命林英杰为陆军部靖国援鄂军第一旅旅长。此令。

大元帅（印）

中华民国七年四月十八日

据《军政府公报》第七十四号（广州一九一八年四月二十二日）

任命邓耀职务令

（一九一八年四月十八日）

大元帅令

任命邓耀为陆军部靖国援鄂军第二旅旅长。此令。

大元帅（印）

中华民国七年四月十八日

据《军政府公报》第七十四号（广州一九一八年四月二十二日）

任命崔文藻职务令

（一九一八年四月十八日）

大元帅令
　　任命崔文藻为中华民国军政府陆军部次长。此令。

　　　　　　　　　　　　　　　　　　　大元帅（印）
　　　　　　　　　　　　　　　　中华民国七年四月十八日

据《军政府公报》第七十四号（广州一九一八年四月二十二日）

任命凌霄职务令

（一九一八年四月十九日）

大元帅令
　　任命凌霄为大元帅府参军。此令。

　　　　　　　　　　　　　　　　　　　大元帅（印）
　　　　　　　　　　　　　　　　中华民国七年四月十九日

据《军政府公报》第七十四号（广州一九一八年四月二十二日）

任命赵超职务令

（一九一八年四月二十四日）

大元帅令

　　任命赵超为大元帅府参军。此令。

据《命令簿》404/40，转录自秦孝仪主编《国父全集》第八册（台北近代中国出版社一九八九年版）

任命吴承斋职务令

（一九一八年四月二十五日）

大元帅令

　　任命吴承斋代理交通次长。此令。

大元帅（印）
中华民国七年四月二十五日

据《军政府公报》第七十六号（广州一九一八年四月二十七日）

任命王伟夫职务令

（一九一八年四月二十五日）

大元帅令

　　任命王伟夫为大元帅府参议。此令。

据《命令簿》404/40，转录自秦孝仪主编《国父全集》第八册（台北近代中国出版社一九八九年版）

任命陈毅等职务令

（一九一八年四月二十六日）

大元帅令

　　任命陈毅、朱家训、吴江左、陈创远为大元帅府参议。此令。

据《命令簿》404/40，转录自秦孝仪主编《国父全集》第八册（台北近代中国出版社一九八九年版）

任命唐康培李兴高职务令

（一九一八年四月二十六日）

大元帅令

　　任命唐康培、李兴高为大元帅府参军。此令。

据《命令簿》404/40，转录自秦孝仪主编《国父全集》第八册（台北近代中国出版社一九八九年版）

任命林者仁职务令

（一九一八年四月二十六日）

大元帅令

　　任命林者仁为大元帅府秘书。此令。

据《命令簿》404/40，转录自秦孝仪主编《国父全集》第八册（台北近代中国出版社一九八九年版）

准任命林仲鲁郭冰槐职务令

（一九一八年四月二十七日）

大元帅令

　　代理内政总长居正呈请任命林仲鲁、郭冰槐为佥事。应照准。此令。

据《命令簿》404/40，转录自秦孝仪主编《国父全集》第八册（台北近代中国出版社一九八九年版）

任命萧文职务令

（一九一八年四月二十七日）

大元帅令

　　任命萧文为军事委员。此令。

据《命令簿》404/40，转录自秦孝仪主编《国父全集》第八册（台北近代中国出版社一九八九年版）

任命冯百砺职务令

（一九一八年四月二十九日）

大元帅令

　　任命冯百砺为大元帅府参议。此令。

大元帅（印）
中华民国七年四月二十九日

据《军政府公报》第七十七号（广州一九一八年五月一日）

准任命陈树枬职务令

（一九一八年四月二十九日）

大元帅令

印铸局长连声海呈请任命陈树枬为佥事。应照准。此令。

> 据《命令簿》404/40,转录自秦孝仪主编《国父全集》第八册(台北近代中国出版社一九八九年版)

任命姜汇清职务令

（一九一八年四月二十九日）

大元帅令

任命姜汇清为军政府山东西南路总司令。此令。

> 据《命令簿》404/40,转录自秦孝仪主编《国父全集》第八册(台北近代中国出版社一九八九年版)

任命姜汇清职务并授全权处理鲁事令

（一九一八年四月二十九日）①

大元帅令

令姜汇清

照得山东久陷于武人专制区域,其官吏等国法于弁髦,以至人民荡析离

---

① 此件未署年份,现据秦孝仪主编《国父全集》所定。

居,殊堪悯恻。兹特任汝为山东西南路总司令,以期拔鲁民于水火之中,仰即速组义师,驱逐违法之叛逆。鲁省去粤辽远,所有措置事宜,应由该总司令全权办理,未便加以限制。其所部营长以上各高级军官,得由该总司令权宜委署,再行分别呈请委任。其他核计军实,整饬军纪,均关重要,务宜实心经理,庶毋负本大元帅委任至意。此令。

四月二十九日

据中国国民党中央文化传播委员会党史馆藏一般档案051/146

准任命薛云章职务令

（一九一八年四月三十日）

大元帅令

代理参军长黄大伟呈请任命薛云章为大元帅府参军处副官。应照准。此令。

据《命令簿》404/40,转录自秦孝仪主编《国父全集》第八册（台北近代中国出版社一九八九年版）

任命张庆豫等职务令

（一九一八年四月三十日）

大元帅令

任命张庆豫、杜濬源、王子中为大元帅府参议。此令。

据《命令簿》404/40,转录自秦孝仪主编《国父全集》第八册（台北近代中国出版社一九八九年版）

任命林斯琛职务令

（一九一八年五月二日）

大元帅令

　　任命林斯琛为大元帅府参议。此令。

据《命令簿》404/40，转录自秦孝仪主编《国父全集》第八册（台北近代中国出版社一九八九年版）

准任命蔡公时职务令

（一九一八年五月二日）

大元帅令

　　陆军总长张开儒、练兵督办徐绍桢呈请任命蔡公时为陆军部练兵处秘书。应照准。此令。

据《命令簿》404/40，转录自秦孝仪主编《国父全集》第八册（台北近代中国出版社一九八九年版）

任命王天纵职务令

（一九一八年五月二日）

大元帅令

　　任命王天纵为河南靖国军总司令。此令。

据《命令簿》404/40，转录自秦孝仪主编《国父全集》第八册（台北近代中国出版社一九八九年版）

给陈东平委任状

（一九一八年十月十一日）

委任状

委任陈东平为缅甸国民党支部财政科正主任。此状。

孙　文

据中国国民党中央文化传播委员会党史馆藏一般档案 051/341

给陈辉石委任状

（一九一八年十月十一日）

委任状

委任陈辉石为缅甸国民党支部党务科副主任。此状。

孙　文
中华民国七年十月十一日

据中国国民党中央文化传播委员会党史馆藏一般档案 051/324

给许寿民委任状

（一九一八年十月十一日）

委任状

委任许寿民为缅甸国民党支部调查科正主任。此状。

孙　文

中华民国七年十月十一日

据中国国民党中央文化传播委员会党史馆藏一般档案051/324

给黄壬戌委任状

（一九一八年十月十一日）

委任状

委任黄壬戌为缅甸国民党支部调查科副主任。此状。

孙　文

中华民国七年十月十一日

据中国国民党中央文化传播委员会党史馆藏一般档案051/321

给陈云樵委任状

（一九一九年四月二十三日）

委任状

委任陈云樵为泗水国民党支部庶务科主任。此状。

孙　文

中华民国八年四月二十三日

据中国国民党中央文化传播委员会党史馆藏一般档案 051/234

批 居 正 呈[①]

（一九一九年十月十三日）

呈悉。即委居正为总务主任，谢持为党务主任，廖仲恺为财政主任。

孙　文

据罗家伦主编《国父批牍墨迹》（台北"中央文物供应社"一九五五年版）

---

① 居正原呈请委任国民党本部各部主任。

给黄德源委任状

（一九一九年十二月三十日）

委任状

委任黄德源为仰光国民党支部正部长。此状。

孙　文

中华民国八年十二月三十日

据中国国民党中央文化传播委员会党史馆藏一般档案051/331

给陈东平委任状

（一九一九年十二月三十日）

委任状

委任陈东平为仰光国民党支部副部长。此状。

孙　文

据中国国民党中央文化传播委员会党史馆藏一般档案051/341

给许寿民委任状

（一九一九年十二月三十日）

委任状

委任许寿民为仰光国民党支部调查科正主任。此状。

孙　文

中华民国八年十二月三十日

据中国国民党中央文化传播委员会党史馆藏一般档案051/324

给朱伟民委任状

（一九一九年十二月三十日）

委任状

委任朱伟民为仰光国民党支部交际科干事。此状。

孙　文

中华民国八年十二月三十日

据中国国民党中央文化传播委员会党史馆藏一般档案051/324

给梁卓贵委任状

(一九一九年十二月三十日)

委任状

委任梁卓贵为仰光国民党支部财政科干事。此状。

孙　文

中华民国八年十二月三十日

据中国国民党中央文化传播委员会党史馆藏一般档案051/324

给黄壬戌委任状

(一九一九年十二月三十日)

委任状

委任黄壬戌为仰光国民党支部总务科干事。此状。

孙　文

中华民国八年十二月三十日

据中国国民党中央文化传播委员会党史馆藏一般档案051/321

给朱锦乔委任状

（一九一九年十二月三十日）

委任状

委任朱锦乔为仰光国民党支部评议部评议员。此状。

孙　文

中华民国八年十二月三十日

据中国国民党中央文化传播委员会党史馆藏一般档案051/320

给邝民志委任状

（一九一九年十二月三十日）

委任状

委任邝民志为仰光国民党支部评议部评议员。此状。

孙　文

中华民国八年十二月三十日

据中国国民党中央文化传播委员会党史馆藏一般档案051/324

给陈甘敏委任状

（一九一九年十二月三十日）

委任状

　　委任陈甘敏为仰光国民党支部评议部评议员。此状。

孙　文

中华民国八年十二月三十日

据中国国民党中央文化传播委员会党史馆藏一般档案051/327

给陈辉石委任状

（一九一九年十二月三十日）

委任状

　　委任陈辉石为仰光国民党支部评议部评议员。此状。

孙　文

中华民国八年十二月三十日

据中国国民党中央文化传播委员会党史馆藏一般档案051/324

批谢持呈[①]

（一九二〇年一月二十日）

特派陈树人为驻加拿大总支部总干事。

孙　文

据中国国民党中央文化传播委员会党史馆藏一般档案 052/249

给叶独醒委任状

（一九二〇年三月二十八日）

委任状

委任叶独醒为宿雾中国国民党支部总务科主任。此状。

中国国民党总理　孙　文
总务部主任　居　正
中华民国九年三月二十八日

据中国国民党中央文化传播委员会党史馆藏一般档案 051/328

[①] 谢持原呈请求派陈树人任国民党加拿大总支部总干事职。

给刘谦祥委任状

（一九二〇年三月二十八日）

委任状

委任刘谦祥为宿雾中国国民党支部交际科主任。此状。

中国国民党总理　孙　文
总务部主任　居　正
中华民国九年三月二十八日

据中国国民党中央文化传播委员会党史馆藏一般档案 051/161

批　谢　持　呈

（一九二〇年四月九日）①

总理批：着总务部办理
　　　　附呢咕洒利分部职员表
执行部
正　部　长　余礼仲
副　部　长　林秉安
总务科主任　黄华初
党务科主任　李锡三
交际科主任　张炳生
会计科主任　陈宽宋

---

① 所标日期为谢持呈文日期。

执行部书记　陈百庸
干　　事　李买维　余普基　余国保　林连财　李田扬　林霖义
评议部
正 议 长　郑　安
副 议 长　黄松喜
评议部书记　黄炳结
评 议 员　李买祥　林炳照　阮观烺　李焯仪　梁配仁　余信盛
　　　　　李观焯　黄　章　余万清　汪　汉　阮　康

据中国国民党中央文化传播委员会党史馆藏一般档案
052/251

批 谢 持 呈

（一九二〇年四月九日）①

总理批：着总务部办理。

文

　　附马达加斯加分部职员表
正 部 长　蒙棣余
副 部 长　邓福轩
总务科主任　蒙醴泉
党务科主任　陈觉迷
交际科主任　霍镜华
会计科主任　邓省群
书　　记　黎棣芝

据中国国民党中央文化传播委员会党史馆藏一般档案
052/250

① 所标日期为谢持呈文日期。

给林蓬洲委任状

（一九二〇年四月十八日）

委任状

委任林蓬洲为惠夜基中国国民党分部正部长。此状。

中国国民党总理　孙　文
总务部部长　居　正
党务部部长　谢　持
财政部部长　杨庶堪
中华民国九年四月十八日

据中国国民党中央文化传播委员会党史馆藏一般档案051/176

给潘受之委任状

（一九二〇年五月十日）

委任状

委任潘受之为坤甸中国国民党支部总务科副主任。此状。

中国国民党总理　孙　文
总务部主任　居　正
中华民国九年五月十日

据李穗梅主编《孙中山与帅府名人文物与未刊资料选编》（广东科技出版社二〇一一年版）影印原件

给廖伦委任状

（一九二〇年六月十八日）

委任状

　　委任廖伦为典的市中国国民党分部干事。此状。

中国国民党总理　孙　文

总务部主任　居　正

中华民国九年六月十八日

据中国国民党中央文化传播委员会党史馆藏一般档案051/235

批 谢 持 呈

（一九二〇年七月七日）①

总理批：着总务部照行。

文

　　附喧吃分部职员表

执行部

正　部　长　梁栋英

副　部　长　王星泉

总务科主任　麦　森

党务科主任　彭维纲

交际科主任　唐　贵

---

① 所标日期为谢持呈文日期。

会计科主任　张玉麟
执行部书记　何　炽
干　　　事　伍子金　岑神赐　陈　安　钟　发　林逵九　李日嵩
　　　　　　黄　连　高　周
评议部
正　议　长　胡　佐
副　议　长　周　九
评议部书记　林英石
评　议　员　邓仕俊　郑杰臣　黄万湖　高　石　简汉泉　李智寿
　　　　　　林　有　连　麟　蔡恒钊　李德正　刘　昌　谭仕江
　　　　　　李光业　何　玉

据中国国民党中央文化传播委员会党史馆藏环龙路档案 05195

委派陈箇民职务令

（一九二〇年八月十一日）

特派陈箇民为驻西贡总支部总干事。

孙　文

据中国国民党中央文化传播委员会党史馆藏一般档案 052/253

给钟公任委任状

（一九二〇年八月三十日）

委任状

委任钟公任为巴达斐亚中国国民党支部评议部正议长。此状。

中国国民党总理　孙　文

总务部主任　居　正

党务部主任　谢　持

财务部主任　廖仲恺

中华民国九年八月三十

据中国国民党中央文化传播委员会党史馆藏一般档案 051/331

给郭启仪任命状

（一九二〇年九月十一日）

任命状

任郭启仪为□□①筹饷委员。此状。

孙　文

中华民国九年九月十一日

据中国国民党中央文化传播委员会党史馆藏一般档案 051/239

---

① 此二字受污损，无法辨认。

给麦森委任状

（一九二○年九月三十日）

委任状

委任麦森为嗎𠺕①中国国民党分部总务科主任。此状。

中国国民党总理　孙　文
总务部主任　居　正
中华民国九年九月三十日

据中国国民党中央文化传播委员会党史馆藏一般档案 051/161

给马秋帆委任状

（一九二○年十月十日）

委任状

委任马秋帆为薄寮②中国国民党分部评议部评议员。此状。

中国国民党总理　孙　文
总务部主任　居　正
中华民国九年十月十日

据中国国民党中央文化传播委员会党史馆藏一般档案 051/331

---

① 嗎𠺕，即今新加坡拿吃。
② 薄寮（Bao lien），今越南薄寮市。

免林葆怿职务令①

（一九二〇年十一月一日）

海军部长兼海军第一舰队司令林葆怿。着免去本兼各职。此令。

据上海《民国日报》一九二〇年十一月八日《军府任免陆海军职》

任命林永谟职务令

（一九二〇年十一月一日）

任命林永谟为海军第一舰队司令。此令。

据上海《民国日报》一九二〇年十一月八日《军府任免陆海军职》

特任林永谟职务令

（一九二〇年十一月一日）

特任林永谟兼署理海军总司令。此令。特闻。军政府秘书厅。东。

据上海《民国日报》一九二〇年十一月八日《军府任免陆海军职》

---

① 本件及以下四件均系上海军政府秘书厅转奉军府东日电令，孙中山为军政府驻沪四总裁之一。

特任陈炯明职务令

（一九二〇年十一月一日）

特任陈炯明为广东省长兼粤军总司令，管理广东军务，全省所属陆海各军，均归节制调遣。此令。

据上海《民国日报》一九二〇年十一月八日《军府任免陆海军职》

特任汤廷光职务令

（一九二〇十一月一日）

军政府令

特任汤廷光为海军部长。此令。

中华民国九年十一月一日

据《军政府公报》（一九二〇年十二月）光字第一号

给骆连焕委任状

（一九二〇年十一月八日）

委任状

委任骆连焕为东京河内中国国民党支部会计科副主任。此状。

中国国民党总理　孙　文
总务部主任　居　正
财政部主任　廖仲恺

中华民国九年十一月八日

据中国国民党中央文化传播委员会党史馆藏一般档案051/163

给高发明委任状

（一九二〇年十一月八日）

委任状

委任高发明为古巴湾城中国国民党支部副部长。此状。

中国国民党总理　孙　文
总务部主任　居　正
党务部主任　谢　持
财政部主任　廖仲恺
中华民国九年十一月八日

据秦孝仪主编《国父全集》第八册（台北近代中国出版社一九八九年版）

给龙培萼委任状

（一九二〇年十一月八日）

委任状

委任龙培萼为古巴湾城中国国民党支部评议部评议员。此状。

中国国民党总理　孙　文
总务部主任　居　正
中华民国九年十一月八日

据中国国民党中央文化传播委员会党史馆藏一般档案051/233

特任孙文唐绍仪等职务令[①]

（一九二〇年十二月七日）

特任孙文为内政部长。唐绍仪为财政部长。唐继尧为交通部长。陈炯明为陆军部长。此令。

据中国第二历史档案馆编《中华民国史档案资料汇编》第四辑（上）（江苏古籍出版社一九八六年版）

给黄德源委任状

（一九二〇年十二月十一日）

委任状

委任黄德源为仰光中国国民党支部会计科主任。此状。

中国国民党总理　孙　文
总务部部长　居　正
财政部部长　杨庶堪
中华民国九年十二月十一日

据中国国民党中央文化传播委员会党史馆藏一般档案 051/331

[①] 此令为军政府所发。

给陈东平委任状

（一九二〇年十二月十一日）

委任状

委任陈东平为仰光中国国民党支部会计副主任。此状。

中国国民党总理　孙　文
总务部部长　居　正
财政部部长　杨庶堪

据中国国民党中央文化传播委员会党史馆藏一般档案051/341

给陈甘敏委任状

（一九二〇年十二月十一日）

委任状

委任陈甘敏为仰光中国国民党支部评议部评议员。此状。

中国国民党总理　孙　文
总务部部长　居　正
中华民国九年十二月十一日

据中国国民党中央文化传播委员会党史馆藏一般档案051/327

给朱锦乔委任状

（一九二〇年十二月十一日）

委任状

委任朱锦乔为仰光中国国民党支部评议部评议员。此状。

中国国民党总理　孙　文
总务部部长　居　正
中华民国九年十二月十一日

据中国国民党中央文化传播委员会党史馆藏一般档案051/320

给黄壬戌委任状

（一九二〇年十二月十一日）

委任状

委任黄壬戌为仰光中国国民党支部评议部评议员。此状。

中国国民党总理　孙　文
总务部部长　居　正
中华民国九年十二月十一日

据中国国民党中央文化传播委员会党史馆藏一般档案051/321

给许寿民委任状

（一九二〇年十二月十一日）

委任状

委任许寿民为仰光中国国民党支部评议部评议员。此状。

中国国民党总理　孙　文
总务部部长　居　正
中华民国九年十二月十一日

据中国国民党中央文化传播委员会党史馆藏一般档案051/324

给云金发委任状

（一九二〇年十二月十二日）

委任状

委任云金发为暹罗中国国民党支部评议部正议长。此状。

中国国民党总理　孙　文
总务部部长　居　正
党务部部长　谢　持
财政部部长　杨庶堪

据中国国民党中央文化传播委员会党史馆藏一般档案051/430

给陈辉石委任状

（一九二〇年十二月十三日）

委任状

　　委任陈辉石为仰光中国国民党支部评议部评议员。此状。

中国国民党总理　孙　文
总务部部长　居　正
中华民国九年十二月十三日

据中国国民党中央文化传播委员会党史馆藏一般档案051/324

着伍廷芳等照旧供职令

（一九二〇年十二月十四日）①

　　外交部长兼署财政部长伍廷芳。司法部长徐谦。参谋部长李烈钧。均照旧供职。此令。

据上海《民国日报》一九二〇年十二月十四日《西南之新建设》

特任王伯群职务令

（一九二〇年十二月十四日）②

　　交通部长唐继尧未到任以前，特任王伯群署理。此令。

据上海《民国日报》一九二〇年十二月十四日《西南之新建设》

---

① 所标时间为上海《民国日报》刊出日期。
② 所标时间为上海《民国日报》刊出日期。

以参谋部次长蒋尊簋暂代部务任马君武为秘书厅长

（一九二〇年十二月十四日）①

参谋部长李烈钧未到以前，以参谋部次长蒋尊簋暂行代理部务。又任命马君武为军政府秘书厅长。

据上海《民国日报》一九二〇年十二月十四日《西南之新建设》

给刘宗汉委任状

（一九二〇年十二月二十一日）

委任状

委任刘宗汉为新嘉坡东路中国国民党分部总务科主任。此状。

中国国民党总理　孙　文
总务部部长　居　正
中华民国九年十二月二十一日

据中国国民党中央文化传播委员会党史馆藏一般档案051/174

---

① 所标时间为上海《民国日报》刊出日期。

任命吴东启职务令

（一九二一年一月十四日）

委任吴东启为垦务督办。此令。

部长　孙　文

中华民国十年一月十四日

据《军政府公报》内政部委任令第一号（一九二一年一月十九日）光字第十二号

任命黄骚职务令

（一九二一年二月三日）

任命黄骚为本部技士。此令。

部长　孙　文

中华民国十年二月三日

据《军政府公报》内政部委任令第六号（一九二一年二月五日）光字第十七号

任命容觐彤职务令

（一九二一年二月三日）

任命容觐彤为本部技士。此令。

部长　孙　文

中华民国十年二月三日

据《军政府公报》内政部委任令第六号（一九二一年二月五日）光字第十七号

任命李禄超职务令

（一九二一年二月十八日）

任命李禄超为内政部农务局秘书。此令。

部长 孙 文

中华民国十年二月十八日

据《军政府公报》内务部委任令第八号（一九二一年二月十九日）光字第二十号

任命黎泽闾等职务令

（一九二一年二月二十四日）

任命黎泽闾署内政部商务局秘书；刘善余、李宸珊、源泰来、易剑泉代理内政部商务局局员；崔权、冯执简、侯昌龄为内政部商务局书记官。此令。

部长 孙 文

中华民国十年二月二十四日

据《军政府公报》内政部委任令第九号（一九二一年二月二十六日）光字第二十二号

给陈天成委任状

（一九二一年二月二十五日）

委任状

　　委任陈天成为星洲中国国民党分部评议部评议员。此状。

　　　　　　　　　　　　　　中国国民党总理　孙　文
　　　　　　　　　　　　　　总务部部长　　　居　正
　　　　　　　　　　　　　　中华民国十年二月二十五日

据中国国民党中央文化传播委员会党史馆藏一般档案051/236

给陈天一委任状

（一九二一年二月二十五日）

委任状

　　委任陈天一为星洲中国国民党分部评议部正议长。此状

　　　　　　　　　　　　　　中国国民党总理　孙　文
　　　　　　　　　　　　　　总务部部长　　　居　正
　　　　　　　　　　　　　　党务部部长　　　谢　持
　　　　　　　　　　　　　　财政部部长　　　杨庶堪
　　　　　　　　　　　　　　中华民国十年二月二十五日

据中国国民党中央文化传播委员会党史馆藏一般档案051/237

给叶独醒委任状

（一九二一年二月二十八日）

委任状

委任叶独醒为宿雾中国国民党支部党务科主任。此状。

中国国民党总理　孙　文
总务部部长　居　正
党务部部长　谢　持
中华民国十年二月二十八日

据中国国民党中央文化传播委员会党史馆藏一般档案 051/328

给林不帝委任状

（一九二一年二月二十八日）

委任状

委任林不帝为宿雾中国国民党支部干事。此状。

中国国民党总理　孙　文
总务部部长　居　正
中华民国十年二月二十八日

据中国国民党中央文化传播委员会党史馆藏一般档案 051/161

给冯自由委任状

（一九二一年三月十日）

委任状

　　委任冯自由为中国国民党广东支部党务科科长。此状。

中国国民党总理　孙　文
中华民国十年三月十日

据秦孝仪主编《国父全集》第八册（台北近代中国出版社一九八九年版）

特任顾品珍职务令①

（一九二一年四月二日）

军政府令

　　特任顾品珍为云南总司令，管理全省军务。此令。

四月二日

据上海《民国日报》一九二一年四月十一日《任命滇黔两总司令》

---

① 此为军政府政务会议通过之任命案，孙中山为总裁之一。

特任卢焘职务令[①]

（一九二一年四月二日）

军政府令

  特任卢焘为贵州总司令，管理全省军务，此令。

四月二日

  据上海《民国日报》一九二一年四月十一日《任命滇黔两总司令》

给任金委任状

（一九二一年四月二十日）

委任状

  委任任金为檀香山中国国民党支部评议部评议员。此状。

中国国民党总理 孙 文
总务部部长 居 正
中华民国十年四月二十日

  据中国国民党中央文化传播委员会党史馆藏一般档案051/240

[①] 此为军政府政务会议通过之任命案，孙中山为总裁之一。

给李圣林委任状

（一九二一年四月二十日）

委任状

　　委任李圣林为博芙芦中国国民党分部会计科主任。此状。

中国国民党总理　孙　文
总务部部长　居　正
财政部部长　杨庶堪
中华民国十年四月二十日

据中国国民党中央文化传播委员会党史馆藏一般档案051/223

给敖文珍委任状

（一九二一年四月二十八日）

委任状

　　委任敖文珍为满地可中国国民党分部党务科主任。此状。

中国国民党总理　孙　文
总务部部长　居　正
党务部部长　谢　持
中华民国十年四月二十八日

据中国国民党中央文化传播委员会党史馆藏一般档案051/325

给廖伦委任状

（一九二一年四月二十八日）

委任状

委任廖伦为典的市中国国民党分部交际科主任。此状。

中国国民党总理　孙　文
总务部部长　居　正
中华民国十年四月二十八日

据中国国民党中央文化传播委员会党史馆藏一般档案051/235

给童杭时委任状

（一九二一年四月）

委任状

今委任童杭时为中国国民党本部特设办事处浙江省主盟人。此状。

中国国民党总理　孙　文
民国十年四月　日

据中国国民党中央文化传播委员会党史馆藏一般档案051/226

内政部长孙文等辞职均准免本职令

（一九二一年五月五日）①

军政府令

外交部长兼署财政部长伍廷芳、内政部长孙文、参谋局长李烈钧、陆军部长陈炯明、海军部长汤廷光、交通部长王伯群、司法部长徐谦陈请辞职，伍廷芳、孙文、李烈钧、陈炯明、王伯群、徐谦均准免本职。此令。

据上海《民国日报》一九二一年五月十二日《军政府全体改组》

特任徐谦职务令

（一九二一年五月五日）

特任徐谦为大理院长。此令。

据长沙《大公报》一九二一年五月十八《孙文就职后之粤讯》

任命伍朝枢等职务令

（一九二一年五月七日）

任命伍朝枢为外交次长，廖仲恺为财政次长，程潜为陆军次长，林永谟为海军次长，蒋尊簋为参谋次长。此令。

据长沙《大公报》一九二一年五月十八日《孙文就职后之粤讯》

---

① 原令无日期，原报称"孙总统就职后，即日组织正式政府，军政府各员，业全体呈请免职，俱经照准，命令如下"，按孙中山于5月5日就大总统职，此件时间据此酌定。

任命伍廷芳等职务令

（一九二一年五月七日）

总统命令

特任伍廷芳为外交总长，陈炯明为内务总长兼陆军总长，唐绍仪为财政总长，汤廷光为海军总长，李烈钧为参谋总长，徐绍桢〈为〉总统府参军长，马君武为秘书长。

据上海《民国日报》一九二一年五月八日《本社专电》

任命顾品珍等职务令

（一九二一年五月七日）

大总统令

任命滇顾品珍、黔卢焘、湘赵恒惕、粤陈炯明、陕于右任为总司令。

据上海《民国日报》一九二一年五月十日《本馆专电》

给陈干简任状

（一九二一年五月十四日）

简任状

任命陈干为总统府谘议。此状。

孙　文

中华民国十年五月十四日

据中国国民党中央文化传播委员会党史馆藏一般档案
051/326

给朱普元委任状

（一九二一年五月十六日）

委任状

委任朱普元为巴生中国国民〈党〉支部会计科主任。此状。

中国国民党总理　孙　文

总务部部长　居　正

财政部部长　杨庶堪

中华民国十年五月十六日

据中国国民党中央文化传播委员会党史馆藏一般档案051/331

给黄凤书委任状

（一九二一年五月二十日）

委任状

今委任黄凤书为中国国民党西贡及其附近各埠主盟人。此状。

中国国民党总理　孙　文

本部特设办事处干事长　张　继

民国十年五月二十日

据中国国民党中央文化传播委员会党史馆藏一般档案051/153

任命吕志伊职务令

（一九二一年五月二十四日）

总统命令

　　任命吕志伊为内政部次长。此令。

五月二十四日

据《广东群报》一九二一年五月二十五日

给郑受炳委任状

（一九二一年五月二十六日）

委任状

　　委任郑受炳为巴生中国国民党支部正部长。此状。

中国国民党总理　孙　文
总务部部长　居　正
党务部部长　谢　持
财政部部长　杨庶堪
中华民国十年五月二十六日

据中国国民党中央文化传播委员会党史馆藏一般档案 051/331

给黄方白委任状

（一九二一年五月二十六日）

委任状

委任黄方白为巴生中国国民党支部干事。此状。

中国国民党总理　孙　文
总务部部长　居　正
中华民国十年五月二十六日

据中国国民党中央文化传播委员会党史馆藏一般档案051/331

给卢兴原简任状

（一九二一年五月三十一日）

任命卢兴原署理大理院庭长。此状。

孙　文
中华民国十年五月三十一日

据澳门国父纪念馆藏影印件

给何儒群委任状

(一九二一年五月)

委任状

今委任何儒群为中国国民党庇能①支部总务科干事。此状。

中国国民党总理　孙　文

本部特设办事处干事长　张　继

民国十年五月　日

据中国国民党中央文化传播委员会党史馆藏一般档案051/331

准李章达辞职令

(一九二一年六月三日)

大总统令

参军长徐绍桢呈：据总统府参军处副官李章达呈请辞职。李章达准免本职。此令。

六月三日

据上海《民国日报》一九二一年六月十八日《孙文大总统命令》

---

① 庇能，即今马来西亚槟榔屿。

给周雍能委任状

（一九二一年六月五日）

委任状

　　特任周雍能为中国国民党驻古巴总干事。此状。

中国国民党总理　孙　文
总务部部长　居　正
党务部部长　谢　持
财政部部长　杨庶堪
中华民国十年六月五日

据《周雍能先生访问纪录》（台北"中央研究院"近代史研究所一九八四年编印）

任命但焘职务令

（一九二一年六月六日）

大总统令

　　派但焘为法制委员会编纂员。此令。

六月六日

据上海《民国日报》一九二一年六月十八日《孙大总统命令》

任命毛邦燕职务令

（一九二一年六月六日）

大总统令

参军长徐绍桢呈请任命毛邦燕为总统府参军处副官，应照准。此令。

六月六日

据上海《民国日报》一九二一年六月十八日《孙大总统命令》

给管鹏简任状

（一九二一年六月十三日）

简任状

任命管鹏为总统府谘议。此状。

孙　文

中华民国十年六月十三日

据中国国民党中央文化传播委员会党史馆藏一般档案051/186

任命钟鼎基等职务令

（一九二一年六月十三日）

大总统令

兼陆军总长陈炯明[①]呈请任命钟鼎基、龚振鸥、胡兆鹏为陆军部司长，

[①] 陈炯明时任陆军部长兼内政部长，报载陈职衔有误。

王祺振、曹懋为陆军部秘书。均照准。此令。

> 据上海《民国日报》一九二一年六月二十一日《孙大总统命令》

任命曹笃等职务令

（一九二一年六月十四日）

大总统令

　　任命曹笃、刘咏闾、胡毅、邓荫南、吴涤宣、欧阳梗、唐元枢、查光佛为总统府谘议。此令。

民国十年六月十四日

> 据上海《民国日报》一九二一年六月二十一日《孙大总统命令》

任命何畏等职务令

（一九二一年六月十四日）

大总统令

　　任命何畏、何成濬、顾忠琛、伍毓珊、杜武库、萧炳章、金维系、李绮庵、方震、宋镇华、顾人宜、管鹏、毕少珊、江炳灵、李化民、萧翼鲲、方振武、周正群、林祖涵、赖德嘉为总统府谘议。此令。

民国十年六月十四日

> 据上海《民国日报》一九二一年六月二十一日《孙大总统命令》

给杨纯美委任状

（一九二一年六月十七日）

委任状
　　今委任杨纯美为中国国民党万隆分部副部长。此状。
　　　　　　　　　　　　　　中国国民党总理　　孙　　文
　　　　　　　　　　　　　　本部特设办事处干事长　张　　继
　　　　　　　　　　　　　　民国十年六月十七日
　　　　　　　据中国国民党中央文化传播委员会党史馆藏一般档案
　　　051/316

任命吕志伊程潜职务令

（一九二一年六月二十五日）

大总统令
　　内务次长吕志伊着代理部务。此令。
又令
　　陆军次长程潜着代理部务。此令。
　　　　　　　据上海《民国日报》一九二一年七月二日《大总统命令》

准杨仙逸辞职令

（一九二一年六月二十五日）

大总统令

  总统府参军长徐绍桢呈称副官杨仙逸呈请辞职。应照准。此令。

据上海《民国日报》一九二一年七月二日《大总统命令》

准任命邝石职务令

（一九二一年六月二十五日）

大总统令

  总统府参军长徐绍桢呈请任命邝石为副官。应照准。此令。

据上海《民国日报》一九二一年七月二日《大总统命令》

准免孙祥夫职务令

（一九二一年六月二十七日）

大总统令

  总统府参军长徐绍桢呈请将副官孙祥夫免去本职。应照准。此令。

中华民国十年六月二十七日
据上海《民国日报》一九二一年七月五日《大总统命令》

准任命叶显职务令

（一九二一年六月二十七日）

大总统令

总统府参军长徐绍桢呈请任命叶显为副官。应照准。此令。

中华民国十年六月二十七日

据上海《民国日报》一九二一年七月五日《大总统命令》

给柏文蔚聘任状

（一九二一年六月二十八日）

聘任状

敦聘柏文蔚先生为本府顾问。此状。

孙　文

中华民国十年六月二十八日

据秦孝仪主编《国父全集》第八册（台北近代中国出版社一九八九年版）

给苏法聿委任状

（一九二一年六月二十九日）

委任状

委任苏法聿为巴生港口中国国民党分部干事。此状。

         中国国民党总理 孙 文

         总务部部长 居 正

         中华民国十年六月二十九日

据中国国民党中央文化传播委员会党史馆藏一般档案051/331

给陈德熹委任状

（一九二一年六月二十九日）

委任状

委任陈德熹为巴生港口中国国民党分部副部长。此状。

         中国国民党总理 孙 文

         总务部部长 居 正

         党务部部长 谢 持

         财政部部长 杨庶堪

         中华民国十年六月二十九日

据秦孝仪主编《国父全集》第八册（台北近代中国出版社一九八九年版）

给王鸣亚委任状

（一九二一年六月）

委任状

今委任王鸣亚为中国国民党广东崖县分部部长。此状。

中国国民党总理　孙　文

广东支部长　陈炯明

民国十年六月　日

据秦孝仪主编《国父全集》第八册（台北近代中国出版社一九八九年版）

给张鹏程简任状

（一九二一年七月八日）

简任状

任命张鹏程为总统府谘议。此状。

孙　文

中华民国十年七月八日

据中国国民党中央文化传播委员会党史馆藏一般档案051/229

准任命吴兆枚陈恭职务令

（一九二一年七月十一日）

大总统令

大理院长兼管司法行政事务徐谦呈请任命吴兆枚、陈恭署总检察厅检察长,均照准。此令。

据上海《民国日报》一九二一年七月十六日《大总统命令》

准任命何蔚等职务令

（一九二一年七月十一日）

大总统令

　　大理院长兼管司法行政事务徐谦呈请任命何蔚、冯演秀、潘元谅、王敬信、卢镇澜、刘通署大理院推事。均照准。此令。

据上海《民国日报》一九二一年七月二十六日《大总统命令》

准任命曹受坤等职务令

（一九二一年七月十一日）

大总统令

　　大理院长兼管理司法行政事务徐谦,呈请任命曹受坤署广州地方审判厅厅长;陆嗣曾署广州地方检察厅检察长;张易畴署澄海地方审判厅厅长。均照准。此令。

据上海《民国日报》一九二一年七月二十六日《大总统命令》

任命刘湘职务令

（一九二一年七月十二日）

大总统令

特任刘湘为四川总司令，管理全省军务兼四川省长。此令。

据上海《民国日报》一九二一年七月十八日《大总统命令》

给陈安仁委任状

（一九二一年七月二十七日）

委任状

今委任陈安仁为中国国民党澳洲特派员。此状。

中国国民党总理　孙　文

本部特设办事处干事长　张　继

民国十年七月二十七日

据中国国民党中央文化传播委员会党史馆藏一般档案051/330

任命马君武谢持职务令

（一九二一年七月二十八日）

任命马君武为广西省长。谢持为总统府秘书长。此令。

据上海《时报》一九二一年七月三十日《二十八日总统府令》

准谢持辞职令

（一九二一年七月二十九日）

大总统令

总统府参议谢持呈请辞职,谢持准免本职。此令。

据《广东群报》一九二一年八月二日《大总统命令》

任命邓家彦职务令

（一九二一年七月二十九日）

大总统令

任命邓家彦为总统府参议。此令。

据《广东群报》一九二一年八月二日《大总统命令》

给麦森委任状

（一九二一年八月一日）

委任状

委任麦森为嗱吃中国国民党分部党务科主任。此状。

中国国民党总理　孙　文
总务部部长　居　正
党务部部长　谢　持
中华民国十年八月一日

据中国国民党中央文化传播委员会党史馆藏一般档案
051/161

准免赵德裕职并通缉蒋超青等令

（一九二一年八月一日）

大总统令

　　据陆军次长、代理部务程潜呈称：驻粤滇军此次奉令戍雷，受逆党杨永泰、李根源等辈金钱运动，迎逆党入雷，改称安抚军，实行叛乱。该军指挥官赵德裕，毫无觉察，本难辞咎，惟心迹尚可原，拟请从宽解其现职。至该逆军参谋长蒋超青等，甘心附逆，现均在逃，应请将原有官职一律递〔褫〕夺，并恳明令通缉，尽法惩治等语。该滇军指挥官陆军少将赵德裕身为一军长官，对于该军此次变叛，事前毫无察觉，事后复逃往澳门，虽未附逆，已属治军不严。姑念该指挥官当粤军回粤之际，曾与桂贼脱离关系，尚明大义，从宽治处，着即免去现职。该逆军参谋长蒋超青、梯团长陆军少将蔡炳寰、代理梯团长陆军少校王连璧、支队长徐栋、周振彪等，胆敢肆行叛乱，甘心助逆，现经畏法潜逃，实属罪无可逭，均着一并递〔褫〕夺原有官职；并仰各省文武地方长官，通令所属，一体严密缉拿，务获归案究办，以儆叛逆而肃军纪。此令。

据《广东群报》一九二一年八月二日《大总统命令》

准张华澜辞职令

（一九二一年八月四日）

大总统令

　　内务次长、代理部务吕志伊呈称，秘书张华澜因病呈请辞职，应照准。此令。

据上海《民国日报》一九二一年八月十六日《大总统命令》

准任俞河汉职务令

（一九二一年八月四日）

大总统令

　　内务部次长代理部务吕志伊呈请俞河汉为内务部秘书，应照准。此令。

据上海《民国日报》一九二一年八月十六日《大总统命令》

给王用宾简任状

（一九二一年八月九日）

简任状

　　任命王用宾为总统府谘议。此状。

孙　文
中华民国十年八月九日

据中国国民党中央文化传播委员会党史馆藏一般档案
051/185

任命杨愿公职务令

（一九二一年八月十九日）

大总统令

　　任命杨愿公为广西政务厅长。此令。

据上海《民国日报》一九二一年八月二十六日《大总统命令》

任命吕一夔职务令

（一九二一年八月十九日）

大总统令

　　任命吕一夔为广西财政厅长。此令。

据上海《民国日报》一九二一年八月二十六日《大总统命令》

委派周震鳞职务令

（一九二一年九月六日）

大总统令

　　特派周震鳞为湖南劳军使。此令。

据上海《民国日报》一九二一年九月十四日《大总统命令》

给邓耀简任状

（一九二一年九月八日）

简任状

　　任命邓耀为总统府谘议。此状。

孙　文
中华民国十年九月八日

据中国国民党中央文化传播委员会党史馆藏一般档案 051/217

准任命黄心持职务令

（一九二一年九月十二日）

大总统令

内务次长、代理部务吕志伊呈请任命黄心持为广西矿务处处长，应照准。此令。

据上海《民国日报》一九二一年九月十九日《大总统命令》

给杨鹤龄聘任状

（一九二一年九月十四日）

聘任状

敦聘杨鹤龄先生为本府顾问。此状。

孙　文

中华民国十年九月十四日

据中国人民政治协商会议广东省广州市委员会等编《纪念辛亥革命七十周年史料专辑》（下）（广东人民出版社一九八一年版）影印原件

任命王伯群职务令

（一九二一年九月二十日）

大总统令

特任王伯群为贵州省长。此令。

九月二十日

据上海《民国日报》一九二一年九月二十二日《大总统命令》

任命卢焘职务令

（一九二一年九月二十日）

大总统令

　　王伯群未到〈任〉以前,着贵州总司令卢焘兼署贵州省长。此令。

九月二十日

据上海《民国日报》一九二一年九月二十二日《大总统命令》

任命麦英俊职务令

（一九二一年九月二十六日）

大总统令

　　任命麦英俊为外交部特派广西交涉员。此令。

九月二十六日

据上海《民国日报》一九二一年十月四日《大总统命令》

任命麦英俊职务令

（一九二一年九月二十六日）

又令：

　　任命麦英俊为梧州关监督。此令。

据上海《民国日报》一九二一年十月四日《大总统命令》

准李国柱辞职令

（一九二一年九月二十七日）

大总统令

　　代理总统府参军〈长〉林修梅呈称，参军李国柱恳请辞职。李国柱准免本职。此令。

九月二十六日

据上海《民国日报》一九二一年十月四日《大总统命令》

任命路孝忱职务令

（一九二一年九月二十七日）

大总统令

　　任命路孝忱为总统府参军。此令。

九月二十六日

据上海《民国日报》一九二一年十月四日《大总统命令》

给陈东平委任状

（一九二一年九月二十八日）

委任状

　　委任陈东平为仰光中国国民党支部正部长。此状。

中国国民党总理　孙　文
总务部部长　居　正

党务部部长　谢　持
财政部部长　杨庶堪
宣传部部长　张　继

据中国国民党中央文化传播委员会党史馆藏一般档案051/341

给李庆标委任状

（一九二一年九月二十八日）

委任状

委任李庆标为仰光中国国民党支部干事。此状。

中国国民党总理　孙　文
总务部部长　居　正
中华民国十年九月二十八日

据中国国民党中央文化传播委员会党史馆藏一般档案051/331

给陈辉石委任状[①]

（一九二一年九月二十八日）

委任状

委任陈辉石为仰光中国国民党支部干事。此状。

中国国民党总理　孙　文
总务部部长　居　正

---

① 此件秦孝仪主编《国父全集》标为陈辉名。"名"似为"石"字之误。陈辉石，缅甸华侨，名字前此在本书已多见。

中华民国十年九月二十八日
据中国国民党中央文化传播委员会党史馆藏一般档案051/324

给朱伟民委任状

（一九二一年九月二十八日）

委任状

　　委任朱伟民为仰光中国国民党支部干事。此状。

　　　　　　　　　　　　中国国民党总理　孙　文
　　　　　　　　　　　　总务部部长　　　居　正
　　　　　　　　　　　　中华民国十年九月二十八日
据中国国民党中央文化传播委员会党史馆藏一般档案051/324

给陈甘敏委任状

（一九二一年九月二十八日）

委任状

　　委任陈甘敏为仰光中国国民党支部评议部评议员。此状。

　　　　　　　　　　　　中国国民党总理　孙　文
　　　　　　　　　　　　总务部部长　　　居　正
　　　　　　　　　　　　中华民国十年九月二十八日
据中国国民党中央文化传播委员会党史馆藏一般档案051/327

给邝民志委任状

（一九二一年九月二十八日）

委任状
  委任邝民志为仰光中国国民党支部评议部评议员。此状。
                    中国国民党总理　孙　文
                    总务部部长　居　正
              中华民国十年九月二十八日
  据中国国民党中央文化传播委员会党史馆藏一般档案
051/324

给黄壬戌委任状

（一九二一年九月二十八日）

委任状
  委任黄壬戌为仰光中国国民党支部评议部评议员。此状。
                    中国国民党总理　孙　文
                    总务部部长　居　正
              中华民国十年九月二十八日
  据中国国民党中央文化传播委员会党史馆藏一般档案
051/321

给许寿民委任状

（一九二一年九月二十八日）

委任状

　　委任许寿民为仰光中国国民党支部评议部评议员。此状。

中国国民党总理　孙　文
总务部部长　居　正
中华民国十年九月二十八日

据中国国民党中央文化传播委员会党史馆藏一般档案051/324

给欧阳敬之委任状

（一九二一年九月二十八日）

委任状

　　委任欧阳敬之为金欧埠中国国民党分部评议部评议员。此状。

中国国民党总理　孙　文
总务部部长　居　正
中华民国十年九月二十八日

据中国国民党中央文化传播委员会党史馆藏一般档案051/331

给苏福委任状

（一九二一年九月三十日）

委任状

委任苏福为中国国民党麻厘柏板支部正部长。此状。

中国国民党总理　孙　文

本部特设办事处干事长　张　继

民国十年九月三十日

据中国国民党中央文化传播委员会党史馆藏一般档案051/323

给张继委任状

（一九二一年十月四日）

委任状

今委任张继为中国国民党北方执行部部长。此状。

中国国民党总理　孙　文

中华民国十年十月四日

据中国国民党中央文化传播委员会党史馆藏一般档案051/184

给苏法聿委任状

（一九二一年十月五日）

委任状

委任苏法聿为巴生港口中国国民党分部总务科主任。此状。

中国国民党总理　孙　文

总务部部长　居　正

中华民国十年十月五日

据中国国民党中央文化传播委员会党史馆藏一般档案051/331

给柏文蔚委任状

（一九二一年十月八日）

特任状

特任柏文蔚为长江上游招讨使。此状。

孙　文

中华民国十年十月八日

据中国国民党中央文化传播委员会党史馆藏一般档案051/219

准免莫鲁李寅中职务令

（一九二一年十月十三日）

大总统令

代理总统府参军长林修梅呈请将副官莫鲁、李寅中免去本职。应照准。此令。

据上海《民国日报》一九二一年十月二十三日《大总统命令》

给苏福委任状①

（一九二一年十月十五日）

委任状

委任苏福为麻厘柏板中国国民党支部正部长。此状。

中国国民党总理　孙　文

总务部部长　居　正

党务部部长　谢　持

财政部部长　杨庶堪

宣传部部长　张　继

中华民国十年十月十五日

据中国国民党中央文化传播委员会党史馆藏一般档案051/323

---

① 本委任状与1921年9月30日委任状相同，日期与任命人有所不同，现分别收录。

给王宗沂委任状

（一九二一年十月十五日）

委任状

　　王宗沂为巴生港口中国国民党分部干事。此状。

中国国民党总理　孙　文
总务部部长　居　正
中华民国十年十月十五日

据中国国民党中央文化传播委员会党史馆藏一般档案051/330

给林蓬洲委任状

（一九二一年十月二十一日）

委任状

　　委任林蓬洲为惠夜基中国国民党分部交际科主任。此状。

中国国民党总理　孙　文
总务部部长　居　正
中华民国十年十月二十一日

据中国国民党中央文化传播委员会党史馆藏一般档案051/176

任命钟秀南等职务令

（一九二一年十月二十五日）

任命钟秀南为中央兵站总监，梁长海为供给部驻粤监督，伍于簪为供给部行营监督。

据上海《民国日报》一九二一年十月二十五日《总统出巡之北伐筹备》

给张秋白委任状

（一九二一年十月三十日）

今委任张秋白为中国国民党赴俄全权代表。此状。

中国国民党总理　孙　文
总务部长　居　正
宣传部长　张　继
中华民国十年十月三十日

据俄罗斯国家社会政治历史档案馆藏

聘任唐继尧等职务令

（一九二一年十月）

聘任唐继尧任滇黔联军总司令，李烈钧任第一军总司令，许崇智任第二军总司令，李福林任第三军总司令，朱培德任第一军行营参谋，徐绍桢任大本营参军长，邓铿任大本营参谋长，胡汉民任大本营秘书长，吕超、石青阳、廖湘芸、叶荃等均为参军。

据上海《民国日报》一九二一年十月三十日《大总统委定北伐军各人员》

委任陈炯光等职务令

（一九二一年十一月十日）①

陈炯光充第一路援军司令，关国雄充第二路，刘骏升充第三路。

据天津《大公报》一九二一年十一月十日《专电》

任命刘震寰等职务令

（一九二一年十一月二十八日）

大总统令

任命刘震寰为广西陆军第一师师长；韦冠英为广西陆军步兵第一旅旅长；严兆丰为广西陆军步兵第二旅旅长。此令。

十一月二十八日

据上海《民国日报》一九二二年一月八日《大总统命令》

---

① 此件所标时间为天津《大公报》刊出日期。

给何以兴委任状

（一九二一年十一月三十日）

委任状

委任何以兴为中国国民党庇能大山脚分部评议部副议长。此状。

中国国民党总理　孙　文

本部特设办事处干事长　张　继

民国十年十一月三十日

据中国国民党中央文化传播委员会党史馆藏一般档案051/205

给杨剑秋委任状

（一九二一年十一月三十日）

委任状

委任杨剑秋为中国国民党庇能大山脚分部评议部评议员兼书记。此状。

中国国民党总理　孙　文

本部特设办事处干事长　张　继

民国十年十一月三十日

据秦孝仪主编《国父全集》第八册（台北近代中国出版社一九八九年版）

任命李汉丞萧度职务令

（一九二一年十二月六日）

大总统令

　　任命李汉丞为湖南高等审判厅厅长。萧度为湖南高等检察厅检察长。此令。

十二月六日

据上海《民国日报》一九二二年一月八日《大总统命令》

给丁惟汾委任状

（一九二一年十二月六日）

委任状

　　委任丁惟汾为本党山东主盟人。此状。

中国国民党总理　孙　文
总务部部长　居　正
党务部部长　谢　持
中华民国十年十二月六日

据《先烈先进图像文物集珍》第一辑（台北近代中国出版社一九八四年初版）

任命蒋作宾等职务令

（一九二一年十二月十日）

陆海军大元帅令

　　任命蒋作宾、吕超、石青阳、孔庚、陈白、王乃昌为大本营参议。此令。

　　　　　　　　　　　　　　　（中华民国陆海军大元帅之印）

　　　　　　　　　　　　　　　　　中华民国十年十二月十日

　　　　　据大本营秘书处编《陆海军大元帅大本营公报》第一号
　　　　　（广州一九二二年一月三十日）

任命赵德恒职务令

（一九二一年十二月十日）

陆海军大元帅令

　　任命赵德恒为大本营谘议。此令。

　　　　　　　　　　　　　　　（中华民国陆海军大元帅之印）

　　　　　　　　　　　　　　　　　中华民国十年十二月十日

　　　　　据大本营秘书处编《陆海军大元帅大本营公报》第一号
　　　　　（广州一九二二年一月三十日）

任命王乃昌职务令

（一九二一年十二月十四日）

陆海军大元帅令

　　派王乃昌为大本营桂林安抚处督办。此令。

　　　　　　　　　　　　　　　（中华民国陆海军大元帅之印）

　　　　　　　　　　　　　　　中华民国十年十二月十四日

据大本营秘书处编《陆海军大元帅大本营公报》第一号
（广州一九二二年一月三十日）

任命焦易堂职务令

（一九二一年十二月十四日）

陆海军大元帅令

　　任命焦易堂为大本营参议。此令。

　　　　　　　　　　　　　　　（中华民国陆海军大元帅之印）

　　　　　　　　　　　　　　　中华民国十年十二月十四日

据大本营秘书处编《陆海军大元帅大本营公报》第一号
（广州一九二二年一月三十日）

委派陈策职务令

（一九二一年十二月十六日）

陆海军大元帅令

　　派陈策为抚河船务管理局局长。此令。

　　　　　　　　　　　　　　　（中华民国陆海军大元帅之印）

　　　　　　　　　　　　　　　中华民国十年十二月十六日

　　　　　　据大本营秘书处编《陆海军大元帅大本营公报》第一号

　　　　　（广州一九二二年一月三十日）

任命蔡大愚职务令

（一九二一年十二月十九日）

陆海军大元帅令

　　任命蔡大愚为大本营谘议。此令。

　　　　　　　　　　　　　　　（中华民国陆海军大元帅之印）

　　　　　　　　　　　　　　　中华民国十年十二月十九日

　　　　　　据大本营秘书处编《陆海军大元帅大本营公报》第一号

　　　　　（广州一九二二年一月三十日）

任命冯焯勋职务令

（一九二一年十二月二十一日）

大总统令

  任命冯焯勋为广西陆军第一师参谋长。此令。

中华民国十年十二月二十一日。

据上海《民国日报》一九二一年十二月三十一日《大总统命令》

任命吴忠信职务令

（一九二一年十二月二十三日）

陆海军大元帅令

  任命粤军第七独立旅旅长吴忠信兼任大本营宪兵司令。此令。

（中华民国陆海军大元帅之印）

中华民国十年十二月二十三日

据大本营秘书处编《陆海军大元帅大本营公报》第一号（广州一九二二年一月三十日）

委派林云陔职务令

（一九二一年十二月二十六日）

陆海军大元帅令

  兹派大本营金库长林云陔兼任桂林广西银行总理，龙鹤龄、谢尹为桂林广西银行协理。此令。

(中华民国陆海军大元帅之印)

中华民国十年十二月二十六日

<small>据大本营秘书处编《陆海军大元帅大本营公报》第一号（广州一九二二年一月三十日）</small>

任命王乃昌职务令

（一九二一年十二月二十七日）

特任王乃昌为广西全省清乡督办。

<small>据上海《民国日报》一九二一年十二月二十八日《本社专电》</small>

任命韦振谋李作砺职务令

（一九二一年十二月三十一日）

大总统令

参谋次长代理部务蒋尊簋呈请任命韦振谋为广西陆军第一师第一旅少校参谋，李作砺为广西陆军第一师第二旅少校参谋，应照准。此令。

中华民国十年十二月三十一日

<small>据上海《民国日报》一九二一年十二月三十一日《大总统命令》</small>

任命陈白职务令

（一九二二年一月二日）

陆海军大元帅令

　　任命陈白①为国立中华国民银行监督。此令。

　　　　　　　　　　　　　　　　（中华民国陆海军大元帅之印）

　　　　　　　　　　　　　　　　中华民国十一年一月二日

据大本营秘书处编《陆海军大元帅大本营公报》第一号
（广州一九二二年一月三十日）

任命梁长海伍于簪职务令

（一九二二年一月七日）

陆海军大元帅令

　　任命梁长海为国立中华国民银行行长，伍于簪为副行长。此令。

　　　　　　　　　　　　　　　　（中华民国陆海军大元帅之印）

　　　　　　　　　　　　　　　　中华民国十一年一月七日

据大本营秘书处编《陆海军大元帅大本营公报》第一号
（广州一九二二年一月三十日）

---

① 陈白，即陈少白。

准任黄隆生职务令

（一九二二年一月七日）

陆海军大元帅令

省〔国〕立中华国民银行行长梁长海呈请任命黄隆生为统计科主任。应照准。此令。

（中华民国陆海军大元帅之印）

中华民国十一年一月七日

据大本营秘书处编《陆海军大元帅大本营公报》第一号

（广州一九二二年一月三十日）

任命顾品珍金汉鼎职务令

（一九二二年一月八日）

陆海军大元帅令

特任顾品珍为云南讨贼军总司令，金汉鼎着代理滇军总司令。此令。

（中华民国陆海军大元帅之印）

中华民国十一年一月八日

据大本营秘书处编《陆海军大元帅大本营公报》第一号

（广州一九二二年一月三十日）

陈请任命但焘等职务令

（一九二二年一月十日）

军政府令

　　内政部长孙文陈请任命但焘、赵士北为内政部司长，曹笃为内政部秘书，胡毅为土地局局长，邓泽如为矿务局局长，邓荫南为农务局局长，吴涤宣为商务局局长。应照准。此令。

中华民国军政府（印）
中华民国十一年一月十日

据《军政府公报》（一九二二年一月十二日）光字第十号

任命邓毅夫职务令

（一九二二年一月十一日）

陆海军大元帅令

　　任命邓毅夫为大本营谘议。此令。

（中华民国陆海军大元帅之印）
中华民国十一年一月十一日

据大本营秘书处编《陆海军大元帅大本营公报》第一号
（广州一九二二年一月三十日）

任命赵士觐职务令

（一九二二年一月十一日）

陆海军大元帅令

　　任命赵士觐为大本营军粮局局长。此令。

（中华民国陆海军大元帅之印）

中华民国十一年一月十一日

据大本营秘书处编《陆海军大元帅大本营公报》第一号
（广州一九二二年一月三十日）

任命金汉鼎职务令[①]

（一九二二年一月十五日）

大总统令

　　特任金汉鼎代理云南总司令，兼管全省军务。此令。

据上海《民国日报》一九二二年一月二十二日《大总统命令》

---

① 孙中山已于1月8日特任顾品珍为云南讨贼军总司令，金汉鼎代理滇军总司令，文见《陆海军大元帅大本营公报》第一号（广州一九二二年一月三十日），本件系单独任命金汉鼎职务，与前令并不重复。

任命刘祖武职务令

（一九二二年一月十六日）

大总统令

特任刘祖武代理云南省长。此令。

一月十六日

据上海《民国日报》一九二二年二月一日《大总统命令》

免江映枢杨德源职务令

（一九二二年一月十六日）

大总统令

总统府参军江映枢、杨德源，着即免职。此令。

一月十六日

据上海《民国日报》一九二二年二月一日《大总统命令》

准任吕国治职务令

（一九二二年一月十七日）

大总统令

总统府参军长徐绍桢呈请任命吕国治为副官。应照准。此令。

一月十七日

据上海《民国日报》一九二二年二月一日《大总统命令》

任命谷正伦等职务令

（一九二二年一月十九日）

陆海军大元帅令

任命谷正伦为中央直辖黔军总司令，彭汉章为中央直辖黔军第一独立旅旅长，王天培为中央直辖黔军第二混成旅旅长。此令。

（中华民国陆海军大元帅之印）

中华民国十一年一月十九日

据大本营秘书处编《陆海军大元帅大本营公报》第一号（广州一九二二年一月三十日）

给邢森洲委任状

（一九二二年一月二十三日）

委任状

委任邢森洲为庇能中国国民党支部正部长。此状。

中国国民党总理　孙　文
总务部部长　居　正
党务部部长　谢　持
财政部部长　杨庶堪
宣传部部长　张　继

据中国国民党中央文化传播委员会党史馆藏一般档案051/369

准任罗任等职务令

（一九二二年一月二十三日）①

大总统令

　　大理院长兼管司法行政事务徐谦呈请任命罗任、石铭勋、余谷、黎思赞、钟馥、张通焕、黄昌群为湖南高等审判厅推事。应照准。此令。

据上海《民国日报》一九二二年二月十日《大总统命令》

准任罗兆奎唐冠亚职务令

（一九二二年一月二十三日）②

大总统令

　　大理院长兼管司法行政事务徐谦呈请任命罗兆奎为湖南高等检察厅检察官，唐冠亚署湖南高等检察厅检察官。应照准。此令。

据上海《民国日报》一九二二年二月十日《大总统命令》

给李国定委任状

（一九二二年一月）

委任状

　　委任李国定为中国国民党四川主盟人。此状。

---

① 据上海《民国日报》1922年2月10日消息，此项任命发布日期为1月23日。
② 据上海《民国日报》1922年2月10日消息，此项任命发布日期为1月23日。

中国国民党总理　孙　文
民国十一年一月　日
据中国国家博物馆藏原件

任命陈德春职务令

（一九二二年二月四日）

大总统令

　　任命陈德春为中央直辖第四军军长兼粤东八属各军总司令。此令。

据中国国民党中央文化传播委员会党史馆藏一般档案051/346

准吕国治辞职令

（一九二二年二月六日）

大总统令

　　总统府参军长徐绍桢呈称副官吕国治呈请辞职。应照准。此令。

据上海《民国日报》一九二二年二月十五日《大总统命令》

准任朱廷燎职务令

（一九二二年二月六日）

大总统令

　　总统府参军长徐绍桢呈请任命朱廷燎为副官。应照准。此令。

据上海《民国日报》一九二二年二月十五日《大总统命令》

委派徐谦等职务令

（一九二二年二月十四日）

大总统令

　　派徐谦兼文官高等惩戒委员会委员长，刘咏阆、冯自由、蔡庚、冯演秀、刘通、翁捷三、余尧、杨光湛、朱念祖、邓台荫为文官高等惩戒委员会委员。

据上海《民国日报》一九二二年二月十四日《大总统命令》

给刘恢汉委任状

（一九二二年二月十五日）

委任状

　　委任刘恢汉为山咀咕中国国民党分部正部长。此状。

中国国民党总理　孙　文

总务部部长　居　正

党务部部长　谢　持

财务部部长　杨庶堪

宣传部部长　张　继

中华民国十一年二月十五日

据中国国民党中央文化传播委员会党史馆藏一般档案 051/179

给林蓬洲委任状

（一九二二年二月十五日）

委任状

委任林蓬洲为惠夜基中国国民党分部正部长。此状。

中国国民党总理　孙　文
总务部部长　居　正
党务部部长　谢　持
财政部部长　杨庶堪
宣传部部长　张　继
中华民国十一年二月十五日

据中国国民党中央文化传播委员会党史馆藏一般档案051/176

给高敦焯委任状

（一九二二年三月九日）

委任状

委任高敦焯为檀香山中国国民党分部评议部评议员。此状。

中国国民党总理　孙　文
总务部部长　居　正
中华民国十一年三月九日

据中国国民党中央文化传播委员会党史馆藏一般档案051/8

任命金汉鼎职务令

（一九二二年三月十四日）①

大总统令

特任云南代理总司令金汉鼎代〈理〉云南省长。

据上海《民国日报》一九二二年三月二十四日《十六日国务会议纪事》

给廖伦委任状

（一九二二年三月十四日）

委任状

委任廖伦为典的市中国国民党分部干事。此状。

中国国民党总理　孙　文
总务部部长　居　正
中华民国十一年三月十四日

据中国国民党中央文化传播委员会党史馆藏一般档案051/235

---

① 上海《民国日报》1922年3月17日《本社专电》载，此命令日期为"寒日"，即3月14日。

给苏法聿委任状

（一九二二年三月二十八日）

委任状

委任苏法聿为巴生港口中国国民党分部正部长。此状。

        中国国民党总理 孙 文
          总务部部长 居 正
          党务部部长 谢 持
          财政部部长 杨庶堪
          宣传部部长 张 继

中华民国十一年三月二十八日

据中国国民党中央文化传播委员会党史馆藏一般档案 051/331

给陈德熹委任状

（一九二二年三月二十八日）

委任状

委任陈德熹为巴生港口中国国民党分部评议部正议长。此状。

        中国国民党总理 孙 文
          总务部部长 居 正
          党务部部长 谢 持
          财政部部长 杨庶堪
          宣传部部长 张 继

中华民国十一年三月二十八日

据中国国民党中央文化传播委员会党史馆藏一般档案 051/330

给王宗沂委任状

（一九二二年三月二十八日）

〈委任〉状

　　王宗沂为巴生港口中国国民党分部干事。此状。

　　　　　　　　　　　中国国民党总理　孙　文
　　　　　　　　　　　总务部部长　　　居　正
　　　　　　　　　　　中华民国十一年三月二十八日

据中国国民党中央文化传播委员会党史馆藏一般档案051/330

给陈再喜委任状

（一九二二年三月二十八日）

委任状

　　委任陈再喜为巴生港口中国国民党分部干事。此状。

　　　　　　　　　　　中国国民党总理　孙　文
　　　　　　　　　　　总务部部长　　　居　正
　　　　　　　　　　　中华民国十一年三月二十八日

据中国国民党中央文化传播委员会党史馆藏一般档案051/330

给骆连焕委任状

（一九二二年三月二十八日）

委任状

委任骆连焕为河内中国国民党支部会计科副主任。此状。

中国国民党总理　孙　文
总务部部长　居　正
财政部部长　杨庶堪

中华民国十一年三月二十八日

据中国国民党中央文化传播委员会党史馆藏一般档案051/163

给任金委任状

（一九二二年三月三十一日）

委任状

委任任金为檀山中国国民党支部评议部评议员。此状。

中国国民党总理　孙　文
总务部部长　居　正

中华民国十一年三月三十一日

据中国国民党中央文化传播委员会党史馆藏一般档案051/240

给郑受炳委任状

（一九二二年四月四日）

委任状

委任郑受炳为巴生中国国民党支部正部长。此状。

中国国民党总理　孙　文
总务部部长　居　正
党务部部长　谢　持
财政部部长　杨庶堪
宣传部部长　张　继
中华民国十一年四月四日

据中国国民党中央文化传播委员会党史馆藏一般档案051/331

给朱普元委任状

（一九二二年四月四日）

委任状

委任朱普元为巴生中国国民党支部会计科主任。此状。

中国国民党总理　孙　文
总务部部长　居　正
财政部部长　杨庶堪
中华民国十一年四月四日

据中国国民党中央文化传播委员会党史馆藏一般档案051/331

给何石安委任状

（一九二二年四月四日）

委任状

委任何石安为巴生中国国民党支部会计科副主任。此状。

中国国民党总理　孙　文
总务部部长　居　正
财政部部长　杨庶堪
中华民国十一年四月四日

据中国国民党中央文化传播委员会党史馆藏一般档案051/330

给陈景星委任状

（一九二二年四月四日）

委任状

委任陈景星为巴生中国国民党支部干事。此状。

中国国民党总理　孙　文
总务部部长　居　正
中华民国十一年四月四日

据中国国民党中央文化传播委员会党史馆藏一般档案051/331

给黄方白委任状

（一九二二年四月四日）

委任状

　　委任黄方白为巴生中国国民党支部干事。此状。

　　　　　　　　　　　　　　中国国民党总理　孙　　文
　　　　　　　　　　　　　　　　总务部部长　居　　正
　　　　　　　　　　　　　　中华民国十一年四月四日

据中国国民党中央文化传播委员会党史馆藏一般档案051/331

给谭进委任状

（一九二二年四月四日）

委任状

　　委任谭进为巴生中国国民党支部评议部评议员。此状。

　　　　　　　　　　　　　　中国国民党总理　孙　　文
　　　　　　　　　　　　　　　　总务部部长　居　　正
　　　　　　　　　　　　　　中华民国十一年四月四日

据中国国民党中央文化传播委员会党史馆藏一般档案051/331

给周南山委任状

（一九二二年四月十日）

委任状

　　委任周南山为委伴……①中国国民党分部党务科□□②。此状。

中国革命党总理　孙　文
总务部部长　居　正
党务部部长　谢　持
中华民国十一年四月十日

据李德梅主编《孙中山与帅府名人文物与未刊资料选编》（广东科技出版社二〇一一年版）影印原件

给吴醒汉委任状

（一九二二年四月十六日）

委任状

　　委任吴醒汉为本部军事委员。此状。

中国国民党总理　孙　文

据中国国民党中央文化传播委员会党史馆藏一般档案 051/363

---

① 原件破损不清。
② 原件破损不清，根据其他影印件及残余笔划、既有任命状格式判断，似为"主任"二字。

准陈炯明辞职令

（一九二二年四月二十一日）

内务总长兼陆军总长陈炯明呈请辞去本兼各职。陈炯明应准免去内务总长职，专任陆军总长。此令。

广东省长兼广东总司令管理全省军务陈炯明，辞去本兼各职。陈炯明应准免去本兼各职。此令。

中华民国十一年四月二十一日

据《广东群报》一九二二年四月二十四日《本社专电》

任命伍廷芳职务令

（一九二二年四月二十一日）

大总统命令

特任外交总长兼署财政总长伍廷芳兼署广东省长。此令。

中华民国十一年四月二十一日

据《广东群报》一九二二年四月二十四日

任命魏邦平兼职令

（一九二二年四月二十一日）

大总统命令

特任第三师师长魏邦平兼署卫戍总司令。此令。

中华民国十一年四月二十一日

据《广东群报》一九二二年四月二十四日

任命梁鸿楷等职务令

（一九二二年四月二十三日）

大总统令

　　任命梁鸿楷第一师师长兼卫戍副司令，罗翼群宪兵司令，朱卓文兵工厂总办，周子禄军械局局长。

据上海《民国日报》一九二二年四月二十五日《本社专电》

任命程天斗林直勉职务令

（一九二二年四月二十三日）

大总统令

　　任程天斗财政厅长，仍兼省银行行长；林直勉电政监督。

据上海《民国日报》一九二二年四月二十五日《本社专电》

给陈天一委任状

（一九二二年四月二十五日）

委任状

　　委任陈天一为星洲琼侨中国国民党分部副部长。此状。

中国国民党总理　孙　文

总务部部长　居　正

党务部部长　谢　持

财政部部长　杨庶堪

宣传部部长　张　继

中华民国十一年四月二十五日

据中国国民党中央文化传播委员会党史馆藏一般档案051/237

给符养华委任状

（一九二二年四月二十五日）

委任状

委任符养华为星洲琼侨中国国民党分部正部长。此状。

中国国民党总理　孙　文

总务部长　居　正

党务部长　谢　持

财政部长　杨庶堪

宣传部长　张　继

中华民国十一年四月二十五日

据云愉民著《新加坡琼侨概况》（海南书局一九三一年版）

任命吕志伊职务令

（一九二二年四月二十六日）

大总统命令

任命吕志伊署内政总长。

据上海《民国日报》一九二二年四月二十八日《本社专电》

任命郭泰祺职务令

（一九二二年四月二十六日）

大总统令

任命郭泰祺为广东政务厅长。

据上海《民国日报》一九二二年五月八日《大总统命令》

任命陈策职务令

（一九二二年四月二十九日）

大总统令

任陈策〈为〉海军陆战队司令。

据上海《民国日报》一九二二年四月三十日《本社专电》

任命冯伟职务令

（一九二二年四月三十日）

大总统令

任命冯伟为大本营无线电报局局长。此令。

据上海《民国日报》一九二二年五月八日《大总统命令》

任命刘纪信等职务令

（一九二二年四月三十日）

大总统令

  任刘纪信、□福同、程庆全为大本营无线电报技士。此令。

据上海《民国日报》民国十一年五月八日《大总统命令》

任命温树德职务令

（一九二二年四月三十日）

大总统令

  任命温树德为海军舰队司令。此令。

据上海《民国日报》一九二二年五月八日《大总统命令》

任命孙祥夫职务令

（一九二二年四月三十日）

大总统令

  任命孙祥夫为海军陆战队司令。此令。

据上海《民国日报》民国十一年五月八日《大总统命令》

任命马伯麟职务令

(一九二二年四月三十日)

大总统令

　　任命马伯麟为广东长洲要塞司令。此令。

据上海《民国日报》一九二二年五月八日《大总统命令》

任命陈可钰李章达职务令

(一九二二年四月三十日)

　　任命陈可钰、李章达为大本营参军。此令。

据上海《民国日报》一九二二年五月八日《大总统命令》

任命温树德等职务令

(一九二二年四月三十日)

　　任命温树德为海圻舰长，吴志馨为海琛舰长，田士捷为肇和舰长，欧阳格为飞鹰舰长，冯肇宪为永丰舰长，丁培龙为永翔舰长，招桂章为楚豫舰长，田炳章为同安舰长，何瀚澜为豫章舰长，林若时为福安舰长，袁良骅为舞凤舰长。此令。

据上海《民国日报》一九二二年五月八日《大总统命令》

任命冯自由职务令

(一九二二年五月一日)

派冯自由兼文官高等惩戒委员会委员。此令。

据《民信日刊》一九二二年五月一日

任命叶秉衡职务令

(一九二二年五月一日)

大总统令

任命叶秉衡为大本营技士。此令。

据上海《民国日报》一九二二年五月八日《大总统命令》

任命朱卓文张惠长职务令

(一九二二年五月一日)

大总统令

任命朱卓文兼航空局长,张惠长为副局长。此令。

据上海《民国日报》一九二二年五月八日《大总统命令》

任命太永宽职务令

（一九二二年五月一日）

大总统令

任命太永宽为陆军第二师参谋长。此令。

据上海《民国日报》一九二二年五月八日《大总统命令》

任命何振职务令

（一九二二年五月二日）

任命何振为虎门要塞司令。此令。

据上海《民国日报》一九二二年五月八日《大总统命令》

任命谢心准职务令

（一九二二年五月二日）

任命谢心准为军用电话处处长。此令。

据上海《民国日报》一九二二年五月八日《大总统命令》

准吴礼和辞职令

（一九二二年五月二日）

虎门要塞司令吴礼和电请辞职。吴礼和着免去本职。此令。

据上海《民国日报》一九二二年五月八日《大总统命令》

任命陈策职务令

（一九二二年五月二日）

大总统令

　　任命陈策为大本营第四路游击司令。此令。

据上海《民国日报》一九二二年五月八日《大总统命令》

任命蔡庚职务令

（一九二二年五月二日）

　　派蔡庚兼文官高等惩戒委员会委员。此令。

据《民信日刊》一九二二年五月二日

任命冯演秀职务令

（一九二二年五月三日）

　　派冯演秀兼文官高等惩戒委员会委员。此令。

据《民信日刊》一九二二年五月三日

任命胡毅等职务令

（一九二二年五月四日）

大总统令

　　任命胡毅为大本营管理处处长，姚观顺为大本营参军，吴适为大本营第十一路游击司令。此令。

据上海《民国日报》一九二二年五月十二日《大总统命令》

任命刘通职务令

(一九二二年五月四日)

派刘通兼文官高等惩戒委员会委员。此令。

据《民信日刊》一九二二年五月四日

命欧阳格何瀚澜对调职务令

(一九二二年五月五日)

大总统令

飞鹰舰长欧阳格,着与豫章舰长何瀚澜对调。此令。

据上海《民国日报》一九二二年五月十二日《大总统命令》

任命于右任职务令

(一九二二年五月五日)

大总统令

特任于右任为讨贼军西北第一路总司令。此令。

据上海《民国日报》一九二二年五月十二日《大总统命令》

任命陈树藩职务令

（一九二二年五月五日）

大总统令

特任陈树藩为讨贼军西北第二路总司令。此令。

据上海《民国日报》一九二二年五月十二日《大总统命令》

任命叶举职务令

（一九二二年五月五日）

大总统令

任命叶举为粤桂边防督办。此令。

据上海《民国日报》一九二二年五月十二日《大总统命令》

准陈策辞职令

（一九二二年五月五日）

大总统令

大本营第四路游击司令陈策呈请辞职，陈策应免去本职。此令。

据上海《民国日报》一九二二年五月十二日《大总统命令》

任命陈策职务令

（一九二二年五月五日）

任命陈策为广东海防司令。此令。

据上海《民国日报》一九二二年五月十二日《大总统命令》

任命居正职务令

（一九二二年五月六日）

大总统令

特任居正为内务〔政〕部总长。此令。

据上海《民国日报》一九二二年五月十二日《大总统命令》

任命欧阳琳职务令

（一九二二年五月七日）

大总统令

任命欧阳琳为大本营幕僚处高级参谋。此令。

据上海《民国日报》一九二二年五月十五日《大总统命令》

任命刘崛萧辉锦职务令

（一九二二年五月七日）

大总统令

  任命刘崛、萧辉锦为大本营谘议。此令。

据上海《民国日报》一九二二年五月十五日《大总统命令》

任命郭昌明职务令

（一九二二年五月七日）

大总统令

  任命郭昌明为大本营参议。此令。

据上海《民国日报》一九二二年五月十五日《大总统命令》

准任郑衡之等职务令

（一九二二年五月七日）

大总统令

  遵办大本营宣传事宜田桐，呈请任命郑衡之为大本营宣传处编著课主任，陈去病为宣传处演讲课主任，方觉慧为宣传处新闻课主任，刘云眼为宣传处训练所所长。均照准。此令。

据上海《民国日报》一九二二年五月十五日《大总统命令》

准任胡人杰职务令

（一九二二年五月七日）

大总统令

兼代军法处长蒋作宾呈请任命胡人杰为大本营军法处少校副官，应照准。此令。

据上海《民国日报》一九二二年五月十六日《大总统命令》

准任洪兆康等职务令

（一九二二年五月七日）

大总统令

陆军第二师〈师〉长洪兆麟，呈请任命洪兆康为副官长，黄维藩为中校参谋，谢溎为少校参谋，方户任为少校副官，伍树栯为军械处处长，黄宗宪为军法处处长。均照准。此令。

据上海《民国日报》一九二二年五月十六日《大总统命令》

准任姜俊鹏职务令

（一九二二年五月七日）

大总统令

陆军第二师师长洪兆麟，呈请任命姜俊鹏为补充营营长。应照准。此令。

据上海《民国日报》一九二二年五月十六日《大总统命令》

任命翁捷三职务令

（一九二二年五月七日）

派翁捷三兼文官高等惩戒委员会委员。此令。

据《民信日刊》一九二二年五月七日

任命余垚职务令

（一九二二年五月八日）

派余垚兼文官高等惩戒委员会委员。此令。

据《民信日刊》一九二二年五月八日

任命杨光湛职务令

（一九二二年五月九日）

派杨光湛兼文官高等惩戒委员会委员。此令。

据《民信日刊》一九二二年五月九日

任命朱念祖职务令

（一九二二年五月十日）

派朱念祖兼文官高等惩戒委员会委员。此令。

据《民信日刊》一九二二年五月十日

任命许崇智职务令

（一九二二年五月十一日）

陆海军大元帅令

特任许崇智为粤军第二军军长。此令。

据上海《民国日报》一九二二年五月二十二日《陆海军大元帅令》

任命吕超职务令

（一九二二年五月十一日）

陆海军大元帅令

任命吕超为大本营参军长。此令。

据上海《民国日报》一九二二年五月二十二日《陆海军大元帅令》

任命张岂庸梁钟汉职务令

（一九二二年五月十一日）

陆海军大元帅令

任命张岂庸为大本营第十四路游击司令，梁钟汉为大本营谘议。此令。

据上海《民国日报》一九二二年五月二十二日《陆海军大元帅令》

任命邓召荫职务令

（一九二二年五月十一日）

派邓召荫兼文官高等惩戒委员会委员。此令。

据《民信日刊》一九二二年五月十一日

任命何梓林等职务令

（一九二二年五月十二日）

任命何梓林代理粤军第二军步兵第七旅旅长，金华林为大本营幕僚处高级参谋，派程天斗为中央银行筹备委员。此令。

据上海《民国日报》一九二二年五月二十二日《陆海军大元帅令》

任命何蔚职务令

（一九二二年五月十二日）

任何蔚署大理院庭长。此令。

据《民信日刊》一九二二年五月十二日

任命关国雄等职务令

（一九二二年五月十四日）

陆海军大元帅令

　　任命关国雄为粤军第二军第四师师长，蒋中正为粤军第二军参谋长，许济为粤军第二军第八旅旅长，黄国华为粤军第二军第九旅旅长，孙本戎为粤军第二军卫队正司令。此令。

　　　　　　　　　据上海《民国日报》一九二二年五月二十二日《陆海军大元帅令》

任命朱之洪职务令

（一九二二年五月十四日）

　　任命朱之洪为总统府谘议。此令。

　　　　　　　　　据《民信日刊》一九二二年五月十四日

任命姜汉翘等职务令

（一九二二年五月十五日）

　　任命姜汉翘为陆军第二师第四旅旅长，王昌期为陆军第二师第四旅第八团团长。此令。

　　　　　　　　　据上海《民国日报》一九二二年五月二十二日《陆海军大元帅令》

准任刘署成等职务令

（一九二二年五月十五日）

陆海军大元帅令

　　陆军第二师师长洪兆麟，呈请任命刘署成为陆军第二师第四旅第七团第一营营长，李钧为陆军第二师工程营营长，廖仲东为副官。均照准。此令。

　　　　　　　　　　据上海《民国日报》一九二二年五月二十二日《陆海军大元帅令》

任命陈嘉祐职务令

（一九二二年五月十五日）

陆海军大元帅令

　　任命陈嘉祐为讨贼军湘军第一路司令。此令。

　　　　　　　　　　据上海《民国日报》一九二二年五月二十二日《陆海军大元帅令》

任命王湘职务令

（一九二二年五月十五日）

陆海军大元帅令

　　任命王湘为大本营参议。此令。

　　　　　　　　　　据上海《民国日报》一九二二年五月二十二日《陆海军大元帅令》

任命冯轶裴职务令

（一九二二年五月十五日）

陆海军大元帅令

任命冯轶裴为粤军第二军第四师参谋长。此令。

据上海《民国日报》一九二二年五月二十二日《陆海军大元帅令》

任命柏文蔚职务令

（一九二二年五月十七日）

大总统令

任命柏文蔚为长江上游招讨使。此令。

据上海《民国日报》一九二二年五月二十日《本社专电》

任命卢善矩等职务令

（一九二二年五月十八日）

任命卢善矩为宝璧舰舰长，陈启耀为广东舰舰长，陈锡乾为广金舰舰长。此令。

据《羊城报》一九二二年五月二十四日

任命张孝准职务令

（一九二二年五月十八日）

陆海军大元帅令

　　任命张孝准为大本营军务处处长。此令。

据《羊城报》一九二二年五月二十二日

任命章裕昆职务令

（一九二二年五月十八日）

陆海军大元帅令

　　任命章裕昆为赣西讨贼军别动队司令。此令。

据《羊城报》一九二二年五月二十二日

准任吴斌等职务令

（一九二二年五月十八日）

陆海军大元帅令

　　大本营参军长吕超，呈请任命吴斌为大本营警卫第二团中校团附兼第一营营长，孙绳为大本营警卫第二团少校团附，蒋光鼐为大本营警卫第二团第二营营长，韦就为大本营警卫第二团第三营营长。均照准。此令。

据《羊城报》一九二二年五月二十二日

给陈家鼐委任状

（一九二二年五月十九日）

任命状

　　任命陈家鼐为大本营劳工宣传委员。此状。

孙　文

中华民国十一年五月十九日

据中国国民党中央文化传播委员会党史馆藏一般档案051/329

任命丁培龙职务令

（一九二二年五月十九日）

陆海军大元帅令

　　任命丁培龙为大本营第四路游击司令。此令。

据《羊城报》一九二二年五月二十二日

任命刘崛苏无涯职务令

（一九二二年五月十九日）

陆海军大元帅令

　　任命列〔刘〕崛为浔郁镇抚使。此令。任命苏无涯为平梧镇抚史。此令。

据《羊城报》一九二二年五月二十二日

给刘濂委任状

(一九二二年五月二十日)

任命状

　　任命刘濂为大本营谘议。此状。

孙　文

中华民国十一年五月二十日

据中国国民党中央文化传播委员会党史馆藏一般档案051/172

给徐天琛委任状

(一九二二年五月二十一日)

任命状

　　任命徐天琛为大本营谘议。此状。

孙　文

中华民国十一年五月二十一日

据中国国民党中央文化传播委员会党史馆藏一般档案051/162

任命伍毓瑞职务令

（一九二二年五月二十二日）①

委伍毓瑞为大本营第五路司令。

据上海《民国日报》一九二二年五月二十二日《伍毓瑞司令呈报就职》

准任谭长年等职务令

（一九二二年五月二十二日）

陆海军大元帅令

兼大本营粮食管理处处长胡毅，呈请任命谭长年为秘书，陈同赞为总务科主任，梁海秋为盐务科主任，李卓峰为米粮科主任，司徒荣为运输科主任。均照准。此令。

据上海《民国日报》一九二二年六月一日《陆海军大元帅令》

任命陈宗舜等职务令

（一九二二年五月二十二日）

陆海军大元帅令

任命陈宗舜、梁英、徐天琛为大本营谘议。

据上海《民国日报》一九二二年六月一日《陆海军大元帅令》

---

① 此令从伍毓瑞呈报就职文告中录出，所标时间据上海《民国日报》刊载日期酌定。

准吴介璋辞职令

（一九二二年五月二十二日）

陆海军大元帅令

　　大本营兵站处处长吴介璋呈请辞职。吴介璋准免本职。大本营兵站处着即裁撤。此令。

据上海《民国日报》一九二二年六月一日《陆海军大元帅令》

任命孔庚职务令

（一九二二年五月二十二日）

陆海军大元帅令

　　任命孔庚为讨贼军中央直辖鄂军军长。此令。

据上海《民国日报》一九二二年六月一日《陆海军大元帅令》

准任命华振中职务令

（一九二二年五月二十七日）

陆海军大元帅令

　　大本营警卫团团长陈可钰，呈请任命华振中为中校团附。应照准。此令。

据上海《民国日报》一九二二年六月七日《陆海军大元帅令》

任命吕维新等职务令

（一九二二年五月二十八日）

大总统令

　　任吕维新〈为〉虔南县知事，钟汉〈为〉龙南县知事。

据上海《民国日报》一九二二年五月三十日《本社专电》

准蒋光鼐章裕昆辞职令

（一九二二年五月二十九日）

陆海军大元帅令

　　大本营参军长吕超呈请参军处副官蒋光鼐、章裕昆另有差委，拟请开去本缺。应照准。此令。

据上海《民国日报》一九二二年六月七日《陆海军大元帅令》

准任邹竞赵启骧职务令

（一九二二年五月二十九日）

陆海军大元帅令

　　大本营参军长吕超呈请任命邹竞、赵启骧为参军处副官。应照准。此令。

据上海《民国日报》一九二二年六月七日《陆海军大元帅令》

准任缪培南职务令

（一九二二年五月二十九日）

陆海军大元帅令

　　大本营警卫团团长陈可钰呈请任命缪培南为少校团附。应照准。此令。

据上海《民国日报》一九二二年六月七日《陆海军大元帅令》

任命许崇灏职务令

（一九二二年五月二十九日）

任命许崇灏为粤汉铁路警备司令，兼管运输事宜。此令。

据上海《民国日报》一九二二年六月七日《陆海军大元帅令》

任命谢远涵职务令

（一九二二年六月五日）

特任谢远涵〈为〉江西省长。此令。

据上海《民国日报》一九二二年六月六日《本社专电》

任命徐元诰职务令

（一九二二年六月五日）

大总统命令

　　任命徐元诰〈为〉江西政务厅长。此令。

六月五日

据上海《民国日报》一九二二年六月六日《本社专电》

任命萧炳章江维华职务令

（一九二二年六月五日）

大总统令

　　任命萧炳章为江西省财政厅厅长，江维华为江西全省警务处处长兼省会警察厅厅长。此令。

六月五日

据上海《民国日报》一九二二年六月十三日《大总统令》

任命夏重民职务令

（一九二二年六月七日）

任夏重民为广三铁路警队司令。

据上海《民国日报》一九二二年六月九日《本社专电》

任命韩恢职务令

（一九二二年六月十四日）

任韩恢为江苏招讨使。

据上海《民国日报》一九二二年六月十五日《本社专电》

给王用宾委任状

（一九二二年六月十五日）

委任状

委任王用宾为山西中国国民党支部筹备处处长。此状。

中国国民党总理　孙　文
总务部部长　居　正
党务部部长　谢　持
财政部部长　杨庶堪
宣传部部长　张　继
中华民国十一年六月十五日

据中国国民党中央文化传播委员会党史馆藏一般档案415/109

给丁惟汾委任状

（一九二二年六月十五日）

委任状

委任丁维〔惟〕汾为山东中国国民党支部部长。此状。

中国国民党总理　孙　文
总务部部长　居　正
党务部部长　谢　持
财政部部长　杨庶堪
宣传部部长　张　继

中华民国十一年六月十五日

据《先烈先进图像文物集珍》第一辑（台北近代中国出版社一九八四年初版）

任命谭延闿职务令

（一九二二年六月十五日）

特任谭延闿为全湘讨贼军总司令。

据上海《民国日报》一九二二年六月十七日《本社专电》

给赵汉一任命状

(一九二二年六月二十三日)

任命状

　　任命赵汉一为讨贼军别动队司令。此状。

中华民国陆海军大元帅　孙　文

据中国国民党中央文化传播委员会党史馆藏一般档案
051/352

任命王鸣亚职务令

(一九二二年七月一日)

　　任命王鸣亚为大本营琼崖警备军副司令。此令。

孙　文

中华民国十一年七月一日

据中国国民党中央文化传播委员会党史馆藏一般档案
051/192

任命冼灿云职务令

(一九二二年七月三日)

大元帅令

　　任命冼灿云为筹饷委员。此令。

孙　文

中华民国十一年七月三日

据香港中文大学、广州中山大学合编《孙中山在港澳与海外活动史迹》影印原件

任命徐树荣职务令

（一九二二年七月四日）

任徐树荣〈为〉别动队司令，守卫黄埔。

据上海《民国日报》一九二二年七月五日《本社专电》

任命许春草职务令

（一九二二年七月十四日）

任命许春草为福建讨贼军总指挥。此令。

孙　文
民国十一年七月十四日

据中国国民党中央文化传播委员会党史馆藏一般档案051/25

任命徐天琛职务令

（一九二二年七月三十日）

任命徐天琛为讨贼军别动队司令。此令。

孙　文
民国十一年七月三十日

据中国国民党中央文化传播委员会党史馆藏一般档案051/162

给林宗斌委任状

（一九二二年九月二日）

委任状

  委任林宗斌为双溪大啤中国国民党分部干事。此状。

中国国民党总理　孙　文
总务部部长　居　正
中华民国十一年九月二日

据中国国民党中央文化传播委员会党史馆藏一般档案051/161

给何碧炎委任状

（一九二二年九月二日）

委任状

  委任何碧炎为海悦中国国民党分部干事。此状。

中国国民党总理　孙　文
总务部部长　居　正
中华民国十一年九月二日

据中国国民党中央文化传播委员会党史馆藏一般档案051/161

给苏福委任状

（一九二二年九月十五日）

委任状

委任苏福为蔴厘杯板中国国民党支部评议部正议长。此状。

中国国民党总理　孙　文
总务部部长　居　正
党务部部长　谢　持
财政部部长　杨庶堪
宣传部部长　张　继

中华民国十一年九月十五日

据中国国民党中央文化传播委员会党史馆藏一般档案
051/323

给叶任生委任状

（一九二二年十月六日）

委任状

委任叶任生为纲甲烈港中国国民党支部副部长。此状。

中国国民党总理　孙　文
总务部部长　居　正
党务部部长　谢　持
财政部部长　杨庶堪
宣传部部长　张　继

中华民国十一年十月六日

据中国国民党中央文化传播委员会党史馆藏一般档案
051/314

给杨其焕委任状

（一九二二年十月六日）

委任状

　　委任杨其焕为神户中国国民党支部党务科正主任。此状。

　　　　　　　　　　　　　　中国国民党总理　孙　文
　　　　　　　　　　　　　　总务部部长　　　居　正
　　　　　　　　　　　　　　党务部部长　　　谢　持
　　　　　　　　　　　　　　中华民国十一年十月六日

据秦孝仪主编《国父全集》第八册（台北近代中国出版社一九八九年版）

给陈秉心委任状

（一九二二年十月六日）

委任状

　　委任陈秉心为神户中国国民党支部会计科正主任。此状。

　　　　　　　　　　　　　　中国国民党总理　孙　文
　　　　　　　　　　　　　　总务部部长　　　居　正
　　　　　　　　　　　　　　财政部部长　　　张　继
　　　　　　　　　　　　　　中华民国十一年十月六日

据中国国民党中央文化传播委员会党史馆藏一般档案051/243

给彭丕昕委任状

（一九二二年十月十四日）

委任状

委任彭伯勋①为古巴湾京中国国民党《民声日报》馆总编辑。此状。

中国国民党总理　孙　文
总务部部长　居　正
中华民国十一年十月十四日

据中国国民党中央文化传播委员会党史馆藏一般档案
051/143

给李月华委任状

（一九二二年十月十四日）

委任状

委任李月华为中国国民党《民声日报》馆（古巴）总理。此状。

中国国民党总理　孙　文
总务部部长　居　正
中华民国十一年十月十四日

据中国国民党中央文化传播委员会党史馆藏一般档案
051/161

---

① 即彭丕昕。

任命蒋介石职务令

（一九二二年十月十八日）

任命蒋中正为讨贼军参谋长。此令。

孙　文

中华民国十一年十月十八日

据中国国民党中央文化传播委员会党史馆藏一般档案051/259

任命黄大伟职务令

（一九二二年十月十八日）

任命黄大伟为讨贼军第一军军长。此令。

孙　文

中华民国十一年十月十八日

据秦孝仪主编《国父全集》第八册（台北近代中国出版社一九八九年版）

任命许崇智职务令

（一九二二年十月十八日）

任命许崇智为讨贼军总司令兼第二军军长。此令。

孙　文

民国十一年十月十八日

据中国国民党中央文化传播委员会党史馆藏一般档案051/259

任命李福林职务令

（一九二二年十月十八日）

任命李福林为讨贼军第三军军长。此令。

孙　文

民国十一年十月十八日

据秦孝仪主编《国父全集》第八册（台北近代中国出版社一九八九年版）

给黄馥生委任状

（一九二二年十月二十日）

委任状

委任黄馥生为缅甸筹饷委员长。此状。

孙　文

中华民国十一年十月二十日

据中国国民党中央文化传播委员会党史馆藏一般档案051/323

给何侠任命状

（一九二二年十月二十三日）

任命状

　　任何侠为军事谘议。此状。

　　　　　　　　　　　　　　　　　　　　孙　文

　　　　　　　　　　　　　中华民国十一年十月二十三日

　　　　　据中国国民党中央文化传播委员会党史馆藏一般档案
　　　　　051/177

任命伍汝康职务令

（一九二二年十月三十一日）①

　　任命伍汝康为中央盐务督办兼福建盐务稽核所经理。此令。

　　　　　　　　　　　　　　　　　　　　孙　文

　　　　　　　　　　　　　　　　　　　十月三十一日

　　　　　据中国国民党中央文化传播委员会党史馆藏一般档案
　　　　　051/261

---

① 原件无年代，据《民国十一年大元帅任命讨陈将领姓名录》考订，应为1922年。

给邝金保任命状

(一九二二年十一月四日)

任命状

任邝金保为缅甸筹饷委员。此状。

孙　文

中华民国十一年十一月四日

据中国国民党中央文化传播委员会党史馆藏一般档案051/319

给陈辉石任命状

(一九二二年十一月四日)

任命状

任陈辉石为筹饷委员。此状。

孙　文

中华民国十一年十一月四日

据中国国民党中央文化传播委员会党史馆藏一般档案051/324

给卓祖泽委任状

（一九二二年十一月十一日）

委任状

　　委任卓祖泽为福建支部筹备员。此状。

中国国民党总理　孙　文
总务部部长　居　正
中华民国十一年十一月十一日

据中国国民党中央文化传播委员会党史馆藏一般档案
051/178

任命周之贞职务令

（一九二二年十一月十二日）

　　任命周之贞为西江讨贼军司令。此令。

孙　文
中华民国十一年十一月十二日

据中国国民党中央文化传播委员会党史馆藏一般档案
051/260

给高发明委任状

（一九二二年十一月十三日）

委任状

　　委任高发明为夏湾拿中国国民党分部正部长。此状。

中国国民党总理　孙　文

总务部部长　居　正

党务部部长　谢　持

财政部部长　杨庶堪

宣传部部长　张　继

中华民国十一年十一月十三日

据中国国民党中央文化传播委员会党史馆藏一般档案051/175

给黄德源委任状

（一九二二年十一月二十一日）

委任状

　　委任黄德源为仰光中国国民党支部正部长。此状。

中国国民党总理　孙　文

总务部部长　居　正

党务部部长　谢　持

财政部部长　杨庶堪

宣传部部长　张　继

中华民国十一年十一月二十一日

据中国国民党中央文化传播委员会党史馆藏一般档案051/331

给李庆标委任状

（一九二二年十一月二十一日）

委任状

委任李庆标为仰光中国国民党支部副部长。此状。

中国国民党总理　孙　文
总务部部长　居　正
党务部部长　谢　持
财政部部长　杨庶堪
宣传部部长　张　继

中华民国十一年十一月二十一日

据中国国民党中央文化传播委员会党史馆藏一般档案051/331

给梁卓贵委任状

（一九二二年十一月二十一日）

委任状

委任梁卓贵为仰光中国国民党支部评议部正议长。此状。

中国国民党总理　孙　文
总务部部长　居　正
党务部部长　谢　持
财政部部长　杨庶堪
宣传部部长　张　继

中华民国十一年十一月二十一日

据中国国民党中央文化传播委员会党史馆藏一般档案051/324

给陈辉石委任状

（一九二二年十一月二十一日）

委任状

委任陈辉石为仰光中国国民党支部党务科正主任。此状。

中国国民党总理　孙　文
总务部部长　居　正
党务部部长　谢　持
中华民国十一年十一月二十一日

据中国国民党中央文化传播委员会党史馆藏一般档案051/324

给朱伟民委任状

（一九二二年十一月二十一日）

委任状

委任朱伟民为仰光中国国民党支部宣传科正主任。此状。

中国国民党总理　孙　文
总务部部长　居　正
宣传部部长　张　继
中华民国十一年十一月二十一日

据中国国民党中央文化传播委员会党史馆藏一般档案051/324

给陈东平委任状

（一九二二年十一月二十一日）

委任状

　　委任陈东平为仰光中国国民党支部会计科副主任。此状。

　　　　　　　　　　　　　　中国国民党总理　孙　文
　　　　　　　　　　　　　　总务部部长　　　居　正
　　　　　　　　　　　　　　财政部部长　　　杨庶堪

据中国国民党中央文化传播委员会党史馆藏一般档案
051/341

给许寿民委任状

（一九二二年十一月二十一日）

委任状

　　委任许寿民为仰光中国国民党支部干事。此状。

　　　　　　　　　　　　　　中国国民党总理　孙　文
　　　　　　　　　　　　　　总务部部长　　　居　正
　　　　　　　　　　　　　　中华民国十一年十一月二十一日

据中国国民党中央文化传播委员会党史馆藏一般档案
051/324

给叶独醒委任状

（一九二二年十一月二十三日）

委任状

委任叶独醒为宿雾中国国民党支部总务科正主任。此状。

中国国民党总理　孙　文

总务部部长　居　正

中华民国十一年十一月二十三日

据中国国民党中央文化传播委员会党史馆藏一般档案051/328

给林不帝委任状

（一九二二年十一月二十三日）

委任状

委任林不帝为宿雾中国国民党支部会计科副主任。此状。

中国国民党总理　孙　文

总务部部长　居　正

财政部部长　杨庶堪

中华民国十一年十一月二十三日

据中国国民党中央文化传播委员会党史馆藏一般档案051/161

任命杨仙逸职务令

（一九二二年十二月六日）

杨仙逸为航空局长。

孙　文
十二月六日

据中国国民党中央文化传播委员会党史馆藏一般档案051/262

给何如群委任状

（一九二二年十二月二十日）

委任状

委任何如群为庇能中国国民党支部宣传科正主任。此状。

中国国民党总理　孙　文
总务部部长　居　正
宣传部部长　张　继

中华民国十一年十二月二十日

据中国国民党中央文化传播委员会党史馆藏一般档案051/331

任命李钺森等职务令

（一九二二年十二月二十六日）

李钺森为讨贼军川军第一军军长，郭汝栋为第一旅旅长，赵鹤为第二旅旅长,许绍宗为第三旅旅长,王兆奎为第四旅旅长。

孙　文
中华民国十一年十二月二十六日
据《中央党务月刊》第十五期"特载"(一九二九年十月)

委任邹鲁胡汉民职务电令①

（一九二三年一月十八日）

（孙中山十八日来电）委邹鲁为广东讨贼军临时总司令,胡汉民为临时省长,胡未到任前由邹暂代。

据天津《大公报》一九二三年一月二十二日《专电》

委派治理粤事官员电令②

（一九二三年一月十九日）

孙文于十九日曾电委邓雄③为省长,杨希闵为财厅长。胡汉民、许崇智、魏邦平、邹鲁、李烈钧为全权委员,代行大总统职务。电末言:文一时未能即来。

据长沙《大公报》一九二三年一月三十日《陈氏走后之粤局七志》

---

① 此系天津《大公报》载电讯要点。
② 此系长沙《大公报》载电讯要点。
③ 似为邓泽如。

任命胡汉民等职务电令

（一九二三年一月二十日）①

任命胡汉民为广东省长。许崇智为广东总司令，许未到以前由李烈钧代理。魏邦平为卫戍总司令。

据长沙《大公报》一九二三年一月二十七日《孙文任命粤长官》

给彭素民等委任状

（一九二三年一月二十一日）

委任彭素民为本部总务部部长，林祖涵为本部总务部副部长，陈树人为本部党务部部长，孙镜为本部党务部副部长，林业明为本部财务部部长，叶楚伧为本部宣传部部长，茅祖权为本部宣传部副部长，张秋白为本部交际部部长，周颂西为本部交际部副部长。此状。

总理（印）

据中国国民党中央文化传播委员会党史馆藏一般档案051/297

---

① 此件未署日期，据报载系孙中山接1月18日海陆军首领的海珠会议致电孙中山请任命粤省各长官电报后作此复电，又，据查孙中山是在1月20日委胡汉民为省长，故此件发电时间酌定为1月20日。

给居正等委任状

（一九二三年一月二十三日）

委任居正、孙洪伊、杨庶堪、杭辛斋、覃振、张静江、于右任、吕志伊、周震鳞、廖仲恺、田桐、戴传贤、陈独秀、刘积学、张继、谢持、王用宾、詹大悲为本部参议。此状。

总理（印）

据中国国民党中央文化传播委员会党史馆藏一般档案 051/269

附录　委任国民党参议名单①

（一九二三年一月二十三日）

居　正　张静江　戴传贤　孙洪伊　于右任　陈独秀　杨庶堪
吕志伊　张　继　杭辛斋　周震麟〈鳞〉　刘积学　茅祖权　廖仲恺
谢　持　覃　振　田　桐　王用宾
　　上十八人为参议

孙文　一月廿三日

据陈旭麓、郝盛潮主编，王耿雄等编《孙中山集外集》（上海人民出版社一九九〇年版）

---

① 此名单为孙中山提名亲笔所书，系给秘书处缮写委任状。与前一篇《给居正等委任状》内容相似，但其中一名"詹大悲"与此名单中一名"茅祖权"有异，故一并附此。

给张继委任状

（一九二三年一月二十三日）

委任状

　　委任张继为本部参议。此状。

中国国民党总理　孙　文
中华民国十二年一月二十三日

据秦孝仪主编《国父全集》第八册（台北近代中国出版社一九八九年版）

给王用宾委任状

（一九二三年一月二十三日）

委任状

　　委任王用宾为本部参议。此状。

中国国民党总理　孙　文
中华民国十二年一月二十三日

据中国国民党中央文化传播委员会党史馆藏一般档案051/185

给周佩箴委任状

（一九二三年一月二十六日）

委任周佩箴为本部财务部副部长。此状。

总理（印）

据中国国民党中央文化传播委员会党史馆藏一般档案
051/304

给丁惟汾等委任状

（一九二三年一月三十日）

委任丁惟汾、黄馥生、朱之洪为本部参议；徐苏中、周雍能、李凤梧为总理办公处秘书，李翼民为总理办公处书记。此状。

总理（印）

据中国国民党中央文化传播委员会党史馆藏一般档案
051/269

给谭平山委任状

（一九二三年一月三十日）

委任谭平山为本党广东工界宣传员。此状。

总理（印）

总务部部长　彭素民（副署）

宣传部部长　茅祖权代署

据中国国民党中央文化传播委员会党史馆藏一般档案
051/299

任命徐苏中等职务令

（一九二三年一月三十日）

委任徐苏中、周雍能、李凤梧为总理办公处秘书。此令。
委任李翼民、杨子修为总理办公处书记。此令。

孙　文
十二年一月三十日

据中国国民党中央文化传播委员会党史馆藏一般档案051/335

给周雍能委任状

（一九二三年一月三十日）

委任状
委任周雍能为总理办公处秘书。此状。

中国国民党总理　孙　文
中华民国十二年一月三十日

据《周雍能先生访问纪录》（"中央"研究院近代史研究所一九八四年编印）

委任李翼民杨子修职务令

（一九二三年一月三十日）

委任李翼民、杨子修为总理办公处书记。此令。

孙　文

据中国国民党中央文化传播委员会党史馆藏环龙路档案12068

给柏文蔚等职务状

（一九二三年二月三日）

委任柏文蔚、吕超、黄大伟、蒋作宾、蒋中正、顾忠琛、朱霁青、路孝忱、叶荃、吴介璋、朱一鸣为本部军事委员会委员，杨子修为总理办公处办事员。此状。

总理（印）

据中国国民党中央文化传播委员会党史馆藏一般档案 051/442

改委杨子修职务令

（一九二三年二月三日）①

改委杨子修为总理办公室办事员。此令。

孙 文

二月三日

据中国国民党中央文化传播委员会党史馆藏一般档案 051/432

任命程潜等职务令

（一九二三年二月四日）②

任命程潜、古应芬、梁鸿楷、陈德春、莫擎宇为大本营驻江办事处主任，

---

① 原件无年代。据《中国国民党本部公报》第一卷四号，系1923年。
② 此件未署日期，系据2月5日程潜等就职电称："本月支日奉大总统电"而酌定。

此令。

据天津《大公报》一九二三年三月一日《程潜等报告就职电》

给曾省三等委任状

（一九二三年二月七日）

委任曾省三、何犹兴、钟孟雄、叶纫芳、田桓为本部总务部干事。此状。

总理（印）

据中国国民党中央文化传播委员会党史馆藏一般档案 051/301

给郑观等委任状

（一九二三年二月七日）

委任郑观、刘其渊、蒋宗汉为本部党务部干事。此状。

总理（印）

据中国国民党中央文化传播委员会党史馆藏一般档案 051/300

给杨庶堪委任状

（一九二三年二月七日）

任杨庶堪为劳军使。此状。

中华民国十二年二月七日

据中国国家博物馆藏原件

给田桓委任状

（一九二三年二月七日）

委任状

委任田桓为本部总务部干事。此状。

中国国民党总理　孙　文
中华民国十二年二月七日
据中国国家博物馆藏原件

给吴公幹等委任状

（一九二三年二月八日）

委任吴公幹为中国国民党上海第一分部部长，何世桢为中国国民党上海第二分部部长，连潆为中国国民党上海第三分部部长，何荣山为中国国民党上海第一分部评议部正议长，高伯谦为中国国民党上海第一分部评议部副议长。此状。

总理（印）
总务部部长　彭素民副署
党务部部长　陈树人副署
财务部部长　林业明副署
交际部部长　张秋白副署

据中国国民党中央文化传播委员会党史馆藏一般档案 051/305

给刘殿生委任状

（一九二三年二月八日）

委任刘殿生为中国国民党上海第一分部党务科主任。此状。

总理（印）

总务部部长　彭素民副署

党务部部长　陈树人副署

据中国国民党中央文化传播委员会党史馆藏一般档案051/307

给程亮初委任状

（一九二三年二月八日）

委任程亮初为中国国民党上海第一分部会计科主任。此状。

总理（印）

总务部部长　彭素民副署

财务部部长　林业明副署

据中国国民党中央文化传播委员会党史馆藏一般档案051/308

给冯幼拔委任状

（一九二三年二月八日）

委任冯幼拔为中国国民党上海第一分部宣传科主任。此状。

总理（印）

总务部部长　彭素民副署

宣传部部长　叶楚伧副署

据中国国民党中央文化传播委员会党史馆藏一般档案 051/309

给林焕廷等委任状

（一九二三年二月八日）

委任林焕廷为中国国民党上海第一分部总务科主任，邝公耀为中国国民党上海第一分部执行部书记，黄尚周、刘生初、黄鹤朋、关民生、冯闰生为中国国民党上海第一分部干事，朱蔚然为中国国民党上海第一分部评议部书记，林安、周柏祥、蔡章成、林海筹、罗惠棠、何广生、吴钊为中国国民党上海第一分部评议部评议员。此状。

总理（印）

总务部部长　彭素民副署

据中国国民党中央文化传播委员会党史馆藏一般档案 051/306

给李儒修等委任状

（一九二三年二月八日）

委任李儒修、朱克刚、张春木为本部宣传部干事。此状。

总理（印）

据中国国民党中央文化传播委员会党史馆藏一般档案 051/303

给熊秉坤委任状

（一九二三年二月八日）

委任熊秉坤为本部军事委员会委员。此状。

总理（印）

据中国国民党中央文化传播委员会党史馆藏一般档案 051/263

给冯子恭等委任状

（一九二三年二月八日）

委任冯子恭、徐承爌、张拱辰为本部交际部干事。此状。

总理（印）

据中国国民党中央文化传播委员会党史馆藏一般档案 051/302

给吴忠信委任状

（一九二三年二月八日）

委任吴忠信为本部军事委员会委员。此状。

总理（印）

据中国国民党中央文化传播委员会党史馆藏一般档案051/263

任命熊秉坤职务手谕

（一九二三年二月九日）①

熊秉坤为军事委员。

孙　文

二月九日

据中国国民党中央文化传播委员会党史馆藏一般档案051/263

给邢诒濡等委任状

（一九二三年二月十日）

委任邢诒濡为宋卡中国国民党分部正部长，王顺厚为宋卡中国国民党分部副部长，陈宽枏为宋卡中国国民党分部评议部正议长，黄令伦为宋卡中国国民党分部评议部副议长；杨国英为洞多利中国国民党分部正部长，陈祝

---

① 原件无年代，据"委任熊秉坤为本部军事委员会委员状"，该状所署日期为2月8日，正式发表则为2月9日。

民为洞多利中国国民党分部副部长,何景云为洞多利中国国民党分部评议部正议长,杨质权为洞多利中国国民党分部评议部副议长;谭少军〈为〉玛琅中国国民党分部正部长,李廷华为玛琅中国国民党分部副部长,范百弓为玛琅中国国民党分部评议部正议长;马焕球为锦碌中国国民党分部正部长,高振汝为锦碌中国国民党分部副部长,周开穗为锦碌中国国民党分部评议部正议长,梁评旺为锦碌中国国民党分部评议部副议长;李启瑞为海阳中国国民党分部正部长,张耀东为海阳中国国民党分部副部长,李值生为海阳中国国民党分部评议部正议长,邓国钦为海阳中国国民党分部评议部副议长;何镜波为南定中国国民党分部正部长,郑铁城为南定中国国民党分部副部长,陈惠昭为南定中国国民党分部评议部正议长,林潮清为南定中国国民党分部评议部副议长;傅青云为打拿根中国国民党分部正部长,黄建为打拿根中国国民党分部副部长,区源泰为打拿根中国国民党分部评议部正议长,黄炳为打拿根中国国民党分部评议部副议长;甄挥振为稳梳中国国民党分部正部长,李能相为稳梳中国国民党分部副部长,李跃来为稳梳中国国民党分部评议部正议长,李江伟为稳梳中国国民党分部评议部副议长;王大同为兰顿中国国民党分部正部长,李秩男为兰顿中国国民党分部副部长,黄质强为兰顿中国国民党分部评议部正议长,王五星为兰顿中国国民党分部评议部副议长;伍陶吾为湿比厘中国国民党分部正部长,林逸川为湿比厘中国国民党分部副部长,伍祝川为湿比厘中国国民党分部评议部正议长,黄福初为湿比厘中国国民党分部评议部副议长。此状。

总理(印)

总务部部长　彭素民副署

党务部部长　陈树人副署

财政部部长　林业明副署

宣传部部长　叶楚伧副署

交际部部长　张秋白副署

据中国国民党中央文化传播委员会党史馆藏一般档案 051/323

给张经席等委任状

（一九二三年二月十日）

委任张经席为宋卡中国国民党分部党务科主任；洪惠庆为洞多利中国国民党分部党务科主任；池荇塝为玛琅中国国民党分部党务科主任；陈汉文为锦碌中国国民党分部党务科主任；冯时朗为海阳中国国民党分部党务科主任；郑荣武为南定中国国民党分部党务科主任；黄吉棠为打拿根中国国民党分部党务科主任；李树楠为稳梳中国国民党分部党务科主任；张健男为兰顿中国国民党分部党务科主任；林鹤龄为湿比厘中国国民党分部党务科主任。此状。

总理（印）

总务部部长　彭素民副署
党务部部长　陈树人副署

据中国国民党中央文化传播委员会党史馆藏一般档案051/323

给陈文闸等委任状

（一九二三年二月十日）

委任陈文闸为宋卡中国国民党分部会计科主任；辜世爵为洞多利中国国民党分部会计科主任；陈丁为玛琅中国国民党分部会计科主任；马芳为锦碌中国国民党分部会计科主任；卢盈芳为海阳中国国民党分部会计科主任；胡廷祚为南定中国国民党分部会计科主任；杜林为打拿根中国国民党分部会计科主任；李荣韬为稳梳中国国民党分部会计科主任；张翊初为兰顿中国国民党分部会计科主任；林浣为湿比厘中国国民党分部会计科主任。此状。

总理（印）

　　　　　　　　总务部部长　彭素民副署
　　　　　　　　财政部部长　林业明副署
　　　据中国国民党中央文化传播委员会党史馆藏一般档案051/323

给符卓颜等委任状

（一九二三年二月十日）

　　委任符卓颜为宋卡中国国民党分部宣传科主任；洪森国为洞多利中国国民党分部宣传科主任；黄克白为玛琅中国国民党分部宣传科主任；张全享为锦碌中国国民党分部宣传科主任；张宝钊为海阳中国国民党分部宣传科主任；黄进步为南定中国国民党分部宣传科主任；赵振岳为打拿根中国国民党分部宣传科主任；李铁如为稳梳中国国民党分部宣传科主任；李惠民为兰顿中国国民党分部宣传科主任；邓兆枢为湿比厘中国国民党分部宣传科主任。此状。

　　　　　　　　　　　　　总理（印）
　　　　　　　　总务部部长　彭素民副署
　　　　　　　　宣传部部长　叶楚伧副署
　　　据中国国民党中央文化传播委员会党史馆藏一般档案051/323

给罗瑛等委任状

（一九二三年二月十日）

　　委任罗瑛为宋卡中国国民党分部总务科主任，苏飚周为宋卡中国国民党分部执行部书记，苏澍偕、邢定荣、邢栗山、林熙树、张睿阶、王昌运、邢甘桃、林凤梧为宋卡中国国民党分部干事,陈祖恩、张亦超、翁世伟、潘先华、翁和标、王宗妙、翁世仕、吴天涯、黄柏、锡子侯为宋卡中国国民党分部评议部评议员;陈连枝为洞多利中国国民党分部总务科主任,苏啸山为洞多利中国国民党分部执行部书记,辜世英、陈连捷、汤濂、黄星五、张仁俭、王龙为洞多利中国国民党分部干事,苏天霖、洪谷平、辜华权、郑兴国为洞多利中国国民党分部评议部评议员;李得英为玛琅中国国民党分部总务科主任,杨百海为玛琅中国国民党分部执行部书记,张平安为玛琅中国国民党分部干事,周灵、林爽、周怀、薛鸿雯为玛琅中国国民党分部评议部评议员;马锐进为锦碌中国国民党分部总务科主任,李颖、林芳为锦碌中国国民党分部执行部书记,梁广、郑厚常为锦碌中国国民党分部干事,朱德煊、周朝桂为锦碌中国国民党分部评议部书记,陈添、甄添、张叶、林乐、吴有、郑生、周伦、黄伟、梁瑞钿、马如安、马如庆、李添来、马玉昆、黄春荣、林圣永、郑子钦、周瑞实、周霭瑞、张双全、张安为锦碌中国国民党分部评议部评议员;关秩融为海阳中国国民党分部总务科主任,郭仁甫为海阳中国国民党分部执行部书记,关耀芳、曾海恩、陈石奇、陈锦泉为海阳中国国民党分部干事,陈福海为海阳中国国民党分部评议部书记,李少雄、朱露华、陈洞滨、李清全、李兆年、卢心铭为海阳中国国民党分部评议部评议员;张椿楠为南定中国国民党分部总务科主任,冯菊逸为南定中国国民党分部执行部书记,梁国之、郑其三、程楚九、郑开、陈灼南、吴弥显为南定中国国民党分部干事,梁镜堂为南定中国国民党分部评议部书记,彭梦生、梅翼之、黄福康、方锦泉、林英、邹炳为南定中国国民党分部评议部评议员;杨子清为打拿根中国国民党分部总务科主任,陆佩文为打拿根中国国民党分部执行部书记,伍友初、陈培、黄显新、温树棠为打拿根中国国民党分部干事,吴伟廷为打拿根中国国民党分部评议部书记,张德、颜毅、姚耀球、胡球、张康、蒲善明为打拿根中国国民党分部评议部评议员;李寿为稳梳中国国民党分部总务科主任,司徒重臣、余耀宗为稳梳中国国民党分部执行部书记,李成启、陈如同、伍汉莲、陈寿民为稳梳中国国民党分部干事,刘伯乾为稳梳中国国民党分部评议部书记,甄永藩、甄其正、黄种强、李社洽、李松尧、陈嗣昌、黄盛、汤培、伍星屏为稳梳中国国民党分部评议部评议员；黄彬为兰顿中国国民党分部总务科主任，王敦五、何若渠为兰顿中国国民党分部执行部书记，钟的臣、李锡福、张鋈钦、王自立、刘子培、王星垣、陈季和、赵庄、司徒协为兰顿中国国民党分部干事，王柒耀为兰顿中国国民党分部评议部书记，钟玉吾、黄雁秋、李玉吾、刘明为兰顿中国国民党分部评议部评议员；林醒亚为湿比厘中国国民党分部总务科主任，龚乾初为湿比厘中国国民党分部执行部书记，颜伯梁、伍洁生、伍孚卿、林祝三为湿比厘中国国民党分部干事，林竹溪为湿比厘中国国民党分部评议部书记，伍达卿、赵铁汉、林容光、伍莘懂、赵慎民、林伟楠为湿比厘中国国民党分部评议部评议员。此状。

总理（印）

总务部部长　彭素民副署

据中国国民党中央文化传播委员会党史馆藏一般档案051/323

任命吴忠信职务手谕

（一九二三年二月十一日）①

吴忠信为军事委员。

孙　文

二月十一日

据中国国民党中央文化传播委员会党史馆藏一般档案051/263

---

① 原件无年代，据"委任吴忠信为本部军事委员会委员状"，该状所署日期为2月8日，正式发表则为2月11日，今分别俱存。

给赵公璧委任状

（一九二三年二月二十一日）

总理任命：委任赵公璧为中国国民党广东支部党务科科长。此状。

总理（印）

总务部部长　彭素民副署

党务部部长　陈树人副署

据中国国民党中央文化传播委员会党史馆藏一般档案051/312

给林丽生委任状

（一九二三年二月二十一日）

委任林丽生为中国国民党广东支部财政科科长。此状。

总理（印）

总务部部长　彭素民副署

财政部部长　林业明副署

据中国国民党中央文化传播委员会党史馆藏一般档案051/310

给林云陔委任状

（一九二三年二月二十一日）

委任林云陔为中国国民党广东支部宣传科科长。此状。

总理（印）

总务部部长　彭素民副署

宣传部部长　叶楚伧副署

据中国国民党中央文化传播委员会党史馆藏一般档案 051/311

给何效由等委任状

（一九二三年二月二十一日）

委任何效由为坎问顿中国国民党分部正部长，伍碧梧为坎问顿中国国民党分部副部长，吕见三为坎问顿中国国民党分部评议部正议长，朱彪吾为坎问顿中国国民党分部评议部副议长；黄汉章为三宝雁中国国民党分部正部长，丁芳园为三宝雁中国国民党分部副部长，郑寿培为三宝雁中国国民党分部评议部正议长，王信智为三宝雁中国国民党分部评议部副议长；王尚琴为怡朗中国国民党分部正部长，关国深为怡朗中国国民党分部副部长，陈文远为怡朗中国国民党分部评议部正议长，胡维材为怡朗中国国民党分部评议部副议长；陈家兰为邦咯中国国民党通讯处主任；谭瑞恭为庇能中国国民党分部正部长，朱子机为庇能中国国民党分部副部长，陈应钦为庇能中国国民党分部评议部正议长，廖恪卿为庇能中国国民党分部评议部副议长；詹行瑰为万磅中国国民党分部正部长，云逢益为万磅中国国民党分部副部长，韩卓章为万磅中国国民党分部评议部正议长，林干廷为万磅中国国民党分部评议部副议长；苏法聿为巴生港口中国国民党分部正部长，严福纪为巴生港口中国国民党分部副部长，王瑞廷为巴生港口中国国民党分部评议部正议长,王觉民为巴生港口中国国民党分部评议部副议长;杨建周为初贝中国国民党分部正部长,林钦为初贝中国国民党分部副部长,郭子昂为初贝中国国民党分部评议部正议长,林鸿宝为初贝中国国民党分部评议部副议长;陈飚生为芹苴兴亚中国国民党分部正部长,吴养初为芹苴兴亚中国国民党分部副部长,胡振南为芹苴兴亚中国国民党分部评议部正议长,苏受滔为芹苴兴亚中国国民党分部评议部副议长;刘柳坡为滀臻兴民中国国民党分部正部长,黄洽仁为滀臻兴民中国国民党分部副部长,梁秀林为滀臻兴民中国国民党分部评议部正议长,马宗峻为滀臻兴民中国国民党分部评议部副议长;陈慈名为丐冷中国国民党分部正部长,张伯荫为丐冷中国国民党分部副部长,陈振有为丐冷中国国民党分部评议部正议长,彭子耕为丐冷中国国民党分部评议部副议长;陈星阁为薄寮中国国民党分部正部长,陈侣云为薄寮中国国民党分部副部长,李少帆为薄寮中国国民党分部评议部正议长,李斗田为薄寮中国国民党分部评议部副议长。此状。

总理(印)

总务部部长　彭素民副署

党务部部长　陈树人副署

财政部部长　林业明副署

宣传部部长　叶楚伧副署

交际部部长　张秋白副署

据中国国民党中央文化传播委员会党史馆藏一般档案051/323

给陈卓郎等委任状

（一九二三年二月二十一日）

委任陈卓郎为坎问顿中国国民党分部党务科主任;郑其妙为三宝雁中国国民党分部党务科主任;陈章宙为怡朗中国国民党分部党务科主任;严云卿为邦咯中国国民党通讯处党务科科长;邹烈卿为庇能中国国民党分部党

务科主任；范济沈为万磅中国国民党分部党务科主任；林鸿兴为巴生港口中国国民党分部党务科主任；吴元瑛为初贝中国国民党分部党务科主任；冯萼生为芹苴兴亚中国国民党分部党务科主任；游子山为滀臻兴民中国国民党分部党务科主任；孔祥麟为丐冷中国国民党分部党务科主任；张荫庭为薄寮中国国民党分部党务科主任。此状。

总理（印）

总务部部长　彭素民副署

党务部部长　陈树人副署

据中国国民党中央文化传播委员会党史馆藏一般档案051/323

给伍毅廷等委任状

（一九二三年二月二十一日）

委任伍毅廷为坎问顿中国国民党分部宣传科主任；丁芳园为三宝雁中国国民党分部宣传科主任；容观棣为怡朗中国国民党分部宣传科主任；陈家玲为邦咯中国国民党通讯处宣传科科长；崔民生为庇能中国国民党分部宣传科主任；冯骏声为万磅中国国民党分部宣传科主任；戴保珍为巴生港口中国国民党分部宣传科主任；林鸿曜为初贝中国国民党分部宣传科主任；李镜泉为芹苴兴亚中国国民党分部宣传科主任；梁孝镠为滀臻兴民中国国民党分部宣传科主任；李心汉为丐冷中国国民党分部宣传科主任；黄伟卿为薄寮中国国民党分部宣传科主任。此状。

总理（印）

总务部部长　彭素民副署

宣传部部长　叶楚伧副署

据中国国民党中央文化传播委员会党史馆藏一般档案051/323

给李侠夫等委任状

（一九二三年二月二十一日）

委任李侠夫为坎问顿中国国民党分部会计科主任；黄碧湖为三宝雁中国国民党分部会计科主任；黄道生为怡朗中国国民党分部会计科主任；陈毓成为邦咯中国国民党通讯处会计科科长；张志坤为庇能中国国民党分部会计科主任；邢诒禄为万磅中国国民党分部会计科主任；林兴宜为巴生港口中国国民党分部会计科主任；吴选英为初贝中国国民党分部会计科主任；叶子清为芹苴兴亚中国国民党分部会计科主任；冯锡如为滀臻兴民中国国民党分部会计科主任；王星南为丐冷中国国民党分部会计科主任；陈仰之为薄寮中国国民党分部会计科主任。此状。

总理（印）

总务部部长　彭素民副署

财务部部长　林业明副署

据中国国民党中央文化传播委员会党史馆藏一般档案051/323

给林文彬等委任状

（一九二三年二月二十一日）

委任林文彬为坎问顿中国国民党分部总务科主任，许凤仪、梁旭东为坎问顿中国国民党分部执行部书记，李卓生、谭杨业、麦荣坤、江卓熊、谢将兴为坎问顿中国国民党分部干事，许瑞龙为坎问顿中国国民党分部评议部书记，彭绍尧、盘全昌、李持邦、甘耀华、戚甘强、张晴旭为坎问顿中国国民党分部评议部评议员；黄巽夫为三宝雁中国国民党分部总务科主任，陈存汉为三宝雁中国国民党分部执行部书记,夏求、杨世经、陈振抱、黄奕会、余章广、钟鸣、黄广育、陈登爵、王康、林改良、蔡世秀为三宝雁中国国民党分部干事,郑寄毫为三宝雁中国国民党分部评议部书记,黄允材、陈存汉、钟荣兴、陈金创、陈扫净、余斯博、何文坤、郑其祥、吕口、曾杏初、李石平、叶良齐、陈文章、陈创全为三宝雁中国国民党分部评议部评议员;余伯昭为怡朗中国国民党分部总务科主任,施朴生、陈宇明、王尚乳、杨捷、黄三莫、王文举、张簪瑶、陈醉村、颜文耀、戴寒松、胡维创、陈文光为怡朗中国国民党分部干事,赵平山、孙瑞隆、颜锦标、杨开珍、曹杰夫、黄汉寿、叶景文、陈妈意、余和光、伍松现、黄和甫为怡朗中国国民党分部评议部评议员;丘启辉为邦咯中国国民党通讯处总务科科长,严云卿为邦咯中国国民党通讯处执行部书记,丘观胜、马国仁、周成训、陈发吾为邦咯中国国民党通讯处科员;崔广仁为庇能中国国民党分部总务科主任,许炳康、刘兆基、谢炳光、黎日滋、梁沦芳、林贞、吴铦万、梁云、浓茹景、周陈会洪、郑百富、黄安山、谭桂初、陈尧为庇能中国国民党分部干事,林德胜、李宪民、黄世和、区小光、黄显仁、黎炽生、罗禹言、伍勷民为庇能中国国民党分部评议部评议员;洪继全为万磅中国国民党分部总务科主任,陈略为万磅中国国民党分部执行部书记,吴泰、韩万准、邢业舜、吴登昌、符鸿杏、张生笏、潘应卿、邢定培为万磅中国国民党分部干事,邢福苓、陈镇清、林明盛、林猷旭、邢定缵、林寿乔、邢福云、黄闻任为万磅中国国民党分部评议部评议员;陈德熹为巴生港口中国国民党分部总务科主任,林梅瑞为巴生港口中国国民党分部执行部书记,周公松、严安助、陈再喜、王宗沂为巴生港口中国国民党分部干事,黄运国、陈克佩、黄礼坡、林生财、苏有福、张运秀、苏法贺、许松祯为巴生港口中国国民党分部评议部评议员;曾自完为初贝中国国民党分部总务科主任,杨月乔为初贝中国国民党分部执行部书记,王明初、符英、邓华侨、林克利、张永益、唐昌存、符福东、陈玉清为初贝中国国民党分部干事,黄有程、傅峻山、符气仁、林月轩、符寿山、吴善初、林鱼新、符致琳为初贝中国国民党分部评议部评议员;冯奖卿为芹苴兴亚中国国民党分部总务科主任,王有容为芹苴兴亚中国国民党分部执行部书记,陈尧生、钱国卿、钟明、罗子山、蔡有门、李卓云、袁振、陈锡球、李秀生为芹苴兴亚中国国民党分部干事,余冠英为芹苴兴亚中国国民党分部评议部书记,李灼轩、陈植生、卢炳良、张孟鹏、关铁刚、陈凤五、丁瑞生、陈琼玲、邓合为芹苴兴亚中国国民党分部评议部评议员;吴逸民为滀臻兴民中国国民党分部总务科主任,陈征为滀臻兴民中国国民党分部执行部书记,刘照轩、黄寿州、杨镇胜、赵福、罗敦惠、钟声鸿、廖谋、林昭春、冯成、赵淘臣、萧寅健、黎迪、张汉溪、萧茂业、侯恒为滀臻兴民中国国民党分部干事,翁洗尘为滀臻兴民中国国民党分部评议部书记,曾鸣鸾、戴文蔚、殷子燊、张永铮、柳嘉发、张刷五、黄升平、洪远霖、陈克贵、任彤为滀臻兴民中国国民党分部评议部评议员;林铭三为丐冷中国国民党分部总务科主任,黄睦为丐冷中国国民党分部执行部书记,文炳荣、曹云光、许映初、李丰、陈满庭、卢正兴、卢阳丰、陈向荣、郑卓仁为丐冷中国国民党分部评议部评议员;陈振先为薄寮中国国民党分部总务科主任,陈勉之为薄寮中国国民党分部执行部书记,吴润生、吴竹之、陈逊谦、郭清石、吴庆云、陈镇邦、萧友三、杨竞华、苏子彬、陈卓卿、吕绪知、黄少文为薄寮中国国民党分部干事,刘汉山为薄寮中国国民党分部评议部书记,刘巽生、陈少辉、关日升、游子章、李锦华、杨维三、陈继南、林若豪、许仰山、王人伟为薄寮中国国民党分部评议部评议员。此状。

总理(印)

总务部部长　彭素民副署

据中国国民党中央文化传播委员会党史馆藏一般档案051/323

任命沈鸿英职务令

（一九二三年二月二十四日）

大元帅令

特任沈鸿英为桂军总司令。此令。

（中华民国陆海军大元帅之印）

中华民国十二年二月廿四日

据大本营秘书处编《陆海军大元帅大本营公报》第一号（广州一九二三年三月九日）

委任梅光培职务令

（一九二三年二月二十四日）

委梅光培任广三路局长。

（二十四日）

据上海《民国日报》一九二三年二月二十五日《本社专电》

任命张继职务令

（一九二三年二月二十六日）

委任张溥泉①为中国国民党北京支部长。每月办公费二千元。此令。

孙　文

民国十二年二月二十六日

据胡汉民编《总理全集》第四集（上海民智书局一九三〇年版）影印原件

给余荣等委任状

（一九二三年二月二十六日）

委任余荣为雪梨中国国民党支部正部长，马树培为雪梨中国国民党支部副部长，黄右公为雪梨中国国民党支部评议部正议长，郭照为雪梨中国国民党支部评议部副议长。此状。

总理（印）
总务部部长　彭素民副署
党务部部长　陈树人副署
财务部部长　林业明副署
宣传部部长　叶楚伧副署
交际部部长　张秋白副署

据中国国民党中央文化传播委员会党史馆藏一般档案 051/323

---

① 张溥泉，即张继。

给张绍峰朱景委任状

（一九二三年二月二十六日）

委任张绍峰为雪梨中国国民党支部党务科正主任，朱景为雪梨中国国民党支部党务科副主任。此状。

总理（印）

总务部部长　彭素民副署

党务部部长　陈树人副署

据中国国民党中央文化传播委员会党史馆藏一般档案 051/323

给黄树培林汝扬委任状

（一九二三年二月二十六日）

委任黄树培为雪梨中国国民党支部会计科正主任，林汝扬为雪梨中国国民党支部会计科副主任。此状。

总理（印）

总务部部长　彭素民副署

财务部部长　林业明副署

据中国国民党中央文化传播委员会党史馆藏一般档案 051/323

给黄来旺马伯乔委任状

（一九二三年二月二十六日）

委任黄来旺为雪梨中国国民党支部宣传科正主任，马伯乔为雪梨中国国民党支部宣传科副主任。此状。

总理（印）

总务部部长　彭素民副署

宣传部部长　叶楚伧副署

据中国国民党中央文化传播委员会党史馆藏一般档案051/323

给董直等委任状

（一九二三年二月二十六日）

委任董直为雪梨中国国民党支部总务科正主任，徐日初为雪梨中国国民党支部总务科副主任，李少勤、马亮华为雪梨中国国民党支部执行部书记，方锡、马月华、陈福祥、陈金兰、萧照彬、苏冠民、陈富章、刘思华、刘才、黎秉兴、刘启华、董晃、郑观陆、陈锦才、陈恩夫人为雪梨中国国民党支部干事，李廼文为雪梨中国国民党支部评议部书记，刘博明、高金玉、黄品、冯关田、陈福、伍六、余吉屏、陈孔如、高义、梁乙、司徒坤、余宗耀、梁维林、欧阳南、余提、刘畴、余瑞、陈芳、杨宽、萧贵、梁学为雪梨中国国民党支部评议部评议员。此状。

总理（印）

总务部部长　彭素民副署

据中国国民党中央文化传播委员会党史馆藏一般档案051/323

委派姚雨平等职务令

（一九二三年二月二十六日）

大元帅令

　　派姚雨平、罗翼群、周之贞、朱卓文、吴铁城、黄芸苏为工兵局筹备委员。此令。

（中华民国陆海军大元帅之印）

中华民国十二年二月廿六日

据大本营秘书处编《陆海军大元帅大本营公报》第一号
（广州一九二三年三月九日）

任命林树巍职务令

（一九二三年二月二十六日）

大元帅令

　　任命高雷讨贼军总司令林树巍兼高雷绥靖处处长。此令。

（中华民国陆海军大元帅之印）

中华民国十二年二月廿六日

据大本营秘书处编《陆海军大元帅大本营公报》第一号
（广州一九二三年三月九日）

任命李章达职务令

（一九二三年二月二十七日）

大元帅令

　　任命李章达代理广东电政监督,兼广州电报局局长。此令。

　　　　　　　　　　　　　　　（中华民国陆海军大元帅之印）

　　　　　　　　　　　　　　　中华民国十二年二月廿七日

　　　　　　据大本营秘书处编《陆海军大元帅大本营公报》第一号

（广州一九二三年三月九日）

委派胡汉民等职务令

（一九二三年二月二十八日）

大元帅令

　　特派胡汉民、孙洪伊、汪精卫、徐谦为办理和平统一事宜全权代表。此令。

　　　　　　　　　　　　　　　（中华民国陆海军大元帅之印）

　　　　　　　　　　　　　　　中华民国十二年二月廿八日

　　　　　　据大本营秘书处编《陆海军大元帅大本营公报》第一号

（广州一九二三年三月九日）

任命黄昌谷职务令

(一九二三年二月二十八日)

大元帅令

　　任命黄昌谷为宣传委员。此令。

(中华民国陆海军大元帅之印)
中华民国十二年二月廿八日

据大本营秘书处编《陆海军大元帅大本营公报》第一号
(广州一九二三年三月九日)

任命张振武职务令

(一九二三年二月二十八日)

大元帅令

　　任命张振武为大本营直辖陆军第四旅旅长。此令。

(中华民国陆海军大元帅之印)
中华民国十二年二月廿八日

据大本营秘书处编《陆海军大元帅大本营公报》第一号
(广州一九二三年三月九日)

任命傅秉常职务令

（一九二三年二月二十八日）

大元帅令

任命傅秉常为粤海关监督兼特派广东交涉员。此令。

（中华民国陆海军大元帅之印）

中华民国十二年二月廿八日

据大本营秘书处编《陆海军大元帅大本营公报》第一号（广州一九二三年三月九日）

任命钱铖职务令

（一九二三年二月二十八日）

委钱铖为副官。

孙 文

民国十二年二月二十八日

据中国国民党中央文化传播委员会党史馆藏一般档案 051/152

给沈选青等委任状

（一九二三年二月二十八日）①

委任沈选青为巴达维亚中国国民党支部正部长，吴香初为巴达维亚中

---

① 原件作"二月三十日"。按 1923 年 2 月仅 28 天。

国国民党支部副部长,钟公任为巴达维亚中国国民党支部评议部正议长,李笃彬为巴达维亚中国国民党支部评议部副议长。此状。

总理(印)

总务部部长　彭素民副署

党务部部长　陈树人副署

财务部部长　林业明副署

传宣部部长　叶楚伧副署

交际部部长　张秋白副署

据中国国民党中央文化传播委员会党史馆藏一般档案051/323

给陈任梁叶雨亭委任状

（一九二三年二月二十八日）①

委任陈任梁为巴达维亚中国国民党支部党务科正主任,叶雨亭为巴达维亚中国国民党支部党务科副主任。此状。

总理(印)

总务部部长　彭素民副署

党务部部长　陈树人副署

据中国国民党中央文化传播委员会党史馆藏一般档案051/323

---

① 原件为"二月三十日"。按1923年2月仅28天。

给钟秀珊廖心尧委任状

（一九二三年二月二十八日）①

委任钟秀珊为巴达维亚中国国民党支部会计科正主任，廖心尧为巴达维亚中国国民党支部会计科副主任。此状。

总理（印）

总务部部长　彭素民副署

财务部部长　林业明副署

据中国国民党中央文化传播委员会党史馆藏一般档案051/323

给李汉平等委任状

（一九二三年二月二十八日）②

委任李汉平为巴达维亚中国国民党支部总务科正主任，黎卓云为巴达维亚中国国民党支部总务科副主任，吴杰己为巴达维亚中国国民党支部执行部书记，张公悌为巴达维亚中国国民党支部评议部书记，谢逸如、张公悌、吴审玑、涂欣可、丘政衡、李秋畹、李伊珊、王爱常、陈善可、沈宣昌、谢耀南、赖景生、蓝耀庚、李介眉、陈元钤、巫爱我、彭春朗、黎慎堦为巴达维亚中国国民党支部评议部评议员。此状。

总理（印）

总务部部长　彭素民副署

据中国国民党中央文化传播委员会党史馆藏一般档案051/323

---

① 原件为"二月三十日"。按 1923 年 2 月仅 28 天。
② 原件为"二月三十日"。按 1923 年 2 月仅 28 天。

给吴公辅李慕石委任状

（一九二三年二月二十八日）①

委任吴公辅为巴达维亚中国国民党支部宣传科正主任，李慕石为巴达维亚中国国民党支部宣传科副主任。此状。

总理（印）

总务部部长　彭素民副署

宣传部部长　叶楚伧副署

据中国国民党中央文化传播委员会党史馆藏一般档案051/323

任杨庶堪朱培德职务手令

（一九二三年三月一日前）②

特任杨庶堪为大本营秘书长，朱培德为大本营参军长兼大本营护卫军司令。此令。

孙　文

据谭延闿编《总理遗墨》第三辑（印行时间不详，广东省社会科学院藏）

---

① 原件为"二月三十日"。按1923年2月仅28天。
② 原件无日期，据《陆海军大元帅大本营公报》载朱培德之任命于中华民国十二年三月一日发布，杨庶堪之任命于中华民国十二年三月二日发布，则此件手令当在此之前。

任命李禄超等职务令

（一九二三年三月一日）

大元帅令

　　任命李禄超、连声海、周仲良、萧萱为大本营秘书。此令。

（中华民国陆海军大元帅之印）

中华民国十二年三月一日

据大本营秘书处编《陆海军大元帅大本营公报》第一号
（广州一九二三年三月九日）

任命姚观顺等职务令

（一九二三年三月一日）

大元帅令

　　任命姚观顺、路孝忱、张九维为大本营参军。此令。

（中华民国陆海军大元帅之印）

中华民国十二年三月一日

据大本营秘书处编《陆海军大元帅大本营公报》第一号
（广州一九二三年三月九日）

任命朱培德职务令

（一九二三年三月一日）

大元帅令

特任朱培德为大本营参军长。此令。

（中华民国陆海军大元帅之印）

中华民国十二年三月一日

据大本营秘书处编《陆海军大元帅大本营公报》第一号
（广州一九二三年三月九日）

任命朱培德职务令

（一九二三年三月一日）

大元帅令

特任朱培德为大本营巩卫军司令。此令。

（中华民国陆海军大元帅之印）

中华民国十二年三月一日

据大本营秘书处编《陆海军大元帅大本营公报》第一号
（广州一九二三年三月九日）

委派黄隆生职务令

（一九二三年三月一日）

大元帅令

　　派黄隆生为广东财政厅纸币发行监督。此令。

（中华民国陆海军大元帅之印）
中华民国十二年三月一日

据大本营秘书处编《陆海军大元帅大本营公报》第一号
（广州一九二三年三月九日）

给朱培德的训令

（一九二三年三月一日）

大元帅训令第二二号

　　令中央直辖滇军总司令朱培德

　　中央直辖滇军总司令朱培德着免本职，所部军队着改编为大本营巩卫军。此令。

（中华民国陆海军大元帅之印）
中华民国十二年三月一日

据大本营秘书处编《陆海军大元帅大本营公报》第一号
（广州一九二三年三月九日）

任命杨庶堪职务令

（一九二三年三月二日）

大元帅令

  特任杨庶堪为大本营秘书长。此令。

（中华民国陆海军大元帅之印）
中华民国十二年三月二日

据大本营秘书处编《陆海军大元帅大本营公报》第一号
（广州一九二三年三月九日）

任命程潜等职务令

（一九二三年三月二日）

大元帅令

  特任程潜为大本营军政部长；谭延闿为内政部长；廖仲恺为财政部长；邓泽如为建设部长。此令。

（中华民国陆海军大元帅之印）
中华民国十二年三月二日

据大本营秘书处编《陆海军大元帅大本营公报》第一号
（广州一九二三年三月九日）

任命黄建勋职务令

（一九二三年三月二日）

大元帅令

任命黄建勋为琼海关监督兼海口、北海交涉员。此令。

（中华民国陆海军大元帅之印）

中华民国十二年三月二日

据大本营秘书处编《陆海军大元帅大本营公报》第一号
（广州一九二三年三月九日）

任命古应芬等职务令

（一九二三年三月二日）

大元帅令

任命古应芬为大本营法制局长；林云陔为大本营金库长；刘纪文为大本营审计局长。此令。

（中华民国陆海军大元帅之印）

中华民国十二年三月二日

据大本营秘书处编《陆海军大元帅大本营公报》第一号
（广州一九二三年三月九日）

任命邓泽如刘纪文兼职令

（一九二三年三月二日）

大元帅令

　　财政部长廖仲恺未到任以前,着建设部长邓泽如兼理;金库长林云陔未到任以前,着审计局长刘纪文兼理。此令。

（中华民国陆海军大元帅之印）

中华民国十二年三月二日

据大本营秘书处编《陆海军大元帅大本营公报》第一号（广州一九二三年三月九日）

准范其务辞职令

（一九二三年三月二日）

大元帅指令第二号

　　令粤海关监督范其务

　　呈为因病呈请辞职由

　　呈悉。应即照准。此令。

（中华民国陆海军大元帅之印）

中华民国十二年三月二日

据大本营秘书处编《陆海军大元帅大本营公报》第一号（广州一九二三年三月九日）

任命杨熙绩职务令

（一九二三年三月三日）

大元帅令

　　任命杨熙绩为大本营秘书。此令。

（中华民国陆海军大元帅之印）

中华民国十二年三月三日

据大本营秘书处编《陆海军大元帅大本营公报》第一号
（广州一九二三年三月九日）

任命谢良牧职务令

（一九二三年三月三日）

大元帅令

　　任令〔命〕谢良牧为广东政务厅厅长。此令。

（中华民国陆海军大元帅之印）

中华民国十二年三月三日

据大本营秘书处编《陆海军大元帅大本营公报》第二号
（广州一九二三年三月十六日）

任命陈融职务令

（一九二三年三月五日）

大元帅令

　　任命陈融为广东高等审判厅厅长。此令。

（中华民国陆海军大元帅之印）

中华民国十二年三月五日

据大本营秘书处编《陆海军大元帅大本营公报》第一号
（广州一九二三年三月九日）

任命陆嗣曾职务令

（一九二三年三月五日）

大元帅令

　　任命陆嗣曾为广州地方审判厅厅长。此令。

（中华民国陆海军大元帅之印）

中华民国十二年三月五日

据大本营秘书处编《陆海军大元帅大本营公报》第一号
（广州一九二三年三月九日）

委任谢持全权代表执行中国国民党党务电令[1]

（一九二三年三月五日）

委任谢慧生为全权代表执行中国国民党党务事宜。总理孙文。寝。

据中国国民党中央文化传播委员会党史馆藏环龙路档案12079

委派程天斗职务令

（一九二三年三月六日）

大元帅令

　　派程天斗为中央银行筹办员。此令。

（中华民国陆海军大元帅之印）
中华民国十二年三月六日
据大本营秘书处编《陆海军大元帅大本营公报》第一号
（广州一九二三年三月九日）

---

[1] 谢持，即谢慧生。

委派程天斗职务令

（一九二三年三月六日）

大元帅令
　　派程天斗为省立广东银行清理员。此令。

（中华民国陆海军大元帅之印）

中华民国十二年三月六日

据大本营秘书处编《陆海军大元帅大本营公报》第一号
（广州一九二三年三月九日）

准魏邦平辞职令①

（一九二三年三月六日）

大元帅令
　　广东讨贼联军总司令魏邦平呈请辞职，情词恳切。魏邦平准免本职。此令。

（中华民国陆海军大元帅之印）

中华民国十二年三月六日

据大本营秘书处编《陆海军大元帅大本营公报》第一号
（广州一九二三年三月九日）

---

① 原广东讨贼联军总司令魏邦平经江防事变之后，无法维持局面，呈请孙中山明令免去其所任总司令职务。

任命戴永萃廖湘芸职务令

（一九二三年三月七日）

大元帅令

任令〔命〕戴永萃、廖湘芸为大本营参军。此令。

（中华民国陆海军大元帅之印）

中华民国十二年三月七日

据大本营秘书处编《陆海军大元帅大本营公报》第二号（广州一九二三年三月十六日）

任命林警魂职务令

（一九二三年三月七日）

任命林警魂为工兵委员。此令。

孙　文

中华民国十二年三月七日

据谭延闿编《总理遗墨》第一辑（一九二八年印行，广东省社会科学院藏）

委派林警魂职务令

（一九二三年三月八日）

大元帅令

　　派林警魂为工兵局筹备委员。此令。

（中华民国陆海军大元帅之印）

中华民国十二年三月八日

据大本营秘书处编《陆海军大元帅大本营公报》第二号
（广州一九二三年三月十六日）

任命董鸿勋职务令

（一九二三年三月八日）

大元帅令

　　任命董鸿勋为大本营参军。此令。

（中华民国陆海军大元帅之印）

中华民国十二年三月八日

据大本营秘书处编《陆海军大元帅大本营公报》第二号
（广州一九二三年三月十六日）

任命黄镇磐职务令

（一九二三年三月九日）

大元帅令

  任命黄镇磐为广东高等检察厅检察长。此令。

             （中华民国陆海军大元帅之印）
              中华民国十二年三月九日

据大本营秘书处编《陆海军大元帅大本营公报》第二号
（广州一九二三年三月十六日）

任命区玉书职务令

（一九二三年三月九日）

大元帅令

  任命区玉书为广州地方检察厅检察长。此令。

             （中华民国陆海军大元帅之印）
              中华民国十二年三月九日

据大本营秘书处编《陆海军大元帅大本营公报》第二号
（广州一九二三年三月十六日）

给上海执行部的电令

(一九二三年三月九日)

陈树人仍兼党务部部长,未返沪以前,由副部长孙镜代理。孙文。佳。

据中国国民党中央文化传播委员会党史馆藏一般档案 050/212

任命冯祝万等职务令

(一九二三年三月十日)

大元帅令

　　任命冯祝万为大本营军政部军务局长,胡兆鹏为大本营军政部军衡局长,周贯虹为大本营军政部军需局长。此令。

(中华民国陆海军大元帅之印)
中华民国十二年三月十日
据大本营秘书处编《陆海军大元帅大本营公报》第二号
(广州一九二三年三月十六日)

委派黄伯淑职务令

(一九二三年三月十日)

大元帅令

　　委任黄伯淑代理广州电报局局长。此令。

(中华民国陆海军大元帅之印)

中华民国十二年三月十日

据大本营秘书处编《陆海军大元帅大本营公报》第二号

（广州一九二三年三月十六日）

免李章达兼职令

（一九二三年三月十日）

大元帅令

代理广东电政监督李章达着毋庸兼任广州电报局局长。此令。

（中华民国陆海军大元帅之印）

中华民国十二年三月十日

据大本营秘书处编《陆海军大元帅大本营公报》第二号

（广州一九二三年三月十六日）

准刘纪文辞兼职令

（一九二三年三月十日）

大元帅令

大本营审计局长刘纪文请辞金库长兼职。应予照准。此令。

（中华民国陆海军大元帅之印）

中华民国十二年三月十日

据大本营秘书处编《陆海军大元帅大本营公报》第二号

（广州一九二三年三月十六日）

任命梅光培代职令

（一九二三年三月十日）

大元帅令

　　大本营金库长林云陔未到任以前，着梅光培暂行代理。此令。

（中华民国陆海军大元帅之印）

中华民国十二年三月十日

据大本营秘书处编《陆海军大元帅大本营公报》第二号

（广州一九二三年三月十六日）

任命金华林等职务令①

（一九二三年三月十日）

金华林、朱和中、金汉鼎、杨蓁委为大本营高级参谋。

民国十二年三月十日

据中国国家博物馆藏原件

---

① 这一任职令推至4月4日才明令公布。载《陆海军大元帅大本营公报》第六号《大元帅令》。

任命李烈钧职务令[①]

（一九二三年三月十一日）

特任李烈钧为江西总司令兼江西省长。此令。

中华民国十二年三月十一日

据杜永镇编《陆海军大元帅大本营公报选编》（中国社会科学出版社一九八一年版）影印原件

给曾卫民等委任状

（一九二三年三月十二日）

委任曾卫民为实兆远中国国民党分部总务科主任，徐明注为实兆远中国国民党分部执行部书记，司徒璇、王维妹、王镇乾、黄作泮、李燊、周伟烈、冯自衡、杨作义为实兆远中国国民党分部干事，柯锦全为实兆远中国国民党分部评议部书记，陈水湛、周振国、王晏安、卢远嘉、周振奉、郑达礼、朱章仪、洪调发、曾兼金、刘贵长、王金水、凌竞安为实兆远中国国民党分部评议部评议员；叶昌荣为仙葛洛中国国民党分部总务科主任，刘麟书、叶萃英为仙葛洛中国国民党分部执行部书记，陈排铨、谢亚德、谢彩泉为仙葛洛中国国民党分部干事，廖章启、杨伍璇、黄和祥、杨清高、叶光明、孙歆羡、叶佳鱼、傅梓福、陈亚才、吕业銎、陈由治、傅英隆为仙葛洛中国国民党分部评议部评议员；关卫民为舞士阻中国国民党分部总务科主任，余藉之、关光汉为舞士阻中国国民党分部执行部书记，黄兴汉、梁洽、关创槐、邦悦、贵以南、邝锡民、余振琼、关和、关武、周家瀚、瑞华为舞士阻中国国民党分部干事，周裕家为

[①] 本任命手令未见明令发表。

舞士阻中国国民党分部评议部书记,甄祥初、余珠章、陈秉民、余祝礼、周厚家、雷家华、黄煦和、邝渭三、黄炳传、马璇瑛为舞士阻中国国民党分部评议部评议员;王东桂为孖沙打冷中国国民党分部总务科主任,林德安为孖沙打冷中国国民党分部执行部书记,余日波、方耀光、蔡泗、关锡安为孖沙打冷中国国民党分部干事,黄石祐为孖沙打冷中国国民党分部评议部书记,余旭、余抗、蔡寿年、李煜禧、林权有、林寿池、郑金强、李锡三、李连发为孖沙打冷中国国民党分部评议部评议员;邢诒源为童颂中国国民党分部总务科主任,岑学安为童颂中国国民党分部执行部书记,吴坤登、吴坤丰、吴冠球、吴善初、黄德华、黄乾泽、谢自运、许瑯书为童颂中国国民党分部干事,吴乾达、凌家俊、吴多铣、符福兴、陈宏源、陈勋光、梁君祥、韩盛斯、郭始拔、黄善春为童颂中国国民党分部评议部评议员。此状。

总理(印)

总务部部长　彭素民副署

据中国国民党中央文化传播委员会党史馆藏一般档案051/323

给叶汉溪等委任状

（一九二三年三月十二日）

委任叶汉溪为实兆远中国国民党分部会计科主任;陈金髻为仙葛洛中国国民党分部会计科主任;蔡社光为舞士阻中国国民党分部会计科主任;陈兆英为孖沙打冷中国国民党分部会计科主任;吴世富为童颂中国国民党分部会计科主任。此状。

总理(印)

总务部部长　彭素民副署
财务部部长　林业明副署

据中国国民党中央文化传播委员会党史馆藏一般档案051/323

给戴翠帘等委任状

（一九二三年三月十二日）

委任戴翠帘为实兆远中国国民党分部宣传科主任；黄隆进为舞士阻中国国民党分部宣传科主任；赵群旺为孖沙打冷中国国民党分部宣传科主任；陈经堂为童颂中国国民党分部宣传科主任。此状。

总理（印）

总务部部长　彭素民副署

宣传部部长　叶楚伧副署

据中国国民党中央文化传播委员会党史馆藏一般档案051/323

给王叔金等委任状

（一九二三年三月十二日）

委任王叔金为实兆远中国国民党分部党务科主任；黄瑞朝为仙葛洛中国国民党分部党务科主任；余毅生为舞士阻中国国民党分部党务科主任；阮丽川为孖沙打冷中国国民党分部党务科主任；陈卓民为童颂中国国民党分部党务科主任。此状。

总理（印）

总务部部长　彭素民副署

代理党务部部长　孙　镜副署

据中国国民党中央文化传播委员会党史馆藏一般档案051/323

给柯教诲等委任状

（一九二三年三月十二日）

委任柯教诲为实兆远中国国民党分部正部长,罗爱为实兆远中国国民党分部副部长;吴智识为实兆远中国国民党分部评议部正议长,陈美锡为实兆远中国国民党分部评议部副议长;李则以为仙葛洛中国国民党分部正部长,叶聪明为仙葛洛中国国民党分部副部长,杨回来为仙葛洛中国国民党分部评议部正议长,林昆山为仙葛洛中国国民党分部评议部副议长;周文中为舞士阻中国国民党分部正部长,周雨泉为舞士阻中国国民党分部副部长,余日升为舞士阻中国国民党分部评议部正议长,麦悦志为舞士阻中国国民党分部评议部副议长;黄恭让为孖沙打冷中国国民党分部正部长,黄自然为孖沙打冷中国国民党分部副部长,陈汉真为孖沙打冷中国国民党分部评议部正议长,蔡天培为孖沙打冷中国国民党分部评议部副议长;何汉洲为童颂中国国民党分部正部长,吴琼昭为童颂中国国民党分部副部长,符海东为童颂中国国民党分部评议部正议长,陈嘉简为童颂中国国民党分部评议部副议长。此状。

总理（印）
总务部部长　彭素民副署
代理党务部部长　孙　镜副署
财务部部长　林业明副署
宣传部部长　叶楚伧副署
交际部部长　张秋白副署

据中国国民党中央文化传播委员会党史馆藏一般档案051/323

任命寸性奇职务令

（一九二三年三月十二日）

大元帅令

　　任命寸性奇为大本营参军。此令。

（中华民国陆海军大元帅之印）

中华民国十二年三月十二日

据大本营秘书处编《陆海军大元帅大本营公报》第二号
（广州一九二三年三月十六日）

任命谢良牧刘泳阎职务令

（一九二三年三月十二日）

大元帅令

　　任命谢良牧为大本营内政部第一局局长，刘泳阎为大本营内政部第二局局长。此令。

（中华民国陆海军大元帅之印）

中华民国十二年三月十二日

据大本营秘书处编《陆海军大元帅大本营公报》第三号
（广州一九二三年三月二十三日）

任命陈树人职务令

（一九二三年三月十二日）

大元帅令

　　任命陈树人为广东政务厅厅长。此令。

　　　　　　　　　　　　　　　　（中华民国陆海军大元帅之印）

　　　　　　　　　　　　　　　　中华民国十二年三月十二日

据大本营秘书处编《陆海军大元帅大本营公报》第二号
（广州一九二三年三月十六日）

任命陈兴汉王棠职务令

（一九二三年三月十二日）

大元帅令

　　任命陈兴汉为大本营庶务司司长；王棠为大本营会计司司长。此令。

　　　　　　　　　　　　　　　　（中华民国陆海军大元帅之印）

　　　　　　　　　　　　　　　　中华民国十二年三月十二日

据大本营秘书处编《陆海军大元帅大本营公报》第二号
（广州一九二三年三月十六日）

任命盛延祺等职务令

（一九二三年三月十二日）

大元帅令

　　任命盛延祺为肇和军舰舰长；欧阳琳为永丰军舰舰长；潘文治为楚豫军

舰舰长;宋复九为肇平军舰舰长。此令。

（中华民国陆海军大元帅之印）

中华民国十二年三月十二日

据大本营秘书处编《陆海军大元帅大本营公报》第二号

（广州一九二三年三月十六日）

任命周之武职务令

（一九二三年三月十二日）

大元帅令

　　任命周之武为海军总轮机长。此令。

（中华民国陆海军大元帅之印）

中华民国十二年三月十二日

据大本营秘书处编《陆海军大元帅大本营公报》第二号

（广州一九二三年三月十六日）

免谢良牧职务令

（一九二三年三月十二日）

大元帅令

　　广东政务厅厅长谢良牧另有任用,应免本职。此令。

（中华民国陆海军大元帅之印）

中华民国十二年三月十二日

据大本营秘书处编《陆海军大元帅大本营公报》第二号

（广州一九二三年三月十六日）

任命伍岳暂代职令

（一九二三年三月十二日）

大元帅令

广东高等审判厅厅长陈融未到任以前，着伍岳暂行代理。此令。

（中华民国陆海军大元帅之印）

中华民国十二年三月十二日

据大本营秘书处编《陆海军大元帅大本营公报》第二号（广州一九二三年三月十六日）

任命徐树荣吴敌职务令①

（一九二三年三月十二日）

委任徐树荣为东江缉匪司令。此令。

委任吴敌为四川军事特派员。此令。

孙　文

中华民国十二年三月十二日

据中国国家博物馆藏原件

给朱肇新等委任状

（一九二三年三月十三日）

委任朱肇新为域多利中国国民党支部正部长，赵安国为域多利中国国民党支部副部长，马汉哲为域多利中国国民党支部评议部正议长，黄夏声为

---

① 此任职令于20日正式发表，载《陆海军大元帅大本营公报》第三号。

域多利中国国民党支部评议部副议长;黄秀文为沙城中国国民党分部正部长,陆功甫为沙城中国国民党分部副部长,黎藉为沙城中国国民党分部评议部正议长,胡杕昌为沙城中国国民党分部评议部副议长;王健海为大溪地中国国民党分部正部长,余景星为大溪地中国国民党分部副部长,罗庆明为大溪地中国国民党分部评议部正议长,陈国安为大溪地中国国民党分部评议部副议长;刘杏津为诗诬中国国民党分部正部长,梁兆振为诗诬中国国民党分部副部长,沈弼为诗诬中国国民党分部评议部正议长,卢籁为诗诬中国国民党分部评议部副议长;丘湘兰为列必珠中国国民党分部正部长,黄纪尧为列必珠中国国民党分部副部长,曾雨佳为列必珠中国国民党分部评议部正议长,徐寿南为列必珠中国国民党分部评议部副议长;梅庚寅为吉礁中国国民党分部正部长,郑怀声为吉礁中国国民党分部副部长,蒲伯祥为吉礁中国国民党分部评议部正议长,覃国炳为吉礁中国国民党分部评议部副议长;李田扬为庞罅利中国国民党通讯处正主任,陈北海为庞罅利中国国民党通讯处副主任,马焯河为庞罅利中国国民党通讯处评议部正议长,余普基为庞罅利中国国民党通讯处评议部副议长;黄岳为斗华必力打中国国民党通讯处主任,刘臻为斗华必力打中国国民党通讯处评议部正议长;郑元欢为扶朗爹罅中国国民党通讯处正主任,黄喜为扶朗爹罅中国国民党通讯处副主任,吴佳荣为扶朗爹罅中国国民党通讯处评议部正议长,蔡华大为扶朗爹罅中国国民党通讯处评议部副议长;李观卓为姊忌利中国国民党通讯处正主任,岑嘉茂为姊忌利中国国民党通讯处评议部正议长;阮乐为亚李士庇中国国民党通讯处正主任,周天顺为亚李士庇中国国民党通讯处副主任,李永祥为亚李士庇中国国民党通讯处评议部正议长,黄照攀为亚李士庇中国国民党通讯处评议部副议长;谭启文为巴市杰中国国民党通讯处正主任,胡寿祥为巴市杰中国国民党通讯处副主任;马爱群为巴梳中国国民党通讯处正主任,伍美耀为巴梳中国国民党通讯处评议部正议长;黄唐瑞为化古中国国民党通讯处正主任,黄芹章为化古中国国民党通讯处副主任;伍超为那伏中国国民党通讯处正主任,钟广周为那伏中国国民党通讯处副主任;廖剑秋为苏城中国国民党通讯处正主任,黄仲豪为苏城中国国民党通讯处副主任,冯新民为苏城中国国民党通讯处评议部正议长,林玉台为苏城中国国民党通讯处评议部副议长;周道初为山担中国国民党通讯处正主任,伍策勋为山担中国国民党通讯处副主任,方亚民为山担中国国民党通讯处评议部正议长,胡开业为山担中国国民党通讯处评议部副议长;伍甘庆为南和可中国国民党通讯处正主任,黄子信为南和可中国国民党通讯处副主任,伍荣祺为南和可中国国民党通讯处评议部正议长,林瑶为南和可中国国民党通讯处评议部副议长;黄汉荣为唎咕中国国民党通讯处正主任,余福旋为唎咕中国国民党通讯处评议部正议长;冯秉銮为马架连仙丹中国国民党通讯处正主任,梁溢生为马架连仙丹中国国民党通讯处副主任,冯培根为马架连仙丹中国国民党通讯处评议部正议长,冯以照为马架连仙丹中国国民党通讯处评议部副议长;梁钦记为活打担步中国国民党通讯处正主任,余祐为活打担步中国国民党通讯处评议部正议长;骆辉为呵利市中国国民党通讯处正主任,张巨华为呵利市中国国民党通讯处评议部正议长,黄镰运为呵利市中国国民党通讯处评议部副议长;邝进盛为山拿罗中国国民党通讯处正主任,邓荣桂为山拿罗中国国民党通讯处副主任;黄财为故厘亚根中国国民党通讯处正主任,岑相培为故厘亚根中国国民党通讯处评议部正议长;余蔼如为毛利企中国国民党通讯处正主任,余日长为毛利企中国国民党通讯处副主任,余荣仕为毛利企中国国民党通讯处评议部正议长,邝文炳为毛利企中国国民党通讯处评议部副议长。此状。

　　　　　　　　　　　　　　　　　　　　总理(印)
　　　　　　　　　　　总务部部长　彭素民副署
　　　　　　　　　　代理党务部部长　孙　镜副署
　　　　　　　　　　　财务部部长　林业明副署
　　　　　　　　　　　宣传部部长　叶楚伧副署
　　　　　　　　　　　交际部部长　张秋白副署

据中国国民党中央文化传播委员会党史馆藏一般档案051/323

给聂光汉等委任状

（一九二三年三月十三日）

　　委任聂光汉为域多利中国国民党支部党务科主任；阮石湖为沙城中国国民党分部党务科主任；丘启明为大溪地中国国民党分部党务科主任；冯汉雄为诗诬中国国民党分部党务科主任；卢省民为列必珠中国国民党分部党务科主任；林裘墨为吉礁中国国民党分部党务科主任；欧章本为庇罅利中国国民党通讯处党务科科长；甄国瑞为斗华必力打中国国民党通讯处党务科科长；邝光廷为扶朗爹罅中国国民党通讯处党务科科长；林霖义为姊忌利中国国民党通讯处党务科科长；李岳辉为亚李士庇中国国民党通讯处党务科科长；谭启文为巴市杰中国国民党通讯处党务科科长；伍觉魂为巴梳中国国民党通讯处党务科科长；黄聪为化古中国国民党通讯处党务科科长；刘坤为那伏中国国民党通讯处党务科科长；袁远胜为苏城中国国民党通讯处党务科科长；黄秀荣为山担中国国民党通讯处党务科科长；陈其寿为南和可中国国民党通讯处党务科科长；林华为活打担步中国国民党通讯处党务科科长；梁雪岩为呵利市中国国民党通讯处党务科科长；陈蛟腾为山拿罗中国国民党通讯处党务科科长；陈发为故厘亚根中国国民党通讯处党务科科长。此状。

总理（印）
总务部部长　彭素民副署
代理党务部部长　孙　镜副署

据中国国民党中央文化传播委员会党史馆藏一般档案 051/323

给黄桂华等委任状

（一九二三年三月十三日）

　　委任黄桂华为域多利中国国民党支部会计科主任；谭在田为沙城中国国民党分部会计科主任；巫国顺为大溪地中国国民党分部会计科主任；刘伯隆为诗诬中国国民党分部会计科主任；关崇润为列必珠中国国民党分部会计科主任；李振黄为吉礁中国国民党分部会计科主任；邝锡森为庇罅利中国国民党通讯处会计科科长；甄兰满为斗华必力打中国国民党通讯处会计科科长；邝民光为扶朗爹罅中国国民党通讯处会计科科长，麦尧圣为姊忌利中国国民党通讯处会计科科长；黄新良为亚李士庇中国国民党通讯处会计科科长；余连为巴市杰中国国民党通讯处会计科科长；马斯良为巴梳中国国民党通讯处会计科科长；陈松寿为化古中国国民党通讯处会计科科长；谢炳为那伏中国国民党通讯处会计科科长；黄礼汉为苏城中国国民党通讯处会计科科长；黄淦源为山担中国国民党通讯处会计科科长；甄光洧为南和可中国国民党通讯处会计科科长；邝现修为唎咕中国国民党通讯处会计科科长；何炽益为活打担步中国国民党通讯处会计科科长；赵一暖为呵利市中国国民党通讯处会计科科长；谭朝佐为山拿罗中国国民党通讯处会计科科长；刘穑为故厘亚根中国国民党通讯处会计科科长。此状。

总理（印）

总务部部长　彭素民副署

财政部部长　林业明副署

据中国国民党中央文化传播委员会党史馆藏一般档案051/323

给李周等委任状

（一九二三年三月十三日）

　　委任李周为域多利中国国民党支部宣传科主任；马炳林为沙城中国国民党分部宣传科主任；阮汉祥为大溪地中国国民党分部宣传科主任；江湖为诗诬中国国民党分部宣传科主任；余炳和为列必珠中国国民党分部宣传科主任；黄练达为吉礁中国国民党分部宣传科主任；邝锡森为庇罅利中国国民党通讯处宣传科科长；甄锦寿为斗华必力打中国国民党通讯处宣传科科长；黄喜为扶朗爹罅中国国民党通讯处宣传科科长；方舟楫为姊忌利中国国民党通讯处宣传科科长；黄金扶为亚李士庇中国国民党通讯处宣传科科长；甄昌为巴市杰中国国民党通讯处宣传科科长；黄执寰为巴梳中国国民党通讯处宣传科科长；黄心章为化古中国国民党通讯处宣传科科长；钟立为那伏中国国民党通讯处宣传科科长；黄仲豪为苏城中国国民党通讯处宣传科科长；朱汝材为山担中国国民党通讯处宣传科科长；伍帝焕为南和可中国国民党通讯处宣传科科长；陈齐爱为唎咕中国国民党通讯处宣传科科长，林敬满为活打担步中国国民党通讯处宣传科科长；余荣超为呵利市中国国民党通讯处宣传科科长；黄振铨为山拿罗中国国民党通讯处宣传科科长；梁杞新为故厘亚根中国国民党通讯处宣传科科长。此状。

总理（印）

总务部部长　彭素民副署

宣传部部长　叶楚伧副署

据中国国民党中央文化传播委员会党史馆藏一般档案051/323

给赵璧如等委任状

（一九二三年三月十三日）

　　委任赵璧如为域多利中国国民党支部总务科主任，欧赞襄为域多利中国国民党支部执行部书记，林汝荣、李正明、伍时爱、李敬芳、林焕有、缪颂川、张锡亮、雷玉昆、李卓明、甘霖、陈衮尧、李子敬、李宪之、郭康民、刘帝柱、蔡然、梁励三、黄和谦、黄祖宪、李炜华为域多利中国国民党支部干事，李子平为域多利中国国民党支部评议部书记，崔景、钟南光、颜良伯、龚五之、刘莽汉、吴贯三、周神辅、方子伦、汤瑞南、聂星池、赵新民、甄明羡、汤隆恩、李毓幹、陈耀生、雷结培、袁华伍、洪炯、陈悦宽、李耀麟、蒋立寰、黄者三、黄洪、李壬圣、李毓民、赵雨畴、李照心、黄汇均、刘华英、高云山为域多利中国国民党支部评议部评议员；黎保为沙城中国国民党分部总务科主任，李猷新为沙城中国国民党分部执行部书记，明启、黄月庭、黄昂波、李开化、利其、梁兆森、陈潜、马均、李寿、马本哲、马才晃、余基、盘树南、麦鼎南、林胜、梁在、黄贞民为沙城中国国民党分部干事，麦添松为沙城中国国民党分部评议部书记，麦泳舟、陆天中、廖石山、谭汉裔、李美益、叶华源、黄保、林琼为沙城中国国民党分部评议部评议员；邹春茂为大溪地中国国民党分部总务科主任，黄明修、彭禹三为大溪地中国国民党分部执行部书记，钟裕华、郑应鹏、黄晋滨、杨运、廖金英、黄立发、黄道燊、余汉强、巫奕鹏、陈茂荣、陈国云、邓运、黄观茂、萧时昌、黄怀瑞、曾祥瑞、李仁炳、阮耀祥、曹建伟、黄康伟、赖世琨、阮信楠、萧毓馨、邝杞为大溪地中国国民党分部干事，丘义斌为大溪地中国国民党分部评议部书记；黄怀传、连庆湘、张明魁、萧少雄、刘国森、黄安澜、余文桂、萧炳南、丘秀松、余文腾、袁国雄、曹建勋、彭春林、李章安为大溪地中国国民党分部评议部评议员；叶开为诗诬中国国民党分部总务科主任，黄恂为诗诬中国国民党分部评议部书记，赖国强、陈立焕、谭中汉、黄勋、江茂春为诗诬中国国民党分部评议部评议员;卢森为列必珠中国国民党分部总务科主任,敖汉坚为列必珠中国国民党分部执行部书记,陈春文、胡丰、叶享、李雅文、方渠、梁椒生、黄少汉、黄球、吴益、汪松、赵煜、李永义、梁朝绣、曾天福、梁铎、梁奇、梁进德、余和珠、余文耀、陈安为列必珠中国国民党分部干事,赵国扬为列必珠中国国民党分部评议部书记,卢万瑷、梁秋、黄光启、丘康、余祝平、黄玉清、敖荫棠、叶惠南、卢作楫、胡文立为列必珠中国国民党分部评议部评议员;王健臣为吉礁中国国民党分部总务科主任,许亦周为吉礁中国国民党分部执行部书记,梅杰犀、庞世传、黄惠南、郭清泉、陈灿文、张弼臣、吴克昌、汪仲如、欧阳碧南、朱绍南、何松顺、黎宏运、陈如星、伍波杰、余昆治、何达海为吉礁中国国民党分部干事,黄爱群为吉礁中国国民党分部评议部书记,伍鸿福、谢卓峰、林买立、庄启元、钟炳华、余锦源、庞道荣、胡耀源、余海筹、郭连坡、贺飘扬、叶荣聚、黄昭鳌、翁汉传为吉礁中国国民党分部评议部评议员;阮康为庇罅利中国国民党通讯处总务科科长,张百韶为庇罅利中国国民党通讯处执行部书记,马启润、蔡湘、陈赞良、邝品元为庇罅利中国国民党通讯处科员,阮尧为庇罅利中国国民党通讯处评议部书记,马瑞炯、林延、龙榕光、陈浩、李金顺、邝才为庇罅利中国国民党通讯处评议部评议员;甄明翕为斗华必力打中国国民党通讯处总务科科长,甄国瑞为斗华必力打中国国民党通讯处执行部书记,余近德、邝沽琪、杨官梅为斗华必力打中国国民党通讯处科员,陈张周为斗华必力打中国国民党通讯处评议部书记,李买维、罗社畴、李添好、彭添扬、李买祥、吴桂喜为斗华必力打中国国民党通讯处评议部评议员;黄章为扶朗爹罅中国国民党通讯处总务科科长,黄喜为扶朗爹罅中国国民党通讯处执行部书记,黄章、邝光廷、邝民光为扶朗爹罅中国国民党通讯处科员,陈龙桂为扶朗爹罅中国国民党通讯处评议部书记,陈北清、邝源洽、欧朝俊、梁社发、黄桂连、黄强为扶朗爹罅中国国民党通讯处评议部评议员;余毓鳌为姊忌利中国国民党通讯处总务科科长,方文琫为姊忌利中国国民党通讯处执行部书记,余植勋、黄炳俊、唐嵩、叶金荣为姊忌利中国国民党通讯处科员,马柱荣为姊忌利中国国民党通讯处评议部书记,邝卓林、方文浣、叶锡棠、方守严为姊忌利中国国民党通讯处评议部评议员;李岳辉为亚李士庇中国国民党通讯处总务科科长,邝修华为亚李士庇中国国民党通讯处执行部书记,黄照攀为亚李士庇中国国民党通讯处评议部书记,陈亮、李东、萧金大为亚李士庇中国国民党通讯处评议部评议员;严观业为巴士杰中国国民党通讯处总务科科长,严绍林为巴士杰中国国民党通讯处执行部书记;黄圣兰为巴梳中国国民党通讯处总务科科长,黄鼎新为巴梳中国国民党通讯处执行部书记,黄茂林为巴梳中国国民党通讯处评议部书记,黄昂昌、黄百炼、黄福伦、黄炳潮、胡亮、赵公堂、雷风烈为巴梳中国国民党通讯处评议部评议员;黄芹章为化古中国国民党通讯处总务科科长,黄洁进为化古中国国民党通讯处执行部书记;余才为那伏中国国民党通讯处总务科科长,谢炳为那伏中国国民党通讯处执行部书记;廖汉裔为苏城中国国民党通讯处总务科科长,廖剑秋为苏城中国国民党通讯处执行部书记,甄登、廖汉裔为苏城中国国民党通讯处干事,林玉台为苏城中国国民党通讯处评议部书记,邹德荣、李仁治、黄来就、袁远胜为苏城中国国民党通讯处评议部评议员;吴江为山担中国国民党通讯处总务科科长,雷安为山担中国国民党通讯处执行部书记,雷维新、徐百长、方卓槐、伍策勋为山担中国国民党通讯处干事,马光錬为山担中国国民党通讯处评议部书记,叶容、罗宗迟、陈华明、邝百晓、余超瑞、胡槐、黄宗喜、周如柏、周道龄、周爵廷、邓荣、余毓携、胡爱和、胡金星、雷社享、马亮荣、伍葆初、谭粥、黄炳嗣为山担中国国民党通讯处评议部评议员;伍长福为南和可中国国民党通讯处总务科科长,麦兴华为南和可中国国民党通讯处执行部书记,甄国扬、甄光洎、熊烱棠、甄龙齐为南和可中国国民党通讯处干事,陈其寿为南和可中国国民党通讯处评议部书记,伍宋瑞卿、梅廼煦、伍福良、梅国进、林燕、邝炎、伍认不为南和可中国国民党通讯处评议部评议员;邝文慰为唎咕中国国民党通讯处执行部书记,陈德业为唎咕中国国民党通讯处评议部书记,余润光、邝兆才、邝厚勋、邝烱新、黄国彦、黄球琮为唎咕中国国民党通讯处评议部评议员;黄士诒为马架连汕丹中国国民党通讯处执行部书记,张锟伦、彭国忠、黄辉汉、冯以添为马架连汕丹中国国民党通讯处干事,冯以桃为马架连汕丹中国国民党通讯处评议部书记,陈景祐、陈振安、曾安韶、陈乐胜、李杏生、冯以桃为马架连汕丹中国国民党通讯处评议部评议员;曹富为活打胆步中国国民党通讯处总务科科长,缪觉非为活打胆步中国国民党通讯处执行部书记,黄善鸣为活打胆步中国国民党通讯处评议部书记,李林兆、郑文集、高略、林云生、何干、区广、黄日东、余有为活打胆步中国国民党通讯处评议部评议员;余民生为呵利市中国国民党通讯处总务科科长,余文仰为呵利市中国国民党通讯处执行部书记,黄稠晃为呵利市中国国民党通讯处评议部书记,余浓那、黄广安、余华添、黄金源、郑文保、余黄仙花为呵利市中国国民党通讯处评议部评议员;刘安为山拿罗中国国民党通讯处总务科科长,赵群胜为山拿罗中国国民党通讯处执行部书记;李有为故厘亚根中国国民党通讯处总务科科长,李炎为故厘亚根中国国民党通讯处执行部书记,陈桂清、萧昆、李华进、李降为故厘亚根中国国民党通讯处干事,李降为故厘亚根中国国民党通讯处评议部书记,刘是明、缪亮、刘飞鸿、黄炳为故厘亚根中国国民党通讯处评议部评议员;余敬全为毛利企中国国民党通讯处执行部书记,余柱铨、余林仕、余彭龄、余振福为毛利企中国国民党通讯处干事,余敬全为毛利企中国国民党通讯处评议部书记,余寿祺、余元享、余朱如芸、余翁如英为毛利企中国国民党通讯处评议部评议员。此状。

总理(印)

总务部部长　彭素民副署

据中国国民党中央文化传播委员会党史馆藏一般档案051/323

给彭星海委任状

（一九二三年三月十三日）

委任彭星海为文冬中国国民党通讯处筹备处主任。此状。

总理（印）
总务部部长　彭素民副署

据中国国民党中央文化传播委员会党史馆藏一般档案051/323

给谭声根等委任状

（一九二三年三月十四日）

委任谭声根为嗎咪①中国国民党分部正部长；余礼仲为泥古洒利中国国民党分部正部长，陈百庸为泥古洒利中国国民党分部副部长，郑安为泥古洒利中国国民党分部评议部正议长，林奕添为泥古洒利中国国民党分部评议部副议长。此状。

总理（印）
总务部部长　彭素民副署
代理党务部部长　孙　镜副署
财务部部长　林业明副署
宣传部部长　叶楚伧副署
交际部部长　张秋白副署

据中国国民党中央文化传播委员会党史馆藏一般档案051/323

---

① 嗎咪，亦作孟米，今译作孟买。

给谭炜南阮熀委任状

（一九二三年三月十四日）

委任谭炜南为㗎咪中国国民党分部党务科主任；阮熀为泥古洒利中国国民党分部党务科主任。此状。

总理（印）

总务部部长　彭素民副署

代理党务部部长　孙　镜副署

据中国国民党中央文化传播委员会党史馆藏一般档案 051/323

给谭裁之林照委任状

（一九二三年三月十四日）

委任谭裁之为㗎咪中国国民党分部会计科主任，林照为泥古洒利中国国民党分部会计科主任。此状。

总理（印）

总务部部长　彭素民副署

财务部部长　林业明副署

据中国国民党中央文化传播委员会党史馆藏一般档案 051/323

给梁顾西张炳生委任状

（一九二三年三月十四日）

委任梁顾西为嗑咪中国国民党分部宣传科主任；张炳生为泥古洒利中国国民党分部宣传科主任。此状。

总理（印）

总务部部长　彭素民副署

宣传部部长　叶楚伧副署

据中国国民党中央文化传播委员会党史馆藏一般档案051/323

给陈镜廷等委任状

（一九二三年三月十四日）

委任陈镜廷为嗑咪中国国民党分部总务科主任；林荣为泥古洒利中国国民党分部总务科主任，陈百庸为泥古洒利中国国民党分部执行部书记，李妙航、陈韶光、黄松喜为泥古洒利中国国民党分部干事，余百藻为泥古洒利中国国民党分部评议部书记，林蜜、邝宏、邝荣、汪汉、余万清、余民安、余百汉、黄华初、林连财、练水记为泥古洒利中国国民党分部评议部评议员。此状。

总理（印）

总务部部长　彭素民副署

据中国国民党中央文化传播委员会党史馆藏一般档案051/323

任命陈策杨廷培职务令

（一九二三年三月十四日）

大元帅令

　　任命陈策为广东海防司令，杨廷培为广东江防司令。此令。

　　　　　　　　　　　　　　　　（中华民国陆海军大元帅之印）
　　　　　　　　　　　　　　　　中华民国十二年三月十四日

据大本营秘书处编《陆海军大元帅大本营公报》第二号
（广州一九二三年三月十六日）

任命苏从山谢铁良职务令

（一九二三年三月十四日）

大元帅令

　　任命苏从山为长洲要塞司令，谢铁良为鱼雷局局长。此令。

　　　　　　　　　　　　　　　　（中华民国陆海军大元帅之印）
　　　　　　　　　　　　　　　　中华民国十二年三月十四日

据大本营秘书处编《陆海军大元帅大本营公报》第二号
（广州一九二三年三月十六日）

任命陈天太职务令

（一九二三年三月十四日）

大元帅令

　　任命陈天太代理中央直辖桂军第一军军长。此令。

（中华民国陆海军大元帅之印）

中华民国十二年三月十四日

据大本营秘书处编《陆海军大元帅大本营公报》第二号
（广州一九二三年三月十六日）

给黄祖芹等委任状

（一九二三年三月十五日）

　　委任黄祖芹为利马中国国民党分部正部长，卢禹廷为利马中国国民党分部副部长，陈夔石为利马中国国民党分部评议部正议长，苏启文为利马中国国民党分部评议部副议长；简振兴为乐居中国国民党分部正部长，欧阳寿康为乐居中国国民党分部副部长，陈天信为乐居中国国民党分部评议部正议长，郑炳中为乐居中国国民党分部评议部副议长；陈灼如为汕爹咕中国国民党分部正部长，陈景唐为汕爹咕中国国民党分部副部长，吴泽彬为汕爹咕中国国民党分部评议部正议长，何伦兆为汕爹咕中国国民党分部评议部副议长。此状。

总理（印）

总务部部长　彭素民副署

代理党务部部长　孙　镜副署

财务部部长　林业明副署

　　　　　　宣传部部长　叶楚伧副署
　　　　　　交际部部长　张秋白副署
据中国国民党中央文化传播委员会党史馆藏一般档案051/323

给杨桐桂等委任状

（一九二三年三月十五日）

委任杨桐桂为利马中国国民党分部党务科主任；李提为乐居中国国民党分部党务科主任；吴衍枢为汕爹咕中国国民党分部党务科主任。此状。

　　　　　　　　　　　　总理（印）
　　　　　　总务部部长　彭素民副署
　　　　　代理党务部部长　孙　镜副署
据中国国民党中央文化传播委员会党史馆藏一般档案051/323

给黄敦和等委任状

（一九二三年三月十五日）

委任黄敦和为利马中国国民党分部会计科主任；周焕忠为乐居中国国民党分部会计科主任；陈乔生为汕爹咕中国国民党分部会计科主任。此状。

　　　　　　　　　　　　总理（印）
　　　　　　总务部部长　彭素民副署
　　　　　　财务部部长　林业明副署
据中国国民党中央文化传播委员会党史馆藏一般档案051/323

给李子铿等委任状

（一九二三年三月十五日）

委任李子铿为利马中国国民党分部宣传科主任；谭吉为乐居中国国民党分部宣传科主任；李家诒为汕爹咕中国国民党分部宣传科主任。此状。

总理（印）

总务部部长　彭素民副署
宣传部部长　叶楚伧副署

据中国国民党中央文化传播委员会党史馆藏一般档案051/323

给方擎汉等委任状

（一九二三年三月十五日）

委任方擎汉为利马中国国民党分部总务科主任，邓启睦为利马中国国民党分部执行部书记，朱桂芬、黄惠宗、徐绍驹、林汝轩、麦丽生、连官大、杨林耀、李福昌、黎文富、徐景贤、黄继垣、黄宗、周杰和、刘藻华、苏汉孙、梁礼光、何忠、黄基、黄德昌、梁香池、余令端、郑藻昌、叶成林为利马中国国民党分部干事，关亮荣、梁余永、陈韶玉、朱康泽、刘乾初、余庆标、张国涵、郑祖发、刘宗宝为利马中国国民党分部评议部评议员；陈利扶为乐居中国国民党分部总务科主任，周文彩为乐居中国国民党分部执行部书记，周宗汉、黎克谦、谭维、简世廷为乐居中国国民党分部干事，姚瓒琚为乐居中国国民党分部评议部书记，陈绣文、梁关勋、陈爵永、李沙文、李厚、张华玲、林祺、陈寿南、杨子生、陈麟为乐居中国国民党分部评议部评议员；刘植臣为汕爹咕中国国民党分部总务科主任，张坤炳为汕爹咕中国国民党分部执行部书记，朱侠生、钟凯强、余简旺、朱觉之为汕爹咕中国国民党分部干事，岑国桢为汕爹咕中国国民党分部评议部书记,张禧带、吴英玉、岑泗、张彦同、冯森荫、何炎梅、伍卓、朱作贞、吴卓峰、吴贤才为汕爹咕中国国民党分部评议部评议员。此状。

总理(印)
总务部部长　彭素民副署

据中国国民党中央文化传播委员会党史馆藏一般档案051/323

任命李朗如职务令

（一九二三年三月十五日）

大元帅令

　　任命李朗如为大本营参军。此令。

（中华民国陆海军大元帅之印）
中华民国十二年三月十五日

据大本营秘书处编《陆海军大元帅大本营公报》第三号（广州一九二三年三月二十三日）

任命戴德抚职务令

（一九二三年三月十五日）

大元帅令

　　任命戴德抚为潮海关监督兼汕头交涉员。此令。

（中华民国陆海军大元帅之印）
中华民国十二年三月十五日

据大本营秘书处编《陆海军大元帅大本营公报》第三号（广州一九二三年三月二十三日）

准任姚观顺等职务令

（一九二三年三月十五日）

大元帅令

大本营参军长朱培德呈请任命参军姚观顺兼大本营卫士队队长，副官黄惠龙、马湘兼副队长。应照准。此令。

（中华民国陆海军大元帅之印）

中华民国十二年三月十五日

据大本营秘书处编《陆海军大元帅大本营公报》第三号
（广州一九二三年三月二十三日）

聘任张开儒职务令

（一九二三年三月十五日）①

聘任张开儒为大本营高等顾问。此令。

据上海《民国日报》一九二三年三月十五日

给张郁梅等委任状

（一九二三年三月十六日）

委任张郁梅为坭益爹中国国民党分部正部长，丘华增为坭益爹中国国民党分部副部长，何绍通为坭益爹中国国民党分部评议部正议长，巫子成为

---

① 此件所标时间为上海《民国日报》刊出日期。

坭益爹中国国民党分部评议部副议长。此状。

            总理（印）
       总务部部长 彭素民副署
     代理党务部部长 孙 镜副署
       财务部部长 林业明副署
       宣传部部长 叶楚伧副署
       交际部部长 张秋白副署

据中国国民党中央文化传播委员会党史馆藏一般档案051/323

给丘右传委任状

（一九二三年三月十六日）

委任丘右传为坭益爹中国国民党分部党务科主任。此状。

            总理（印）
       总务部部长 彭素民副署
     代理党务部部长 孙 镜副署

据中国国民党中央文化传播委员会党史馆藏一般档案051/323

给巫廷福委任状

（一九二三年三月十六日）

委任巫廷福为坭益爹中国国民党分部会计科主任。此状。

            总理（印）
          总务部部长　彭素民副署
          财务部部长　林业明副署

据中国国民党中央文化传播委员会党史馆藏一般档案051/323

给余伯良委任状

（一九二三年三月十六日）

委任余伯良为坭益爹中国国民党分部宣传科主任。此状。

            总理（印）
          总务部部长　彭素民副署
          宣传部部长　叶楚伧副署

据中国国民党中央文化传播委员会党史馆藏一般档案051/323

给赖弼华等委任状

（一九二三年三月十六日）

委任赖弼华为坭益爹中国国民党分部总务科主任,余百良为坭益爹中国国民党分部执行部书记,张福民、黄德焕、庄来、萧廷才、赖大鸿、巫荣聪、赖启元、巫士波、邓登发、张发、宋茂胜、刘耀环为坭益爹中国国民党分部干事,张郁霖为坭益爹中国国民党分部评议部书记,张建勋、张茂祥、巫荣业、张桂林、巫秋文、杨喜生、赖奕文、刘廷敏、巫新喜为坭益爹中国国民党分部评议部评议员。此状。

总理(印)

总务部部长　彭素民副署

据中国国民党中央文化传播委员会党史馆藏一般档案051/323

任命蒋介石职务令

（一九二三年三月十七日）

大元帅令

　　特任蒋中正为大本营参谋长。此令。

（中华民国陆海军大元帅之印）

中华民国十二年三月十七日

据大本营秘书处编《陆海军大元帅大本营公报》第三号（广州一九二三年三月二十三日）

任命李烈钧职务令

（一九二三年三月十七日）

大元帅令

　　特任李烈钧为闽赣边防督办。此令。

（中华民国陆海军大元帅之印）

中华民国十二年三月十七日

据大本营秘书处编《陆海军大元帅大本营公报》第三号（广州一九二三年三月二十三日）

任命朱一民职务令

（一九二三年三月十七日）

大元帅令

  任命朱一民为大本营参谋。此令。

（中华民国陆海军大元帅之印）

中华民国十二年三月十七日

据大本营秘书处编《陆海军大元帅大本营公报》第三号
（广州一九二三年三月二十三日）

任命杨子毅等职务令

（一九二三年三月十七日）

大元帅令

  任命杨子毅为大本营财政部第一局局长，林达存为大本营财政部第二局局长，林云陔为大本营财政部第三局局长。此令。

（中华民国陆海军大元帅之印）

中华民国十二年三月十七日

据大本营秘书处编《陆海军大元帅大本营公报》第三号
（广州一九二三年三月二十三日）

准任宾镇远等职务令

（一九二三年三月十七日）

大元帅令

大本营参军长呈请任命宾镇远、丁象益、黄惠龙、马湘、陈煊、黄梦熊、黎工佽、曾鲁为大本营参军处副官。应照准。此令。

（中华民国陆海军大元帅之印）

中华民国十二年三月十七日

据大本营秘书处编《陆海军大元帅大本营公报》第三号
（广州一九二三年三月二十三日）

给黄军庶委任状

（一九二三年三月十七日）

委任黄军庶为中国国民党驻三宝垄宣传员。此状。

总理（印）

总务部部长　彭素民副署

宣传部部长　叶楚伧副署

据中国国民党中央文化传播委员会党史馆藏一般档案051/323

免林云陔职务令

（一九二三年三月十七日）

大元帅令

大本营金库业经明令裁撤，金库长林云陔另有任用，应免本职。此令。

（中华民国陆海军大元帅之印）

中华民国十二年三月十七日

据大本营秘书处编《陆海军大元帅大本营公报》第三号（广州一九二三年三月二十三日）

委周公谋为工兵委员令

（一九二三年三月十八日）

委周公谋为工兵委员。此令。

孙　文

民国十二年三月十八日

据中国国民党中央文化传播委员会党史馆藏一般档案051/13

任命李易标职务令

（一九二三年三月十九日）

任命李易标为中央直辖第五军军长。此令。

孙　文

据谭延闿编《总理遗墨》第一辑（一九二八年印行，广东省社会科学院藏）

任命沈荣光职务令

（一九二三年三月十九日）

任命沈荣光为中央直辖第六军军长。此令。

孙　文

十二年三月十九日

据谭延闿编《总理遗墨》第一辑（一九二八年印行，广东省社会科学院藏）

任命黄垣职务令

（一九二三年三月十九日）

大元帅令

任命黄垣为大本营技师。此令。

（中华民国陆海军大元帅之印）

中华民国十二年三月十九日

据大本营秘书处编《陆海军大元帅大本营公报》第三号（广州一九二三年三月二十三日）

任命熊秉坤职务令

（一九二三年三月十九日）

大元帅令

　　任命熊秉坤为大本营参军。此令。

（中华民国陆海军大元帅之印）

中华民国十二年三月十九日

据大本营秘书处编《陆海军大元帅大本营公报》第三号
（广州一九二三年三月二十三日）

给萧锦波等委任状

（一九二三年三月十九日）

　　委任萧锦波为波地坚中国国民党分部正部长，梁卓文为波地坚中国国民党分部副部长，何官伟为波地坚中国国民党分部评议部正议长，吴海机为波地坚中国国民党分部评议部副议长；赵溢光为洛锦顿中国国民党分部正部长，容少康为洛锦顿中国国民党分部副部长，雷宜意为洛锦顿中国国民党分部评议部正议长，梁士洲为洛锦顿中国国民党分部评议部副议长；刘仰廷为鸟卡素中国国民党分部正部长，缪沛尧为鸟卡素中国国民党分部副部长，缪朝佐为鸟卡素中国国民党分部评议部正议长，杨锡遐为鸟卡素中国国民党分部评议部副议长；李谭德为亚包中国国民党分部正部长，万金培为亚包中国国民党分部副部长，梁年为亚包中国国民党分部评议部正议长，林兴为亚包中国国民党分部评议部副议长；林飞云为般埠中国国民党分部正部长，李寿南为般埠中国国民党分部副部长，郑钦为般埠中国国民党分部评议部正议长，刘杰为般埠中国国民党分部评议部副议长。此状。

总理(印)

　　　　总务部部长　彭素民副署

　　代理党务部部长　孙　镜副署

　　　　财务部部长　林业明副署

　　　　宣传部部长　叶楚伧副署

　　　　交际部部长　张秋白副署

据中国国民党中央文化传播委员会党史馆藏一般档案051/323

给刘惠良等委任状

（一九二三年三月十九日）

委任刘惠良为波地坚中国国民党分部党务科主任；黄雁辉为洛锦顿中国国民党分部党务科主任；杨晓为鸟卡素中国国民党分部党务科主任；叶美为亚包中国国民党分部党务科主任；郑森为般埠中国国民党分部党务科主任。此状。

总理(印)

　　　　总务部部长　彭素民副署

　　代理党务部部长　孙　镜副署

据中国国民党中央文化传播委员会党史馆藏一般档案051/323

给梁捷炜等委任状

（一九二三年三月十九日）

委任梁捷炜为波地坚中国国民党分部会计科主任；周华伦为洛锦顿中国国民党分部会计科主任；阮品琛为鸟卡素中国国民党分部会计科主任；司

徒发位为亚包中国国民党分部会计科主任；郑惠添为般埠中国国民党分部会计科主任。此状。

总理（印）

总务部部长　彭素民副署

财务部部长　林业明副署

据中国国民党中央文化传播委员会党史馆藏一般档案051/323

给卢华岳等委任状

（一九二三年三月十九日）

委任卢华岳为波地坚中国国民党分部宣传科主任；李德南为洛锦顿中国国民党分部宣传科主任；缪近为鸟卡素中国国民党分部宣传科主任；罗昆为亚包中国国民党分部宣传科主任；陈卓烜为般埠中国国民党分部宣传科主任。此状。

总理（印）

总务部部长　彭素民副署

宣传部部长　叶楚伧副署

据中国国民党中央文化传播委员会党史馆藏一般档案051/323

给梁捷炜等委任状

（一九二三年三月十九日）

委任梁捷炜为波地坚中国国民党分部总务科主任，李月芳为波地坚中国国民党分部执行部书记，卢华岳、刘天尧、杨勤、刘才枝、梁卓文、吴信宽、刘瑞业、李敏周、何德、梁胜林、林杰新为波地坚中国国民党分部干事，何德

给梁捷炜等委任状

为波地坚中国国民党分部评议部书记,何天胜、梁人、黄显贵、刘德志、刘霭、林炳、林容胜、陈福长、冯德、黄泗、高连结、梁梦成、关正华、林天喜、黄昌锦为波地坚中国国民党分部评议部评议员;伍爱为洛锦顿中国国民党分部总务科主任,高妙胜、萧植芳、雷宜攀、雷维让、萧章解、萧元合、雷维盛、杜福、雷学溢、雷学钜、黄赐、萧荫、雷宜允、方求得为洛锦顿中国国民党分部干事,容五云为洛锦顿中国国民党分部评议部书记,黄镜光、萧宽、萧启和、刘西就、雷道月、伍物、黄社扬、伍松、周甜、萧北垣、容炽、萧泗、高亮炜、伍时具、林灿礼、高裕东、曹德然、萧国昌、方榕基为洛锦顿中国国民党分部评议部评议员;刘耀墀为鸟卡素中国国民党分部总务科主任,蔡妙提为鸟卡素中国国民党分部执行部书记,林敬忠、蔡洪意、何兴茂、刘杳、缪秋、余四、谭辉为鸟卡素中国国民党分部干事,缪甘瀛为鸟卡素中国国民党分部评议部书记,缪国珍、杨裕勤、伍子良、刘徬、杨贺、钟义帝、刘伟衡、杨开、林宽在、缪庆堂、缪社松、林华焯为鸟卡素中国国民党分部评议部评议员;陈财为亚包中国国民党分部总务科主任,司徒慈、司徒尚珍为亚包中国国民党分部执行部书记,陈清辉、司徒俊士、梁海、吕钧、钟庆楠、司徒文锐、黄顺、邓庆炜、李来发、陈福林、司徒纯、司徒发海、蔡旺、司徒枚、谭辉屏、司徒雅文、司徒作、黄四为亚包中国国民党分部干事,司徒泮衍为亚包中国国民党分部评议部书记,司徒俊廉、谭富、司徒士伦、张文、司徒安谋、司徒良、余瑞芝、林干、卢泰基、林章、梁杰、司徒广永、谭明、谭楫、谢富、司徒群、黄聪为亚包中国国民党分部评议部评议员,梁全焕为般埠中国国民党分部总务科主任,陈卓烜为般埠中国国民党分部执行部书记,梁捷喜、林信迳、吴信宽、陆敬辉、谭庚、梁占、陈发、徐赞泉、周冬、李肇南、梁希冉、陆宏、卢光、黎祥辉、陈连长、邓林权、雷学振为般埠中国国民党分部干事,周荫初为般埠中国国民党分部评议部书记,何汝、李蕴、幸焕基、梁羡、刘生、冯川为般埠中国国民党分部评议部评议员。此状。

总理(印)

总务部部长　彭素民副署

据中国国民党中央文化传播委员会党史馆藏一般档案
051/323

免张九维职务令

(一九二三年三月十九日)

大元帅令

　　大本营参军张九维另有任用,应免本职。此令。

(中华民国陆海军大元帅之印)
中华民国十二年三月十九日

据大本营秘书处编《陆海军大元帅大本营公报》第三号
(广州一九二三年三月二十三日)

委派古应芬职务令

(一九二三年三月十九日)

大元帅令

　　特派古应芬为八邑筹饷督办。此令。

(中华民国陆海军大元帅之印)
中华民国十二年三月十九日

据大本营秘书处编《陆海军大元帅大本营公报》第三号
(广州一九二三年三月二十三日)

委派周公谋职务令

（一九二三年三月十九日）

大元帅令

  派周公谋为工兵局筹备委员。此令。

            （中华民国陆海军大元帅之印）

         中华民国十二年三月十九日

    据大本营秘书处编《陆海军大元帅大本营公报》第三号
    （广州一九二三年三月二十三日）

任命周之贞职务令

（一九二三年三月二十日）

大元帅令

            （中华民国陆海军大元帅之印）

任命周之贞为四邑两阳香顺八属绥靖处处长。此令。

         中华民国十二年三月二十日

    据大本营秘书处编《陆海军大元帅大本营公报》第三号
    （广州一九二三年三月二十三日）

委任徐树荣职务令

（一九二三年三月二十日）

大元帅令

　　委任徐树荣为东江剿匪司令。此令。

　　　　　　　　　　　　　　　　（中华民国陆海军大元帅之印）
　　　　　　　　　　　　　　　　中华民国十二年三月二十日

据大本营秘书处编《陆海军大元帅大本营公报》第三号
（广州一九二三年三月二十三日）

委派马超俊李纪堂职务令

（一九二三年三月二十日）

大元帅令

　　派马超俊、李纪堂为兵工局筹备委员。此令。

　　　　　　　　　　　　　　　　（中华民国陆海军大元帅之印）
　　　　　　　　　　　　　　　　中华民国十二年三月二十日

据大本营秘书处编《陆海军大元帅大本营公报》第三号
（广州一九二三年三月二十三日）

委任谢良牧职务令

（一九二三年三月二十日）

委任谢良牧为大本营特派专员。此令。

孙　文

十二年三月二十日

据谭延闿编《总理遗墨》第一辑（一九二八年印行，广东省社会科学院藏）

委任吴敌职务令

（一九二三年三月二十日）

委任吴敌为四川军事特派员。此令。

孙　文

十二年三月二十日

据中国国民党中央文化传播委员会党史馆藏一般档案051/147

给吴伯群等委任状

（一九二三年三月二十日）

委任吴伯群为末士卡利中国国民党分部正部长，黄佳为末士卡利中国国民党分部副部长，陈式和为末士卡利中国国民党分部评议部正议长，曾绩之为末士卡利中国国民党分部评议部副议长；陈宝记为加兰姐中国国民党分部正部长，黄贤洽为加兰姐中国国民党分部副部长，李引大为加兰姐中国国民党分部评议部正议长，邝启清为加兰姐中国国民党分部评议部副议长；吴瑞泉为佛地中国国民党分部正部长，阮湖为佛地中国国民党分部副部长，陈社安为佛地中国国民党分部评议部正议长，黄彰金为佛地中国国民党分部评议部副议长；黄如宽为参迫咕中国国民党分部正部长，邝即起为参迫咕中国国民党分部副部长，关崇稚为参迫咕中国国民党分部评议部正议长，赵俊才为参迫咕中国国民党分部评议部副议长；萧祖桂为米麻中国国民党分部正部长，彭纲为米麻中国国民党分部副部长，张国振为米麻中国国民党分部评议部正议长，余锦和为米麻中国国民党分部评议部副议长；周锦辉为达打中国国民党分部正部长，马文聪为达打中国国民党分部评议部正议长，郑科为达打中国国民党分部评议部副议长；李月天为华冷架中国国民党分部正部长，陈鉴贤为华冷架中国国民党分部副部长，邬日初为华冷架中国国民党分部评议部正议长，吴赞坚为华冷架中国国民党分部评议部副议长；吴德如为泮大连中国国民党分部正部长，李学钧为泮大连中国国民党分部副部长，卢松坡为泮大连中国国民党分部评议部正议长，陈孟裕为泮大连中国国民党分部评议部副议长；卓祥为希炉中国国民党分部正部长，陈成为希炉中国国民党分部副部长，阮利为希炉中国国民党分部评议部正议长，古贺为希炉中国国民党分部评议部副议长；高廷槐为屈慎委利中国国民党分部正部长，陈典槐为屈慎委利中国国民党分部副部长，陈友年为屈慎委利中国国民党分部评议部正议长，徐耀南为屈慎委利中国国民党分部评议部副议长；雷民志为山地巴把中国国民党分部正部长，孔宪成为山地巴把中国国民党分部副部长，余润生为山地巴把中国国民党分部评议部正议长，甄秀山为山地巴把中国国民党分部评议部副议长；余寿屏为梳叻中国国民党分部正部长，盘朋为梳叻中国国民党分部副部长，郭子钊为梳叻中国国民党分部评议部正议长，李光为梳叻中国国民党分部评议部副议长；周练梓为圣蘁中国国民党分部正部长，李伟权为圣蘁中国国民党分部副部长，薛钦远为圣蘁中国国民党分部评议部正议长，吴泽尧为圣蘁中国国民党分部评议部副议长；吴伯鳌为必珠卜中国国民党分部正部长，余敬礼为必珠卜中国国民党分部副部长,李伟基为必珠卜中国国民党分部评议部正议长,余和淦为必珠卜中国国民党分部评议部副议长;赵兹为粒卜碌中国国民党分部正部长,司徒涞福为粒卜碌中国国民党分部副部长,赵慈为粒卜碌中国国民党分部评议部正议长,陈龙光为粒卜碌中国国民党分部评议部副议长;甄伦准为祖笋中国国民党分部正部长,余颂和为祖笋中国国民党分部副部长,林乐吾为祖笋中国国民党分部评议部正议长,周九为祖笋中国国民党分部评议部副议长;吴述仁为柠檬中国国民党分部正部长,吴作道为柠檬中国国民党分部副部长,甄树昂为柠檬中国国民党分部评议部正议长,余积中为柠檬中国国民党分部评议部副议长;阮汉年为葛仑中国国民党分部正部长,郑源为葛仑中国国民党分部副部长,欧阳洪卿为葛仑中国国民党分部评议部正议长,蔡炳桥为葛仑中国国民党分部评议部副议长;吴朝晋为纽约中国国民党分部正部长,赵义为纽约中国国民党分部副部长,赵鼎荣为纽约中国国民党分部评议部正议长,黄芹生为纽约中国国民党分部评议部副议长;雷子陶为柯连中国国民党分部正部长,朱弼臣为柯连中国国民党分部副部长,周合安为柯连中国国民党分部评议部正议长,朱进锐为柯连中国国民党分部评议部副议长;黄基为德郡中国国民党分部正部长,余镜和为德郡中国国民党分部副部长,陈扬锡为德郡中国国民党分部评议部正议长,余达章为德郡中国国民党分部评议部副议长;李焯常为钵仑中国国民党分部正部长,朱伯平为钵仑中国国民党分部副部长,赵培为钵仑中国国民党分部评议部正议长,黄霭生为钵仑中国国民党分部评议部副议长;陈汉子为舍路中国国民党分部正部长,叶崇濂为舍路中国国民党分部副部长,伍毓宽为舍路中国国民党分部评议部正议长,陈想为舍路中国国民党分部评议部副议长;梅笑春为乌市打中国国民党分部正部长,陈大锐为乌市打中国国民党分部副部长,江长为乌市打中国国民党分部评议部正议长,黄广舜为乌市打中国国民党分部评议部副议长;曹洽三为榄面顿中国国民党分部正部长,陈光耀为榄面顿中国国民党分部副部长,朱毓为榄面顿中国国民党分部评议部正议长,阮本旺为榄面顿中国国民党分部评议部副议长;黄世栋为亚顿中国国民党分部正部长,黄煜进为亚顿中国国民党分部副部长,黄世惠为亚顿中国国民党分部评议部正议长,黄德钦为亚顿中国国民党分部评议部副议长；陈培庵为保士顿中国国民党分部正部长，余凤棠为保士顿中国国民党分部副部长，余凤棠为保士顿中国国民党分部评议部正议长，余君侠为保士顿中国国民党分部评议部副议长；李锡三为斐市那中国国民党分部正部长，周光魂为斐市那中国国民党分部副部长，周光魂为斐市那中国国民党分部评议部正议长，张洛川为斐市那中国国民党分部评议部副议长；林蓬洲为位夜基中国国民党分部正部长，梁仲昆为位夜基中国国民党分部副部长，黄日生为位夜基中国国民党分部评议部正议长，程善庚为位夜基中国国民党分部评议部副议长；黄启堂为士作顿中国国民党分部正部长，陈树棠为士作顿中国国民党分部副部长，叶殖兰为士作顿中国国民党分部评议部正议长，叶玉堂为士作顿中国国民党分部评议部副议长；谭赞为芝加高中国国民党分部正部长，余仁舟为芝加高中国国民党分部副部长，吴汉为芝加高中国国民党分部评议部正议长，谢祝三为芝加高中国国民党分部评议部副议长；伍仲华为费城中国国民党分部正部长，曾培为费城中国国民党分部副部长，伍游学为费城中国国民党分部评议部正议长，麦衍扳为费城中国国民党分部评议部副议长；吴德操为笃城中国国民党分部正部长，李荫堂为笃城中国国民党分部副部长，马才杰为笃城中国国民党分部评议部正议长，汤元为笃城中国国民党分部评议部副议长；赵简文为罗省中国国民党分部正部长，朱炳麟为罗省中国国民党分部副部长，谭述唐为罗省中国国民党分部评议部正议长，刘世隆为罗省中国国民党分部评议部副议长；刘荣初为加士华利中国国民党分部正部长，吕焕棠为加士华利中国国民党分部副部长，陈光汉为加士华利中国国民党分部评议部正议长，邝守慎为加士华利中国国民党分部评议部副议长；赵子蕃为杞连湖中国国民党分部正部长，江世衡为杞连湖中国国民党分部副部长，李伟昌为杞连湖中国国民党分部评议部正议长，薛新远为杞连湖中国国民党分部评议部副议长；黄振魂为乞佛中国国民党分部正部长，李惠连为乞佛中国国民党分部副部长，黄扬威为乞佛中国国民党分部评议部正议长，方富彦为乞佛中国国民党分部评议部副议长；何泽隆为掘地孖罅中国国民党分部正部长，黄铉远为掘地孖罅中国国民党分部副部长，梁善为掘地孖罅中国国民党分部评议部正议长,梁福榆为掘地仔罅中国国民党分部评议部副议长;周梦年为美孖写中国国民党分部正部长,周瑞钿为美孖写中国国民党分部副部长,何钦燕为美孖写中国国民党分部评议部正议长,周礼现为美孖写中国国民党分部评议部副议长;黄文运为博芙芦中国国民党分部正部长,李圣林为博芙芦中国国民党分部副部长,邓京为博芙芦中国国民党分部评议部正议长,李翼棠为博芙芦中国国民党分部评议部副议长;方淇为纽特中国国民党分部正部长,吴良信为纽特中国国民党分部副部长,赵锡之为纽特中国国民党分部评议部正议长,伍秋学为纽特中国国民党分部评议部副议长;林光汉为积彩中国国民党分部正部长,司徒树敏为积彩中国国民党分部副部长,梅金波为积彩中国国民党分部评议部正议长,梅鹤父为积彩中国国民党分部评议部副议长;余康中为斐匿中国国民党分部正部长,黄振汉为斐匿中国国民党分部副部长,甄英常为斐匿中国国民党分部评议部正议长,黄乔礼为斐匿中国国民党分部评议部副议长;翟熙为晏埠中国国民党分部正部长,黄观洲为晏埠中国国民党分部副部长,刘有群为晏埠中国国民党分部评议部正议长,邝钦灵为晏埠中国国民党分部评议部副议长;李荣芳为个郎中国国民党分部正部长,张金源为个郎中国国民党分部副部长,甘汝雄为个郎中国国民党分部评议部正议长,冯嵩为个郎中国国民党分部评议部副议长;吴盛墀为意基忌中国国民党分部正部长,郑侠民为意基忌中国国民党分部副部长,聂卓为意基忌中国国民党分部评议部正议长,陈生为意基忌中国国民党分部评议部副议长;吴善标为埃仑顿中国国民党分部正部长,李天影为埃仑顿中国国民党分部副部长,邝修沛为埃仑顿中国国民党分部评议部正议长,唐申为埃仑顿中国国民党分部评议部副议长;张旭昌为莫架中国国民党分部正部长,张荫芳为莫架中国国民党分部副部长,毛玉书为莫架中国国民党分部评议部正议长,李文记为莫架中国国民党分部评议部副议长;刘显聪为波利磨中国国民党分部正部长,李毓秀为波利磨中国国民党分部副部长,林寿为波利磨中国国民党分部评议部正议长,朱兆良为波利磨中国国民党分部评议部副议长;陈子桢为三藩市中国国民党分部正部长,谭贞林为三藩市中国国民党分部副部长,梁树南为三藩市中国国民党分部评议部正议长,周敬为三藩市中国国民党分部评议部副议长；余优想为粗李杜中国国民党分部正部长，罗松乐为粗李杜中国国民党分部副部长，罗福寿为粗李杜中国国民党分部评议部正议长，罗松贵为粗李杜中国国民党分部评议部副议长；黄乐泮为贝市中国国民党分部正部长，伍于镛为贝市中国国民党分部副部长，伍于镜为贝市中国国民党分部评议部正议长；陈祝銎为二埠中国国民党分部正部长，邝棋标为二埠中国国民党分部副部长；黄秀德为那罅中国国民党通讯处正主任，郑洪安为那罅中国国民党通讯处副主任，李有为那罅中国国民党通讯处评议部正议长，伍锦留为那罅中国国民党通讯处评议部副议长。此状。

总理（印）

总务部部长　彭素民副署

代理党务部部长　孙　镜副署

财务部部长　林业明副署

宣传部部长　叶楚伧副署

交际部部长　张秋白副署

据中国国民党中央文化传播委员会党史馆藏一般档案051/323

给邝维新等委任状

（一九二三年三月二十日）

委任邝维新为末士卡利中国国民党分部党务科主任；黄荣耀为加兰姐中国国民党分部党务科主任；阮焜为佛地中国国民党分部党务科主任；关焜植为参迫咕中国国民党分部党务科主任；高钧康为米麻中国国民党分部党务科主任；朱葵为华冷架中国国民党分部党务科主任；陈海为泮大连中国国民党分部党务科主任；古枢为希炉中国国民党分部党务科主任；梁梦熊为屈慎委利中国国民党分部党务科主任；李佐为梳朒中国国民党分部党务科主任；吴襄佑为圣薑中国国民党分部党务科主任；李师赤为必珠卜中国国民党

分部党务科主任;刘群安为粒卜碌中国国民党分部党务科主任;甄锦为祖笋中国国民党分部党务科主任;吴能杯为柠檬中国国民党分部党务科主任;欧棣为葛仑中国国民党分部党务科主任;黄英俊为纽约中国国民党分部党务科主任;陈芹初为柯连中国国民党分部党务科主任;余毓衡为德郡中国国民党分部党务科主任;何胜为钵仑中国国民党分部党务科主任;伍是民为舍路中国国民党分部党务科主任;陈明艳为乌市打中国国民党分部党务科主任;曹凤作为槛面顿中国国民党分部党务科主任;邝文彬为亚顿中国国民党分部党务科主任;关崇贤为保士顿中国国民党分部党务科主任;方生财为斐市那中国国民党分部党务科主任;杨燊为位夜基中国国民党分部党务科主任;陈洁泉为士作顿中国国民党分部党务科主任;简侠魂为芝加高中国国民党分部党务科主任;伍民甫为费城中国国民党分部党务科主任;李健男为笃城中国国民党分部党务科主任;冯锡垣为罗省中国国民党分部党务科主任;阮棣春为加士华利中国国民党分部党务科主任;赵德辉为杞连湖中国国民党分部党务科主任;李箫访为乞佛中国国民党分部党务科主任;梁日初为掘地孖罅中国国民党分部党务科主任;周锦云为美孖写中国国民党分部党务科主任;司徒职为博芙芦中国国民党分部党务科主任;胡占士为积彩中国国民党分部党务科主任;邓兆享为斐匿中国国民党分部党务科主任;林新贵为个郎中国国民党分部党务科主任;黄熙成为意基忌中国国民党分部党务科主任;刘章显为埃仑顿中国国民党分部党务科主任;叶丽香为莫架中国国民党分部党务科主任;李福如为波利磨中国国民党分部党务科主任;黄滋为三藩市中国国民党分部党务科主任;罗乐事为粗李杜中国国民党分部党务科主任;黄国俊为贝市中国国民党分部党务科主任;李祖武为二埠中国国民党分部党务科主任;胡焯为那罅中国国民党通讯处党务科科长。此状。

            总理(印)

       总务部部长 彭素民副署

      代理党务部部长 孙 镜副署

据中国国民党中央文化传播委员会党史馆藏一般档案051/323

给邝修彦等委任状

(一九二三年三月二十日)

委任邝修彦为末士卡利中国国民党分部会计科主任；甄明芹为加兰姐中国国民党分部会计科主任；陈俊为佛地中国国民党分部会计科主任；宋逢春为参迫咕中国国民党分部会计科主任；刘官九为米麻中国国民党分部会计科主任；邬达生为华冷架中国国民党分部会计科主任；郑杏嘉为泮大连中国国民党分部会计科主任；卢球为希炉中国国民党分部会计科主任；孙璋琪为屈慎委利中国国民党分部会计科主任；陈松烟为梳叻中国国民党分部会计科主任；吴鸿光为圣韮中国国民党分部会计科主任；余绰夫为必珠卜中国国民党分部会计科主任；司徒涞福为粒卜碌中国国民党分部会计科主任；颜强为祖笋中国国民党分部会计科主任；吴衍道为柠檬中国国民党分部会计科主任；林文忠为葛仑中国国民党分部会计科主任；赵仲勋为纽约中国国民党分部会计科主任；谭裔锦为柯连中国国民党分部会计科主任；黄基为德郡中国国民党分部会计科主任；黄礼康为钵仑中国国民党分部会计科主任；雷瑞山为舍路中国国民党分部会计科主任；杜官为乌市打中国国民党分部会计科主任；陆享为榄面顿中国国民党分部会计科主任；黄梁家为亚顿中国国民党分部会计科主任；邝卓生为保士顿中国国民党分部会计科主任；马鳌为斐市那中国国民党分部会计科主任；阮达初为位夜基中国国民党分部会计科主任；蔡棣清为士作顿中国国民党分部会计科主任；李竖铨为芝加高中国国民党分部会计科主任；雷浓为费城中国国民党分部会计科主任；吴泮为笃城中国国民党分部会计科主任；胡俊为罗省中国国民党分部会计科主任；谭发湖为加士华利中国国民党分部会计科主任；吴业守为杞连湖中国国民党分部会计科主任；伍伯陶为乞佛中国国民党分部会计科主任；何金华为掘地孖罉中国国民党分部会计科主任；何焯贻为美孖写中国国民党分部会计科主任；黄文田为博芙

芦中国国民党分部会计科主任;余梓南为积彩中国国民党分部会计科主任;周兆河为斐匿中国国民党分部会计科主任;余雨培为个郎中国国民党分部会计科主任;梁杰鸿为意基忌中国国民党分部会计科主任;胡利为埃仑顿中国国民党分部会计科主任;刘焕香为莫架中国国民党分部会计科主任;薛嘉祺为波利磨中国国民党分部会计科主任;崔豪为三藩市中国国民党分部会计科主任;罗洛翔为粗李杜中国国民党分部会计科主任;黄文就为贝市中国国民党分部会计科主任;邝廉普为二埠中国国民党分部会计科主任;陈官胜为那罅中国国民党通讯处会计科科长。此状。

总理(印)

总务部部长　彭素民副署

财务部部长　林业明副署

据中国国民党中央文化传播委员会党史馆藏一般档案 051/323

给马达三等委任状

(一九二三年三月二十日)

委任马达三为末士卡利中国国民党分部宣传科主任;雷荣照为加兰姐中国国民党分部宣传科主任;李棣谈为佛地中国国民党分部宣传科主任;赵宗稳为参迫咕中国国民党分部宣传科主任;李金铨为米麻中国国民党分部宣传科主任;邬普衡为华冷架中国国民党分部宣传科主任;黄富英为泮大连中国国民党分部宣传科主任;杨福荣为希炉中国国民党分部宣传科主任;曾璞丘为屈慎委利中国国民党分部宣传科主任;李泗勤为梳叻中国国民党分部宣传科主任;李耀为圣蘁中国国民党分部宣传科主任;余佳舟为必珠卜中国国民党分部宣传科主任;黄麟为粒卜碌中国国民党分部宣传科主任;曾春和为祖笋中国国民党分部宣传科主任;郑国辉为柠檬中国国民党分部宣传科主任;陈觐宸为葛仑中国国民党分部宣传科主任;

彭辛酉为纽约中国国民党分部宣传科主任；冯林炯为柯连中国国民党分部宣传科主任；吕奕球为德郡中国国民党分部宣传科主任；黎神护为钵仑中国国民党分部宣传科主任；曾诗传为舍路中国国民党分部宣传科主任；黄兼生为乌市打中国国民党分部宣传科主任；王积源为榄面顿中国国民党分部宣传科主任；黄庚堂为亚顿中国国民党分部宣传科主任；余森郎为保士顿中国国民党分部宣传科主任；黄汉伟为斐市那中国国民党分部宣传科主任；程瑞卿为位夜基中国国民党分部宣传科主任；熊锦湘为士作顿中国国民党分部宣传科主任；陈禩锐为芝加高中国国民党分部宣传科主任；李焕桐为费城中国国民党分部宣传科主任；李荣福为笃城中国国民党分部宣传科主任；张老深为罗省中国国民党分部宣传科主任；周瑞厚为美孖写中国国民党分部宣传科主任；李逢均为博芙芦中国国民党分部宣传科主任；谭伟林为积彩中国国民党分部宣传科主任；余中钺为斐匿中国国民党分部宣传科主任；甘汝庸为个郎中国国民党分部宣传科主任；邓学廉为意基忌中国国民党分部宣传科主任；高贵超为埃仑顿中国国民党分部宣传科主任；张观显为莫架中国国民党分部宣传科主任；李德予为波利磨中国国民党分部宣传科主任；董荫卿为三藩市中国国民党分部宣传科主任；罗启鸿为粗李杜中国国民党分部宣传科主任；黄远彰为贝市中国国民党分部宣传科主任；黄锦添为二埠中国国民党分部宣传科主任；伍汉才为那鏬中国国民党通讯处宣传科科长。此状。

总理（印）
总务部部长　彭素民副署
宣传部部长　叶楚伧副署

据中国国民党中央文化传播委员会党史馆藏一般档案051/323

给张锦等委任状

（一九二三年三月二十日）

　　委任张锦为末士卡利中国国民党分部总务科主任，萧一苇、黎子棠为末士卡利中国国民党分部执行部书记，黄一强、袁曹汝、黄义、陈噪、谭勉农、陈松添、谭鳌、赖寿祥、赵元立、朱寿康、黄立基、徐富为末士卡利中国国民党分部干事，余其中为末士卡利中国国民党分部评议部书记，许治平、岑达天、胡金华、曾联森、赖寿祥、陈端顺、余锞中、张福双、余和翰、余华熙为末士卡利中国国民党分部评议部评议员；余焯礼为加兰姐中国国民党分部总务科主任，梁炳芳、周莲为加兰姐中国国民党分部执行部书记，伍广进、余乐纯、余占魁、黄耀琪、周礼祥、余怀添、邝乃元、李三勤、余业和、余廷俊、陈炳和、周栋潮为加兰姐中国国民党分部干事，邝振敬、张达一为加兰姐中国国民党分部评议部书记，朱始森、张福荣、黄扬杰、黄日永、林长盛、朱长盛、谭广大、甄来苟、邝锡玉、周启为加兰姐中国国民党分部评议部评议员；陈俊为佛地中国国民党分部总务科主任，刘寿焜为佛地中国国民党分部执行部书记，黄容照、吴鉴溪、张添赏、刘将杰为佛地中国国民党分部干事，阮碧湛为佛地中国国民党分部评议部书记，陈清、林天齐、黄万奕、阮棣培、张赏权、朱有、萧祖禄、林安定、阮来亚为佛地中国国民党分部评议部评议员；伍如碧为参迫咕中国国民党分部总务科主任，赵从达为参迫咕中国国民党分部执行部书记，郑顺恒、赵光焯、关开贤、黄洪益为参迫咕中国国民党分部干事，黄扶亚为参迫咕中国国民党分部评议部书记，陈华乐、黄少翔、马兆庆、赵成伟、赵锡华、黄闰瑜、赵崇光为参迫咕中国国民党分部评议部评议员；侯才耀为米麻中国国民党分部总务科主任，余逸滨、甄泮芹为米麻中国国民党分部执行部书记，李霍、刘永年、伍英文、侯祐才为米麻中国国民党分部干事，伍维珍、侯才荣为米麻中国国民党分部评议部书记，李汉庭、司徒恩泽、梅悦卿、陈妙提、梁煜林、关添彬、梁炽林、陈妙桂为米麻中国国民党分部评议部评议员；马文聪为达打中国国民党分部执行部书记,潘连斌、周锦辉、黄遐龄为达打中国国民党分部干事,马文浩、孙汝斌、孙惠良、程贤奋、周祥安为达打中国国民党分部评议部评议员;李乐平为华冷架中国国民党分部总务科主任,邬爱平为华冷架中国国民党分部执行部书记,陈荫荣、陈裕和、江兆湖、曾均明为华冷架中国国民党分部干事,朱梅溪为华冷架中国国民党分部评议部书记,杜鹏、邬礼光、李容、彭添尧、邬祐、徐汉、甄同京、邬顺坤、李宪章、邬启濂、廖富荣为华冷架中国国民党分部评议部评议员;黄渭滨为泮大连中国国民党分部总务科主任,郑次豪为泮大连中国国民党分部执行部书记,容华辉为泮大连中国国民党分部评议部书记,李宗炳、容华辉、陈培兴、郑飚安、陈以光、李宗荣、周焕华、郑匡华、杨振声、黄焕章为泮大连中国国民党分部评议部评议员;杨廪为希炉中国国民党分部总务科主任,杨廪为希炉中国国民党分部执行部书记,郑盘、张文、李豪、刘泗、孙建宗、邝康、卓锦为希炉中国国民党分部干事,郑以均为希炉中国国民党分部评议部书记,周严、周强、古鹏云、郑以均、刘如松、杨益、刘景辉、邝彩为希炉中国国民党分部评议部评议员;李焕墀为屈慎委利中国国民党分部总务科主任,黄子春为屈慎委利中国国民党分部执行部书记,陈滋大、刘濯显、陈良仕、李蕴、梁鲁生、萧真民、伍慧泉、陈均优为屈慎委利中国国民党分部干事,卫厚精为屈慎委利中国国民党分部评议部书记,陈友年、徐耀南、卫厚糈、陈宜隆、梁达民、许宗创、黄子春、司徒安、李达为屈慎委利中国国民党分部评议部评议员;余震华为山地巴把中国国民党分部执行部书记,马民生、潘启光、甄恩活、余澄坡、甄立国、潘启民、甄兆瑚、余毓文为山地巴把中国国民党分部干事,马翊屏为山地巴把中国国民党分部评议部书记,余矩方、余易初、余卓华、余军侠、余质生、余杰臣、余卓民、甄吉锦、甄耀汉、甄恩活为山地巴把中国国民党分部评议部评议员;李云彰为梳叻中国国民党分部总务科主任;张敌清为梳叻中国国民党分部执行部书记,陈洽文、张楚白、邓福盈、赵景山为梳叻中国国民党分部干事,张策秦为梳叻中国国民党分部评议部书记,余塔中、陈雅平、陈日三、张福怡、张莲盟、邓国昭、邓恭休、余朝振、余利得、张荣郡、陈健炽、雷炳为梳叻中国国民党分部评议部评议员;李宇南为圣蕴中国国民党分部总务科主任,林贤友为圣蕰中国国民党分部执行部书记,林启任、余悦和、李礽春、余郁良、赵保林、李茂莲、梁贤栋、梁象齐、钟和、梁永、梁传启、李悦为圣蕰中国国民党分部干事,何贻礼为圣蕰中国国民党分部评议部书记,余悦和、吴襄佑、梁象齐、林贤豪、赵保林、钟和、李茂莲为圣蕰中国国民党分部评议部评议员;余林甫为必珠卜中国国民党分部总务科主任,余蕙洲为必珠卜中国国民党分部执行部书记,余官章、朱沛霖、余和淦、何振鹏为必珠卜中国国民党分部干事,李汝湘为必珠卜中国国民党分部评议部书记,吴孟运、余文暖、余灿和、余叶和、李汝湘、余辉中、何振鹏、余煦中、吴文彬为必珠卜中国国民党分部评议部评议员;余赞和为粒卜碌中国国民党分部总务科主任,余杏为粒卜碌中国国民党分部执行部书记,黄元、黄宽参、黄培、黄国鼎为粒卜碌中国国民党分部干事,余杏为粒卜碌中国国民党分部评议部书记,梁子元、黄泮、黄天池、黄文厚、周荣炜、梁柱海、黄琼娣、黄美清、月好、余振贵为粒卜碌中国国民党分部评议部评议员;甄梁为祖笋中国国民党分部总务科主任,曾炳为祖笋中国国民党分部执行部书记,甄常兆、甄锡、林长、甄泮为祖笋中国国民党分部干事,林贤炳为祖笋中国国民党分部评议部书记,余治中、罗信英、曾耀毓、黄瀚世、朱羡、邓炳、朱瑞、甄缵、甄壮、甄永铭为祖笋中国国民党分部评议部评议员;卢祝三为檬柠〔柠檬〕中国国民党分部总务科主任,吴克蕴为柠檬中国国民党分部执行部书记,吴秋寿、甄奕照、吴作植、黄少卿为柠檬中国国民党分部干事,莫国猷为柠檬中国国民党分部评议部书记,吴能雁、余家和、吴士配、吴作助、甄奕爌、吴作奕、吴作震、吴作合、甄国炽为柠檬中国国民党分部评议部评议员;林灿时为葛仑中国国民党分部总务科主任,王素朴为葛仑中国国民党分部执行部书记,杨玉如、欧阳官然、梁泽夫、郑汉雄、伍时扮、欧阳宝珍、郑计申、郑沛华为葛仑中国国民党分部干事,欧阳瀚祥为葛仑中国国民党分部评议部书记,阮灼宸、黄启芬、伍良、周国荣、邝沃初、周开基、陈初开、周庆藻、陈焕发、阮有添、欧阳洁祥为葛仑中国国民党分部评议部评议员;李民生为纽约中国国民党分部总务科主任,赵惠为纽约中国国民党分部执行部书记,黄颂民、李力、钟国聪、陈镜泉为纽约中国国民党分部干事,刘兆明为纽约中国国民党分部评议部书记,黄湛、梁荣光、刘鼎云、梅景森、李雨亭、刘孔珍、黄文、庄明清为纽约中国国民党分部评议部评议员；谭宗尧为柯连中国国民党分部总务科主任，谭宗尧、朱弼臣为柯连中国国民党分部执行部书记，朱开鼎、雷家添、朱秩章、冯广敏、陈德炜、陈柱稳、朱荣基、黄社德为柯连中国国民党分部干事，曹朵云为柯连中国国民党分部评议部书记，朱裘炳、黄金祥、余彬章、朱汉光、陈棣海、谭宗荣、陈渭祥、张炳光、梁文富、雷合、雷利、叶福为柯连中国国民党分部评议部评议员；陈扬深为德郡中国国民党分部总务科主任，余耀正为德郡中国国民党分部执行部书记，李鸿仪、马炎、杨扬锡为德郡中国国民党分部干事，吕洪生、吕日光、余桃稳、陈桢显、余锦龙、钟寅、陈缵舜、黄锦、吕奕球、马炎、陈扬深为德郡中国国民党分部评议部评议员；李炯为钵仑中国国民党分部总务科主任，黄玉灿为钵仑中国国民党分部执行部书记，李世泮、萧受子、黄炳章、李奕椒、梅卓荣、余华章、李松林、梅志新、雷维安、雷根、梅缫、李奕民、李佩芳、黄培钦、廖致和、许廷聪、李銮波、李乾云、黄德瑶、冯增元、李子明、李谋奕、雷详、伍耀绕、梅启明、陈瀚炽、黄锡牛、李少辅为钵仑中国国民党分部干事，赵瑞芝为钵仑中国国民党分部评议部书记，黄崇锡、李煜、陈福柱、黄麟、刘希派、梁朗天、李尹衡、雷祐、李笃奕、陈文波、伍耀迨、刘社合、李泽、邓九为钵仑中国国民党分部评议部评议员；麦均为舍路中国国民党分部总务科主任，雷庆、叶冠杰为舍路中国国民党分部执行部书记，伍元裔、胡芳有、蔡灿琼、伍廷壮、雷缉甫、许金旺、陈汉民、伍学铨、刘瑞庆、黄崇炘、黄顾章、胡冠炳、林强、许金柏、陈广猷、伍元泮、雷富、骆重润、陈泽民、黄吉人、陈应强、陈玉钿、赵来、陆利为舍路中国国民党分部干事，钟肯为舍路中国国民党分部评议部书记，许金柏、罗月桂、雷瑞山、陈邦、刘荣、陆文石、伍瑞龙、黄炎法、马福庆、阮岐山、胡拔南、胡乔松、邓光楚、陈汉石为舍路中国国民党分部评议部评议员；陈孔参为乌市打中国国民党分部总务科主任，梅参天为乌市打中国国民党分部执行部书记，陈旺、梅参天、陈明新、陈国照为乌市打中国国民党分部干事，阮天培为乌市打中国国民党分部评议部书记，陈明燮、陈兆祥、张培焜、陈催德、杜喜、陈和、叶永达、翁联略、阮天培为乌市打中国国民党分部评议部评议员；黄有淇为榄面顿中国国民党分部总务科主任，曹绣波为榄面顿中国国民党分部执行部书记,陈象联、陈子简、黎晋邦、曹廷昌、黄泮铎、黄忠槐为榄面顿中国国民党分部干事,陈典荣为榄面顿中国国民党分部评议部书记,黄福戴、黄盛基、丘世琼、陈觐文、曹旭初、梅华佑、伍宏达、余焯章、曹凤朴、伍来不为榄面顿中国国民党分部评议部评议员;黄警悟为亚顿中国国民党分部执行部书记,雷九龄、伍于护、邝修霞、黄福为亚顿中国国民党分部干事,黄广进为亚顿中国国民党分部评议部书记,李世周、黄宣湛、廖光享、邓浩振、黄侠夫、廖显佐、黄恩世、梁德贞为亚顿中国国民党分部评议部评议员;阮汉卿为保士顿中国国民党分部总务科主任,余君侠为保士顿中国国民党分部执行部书记,李金明、敖文珍、陈荣汉为保士顿中国国民党分部干事,司徒瑞南为保士顿中国国民党分部评议部书记,赵宝珊、伍于信、余达光、关崇贤、陈荣汉、黄兰益、余芳、邝荣春、阮汉卿为保士顿中国国民党分部评议部评议员;马日为斐市那中国国民党分部总务科主任,余海为斐市那中国国民党分部执行部书记,黄冠、关聪、刘汉明、朱平安、杨念、杨国旗、黄信南、萧章计、李关雄、林金进为斐市那中国国民党分部干事,张少龄为斐市那中国国民党分部评议部书记,关聪、马日、黄汉伟、方生财、黄冠、朱益、杨念、杨国旗为斐市那中国国民党分部评议部评议员;梁文通为位夜基中国国民党分部总务科主任,严岳炽为位夜基中国国民党分部执行部书记,程国荣、黄锐桢、林关义、严怀新、陈炳葵、严锡榴、程永康、程贤成、程贤衮、梁有燊、程国桐、梁杯为位夜基中国国民党分部干事,阮懋初为位夜基中国国民党分部评议部书记,严桂喜、关天彩、严华昆、程贤池、梁俭德、阮宏如、黎文樵、阮京宽、梁权、阮善初为位夜基中国国民党分部评议部评议员;林瑞忠为士作顿中国国民党分部总务科主任,蔡认为士作顿中国国民党分部执行部书记,黄炳坤、彭禄权、叶友华、李作舟为士作顿中国国民党分部干事,蔡积为士作顿中国国民党分部评议部书记,伍子瑜、陈锦涛、黄汝瑚、雷聘余、陈彬、余叔藩、张植卿、邝莪敬、雷仲屏、邝光银为士作顿中国国民党分部评议部评议员;吴公义为芝加高中国国民党分部总务科主任,汤悦、李唠鸾为芝加高中国国民党分部执行部书记,吴剑鸣、阮臻德、梅宗潮、黄杰、邝球敬、欧阳棋、谭周、蔡森、吴合、甄英武、简炳夫人、黄乐夫人、吴梓、胡松、陈锦添、周文彬为芝加高中国国民党分部干事,郑君泽为芝加高中国国民党分部评议部书记,方瑞雄、伍勋产、伍恩、蔡康、邓炳、高梅荣、陈卓然、高轩理为芝加高中国国民党分部评议部评议员;黄连登为费城中国国民党分部总务科主任,邝乃彰为费城中国国民党分部执行部书记,钟夏卿、雷浓、邝乃彰、曾培、麦绪益、曾秋、何金秋、李伟棠为费城中国国民党分部干事,李智一为费城中国国民党分部评议部书记,黄子兴、李谦苏、麦顺业、周朝栋、李连、岑逢、吕锁、伍槐为费城中国国民党分部评议部评议员;汤寿田为笃城中国国民党分部总务科主任,李健男为笃城中国国民党分部执行部书记,余添旺、邝麟、李兆云、李友三为笃城中国国民党分部干事,李少年为笃城中国国民党分部评议部书记,周道绪、李兆云、李亮臣、方轮镜、吴洽显、吴在深为笃城中国国民党分部评议部评议员;赵一峰为罗省中国国民党分部总务科主任,赵毓灵为罗省中国国民党分部执行部书记,周恢三、赵务义、周初慎、朱培德为罗省中国国民党分部干事,徐国楠为罗省中国国民党分部评议部书记,陈星南、谭楷运、关慎初、冯均、赵司炳、汤华崇、刘尊才、黄传绪为罗省中国国民党分部评议部评议员;黄邦铭为加士华利中国国民党分部总务科主任,邝佐治为加士华利中国国民党分部执行部书记,刘逸持为加士华利中国国民党分部评议部书记,简玉廷、陈尊润、简永新、陈结庆、严连胜、梁名和、孙兆良、阮信材、阮庆金、张棣廉为加士华利中国国民党分部评议部评议员;薛春和为杞连湖中国国民党分部总务科主任,黄自文为杞连湖中国国民党分部执行部书记,余富为杞连湖中国国民党分部评议部书记,薛新远、彭禹铸、周宪实、余富、卢今洪、赵鋈波、朱炎、李伟昌、赵华美为杞连湖中国国民党分部评议员;伍伯陶为乞佛中国国民党分部总务科主任,李箫访为乞佛中国国民党分部执行部书记,方富彦、黄扬威、邝玉敬、李惠连为乞佛中国国民党分部干事,黄秉权、梁炳垣、钟英寿、黄良、李元三、褐登临、伍伯庄为乞佛中国国民党分部评议部评议员;黄奠安为掘地孖罅中国国民党分部总务科主任,梁佑勋为掘地孖罅中国国民党分部执行部书记,李珍、朱章惠、陈昌贤、陈仲谦为掘地孖罅中国国民党分部干事,关胜骚为掘地孖罅中国国民党分部评议部书记,梁章允、曾墨园、梁礼垣、梁礼乾、曾赞基、陈锡添、何金源、关瑞绪、霍祖绍、梁景为掘地孖罅中国国民党分部评议部评议员;谢能高为美孖写中国国民党分部总务科主任,周光魄为美孖写中国国民党分部执行部书记,周英、周家闲、谢济镶、何钦燕为美孖写中国国民党分部干事,周无我为美孖写中国国民党分部评议部书记,周光魄、谢济镶、周无我、司徒涤怀、周家修、关怡业、周家闲、周连添为美孖写中国国民党分部评议部评议员;司徒芬为博芙芦中国国民党分部总务科主任,黄植槐为博芙芦中国国民党分部执行部书记,司徒培芳、伍崇生、司徒尧、余星和为博芙芦中国国民党分部干事,司徒鸣绪为博芙芦中国国民党分部评议部书记,陈泮、黄起宗、黄远辉、邓辉为博芙芦中国国民党分部评议部评议员;邝治为纽特中国国民党分部执行部书记,伍立勋、伍焕、陈崇台、伍时铣、雷维创、黎光祥、伍英、伍同进为纽特中国国民党分部干事,伍礼廷为纽特中国国民党分部评议部书记,江昌贵、伍凑学、伍文协、伍广鸿、雷家捷、陈文捷、伍于炉、伍辉南、黎流霭、邝维修为纽特中国国民党分部评议部评议员;周成为积彩中国国民党分部总务科主任,梅祖翼、司徒竞强为积彩中国国民党分部执行部书记,司徒竞强、萧亮乾、谭卓廷、司徒泽民、汤介眉、司徒献、梅鹤父、谭锡麟、林元邦、司徒献奶为积彩中国国民党分部干事,司徒献为积彩中国国民党分部评议部书记,巫天宋、梅光辅、司徒泽民、萧亮乾、方神长、汤介眉、梅文杰、赵荫父、林杰生、陈荣德、林天贺、谭卓廷为积彩中国国民党分部评议部评议员;邓贻栋为斐匿中国国民党分部总务科主任,黄乔礼为斐匿中国国民党分部执行部书记,余金练、邓节隆、叶泽垣、邓士培、邓浩积、金玉辉、邓奏隆、邓树灼为斐匿中国国民党分部干事,余中铖为斐匿中国国民党分部评议部书记,周兆河、陈宇、邓节隆、邓兆亭、邓浩积、邓树锦为斐匿中国国民党分部评议部评议员;邓锡为晏埠中国国民党分部执行部书记,翟吉、邝有裕、邓锡、邬什为晏埠中国国民党分部干事,邝钦灵为晏埠中国国民党分部评议部书记,翟桂、雷丙寅、伍福常、翟波、李斯灿、李斯焜、李成安、郑全寿、邝庚为晏埠中国国民党分部评议部评议员;黄玉侪为个郎中国国民党分部总务科主任,黄毅臣、廖天送、李吉、甘金水为个郎中国国民党分部干事,曾集卿为个郎中国国民党分部评议部书记,甘鸿钧、廖维、陈宽发、黄建彰、梁伟、郑文在、吴维汝、黄奕荣、刘其珍、洪肇清、陈颂贤为个郎中国国民党分部评议部评议员；梁四为意基忌中国国民党分部总务科主任，程少溪为意基忌中国国民党分部执行部书记，吴液波、陈连生、何轩、谢禧、招醴泉、郑阜南、曹杞南、叶知、何钋臣、黄星藩、刘德、陈发、甘汉生、陈善秀、吴寅、邝煜、何荣籍、马信、林早为意基忌中国国民党分部干事，罗乃阎为意基忌中国国民党分部评议部书记，严乾、蔡宁、吴翼德、彭国洪、陈淦、邓达杨、蒙杰生、邓炽杨、严勋昭为意基忌中国国民党分部评议部评议员；王寿为埃仑顿中国国民党分部总务科主任，雷昌为埃仑顿中国国民党分部执行部书记，林泽民、李耀、陈锡、高太为埃仑顿中国国民党分部干事，林金养为埃仑顿中国国民党分部评议部书记，林杜、黄昆、黄畅、林金阁、林裕安、黄信武、周贻遬、刘炳全、高有连、刘藻成为埃仑顿中国国民党分部评议部评议员；刘发祥为莫架中国国民党分部总务科主任，张荫芳为莫架中国国民党分部执行部书记，刘桂亭、谭带胜、古茂昌、卢钜芬为莫架中国国民党分部干事，张凤墀为莫架中国国民党分部评议部书记，蔡天球、叶金发、廖继舜、甘壬喜、谭景宸、郑融康为莫架中国国民党分部评议部评议员；伍新晃为波利磨中国国民党分部总务科主任，李毓秀为波利磨中国国民党分部执行部书记，余康和、陈金富、伍新晃、李侠汉为波利磨中国国民党分部干事，薛嘉祺为波利磨中国国民党分部评议部书记，梅子青、谢汝湘、伍权达、李竹川、余康和为波利磨中国国民党分部评议部评议员；张泳廉为三藩市中国国民党分部总务科主任，林屈伸为三藩市中国国民党分部执行部书记，谢益、邵钊、陈笃周、邓杰三、陈渭贤、崔芳、赵康年、黄焕唐、余天民、冯根、邓仙石、黄开基、李诛青、林尚平、唐贻拔、吴孔恒、谭汉波、谭裔端、谢栋彦、陈泗发为三藩市中国国民党分部干事，黄鲁岩为三藩市中国国民党分部评议部书记，陈继成、龚显裔、李财、李旺、廖达生、李钧衡、关烈臣、余日朝、余伯筹、胡亦桐、蔡妙琛、黄益经为三藩市中国国民党分部评议部评议员；李荣萱为粗李杜中国国民党分部总务科主任，胡持炜、张明春、罗仪盈、谭亮谋为粗李杜中国国民党分部干事，张炳槐、罗廼翔、罗友信、罗永乐、张开智、敖克明、陈楫、李金锡、罗金荣、罗钜明、罗丙申、罗翔杏、张炳善、张汝勤为粗李杜中国国民党分部评议部评议员；黄焕文为贝市中国国民党分部总务科主任,邝辑卿为贝市中国国民党分部执行部书记,邝伯擎为贝市中国国民党分部评议部书记,梅渠远、张椿泽、黄蕴珊、石锦波为贝市中国国民党分部评议部评议员;邝荣为二埠中国国民党分部总务科主任,黄笃初为二埠中国国民党分部执行部书记,邝灼良、邓棠业、邝尧、邝佐志为二埠中国国民党分部干事,李子林为二埠中国国民党分部评议部书记,邝廉普、邝海公、邝佐志、陈祝南、邝振河、李子全、邝尧、李子耀为二埠中国国民党分部评议部评议员;林秀棣为那罅中国国民党通讯处总务科科长,程藻芳为那罅中国国民党通讯处执行部书记,黄和、张社均、郑谦、缪宽、黄月、李连合为那罅中国国民党通讯处干事,阮祖阁、李万足、李保河、周惠、陈霖磅、黄寿开、曾呀、李权为那罅中国国民党通讯处评议部评议员。此状。

总理(印)

总务部部长　彭素民副署

据中国国民党中央文化传播委员会党史馆藏一般档案051/323

给李圣林委任状

（一九二三年三月二十日）

委任李圣林为博芙芦中国国民党分部副部长。此状。

中国国民党总理　孙　文
总务部部长　彭素民
代理党务部部长　孙　镜
财政部部长　林业明
宣传部部长　叶楚伧
交际部部长　张秋白
中华民国十二年三月二十日

据中国国民党中央文化传播委员会党史馆藏一般档案051/223

给林蓬洲委任状

（一九二三年三月二十日）

委任状

　　委任林蓬洲为位夜基中国国民党分部正部长。此状。

中国国民党总理　孙　文
总务部部长　彭素民
代理党务部部长　孙　镜
财政部部长　林业明
宣传部部长　叶楚伧
交际部部长　张秋白
中华民国十二年三月二十日

据中国国民党中央文化传播委员会党史馆藏一般档案051/176

任命罗翼群职务令

（一九二三年三月二十一日）

大元帅令

　　任命罗翼群为大本营军法处长。此令。

（中华民国陆海军大元帅之印）
中华民国十二年三月廿一日

据大本营秘书处编《陆海军大元帅大本营公报》第四号（广州一九二三年三月三十日）

特任赵士北职务令

（一九二三年三月二十二日）

大元帅令

　　特任赵士北为大理院长。此令。

（中华民国陆海军大元帅之印）

中华民国十二年三月廿二日

据大本营秘书处编《陆海军大元帅大本营公报》第四号

（广州一九二三年三月三十日）

给林植庭等委任状

（一九二三年三月二十二日）

　　委任林植庭为云丹拿中国国民党分部正部长，梅荫平为云丹拿中国国民党分部副部长，罗齐柱为云丹拿中国国民党分部评议部正议长，陈洛猷为云丹拿中国国民党分部评议部副议长。此状。

总理（印）

总务部部长　彭素民副署

代理党务部部长　孙　镜副署

财务部部长　林业明副署

宣传部部长　叶楚伧副署

交际部部长　张秋白副署

据中国国民党中央文化传播委员会党史馆藏一般档案051/323

给梁振琴委任状

（一九二三年三月二十二日）

委任梁振琴为云丹拿中国国民党分部党务科主任。此状。

            总理（印）
        总务部部长 彭素民副署
      代理党务部部长 孙 镜副署

据中国国民党中央文化传播委员会党史馆藏一般档案051/323

给梁贤清委任状

（一九二三年三月二十二日）

委任梁贤清为云丹拿中国国民党分部会计科主任。此状。

            总理（印）
       总务部部长 彭素民副署
       财务部部长 林业明副署

据中国国民党中央文化传播委员会党史馆藏一般档案051/323

给许武权委任状

（一九二三年三月二十二日）

委任许武权为云丹拿中国国民党分部宣传科主任。此状。

总理（印）
总务部部长　彭素民副署
宣传部部长　叶楚伧副署

据中国国民党中央文化传播委员会党史馆藏一般档案 051/323

给彭荣燊等委任状

（一九二三年三月二十二日）

委任彭荣燊为云丹拿中国国民党分部总务科主任，秦斌华、梁雨池为云丹拿中国国民党分部执行部书记，郑兴玉、黄达民、谢汝和、冼锡鸿、郑洪荣、卢泗初、蒋喜光、卢志棉为云丹拿中国国民党分部干事，许若山为云丹拿中国国民党分部评议部书记，许若山、许大煜、罗玉衡、曾勤康、林其蕤、谢祝初、彭砺石、何能柔、马辉堂、梅云岩、苏桃舫、谢一平为云丹拿中国国民党分部评议部评议员。此状。

总理（印）
总务部部长　彭素民副署

据中国国民党中央文化传播委员会党史馆藏一般档案 051/323

任命王均职务令

（一九二三年三月二十三日）

大元帅令

　　任命王均为大本营巩卫军第一混成旅旅长。此令。

（中华民国陆海军大元帅之印）

中华民国十二年三月廿三日

据大本营秘书处编《陆海军大元帅大本营公报》第四号
（广州一九二三年三月三十日）

任命赵德恒职务令

（一九二三年三月二十三日）

大元帅令

　　任命赵德恒为大本营巩卫军参谋长。此令。

（中华民国陆海军大元帅之印）

中华民国十二年三月廿三日

据大本营秘书处编《陆海军大元帅大本营公报》第四号
（广州一九二三年三月三十日）

任命姚褆昌职务令

（一九二三年三月二十三日）

大元帅令

　　任命姚褆昌为大本营秘书。此令。

　　　　　　　　　　　　　　　　　（中华民国陆海军大元帅之印）

　　　　　　　　　　　　　　　　中华民国十二年三月廿三日

　　　　　　　　　　据大本营秘书处编《陆海军大元帅大本营公报》第四号
　　　　　　　　　　（广州一九二三年三月三十日）

任命李伯恺职务令

（一九二三年三月二十三日）

大元帅令

　　任命李伯恺为大本营秘书。此令。

　　　　　　　　　　　　　　　　　（中华民国陆海军大元帅之印）

　　　　　　　　　　　　　　　　中华民国十二年三月廿三日

　　　　　　　　　　据大本营秘书处编《陆海军大元帅大本营公报》第四号
　　　　　　　　　　（广州一九二三年三月三十日）

准任陈漳等职务令

（一九二三年三月二十三日）

大元帅令

　　大本营秘书长杨庶堪呈请任命陈漳、彭晟、吴醒亚、张四维、汪啸涯为大本营秘书处科员。均照准。此令。

（中华民国陆海军大元帅之印）

中华民国十二年三月廿三日

据大本营秘书处编《陆海军大元帅大本营公报》第四号
（广州一九二三年三月三十日）

准任霍恒职务令

（一九二三年三月二十三日）

大元帅令

　　大本营参军长朱培德呈请任命霍恒为大本营卫士队教官。应照准。此令。

（中华民国陆海军大元帅之印）

中华民国十二年三月廿三日

据大本营秘书处编《陆海军大元帅大本营公报》第四号
（广州一九二三年三月三十日）

委任谢持职务令

（一九二三年三月二十六日）

委任谢慧生①为全权代表,执行中国国民党党务事宜。
总理孙文。寝。

据中国国民党中央文化传播委员会党史馆藏一般档案
050/211

委派杨华馨职务令

（一九二三年三月二十七日）

大元帅令

派杨华馨为工兵局筹备委员。此令。

（中华民国陆海军大元帅之印）
中华民国十二年三月廿七日

据大本营秘书处编《陆海军大元帅大本营公报》第五号
（广州一九二三年四月六日）

---

① 谢慧生,即谢持。

批叶楚伧[①]

（一九二三年三月二十七日）

黄上驷、凌印清、郭聘帛、祝润湘四人暂缓委任外，端木恺等廿五人均如所拟，委任为宣传部名誉干事。此批。

孙文（谢持）

三月二十七日

据中国国民党中央文化传播委员会党史馆藏一般档案052/39

给胡维济等委任状

（一九二三年三月二十八日）

委任胡维济为甲必地中国国民党分部正部长，黄振为甲必地中国国民党分部副部长，李其为甲必地中国国民党分部评议部正议长。此状。

总理（印）

总务部部长　彭素民副署

代理党务部部长　孙　镜副署

财务部部长　林业明副署

宣传部部长　叶楚伧副署

交际部部长　张秋白副署

据中国国民党中央文化传播委员会党史馆藏一般档案051/323

[①] 其时中国国民党本部（在上海）宣传部长为叶楚伧。二十五人为：端木恺、张乃燕、孙镜亚、黄咏台、沈梁、朱霁青、彭介石、郭乃兹、管鹏、李是男、周梓骥、张恶石、汪龙超、韦玉、毛亚樊、乔植轩、王吉占、沈紫瞰、施承谟、傅立鱼、李大钊、何思毅、陈辅相、朱文鑫、刘揭庵。

给余云初委任状

（一九二三年三月二十八日）

委任余云初为甲必地中国国民党分部党务科主任。此状。

总理（印）

总务部部长　彭素民副署

代理党务部部长　孙　镜副署

据中国国民党中央文化传播委员会党史馆藏一般档案 051/323

给余京委任状

（一九二三年三月二十八日）

委任余京为甲必地中国国民党分部会计科主任。此状。

总理（印）

总务部部长　彭素民副署

财务部部长　林业明副署

据中国国民党中央文化传播委员会党史馆藏一般档案 051/323

给梁泽生委任状

（一九二三年三月二十八日）

委任梁泽生为甲必地中国国民党分部宣传科主任。此状。

总理（印）
总务部部长　彭素民副署
宣传部部长　叶楚伧副署

据中国国民党中央文化传播委员会党史馆藏一般档案051/323

给谢维悁等委任状

（一九二三年三月二十八日）

委任谢维悁为甲必地中国国民党分部总务科主任，黄国为甲必地中国国民党分部执行部书记，张友、梁锡为甲必地中国国民党分部干事，甄添、甄植、邝迎、黄积、区买、张双为甲必地中国国民党分部评议部评议员。此状。

总理（印）
总务部部长　彭素民副署

据中国国民党中央文化传播委员会党史馆藏一般档案051/323

准免罗翼群职务令

（一九二三年三月二十八日）

大元帅令

大本营军法处长罗翼群呈请辞职。罗翼群准免本职。此令。

（中华民国陆海军大元帅之印）

中华民国十二年三月廿八日

据大本营秘书处编《陆海军大元帅大本营公报》第五号
（广州一九二三年四月六日）

准免莫擎宇职务令

（一九二三年三月二十八日）

大元帅令

大本营驻江办事处主任莫擎宇因病呈请辞职。莫擎宇准免本职。此令。

（中华民国陆海军大元帅之印）

中华民国十二年三月廿八日

据大本营秘书处编《陆海军大元帅大本营公报》第五号
（广州一九二三年四月六日）

任命杨希闵职务令

（一九二三年三月二十九日）

大元帅令

　　特任杨希闵为中央直辖滇军总司令。此令。

　　　　　　　　　　　　　　（中华民国陆海军大元帅之印）

　　　　　　　　　　　　　　中华民国十二年三月廿九日

据大本营秘书处编《陆海军大元帅大本营公报》第五号
（广州一九二三年四月六日）

准任黄民生职务令

（一九二三年三月二十九日）

大元帅令

　　大本营参军长朱培德呈请任命黄民生为大本营参军处少校副官，应照准。此令。

　　　　　　　　　　　　　　（中华民国陆海军大元帅之印）

　　　　　　　　　　　　　　中华民国十二年三月廿九日

据大本营秘书处编《陆海军大元帅大本营公报》第五号
（广州一九二三年四月六日）

任命陈友仁职务令

（一九二三年三月二十九日）

大元帅令

　　任命陈友仁为大本营秘书。此令。

（中华民国陆海军大元帅之印）

中华民国十二年三月廿九日

据大本营秘书处编《陆海军大元帅大本营公报》第五号
（广州一九二三年四月六日）

任命韦玉职务令

（一九二三年三月二十九日）

大元帅令

　　任命韦玉为大本营秘书。此令。

（中华民国陆海军大元帅之印）

中华民国十二年三月廿九日

据大本营秘书处编《陆海军大元帅大本营公报》第五号
（广州一九二三年四月六日）

任命杨池生等职务令

（一九二三年三月三十日）

大元帅令

　　任命杨池生为中央直辖滇军第一师师长，杨如轩为中央直辖滇军第二师师长，范石生为中央直辖滇军第三师师长，蒋光亮为中央直辖滇军第四师师长。此令。

（中华民国陆海军大元帅之印）
中华民国十二年三月三十日

据大本营秘书处编《陆海军大元帅大本营公报》第五号
（广州一九二三年四月六日）

给林云陔的指令①

（一九二三年三月三十日）

大元帅指令第六六号

　　令大本营财政部第三局局长林云陔

　　呈请辞职由

　　呈悉。该局长历莞度支，钩稽悉当。此次复加简任，倚畀尤殷，尚望力膺艰巨，藉资襄赞。所请辞职之处，应毋庸议。此令。

（中华民国陆海军大元帅之印）
中华民国十二年三月三十日

据大本营秘书处编《陆海军大元帅大本营公报》第五号
（广州一九二三年四月六日）

---

① 林云陔以不善理财为理由两次向孙中山函请辞职。未获批准，3月25日再次呈请辞职。

任命刘震寰职务令

（一九二三年三月三十一日）

大元帅令

特任刘震寰为中央直辖西路讨贼军总司令。此令。

（中华民国陆海军大元帅之印）

中华民国十二年三月卅一日

据大本营秘书处编《陆海军大元帅大本营公报》第六号（广州一九二三年四月十三日）

任命冯伟职务令

（一九二三年三月三十一日）

大元帅令

任命冯伟为广东无线电报总局局长。此令。

（中华民国陆海军大元帅之印）

中华民国十二年三月卅一日

据大本营秘书处编《陆海军大元帅大本营公报》第六号（广州一九二三年四月十三日）

任命韦冠英等职务令

（一九二三年三月三十一日）

大元帅令

任命韦冠英为中央直辖西路讨贼军第一师师长，严兆丰为中央直辖西路讨贼军第二师师长,黎鼎鉴为中央直辖西路讨贼军第三师师长,伍毓瑞为中央直辖西路讨贼军第四师师长。此令。

(中华民国陆海军大元帅之印)

中华民国十二年三月卅一日

据大本营秘书处编《陆海军大元帅大本营公报》第六号
(广州一九二三年四月十三日)

任命宋辑先职务令

(一九二三年四月二日)

大元帅令

任命宋辑先为大本营秘书。此令。

(中华民国陆海军大元帅之印)

中华民国十二年四月二日

据大本营秘书处编《陆海军大元帅大本营公报》第六号
(广州一九二三年四月十三日)

任命李卓峰职务令

(一九二三年四月二日)

大元帅令

任命李卓峰为大本营建设部工商局局长。此令。

(中华民国陆海军大元帅之印)

中华民国十二年四月二日

据大本营秘书处编《陆海军大元帅大本营公报》第六号
(广州一九二三年四月十三日)

给蒋道日等委任状

（一九二三年四月二日）

委任蒋道日为古巴中国国民党支部名誉部长，雷溢潮为古巴中国国民党支部正部长，周启刚为古巴中国国民党支部副部长，赵式睦为古巴中国国民党支部评议部正议长，钟翰生为古巴中国国民党支部评议部副议长；蒋北斗为夏湾拿中国国民党分部正部长，高发明为夏湾拿中国国民党分部副部长，高奎吾为夏湾拿中国国民党分部评议部正议长，何麟溪为夏湾拿中国国民党分部评议部副议长；李生为大沙华中国国民党分部正部长，甄永治为大沙华中国国民党分部副部长，钟伯磷为大沙华中国国民党分部评议部正议长，古惠行为大沙华中国国民党分部评议部副议长；陈明庆为万山李祐中国国民党分部正部长，徐觉为万山李祐中国国民党分部副部长，黄照文为万山李祐中国国民党分部评议部正议长，郭洪为万山李祐中国国民党分部评议部副议长；加路麻女氏为边拿李耀中国国民党分部名誉部长，容逸卿为边拿李耀中国国民党分部正部长，陈朔竞为边拿李耀中国国民党分部副部长，何伯葵为边拿李耀中国国民党分部评议部正议长，郑信为边拿李耀中国国民党分部评议部副议长；何教为舍咕中国国民党分部正部长，林世爵为舍咕中国国民党分部副部长，陈伯仁为舍咕中国国民党分部评议部正议长，关锡祺为舍咕中国国民党分部评议部副议长；冼荣祥为个窿中国国民党分部正部长，吴裕安为个窿中国国民党分部副部长，何根恺为个窿中国国民党分部评议部正议长，关铳铨为个窿中国国民党分部评议部副议长；郑公禄为介华连中国国民党分部名誉部长，潘惠居为介华连中国国民党分部正部长，潘朝生为介华连中国国民党分部副部长，岑孔时为介华连中国国民党分部评议部正议长，曾汉川为介华连中国国民党分部评议部副议长；刘宝珊为加马威中国国民党分部正部长，刘汉清为加马威中国国民党分部副部长，关意诚为加马威中国国民党分部评议部正议长，陈祥光为加马威中国国民党分部评议部副议长;关弼初为柯景中国国民党分部正部长,雷家楚为柯景中国国民党分部副部长,赵树艺为柯景中国国民党分部评议部正议长,李学缉为柯景中国国民党分部评议部副议长;梅荣为美京中国国民党分部正部长,陈保祥为美京中国国民党分部副部长,陈保祥为美京中国国民党分部评议部正议长,梅濂洒为美京中国国民党分部评议部副议长;黄荣渠为菜苑中国国民党分部正部长,赵华麟为菜苑中国国民党分部副部长,黄茂为菜苑中国国民党分部评议部正议长;周文培为北架斐中国国民党分部正部长,郑泽概为北架斐中国国民党分部副部长,黄龙光为北架斐中国国民党分部评议部正议长,朱熊为北架斐中国国民党分部评议部副议长;余卓凡为企城中国国民党分部正部长,蒋道护为企城中国国民党分部副部长,黄华为企城中国国民党分部评议部正议长,黄琼衍为企城中国国民党分部评议部副议长;杨菊坡为乾雪地中国国民党分部正部长,余禧中为乾雪地中国国民党分部副部长,周祝三为乾雪地中国国民党分部评议部正议长,邓配之为乾雪地中国国民党分部评议部副议长;陈东有为跛打中国国民党分部正部长,蔡文业为跛打中国国民党分部副部长,李发为跛打中国国民党分部评议部正议长,陈庆桂为跛打中国国民党分部评议部副议长;文锐成为道禧中国国民党分部正部长,方长宁为道禧中国国民党分部副部长,曹祐明为道禧中国国民党分部评议部正议长,冯贤为道禧中国国民党分部评议部副议长;刘聘为茂宜中国国民党分部正部长,谭池为茂宜中国国民党分部副部长,程康简为茂宜中国国民党分部评议部正议长,谭长为茂宜中国国民党分部评议部副议长;程耀初为古鲁市中国国民党通讯处正主任,程致刚为古鲁市中国国民党通讯处副主任;邓朝勋为庇叻咕中国国民党通讯处正主任,戚秩唪为庇叻咕中国国民党通讯处评议部正议长;黄馥为亚华吉地中国国民党通讯处正主任,关国河为亚华吉地中国国民党通讯处副主任,孔汉璋为亚华吉地中国国民党通讯处评议部正议长,孔昭荣为亚华吉地中国国民党通讯处评议部副议长;甄煦球为高路罅中国国民党通讯处正主任;余百逢为山寅打兆中国国民党通讯处正主任;黄福桢为山路自路中国国民党通讯处正主任,梁广然为山路自路中国国民党通讯处副主任,黄达廷为山路自路中国国民党通讯处评议部正议长;胡尔勤为墨京中国国民党通讯处正主任,谭恭发为墨京中国国民党通讯处评议部正议长;梁观瑞为罗士舞珠中国国民党通讯处正主任;唐英沛为磨诗耀中国国民党通讯处正主任,区昭汉为磨诗耀中国国民党通讯处副主任,朱自治为磨诗耀中国国民党通讯处评议部正议长;容嵩光为山多些中国国民党通讯处正主任。此状。

总理(印)
总务部部长　彭素民副署
代理党务部部长　孙　镜副署
财务部部长　林业明副署
宣传部部长　叶楚伧副署
交际部部长　张秋白副署

据中国国民党中央文化传播委员会党史馆藏一般档案051/323

给黄吉庵等委任状

(一九二三年四月二日)

委任黄吉庵为古巴中国国民党支部党务科正主任,潘君谷为古巴中国国民党支部党务科副主任;潘君谷为夏湾拿中国国民党分部党务科主任;甄永楠为大沙华中国国民党分部党务科主任;莫康益为万山李祐中国国民党分部党务科主任;劳亮平为边拿李耀中国国民党分部党务科主任;陈满为舍咕中国国民党分部党务科主任;侯中庸为个窿中国国民党分部党务科主任;李鸿藻为介华连中国国民党分部党务科主任;马玉廷为加马威中国国民党分部党务科主任;李孔仕为柯景中国国民党分部党务科主任;余祖荫为美京中国国民党分部党务科主任;黄子桢为菜苑中国国民党分部党务科主任;严东胜为北架斐中国国民党分部党务科主任;余炎为企城中国国民党分部党务科主任;萧竞三为乾雪地中国国民党分部党务科主任;吕藻奇为跛打中国国民党分部党务科主任;何鉴为道禧中国国民党分部党务科主任;陆进为茂宜中国国民党分部党务科主任;沈秋舫为古鲁市中国国民党通讯处党务科科长;蔡蓁兆为庇叻咕中国国民党通讯处党务科科长;关国河为亚华吉地中国国民党通讯处党务科科长;余立和为山寅打兆中国国民党通讯处党务科科长;黄福祯为山路自路中国国民党通讯处党务科科长;伍其悦为墨京中国国民党通讯处党务科科长;伍植鸿为磨诗耀中国国民党通讯处党务科科长;关蔚为山多些中国国民党通讯处党务科科长。此状。

总理(印)

总务部部长　彭素民副署

代理党务部部长　孙　镜副署

据中国国民党中央文化传播委员会党史馆藏一般档案051/323

给蒋修身等委任状

(一九二三年四月二日)

委任蒋修身为古巴中国国民党支部会计科正主任,李月华为古巴中国国民党支部会计科副主任;蔡浦泉为夏湾拿中国国民党分部会计科主任;李迪枢为大沙华中国国民党分部会计科主任;陈彩彦为万山李祐中国国民党分部会计科主任;梁蕴兴为边拿李耀中国国民党分部会计科主任;蔡秩南为舍咕中国国民党分部会计科主任;朱应銮为个窿中国国民党分部会计科主任;潘西元为介华连中国国民党分部会计科主任;关周泉为加马威中国国民党分部会计科主任;关弼初为柯景中国国民党分部会计科主任;李孔广为美京中国国民党分部会计科主任;余锡为菜苑中国国民党分部会计科主任;张耀为北架斐中国国民党分部会计科主任;李任山为企城中国国民党分部会计科主任;陈文广为乾雪地中国国民党分部会计科主任;古元章为跛打中国国民党分部会计科主任;许兆基为道禧中国国民党分部会计科主任;龚旺为茂宜中国国民党分部会计科主任;冯广华为古鲁市中国国民党通讯处会计科科长;何兆伦为庀叻咕中国国民党通讯处会计科科长;关鉴享为亚华吉地中国国民党通讯处会计科科长;余柱庆为山寅打兆中国国民党通讯处会计科科长;黄池安为山路自路中国国民党通讯处会计科科长;容梅初为墨京中国国民党通讯处会计科科长;黄玉堂为磨诗耀中国国民党通讯处会计科科长;关棣为山多些中国国民党通讯处会计科科长。此状。

总理(印)

总务部部长　彭素民副署

财务部部长　林业明副署

据中国国民党中央文化传播委员会党史馆藏一般档案051/323

给高发明等委任状

（一九二三年四月二日）

委任高发明为古巴中国国民党支部宣传科正主任,伍梓林为古巴中国国民党支部宣传科副主任;关国祥为夏湾拿中国国民党分部宣传科主任;黄锭德为大沙华中国国民党分部宣传科主任;关仪三为万山李祐中国国民党分部宣传科主任;梁瑞生为边拿李耀中国国民党分部宣传科主任;陈礼廷为舍咕中国国民党分部宣传科主任;何连富为个窿中国国民党分部宣传科主任;刘丽泉为介华连中国国民党分部宣传科主任;蒋纪臣为加马威中国国民党分部宣传科主任;蒋汉光为柯景中国国民党分部宣传科主任;梅灼为美京中国国民党分部宣传科主任;关源为菜苑中国国民党分部宣传科主任;黄龙光为北架斐中国国民党分部宣传科主任;李国扬为企城中国国民党分部宣传科主任;陈竞适为乾雪地中国国民党分部宣传科主任;陈国梁为跛打中国国民党分部宣传科主任;陈克武为道禧中国国民党分部宣传科主任;邓明三为茂宜中国国民党分部宣传科主任;程玉波为古鲁市中国国民党通讯处宣传科科长;蔡祐民为庇叻咕中国国民党通讯处宣传科科长;关朝阳为亚华吉地中国国民党通讯处宣传科科长;陈富朝为高路罅中国国民党通讯处宣传科科长;刘明德为山寅打兆中国国民党通讯处宣传科科长;彭銮清为山路自路中国国民党通讯处宣传科科长;伍福尧为墨京中国国民党通讯处宣传科科长;关允全为磨诗耀中国国民党通讯处宣传科科长;李炎源为山多些中国国民党通讯处宣传科科长。此状。

总理(印)

总务部部长　彭素民副署

宣传部部长　叶楚伧副署

据中国国民党中央文化传播委员会党史馆藏一般档案051/323

给方以情等委任状

(一九二三年四月二日)

委任方以情为古巴中国国民党支部总务科正主任,蔡容先为古巴中国国民党支部总务科副主任,黄绍蕃为古巴中国国民党支部执行部书记,罗乐三为古巴中国国民党支部评议部书记,蒋修身、高发明、罗乐三、容秩卿、赵继猷、蒋道日、胡贯瑜、蔡浦泉、刘民三、何麟溪、黄鼎之、潘君谷、卢伟廉、蒋北斗、陈述、周宪达、彭伯勋、赵师贡、陈孟瑜、李生、高奎吾、黄绍蕃、吴城一、赵翘初、苏惸惸为古巴中国国民党支部评议部评议员;陈孟瑜为夏湾拿中国国民党分部总务科主任,黄绍蕃为夏湾拿中国国民党分部执行部书记,周梦如、黄玉书、容秩卿、陈德谦为夏湾拿中国国民党分部干事,赵继猷为夏湾拿中国国民党分部评议部书记,钟翰生、蔡容仙、伍梓林、周天达、赵师贡、方以情、赵继猷、张崇智、苏荧荧、李运球、黄吉庵、胡贯瑜为夏湾拿中国国民党分部评议部评议员;雷栋材为大沙华中国国民党分部总务科主任,蔡梁伯、伍乃章为大沙华中国国民党分部执行部书记,李丽川、黄肇炳、程树荣为大沙华中国国民党分部干事,陈嘉辉为大沙华中国国民党分部评议部书记,陈嘉辉、陈超八、邓达泉、潘擎石、吴瑞、潘维安、黄名康、姚植朋、伍楠、潘干谦、刘蔼余、陈钜为大沙华中国国民党分部评议部评议员;黄颂平为万山李祐中国国民党分部总务科主任,黄雨亭为万山李祐中国国民党分部执行部书记,潘颂球、陈荣、陈炽明、黄雨亭、黄秋博、仇卓文、潘丽山、李赞宗、梁公拔、潘颂三、蒋玉阶、黄衍沛为万山李祐中国国民党分部干事;黄耀南为边拿李耀中国国民党分部总务科主任,郑煜、陈礼起为边拿李耀中国国民党分部执行部书记,容扬、林观胜、傅柳朋、钟业为边拿李耀中国国民党分部干事,劳汉生为边拿李耀中国国民党分部评议部书记,郑和利、阮惠、李湛、陈伯生、容炳南、梁兆荣、林昶、张松为边拿李耀中国国民党分部评议部评议员;黄栋云为舍咕中国国民党分部总务科主任,黎凤朝、黄苇一为舍咕中国国民党分部执行部书记,赵卓湛、何盈富、黎仕启、容树尧为舍咕中国国民党分部干事,何煜胜为舍咕中国国民党分部评议部书记,林斗南、张松源、杜锦荣、劳廷波、蔡觐泉、江庆云、蒋道想、何鹏、黄德本、何煜胜为舍咕中国国民党分部评议部评议员;李德贵为个窿中国国民党分部总务科主任,李钧冲、关公羽为个窿中国国民党分部执行部书记,谭子光、何根恺、张韬来为个窿中国国民党分部干事,李伯湖为个窿中国国民党分部评议部书记,李伯湖、侯奕行、冯俭时、陈纯照、冯顺体、卢其芬、冯才奴为个窿中国国民党分部评议部评议员;吴汝登为介华连中国国民党分部总务科主任,潘容端、李现圣为介华连中国国民党分部执行部书记,曾桂芳、吴汝标、潘德廉、李孔荣为介华连中国国民党分部干事,李鸿藻为介华连中国国民党分部评议部书记,潘子贵、陈乐培、吴汝登、潘容端、吴汝标、潘德廉、刘丽泉、刘焯生、李鸿藻、黄联昌为介华连中国国民党分部评议部评议员;张荣茂为加马威中国国民党分部总务科主任,岑连在为加马威中国国民党分部执行部书记,李杏、岑连在、麦燮、陈智耀为加马威中国国民党分部干事,余坚良为加马威中国国民党分部评议部书记,郑泉、张棉祥、叶祝照、陈昌耀、朱华冲、关崧来、丁浩、李冠廷、冯庄毅、李赞年为加马威中国国民党分部评议部评议员;关其康为柯景中国国民党分部总务科主任,刘尊垣为柯景中国国民党分部执行部书记,蒋伟生、雷家楚、刘尊垣、李瑞龙为柯景中国国民党分部干事,蒋伟生为柯景中国国民党分部评议部书记,刘瑞年、甄平番、何尚敏、关盈安、黄恭释、聂受、梁子荣、蒋社欢为柯景中国国民党分部评议部评议员;李扶汉为美京中国国民党分部总务科主任,陈炎兴为美京中国国民党分部执行部书记,许军儒、陈保祥、曹惠卿、李孔广、李润生、李孔道、李宗兑为美京中国国民党分部干事,曹惠卿为美京中国国民党分部评议部书记,谢信彦、谢行三、李扶汉、梅荣、邝琪琛为美京中国国民党分部评议部评议员;黄福祯为菜苑中国国民党分部总务科主任,黄实为菜苑中国国民党分部执行部书记,关辰、黄作尧、余暮登、周洪为菜苑中国国民党分部干事,李梓莺为菜苑中国国民党分部评议部书记,彭清、胡添、黄灿、黄朝俊、黄汉南、伍于焯、关勋廷、黄进行为菜苑中国国民党分部评议部评议员;郑广池为北架斐中国国民党分部总务科主任,黄立淋为北架斐中国国民党分部执行部书记,周述尧、周文驹、蔡超群、曹月蟾、潘莲生、黄绍卓、周麟杏、缪金发为北架斐中国国民党分部干事,周麟开为北架斐中国国民党分部评议部书记,郑新皖、伍鸿谱、郑寿康、黄羡麟、郑胜、萧观灵、伍龙驹、周逢寿为北架斐中国国民党分部评议部评议员;邓芛泉为企城中国国民党分部总务科主任,黄力功、余莲舫为企城中国国民党分部执行部书记,李培、余寅礼、余焜和、余齐、黄月屏、余中永、李沽为企城中国国民党分部干事,余齐为企城中国国民党分部评议部书记,余焜和、李培、黄月屏、余炎、李国扬、蒋天照、蒋安爵、林伯成为企城中国国民党分部评议部评议员;杨宝成为乾雪地中国国民党分部总务科主任,黄益彰为乾雪地中国国民党分部执行部书记,廖管廷、谭宋、张沾桐、陈树程为乾雪地中国国民党分部干事;吕卓文为跛打中国国民党分部总务科主任,吕宗望为跛打中国国民党分部执行部书记,廖金吾、谢光廷、吕凤奇、古焕为跛打中国国民党分部干事,刘森为跛打中国国民党分部评议部书记,林建昌、吕伯陶、黄亮邦、龙旭池、刘和合、张汉森、吕善超、陈子壬、廖华炳、黄佑章为跛打中国国民党分部评议部评议员;梁励男为道禧中国国民党分部总务科主任,梁翰如、叶霖普为道禧中国国民党分部执行部书记,李世腾、张新志、李擎天、甘雪葵、黄南、包珍、谭寿、梁棠、蒙炮、陈德、陈科、江灌西、关西如、黄广、文振威为道禧中

给方以情等委任状

国国民党分部干事,何成芬为道禧中国国民党分部评议部书记,郑爽、李剑坡、伍桂、谭邦、许棠、方盛、李春、甄晋、李全、方耀、李任为道禧中国国民党分部评议部评议员;陈祥为茂宜中国国民党分部总务科主任,邓想为茂宜中国国民党分部执行部书记,邓秀山、谭三安、陈焯、杨炎、郑福、谭旺、黄池德、谭和发、黄养、朱缵、刘华、黄煊、曾有胜、叶观生、谭贵福、谭泗、邓富、李灿、杨潮、杨训畅、谭天祥、黄官兆、谭海、卓全为茂宜中国国民党分部干事,谭举云为茂宜中国国民党分部评议部书记,陆桐、黄照、邓瑞、李齐秀、詹义生、廖琚、唐纳、张来就、邓洽、詹大为茂宜中国国民党分部评议部评议员;林平波为古鲁市中国国民党通讯处总务科科长,朱达泉、聂绍南、林济泉、王鸿盛为古鲁市中国国民党通讯处科员;孔启升为庇叻咕中国国民党通讯处总务科科长,凌云谱、陈德仁、杨秀衿为庇叻咕中国国民党通讯处评议部评议员;关鉴享为亚华吉地中国国民党通讯处总务科科长,黄思浓、孔汉璋为亚华吉地中国国民党通讯处执行部书记,张礼炯、关朝阳、孔汉璋、司徒享为亚华吉地中国国民党通讯处科员,蔡国安、吴福、区作梁、卢朝亨、梁铭楷为亚华吉地中国国民党通讯处评议部评议员;张泽荣为高路罅中国国民党通讯处总务科科长;余齐活为山寅打兆中国国民党通讯处总务科科长,余如登为山寅打兆中国国民党通讯处执行部书记;赵北京为山路自路中国国民党通讯处总务科科长,梁广然为山路自路中国国民党通讯处执行部书记,黄池广、梁广然为山路自路中国国民党通讯处科员,余铭元为山路自路中国国民党通讯处评议部书记、黄显慈、黄锦顺、黄炳赞、黄兆窗、雷昌顺、黄秋添、周荣庆、黄俊远为山路自路中国国民党通讯处评议部评议员;赵炜廷为墨京中国国民党通讯处总务科科长,赵拓平为墨京中国国民党通讯处执行部书记,阮振渠、朱煜森、赵瑞兰、关春培、赵烈庭为墨京中国国民党通讯处评议部评议员;陈富为磨诗耀中国国民党通讯处总务科科长,伍奇勋、胡植棉为磨诗耀中国国民党通讯处执行部书记,萧连开、邝阔光、曾瑜瑚、张百思为磨诗耀中国国民党通讯处科员,张百雄为磨诗耀中国国民党通讯处评议部书记,黄文就、张甫坚、关廉广、伍灿瑞、凌新益、梁占安、龙灶容、卢权旺为磨诗耀中国国民党通讯处评议部评议员;黄茂广为山多些中国国民党通讯处总务科科长,关棣为山多些中国国民党通讯处执行部书记。此状。

总理(印)

总务部部长　彭素民副署

据中国国民党中央文化传播委员会党史馆藏一般档案 051/323

委派赵志戎职务令

（一九二三年四月二日）

大元帅令

　　派赵志戎为工兵局筹备委员。此令。

（中华民国陆海军大元帅之印）

中华民国十二年四月二日

据大本营秘书处编《陆海军大元帅大本营公报》第六号（广州一九二三年四月十三日）

委派古应芬职务令

（一九二三年四月二日）

大元帅令

　　查大本营驻江办事处各主任等,近或因事去任,或另授他职,组织不完,遂致责无专属。兹特派古应芬为大本营驻江办事处全权主任,所有留驻江门水陆各军队,概归节制、调遣。此令。

（中华民国陆海军大元帅之印）

中华民国十二年四月二日

据大本营秘书处编《陆海军大元帅大本营公报》第六号（广州一九二三年四月十三日）

给何教委任状

（一九二三年四月二日）

委任状

委任何教为舍咭中国国民党分部正部长。此状。

中国国民党总理　孙　文
总务部部长　彭素民
代理党务部部长　孙　镜
财政部部长　林业明
宣传部部长　叶楚伧
交际部部长　张秋白
中华民国十二年四月二日

据中国国民党中央文化传播委员会党史馆藏一般档案051/241

给杨嘉猷委任状

（一九二三年四月二日）

委任状

委任杨嘉猷为中国国民党南京东南大学分部筹备处主任。此状。

总理　孙　文
总务部部长　彭素民
中华民国十二年四月二日

据中国国民党中央文化传播委员会党史馆藏一般档案051/225

给侯中庸委任状

（一九二三年四月二日）

委任状

委任侯中庸为佃窿中国国民党分部党务科主任。此状。

中国国民党总理　孙　文
总务部部长　彭素民
代理党务部部长　孙　镜
中华民国十二年四月二日

据中国国民党中央文化传播委员会党史馆藏一般档案051/242

任命马伯麟职务令

（一九二三年四月四日）

任命马伯麟为虎门要塞司令。此令。

孙　文
十二年四月四日

据谭延闿编《总理遗墨》第一辑（一九二八年印行，广东省社会科学院藏）

任命林云陔职务令

（一九二三年四月四日）

大元帅令

　　任命林云陔为大本营秘书。此令。

　　　　　　　　　　　　　（中华民国陆海军大元帅之印）
　　　　　　　　　　　　　中华民国十二年四月四日

　　据大本营秘书处编《陆海军大元帅大本营公报》第六号
　　（广州一九二三年四月十三日）

任命梁鸿楷职务令

（一九二三年四月四日）

大元帅令

　　任命梁鸿楷为中央直辖广东讨贼军第四军军长。此令。

　　　　　　　　　　　　　（中华民国陆海军大元帅之印）
　　　　　　　　　　　　　中华民国十二年四月四日

　　据大本营秘书处编《陆海军大元帅大本营公报》第六号
　　（广州一九二三年四月十三日）

任命杨蓁等职务令

（一九二三年四月四日）

大元帅令

　　任命杨蓁、金汉鼎、邓泰中、朱和中、金华林为大本营高级参谋。此令。

（中华民国陆海军大元帅之印）

中华民国十二年四月四日

据大本营秘书处编《陆海军大元帅大本营公报》第六号
（广州一九二三年四月十三日）

任命李济深郑润琦职务令

（一九二三年四月四日）

大元帅令

　　任命李济深为中央直辖广东讨贼军第一师师长，郑润琦为中央直辖广东讨贼军第三师师长。此令。

（中华民国陆海军大元帅之印）

中华民国十二年四月四日

据大本营秘书处编《陆海军大元帅大本营公报》第六号
（广州一九二三年四月十三日）

委派古日光职务令

（一九二三年四月四日）

大元帅令

　　派古日光为工兵局筹备委员。此令。

（中华民国陆海军大元帅之印）
中华民国十二年四月四日

据大本营秘书处编《陆海军大元帅大本营公报》第六号（广州一九二三年四月十三日）

委派杨鹤龄职务令

（一九二三年四月四日）

派杨鹤龄为港澳特务调查员。此令。

孙　文
十二年四月四日

据谭延闿编《总理遗墨》第一辑（一九二八年印行，广东省社会科学院藏）

给林有祥等委任状

（一九二三年四月九日）

委任林有祥为吉礁中国国民党支部总务科正主任，陈万锦为吉礁中国国民党支部总务科副主任，李忍辱为吉礁中国国民党支部执行部书记，陈元机、李孔塔、林呈祥、陈悌英、吕俊典、李金銮、李大蟳、嬴壬癸为吉礁中国国民党支部干事，林永昭为吉礁中国国民党支部评议部书记，陈丽水、林水湼、李引相、伍远锄、林箕忠、李国钗、郑文倩、何玉麟、李文梓、黄水龟为吉礁中国国民党支部评议部评议员。陈楚良为霹雳峰仡中国国民党分部总务科主任，梁炳然、高周、冯如椿、郑润民、高石、罗林、周福为霹雳峰仡中国国民党分部执行部书记，张统垂、梁锡余、梁荣锐、李文卿、杨玉、谭祖幸、何玉、蔡恒钊、叶春谱、吴海华为霹雳峰仡中国国民党分部干事，翁镜祥为霹雳峰仡中国国民党分部评议部书记，梁元亨、冯藉生、周九、伍子金、林贤、胡杰生、黄连、林逵九、黎业初、黄万湖、赵永、陈炎初、蓝杨、陈炎成、张澄和为霹雳峰仡中国国民党分部评议部评议员。此状。

总理（印）

总务部部长　彭素民副署

据中国国民党中央文化传播委员会党史馆藏一般档案051/323

给林耀如等委任状

（一九二三年四月九日）

委任林耀如为吉礁中国国民党支部宣传科正主任，陈诰远为吉礁中国国民党支部宣传科副主任；岑醒亚为霹雳峰仡中国国民党分部宣传科主任。此状。

总理（印）

总务部部长　彭素民副署
宣传部部长　叶楚伧副署

据中国国民党中央文化传播委员会党史馆藏一般档案051/323

给林润泽等委任状

（一九二三年四月九日）

委任林润泽为吉礁中国国民党支部会计科正主任，陈玉兔为吉礁中国国民党支部会计科副主任；麦森为霹雳噜乞中国国民党分部会计科主任。此状。

总理（印）
总务部部长　彭素民副署
财务部部长　林业明副署

据中国国民党中央文化传播委员会党史馆藏一般档案 051/323

给陈英担等委任状

（一九二三年四月九日）

委任陈英担为吉礁中国国民党支部党务科正主任，李茂海为吉礁中国国民党支部党务科副主任；高逸山为霹雳噜乞中国国民党分部党务科主任。此状。

总理（印）
总务部部长　彭素民副署
代理党务部部长　孙　镜副署

据中国国民党中央文化传播委员会党史馆藏一般档案 051/323

给李引口等委任状

（一九二三年四月九日）

委任李引口为吉礁中国国民党支部正部长，颜金叶为吉礁中国国民党支部副部长，戴匍季为吉礁中国国民党支部评议部正议长，张日新为吉礁中国国民党支部评议部副议长；梁栋英为霹雳唪乞中国国民党分部正部长，胡□为霹雳唪乞中国国民党分部副部长，钟发为霹雳唪乞中国国民党分部评议部正议长，李智寿为霹雳唪乞中国国民党分部评议部副议长。此状。

总理（印）

总务部部长　彭素民副署

代理党务部部长　孙　镜副署

财务部部长　林业明副署

宣传部部长　叶楚伧副署

交际部部长　张秋白副署

据中国国民党中央文化传播委员会党史馆藏一般档案 051/323

准任张国森职务令

（一九二三年四月九日）

大元帅令

大本营参军长朱培德呈请任命张国森为大本营参军处少校副官。应照准。此令。

（中华民国陆海军大元帅之印）

中华民国十二年四月九日

据大本营秘书处编《陆海军大元帅大本营公报》第七号（广州一九二三年四月二十日）

准任吴文龙职务令

（一九二三年四月九日）

大元帅令

大本营参军长朱培德呈请任命吴文龙为大本营参军处上校副官。应照准。此令。

（中华民国陆海军大元帅之印）

中华民国十二年四月九日

据大本营秘书处编《陆海军大元帅大本营公报》第七号（广州一九二三年四月二十日）

给萱野长知特派状

（一九二三年四月九日）

特派状

特派萱野长知为调查戒烟事宜专员。此状。

孙　文

中华民国十二年四月九日

据秦孝仪主编《国父全集》第八册（台北近代中国出版社一九八九年版）

任命张开儒职务令

（一九二三年四月十日）

大元帅令

　　特任张开儒为大本营参谋长。此令。

（中华民国陆海军大元帅之印）

中华民国十二年四月十日

据大本营秘书处编《陆海军大元帅大本营公报》第七号
（广州一九二三年四月二十日）

委派陈独秀等职务令

（一九二三年四月十日）

大元帅令

　　派陈仲甫①、谭平山、马超俊为宣传委员会委员。此令。

（中华民国陆海军大元帅之印）

中华民国十二年四月十日

据大本营秘书处编《陆海军大元帅大本营公报》第七号
（广州一九二三年四月二十日）

---

① 陈仲甫，即陈独秀。

准蒋介石辞职令

（一九二三年四月十日）

大元帅令

　　大本营参谋长蒋中正呈请辞职。蒋中正准免本职。此令。

　　　　　　　　　　　　　　　（中华民国陆海军大元帅之印）

　　　　　　　　　　　　　　　中华民国十二年四月十日

　　据大本营秘书处编《陆海军大元帅大本营公报》第七号
　　（广州一九二三年四月二十日）

免马超俊职务令

（一九二三年四月十日）

大元帅令

　　工兵局筹备委员马超俊另有任用，应即免去本职。此令。

　　　　　　　　　　　　　　　（中华民国陆海军大元帅之印）

　　　　　　　　　　　　　　　中华民国十二年四月十日

　　据大本营秘书处编《陆海军大元帅大本营公报》第七号
　　（广州一九二三年四月二十日）

任命梅光培职务令

（一九二三年四月十一日）

大元帅令

　　任命梅光培为广东全省官产清理处处长。此令。

（中华民国陆海军大元帅之印）

中华民国十二年四月十一日

据大本营秘书处编《陆海军大元帅大本营公报》第七号
（广州一九二三年四月二十日）

委派廖仲恺职务令

（一九二三年四月十二日）

大元帅令

　　特派廖仲恺为劳军使。此令。

（中华民国陆海军大元帅之印）

中华民国十二年四月十二日

据大本营秘书处编《陆海军大元帅大本营公报》第七号
（广州一九二三年四月二十日）

任命刘玉山职务令

（一九二三年四月十二日）

大元帅令

　　任命刘玉山为中央直辖第七军军长兼中央直辖第二师师长。此令。

（中华民国陆海军大元帅之印）

中华民国十二年四月十二日

据大本营秘书处编《陆海军大元帅大本营公报》第七号
（广州一九二三年四月二十日）

任命陈天太职务令

（一九二三年四月十二日）

大元帅令

　　任命陈天太为中央直辖第三师师长。此令。

（中华民国陆海军大元帅之印）

中华民国十二年四月十二日

据大本营秘书处编《陆海军大元帅大本营公报》第七号
（广州一九二三年四月二十日）

任命杨虎等职务令

（一九二三年四月十四日）

大元帅令

　　任命杨虎、孙祥夫、李元著为大本营海军特派员。此令。

（中华民国陆海军大元帅之印）
中华民国十二年四月十四日

据大本营秘书处编《陆海军大元帅大本营公报》第八号
（广州一九二三年四月二十七日）

任命赵德恒职务令

（一九二三年四月十六日）

大元帅令

　　任命赵德恒为大本营高级参谋。此令。

（中华民国陆海军大元帅之印）
中华民国十二年四月十六日

据大本营秘书处编《陆海军大元帅大本营公报》第八号
（广州一九二三年四月二十七日）

委派李绮庵职务令

（一九二三年四月十六日）

大元帅令

　　派李绮庵为工兵局筹备委员。此令。

（中华民国陆海军大元帅之印）

中华民国十二年四月十六日

据大本营秘书处编《陆海军大元帅大本营公报》第八号
（广州一九二三年四月二十七日）

任命廖湘芸职务令

（一九二三年四月十七日）

大元帅令

　　任命廖湘芸为虎门要塞司令。此令。

（中华民国陆海军大元帅之印）

中华民国十二年四月十七日

据大本营秘书处编《陆海军大元帅大本营公报》第八号
（广州一九二三年四月二十七日）

给黄冠三等委任状

（一九二三年四月十七日）

委任黄冠三为哔造中国国民党通讯处正主任，刘芹为哔造中国国民党通讯处评议部正议长，杨结扳为哔造中国国民党通讯处评议部副议长。此状。

总理（印）

总务部部长　彭素民副署

代理党务部部长　孙　镜副署

财务部部长　林业明副署

宣传部部长　叶楚伧副署

交际部部长　张秋白副署

据中国国民党中央文化传播委员会党史馆藏一般档案051/323

给陈金晃委任状

（一九二三年四月十七日）

委任陈金晃为哔造中国国民党通讯处党务科科长。此状。

总理（印）

总务部部长　彭素民副署

代理党务部部长　孙　镜副署

据中国国民党中央文化传播委员会党史馆藏一般档案051/323

给吴泽庭委任状

（一九二三年四月十七日）

委任吴泽庭为哗造中国国民党通讯处会计科科长。此状。

              总理（印）
          总务部部长　彭素民副署
          财务部部长　林业明副署

据中国国民党中央文化传播委员会党史馆藏一般档案051/323

给陈祥委任状

（一九二三年四月十七日）

委任陈祥为哗造中国国民党通讯处宣传科科长。此状。

              总理（印）
          总务部部长　彭素民副署
          宣传部部长　叶楚伧副署

据中国国民党中央文化传播委员会党史馆藏一般档案051/323

给苏孟裔等委任状

（一九二三年四月十七日）

委任苏孟裔为哗造中国国民党通讯处总务科科长，孔超武为哗造中国国民党通讯处执行部书记,蔡翊超、李电轮、梁紫垣、方铁侠、蔡子文、何宽荣、陈秩生、刘润祥、郑衍祥为哗造中国国民党通讯处科员,曾秩军为哗造中国国民党通讯处评议部书记,梁帝柱、刘森耀、陈仲良、黄华贵、古振煊、黄耀祺、简军权为哗造中国国民党通讯处评议部评议员。此状。

总理(印)

总务部部长　彭素民副署

据中国国民党中央文化传播委员会党史馆藏一般档案051/323

委派陈兴汉职务令

（一九二三年四月十七日）

大元帅令

　　派陈兴汉管理粤汉铁路事务。此令。

（中华民国陆海军大元帅之印）

中华民国十二年四月十七日

据大本营秘书处编《陆海军大元帅大本营公报》第八号
（广州一九二三年四月二十七日）

给李晖等委任状

（一九二三年四月十八日）

　　委任李晖为横滨中国国民党支部党务科正主任,冯隆阶为横滨中国国民党支部党务科副主任;关松远为市必汗中国国民党分部党务科主任;陈竹山为叻架伙中国国民党分部党务科主任;郑松盛为品夫中国国民党分部党务科主任;麦元景为列孔列姐中国国民党分部党务科主任;朱炯昌为喜路市姊中国国民党分部党务科主任；周竞持为把利佛中国国民党分部党务科主任；伍俊荣为片市阻珠中国国民党分部党务科主任；黄汉儿为卡忌利中国国民党分部党务科主任；冯晓楼为都朗杜中国国民党分部党务科主任；黄雄甫为点问顿中国国民党分部党务科主任；黄先求为宙巴仑中国国民党分部党务科主任；敖英三为古璧中国国民党分部党务科主任；曾沛传为片市鲁别中国国民党分部党务科主任；方远龙为夏路弗市中国国民党分部党务科主任；黄能民为宙布碌中国国民党分部党务科主任；李维砚为多榄喜亚中国国民党分部党务科主任；曾桂芳为云高华中国国民党分部党务科主任；余保纲为尾利慎血中国国民党分部党务科主任；黄焕珍为片的顿中国国民党分部党务科主任；潘子才为市打罅中国国民党分部党务科主任；周长福为约顿中国国民党分部党务科主任；黄恭穗为伙伟林中国国民党分部党务科主任；马相荣为汝利慎中国国民党分部党务科主任；蔡雨松为所慎尾利中国国民党分部党务科主任；黄昂儒为波兰佛中国国民党分部党务科主任；邓叔平为雷城中国国民党分部党务科主任；李醒汉为顷士顿中国国民党分部党务科主任；马才晃为沙城中国国民党分部党务科主任；李桓为波兰顿中国国民党分部党务科主任；谭润兴为圣转中国国民党分部党务科主任；麦晋三为柯京中国国民党分部党务科主任；司徒仲明为片市打佛中国国民党分部党务科主任；陈占四为委伴中国国民党分部党务科主任；梁雨金为温谙中国国民党分部党务科主任；李礽嵩为吉治打中国国民党通讯处党务科科长；马仟修为老市仑中国国民党通讯处党务科科长；和泮为尾利和中国国民党通讯处党务科科长；司徒汉男为笠夫李市中国国民党通讯处党务科科长；郑良民为企仑打中国国民党通讯处党务科科长；黄衡石为圣卡顿中国国民党分部党务科科长；赵楚珩为且砧中国国民党通讯处党务科科长。此状。

总理（印）

总务部部长　彭素民副署

代理党务部部长　孙　镜副署

据中国国民党中央文化传播委员会党史馆藏一般档案051/323

给陈顺成等委任状

（一九二三年四月十八日）

委任陈顺成为横滨中国国民党支部会计科正主任，梁芍坡为横滨中国国民党支部会计科副主任；黄焕南为市必汗中国国民党分部会计科主任；司徒侠夫为叨架伙中国国民党分部会计科主任；袁炎为品夫中国国民党分部会计科主任；余演中为列孔列姐中国国民党分部会计科主任；李松光为喜路市姊中国国民党分部会计科主任；梁仁沛为把利佛中国国民党分部会计科主任；黄洪德为片市阻珠中国国民党分部会计科主任；雷维浣为卡忌利中国国民党分部会计科主任；许炯昌为都朗杜中国国民党分部会计科主任；马鸿本为点问顿中国国民党分部会计科主任；黄宽芹为宙巴仑中国国民党分部会计科主任；司徒卓廷为古璧中国国民党分部会计科主任；黄名祥为片市鲁别中国国民党分部会计科主任；叶如富为夏路弗市中国国民党分部会计科主任；徐荔为宙布碌中国国民党分部会计科主任；麦乾初为多榄喜亚中国国民党分部会计科主任；黄华尧为云高华中国国民党分部会计科主任；马铭林为尾利慎血中国国民党分部会计科主任；周遂鳌为片的顿中国国民党分部会计科主任；潘镒荣为市打罅中国国民党分部会计科主任；李宗佳为约顿中国国民党分部会计科主任；林荣滋为伙伟林中国国民党分部会计科主任；马大合为汝利慎中国国民党分部会计科主任；李彰时为所慎尾利中国国民党分部会计科主任；李询云为波兰佛中国国民党分部会计科主任；周汉裔为雷城中国国民党分部会计科主任；何铁汉为顷士顿中国国民党分部会计科主任；黎星为沙城中国国民党分部会计科主任；黄滉林为波兰顿中国国民党分部会计科主任；谭声耀为圣转中国国民党分部会计科主任；薛德光为柯京中国国民党分部会计科主任；梁象灼为片市打佛中国国民党分部会计科主任；关伯仲为委伴中国国民党分部会计科主任；黄热血为温谙中国国民党分部会计科主任；李礽饶为吉治打中国国民党通讯处会计科科长；雷振声为老市仑中国国民党通讯处会计科科长;龚槐桢为迫架中国国民党通讯处会计科科长;舜中为尾利和中国国民党通讯处会计科科长;陈毓生为笠夫李市中国国民党通讯处会计科科长;黄颂声为企仑打中国国民党通讯处会计科科长;方协民为圣卡顿中国国民党通讯处会计科科长;张寿南为且砧中国国民党通讯处会计科科长。此状。

总理(印)

总务部部长　彭素民副署

财务部部长　林业明副署

据中国国民党中央文化传播委员会党史馆藏一般档案051/323

给罗翮云等委任状

（一九二三年四月十八日）

委任罗翮云为横滨中国国民党支部宣传科正主任;关羡华为市必汗中国国民党分部宣传科主任;张梦汉为叨架伙中国国民党分部宣传科主任;余庆强为品夫中国国民党分部宣传科主任;麦松稳为列孔列姐中国国民党分部宣传科主任;盘尚呆为喜路市姊中国国民党分部宣传科主任;周家麟为把利佛中国国民党分部宣传科主任;周家苑为片市阻珠中国国民党分部宣传科主任;雷家赏为卡忌利中国国民党分部宣传科主任;王硕果为都朗杜中国国民党分部宣传科主任;刘梓森为点问顿中国国民党分部宣传科主任;黄文甫为宙巴仑中国国民党分部宣传科主任;周世钊为古璧中国国民党分部宣传科主任;马峤峰为片市鲁别中国国民党分部宣传科主任;林举辉为夏路弗市中国国民党分部宣传科主任;徐子禄为宙布碌中国国民党分部宣传科主任;曾毓鳌为多榄喜亚中国国民党分部宣传科主任;黄占元为云高华中国国民党分部宣传科主任;张毅卿为尾利慎血中国国民党分部宣传科主任;黄民举为片的顿中国国民党分部宣传科主任;邓汉进为市打罅中国国民党分部宣传科主任;司徒石泉为约顿中国国民党分部宣传科主任;李捷安为伙伟林

中国国民党分部宣传科主任；周广柏为汝利慎中国国民党分部宣传科主任；林善焯为所慎尾利中国国民党分部宣传科主任；黄国良为波兰佛中国国民党分部宣传科主任；余稔中为雷城中国国民党分部宣传科主任；王怀乐为顷士顿中国国民党分部宣传科主任；关双为沙城中国国民党分部宣传科主任；梁松生为波兰顿中国国民党分部宣传科主任；谭声永为圣转中国国民党分部宣传科主任；吴茂为柯京中国国民党分部宣传科主任；司徒怀汉为片市打佛中国国民党分部宣传科主任；周南山为委伴中国国民党分部宣传科主任；黄星楼为温谙中国国民党分部宣传科主任；张自强为吉治打中国国民党通讯处宣传科科长；黄华焕为老市仑中国国民党通讯处宣传科科长；马砺周为迫架中国国民党通讯处宣传科科长；金良为尾利和中国国民党通讯处宣传科科长；陈履生为笠夫李市中国国民党通讯处宣传科科长；刘英元为企仑打中国国民党通讯处宣传科科长；司徒文华为圣卡顿中国国民党通讯处宣传科科长；黄松辅为且砝中国国民党通讯处宣传科科长。此状。

总理（印）

总务部部长　彭素民副署

宣传部部长　叶楚伧副署

据中国国民党中央文化传播委员会党史馆藏一般档案051/323

给黄焯民等委任状

（一九二三年四月十八日）

委任黄焯民为横滨中国国民党支部总务科正主任，鲍连就为横滨中国国民党支部总务科副主任，杨光庆为横滨中国国民党支部执行部书记，陈春树、郑德泉、欧阳静山、梁有长、赵日初、张瑞荃、刘炳初、陈燎辉、成崇本、温国恩、李电英、周国清、鲍胜常、吴焕云、林文联为横滨中国国民党支部干事，李晋光为横滨中国国民党支部评议部书记，李寅佳、陆耀芸、刘泽泉、谢俊亨、黄维炘、陈火秀、李润璋、鲍州昭为横滨中国国民党支部评议部评议员；关勋旋为市必汗中国国民党分部党务科主任，关我愚为市必汗中国国民党分部执行部书记，关烈民、关鼎之、关元深、关省吾、关碧峰、梁炎、胡槲荣、余祝三、黄兰韵、关健民、关勋焯、余伟和为市必汗中国国民党分部干事，关卓臣、余松林、余锡坤、胡锡如、关伯荣、余玖、关砚池、余衍廷、余卓、余稳和、关璧池为市必汗中国国民党分部评议部评议员；张栋耀为叻架伙中国国民党分部总务科主任，司徒铁魂为叻架伙中国国民党分部执行部书记，吴汇正、甄子逵、陈再生、梁洪藉、余国俊为叻架伙中国国民党分部干事，谢诣斌为叻架伙中国国民党分部评议部书记，麦宝山、陈连会、余飞腾、郑鉴明、李礽质、张文资为叻架伙中国国民党分部评议部评议员；黄雅秀为品夫中国国民党分部总务科主任，黄施博为品夫中国国民党分部执行部书记，阮若春、敖瑞、阮汉生、朱荣仕、黄镇兰、周禧、周自怀、钟毓兰、黄敖为品夫中国国民党分部干事，黄渭北为品夫中国国民党分部评议部书记，周松均、黄树擢、卢朝伟、朱牛妹、余燦礼、袁奕相、阮珍耀、黄挺生为品夫中国国民党分部评议部评议员；周宏瑞为列孔列姐中国国民党分部总务科主任，朱本固为列孔列姐中国国民党分部执行部书记，朱乾、余百年、马华祥、余强、胡维喜为列孔列姐中国国民党分部干事，黄桢瑞为列孔列姐中国国民党分部评议部书记，麦德娟、余荣鉴、余百骢、马洪藻、陈利、胡锦、麦乾彩、曾优群、周日初、邝安为列孔列姐中国国民党分部评议部评议员；盘活隆为喜路市姊中国国民党分部总务科主任，马恒慈为喜路市姊中国国民党分部执行部书记，盘炯隆、骆伙、李波、冯鸣楫、李炳祥、盘文杰为喜路市姊中国国民党分部干事，黄庭炜为喜路市姊中国国民党分部评议部书记，芹昌、马恒广、朱奕堃、盘铨昌、盘英元、盘达尊、邓兆、盘煜隆、盘国昌、黄灿邦、马华芳为喜路市姊中国国民党分部评议部评议员；司徒威林为把利佛中国国民党分部总务科主任，司徒颂舆为把利佛中国国民党分部执行部书记，周中坚、周孔生、梁安、周爵臣、梁植臣、周兴盛、周颂平、梁泳溟、司徒日月、吕浩芳、周在焯、周溢之、陆光宿、周秉三、周玉衡、周家香、周翼常为把利佛中国国民党分部干事，周杰三为把利佛中国国民党分部评议部书记，梁礼庭、周家甜、周孔生、梁燮、周瑞述、周道伟、周梦生、周开泉、梁市三、司徒位畲为把利佛中国国民党分部评议部评议员；周侠志为片市阻珠中国国民党分部总务科主任，陈拔南、周汉醒为片市阻珠中国国民党分部执行部书记，周英鹄、马友梧、赵一枝、许同得为片市阻珠中国国民党分部干事,聂耀初为片市阻珠中国国民党分部评议部书记,黄雅良、许福民、余杰庆、马泂澴、郑烈民、周宪良、梁璧柱、许球为片市阻珠中国国民党分部评议部评议员；陈屠帝为卡忌利中国国民党分部总务科主任,潘侠魂、黄陶阶为卡忌利中国国民党分部执行部书记,马臻璇、雷震光、余耀棠、何荣川为卡忌利中国国民党分部干事,雷卓平为卡忌利中国国民党分部评议部书记,周我汉、余子燕、李镜如、雷家祺、李子平、袁勤能、黄仲珊、谢宇擎、黄进秀、林龙波、梁礼、雷少俊、余礼彬为卡忌利中国国民党分部评议部评议员；吴志革为都朗杜中国国民党分部总务科主任,赵泮生为都朗杜中国国民党分部执行部书记,曹惠民、刘希惠、叶仕林、杨可任、赵华石、许月波、张烈民、黄白天、戚泽民、钟辅、戚卓卿、周雄彪、吴熊、李铁如、彭家广、林振华、许良瑞、黄惠民、薛毅夫为都朗杜中国国民党分部干事,宋卓勋为都朗杜中国国民党分部评议部书记,林卓平、林鹤余、李剑侠、冯一枝、曾成裘、李耀云、何梦龄、吴清华、胡郎、赵贤为都朗杜中国国民党分部评议部评议员；马求德为点问顿中国国民党分部总务科主任,马镜池为点问顿中国国民党分部执行部书记,马畅廷、马汉修、黄精华、黄启瀹、李润富、马恒立、朱五郎、朱赞棠、马锦章、黄兆鲸为点问顿中国国民党分部干事,黄醒非为点问顿中国国民党分部评议部书记,马祝三、黄润生、马荣日、马卓元、朱若愚、黄龙强、马伯志、黄天习、李松轩、马鸿禧、朱广奕、余朝恩、陈璧池为点问顿中国国民党分部评议部评议员；杨汉三为宙巴仑中国国民党分部总务科主任,马典如为宙巴仑中国国民党分部执行部书记,马尚伟、曾广理、余常、马血民、锦云为宙巴仑中国国民党分部干事,黄奕贤为宙巴仑中国国民党分部评议部书记,黄磊民、谢四女、马宏达、马锦铎、胡宽卓、张海一、林敏岩、黄槐、胡叶、梁旺、黄利民、马为韶为宙巴仑中国国民党分部评议部评议员；吴侠夫为古璧中国国民党分部总务科主任,方是男、关伟民为古璧中国国民党分部执行部书记,司徒泽民、司徒润生、陈雅卿、黄昂照、黄联辅、方振民、梁城广、司徒雅轩、司徒丽川、周家榻、关兆康、陈卓男、梁域裕为古璧中国国民党分部干事，司徒树兰为古璧中国国民党分部评议部书记，黄作谦、司徒道之、方智农、梁旭强、敖兴三、李儒均、司徒绪堂、司徒绩懿、周世灿、林举礼为古璧中国国民党分部评议部评议员；黄道显为片市鲁别中国国民党分部总务科主任，曾惠霖为片市鲁别中国国民党分部执行部书记，张椿协、谭华汉、黄国辉、裘灿、黄仲琳、马祥、郑德昌、周拱彬为片市鲁别中国国民党分部干事，黄馥庭为片市鲁别中国国民党分部评议部书记，黄世信、李美安、丘修端、李其信、曾连胜、陈寿桐、周如日、陈社雄、黄松后、黄名珍为片市鲁别中国国民党分部评议部评议员；黄辉石为夏路弗市中国国民党分部总务科主任，区广常为夏路弗市中国国民党分部执行部书记，谭文沾、王伟昌、黄治、文良永、叶云生、司徒光军为夏路弗市中国国民党分部干事，伍耀畅为夏路弗市中国国民党分部评议部书记，区圣爵、陈元勋、徐双丁、谭鸿源、余熙和、伍色旗、司徒福年、张贵子、马科民、生竞雄为夏路弗市中国国民党分部评议部评议员；周泽波为宙布礫中国国民党分部总务科主任，李景伦为宙布礫中国国民党分部执行部书记，马本葵、徐见龙、李振美、李维周、邓祥、李福、吴胜、李有女为宙布礫中国国民党分部干事，邓深为宙布礫中国国民党分部评议部书记，李芳南、李仲田、伍甲、陈灼贤、李赵南、董翰、伍耀康、李泽、徐贯、李社保为宙布礫中国国民党分部评议部评议员；李玉堂为多榄喜亚中国国民党分部总务科主任，谢章云、黄纪乾为多榄喜亚中国国民党分部执行部书记，麦锡祥、谢汝程、李显、李伸来、罗燮南、谢铭为、李俭持、杨庸夫、罗卓生、余卓、冯洪生、罗信琼、黎天然为多榄喜亚中国国民党分部干事，吴禄为多榄喜亚中国国民党分部评议部书记，黄炳德、袁瑞石、李松亭、雷寿如、黄赞规、廖国林、梁朝栋、梁邦栋、李敏钦、曾春仪、何谅、罗养法、潘百生、曾纪华为多榄喜亚中国国民党分部评议部评议员；李琼为云高华中国国民党分部总务科主任，黄卫为云高华中国国民党分部执行部书记，盘爱隆、陈启裕、黄民生、赵荣灿、甄良染为云高华中国国民党分部干事，黄信杰为云高华中国国民党分部评议部书记，黄赞、黄超衍、陈桂芳、黄锦旺、谭毅强、谭伯棠、司徒衍衢、马松筠、林福业、甄新辉、梁福昌、黄贺穰、苏汉生、杨日晓、谭锦元、苏护民为云高华中国国民党分部评议部评议员；谢鉴强为尾利慎血中国国民党分部总务科主任，梁若泉为尾利慎血中国国民党分部执行部书记，余鸣岐、谢能钦、马本洁、余雄飞为尾利慎血中国国民党分部干事，马海为尾利慎血中国国民党分部评议部书记，李醒民、余汝珊、余丰和、余鸿毛、余植三、谢福来、余明三为尾利慎血中国国民党分部评议部评议员；刘炳焯为片的顿中国国民党分部总务科主任，刘瑞石为片的顿中国国民党分部执行部书记，黄保之、黄绵传、刘希暖、罗永基、马奖修、关自琳为片的顿中国国民党分部干事，周卫东为片的顿中国国民党分部评议部书记；陈明星、林举煜、胡奕生、黄涛世、陈津渔、黄维熊为片的顿中国国民党分部评议部评议员；谢星南为市打罅中国国民党分部总务科主任，潘孔嘉、梁灯欣为市打罅中国国民党分部执行部书记，钟毓群、李发遇、梁安家、伍时仰、潘逢有、黄道大、邝灼南为市打罅中国国民党分部干事，潘超元为市打罅中国国民党分部评议部书记，黄慕强、胡维就、李发集、谢爵臣、许积芹、邓道炎、李如山、邓道行、邓鋈文、潘国亮、潘若涛、潘南山、潘植生、潘枢善、潘国强、潘泽民、潘杏棠、梁石稳为市打罅中国国民党分部评议部评议员；余章森为约顿中国国民党分部总务科主任，关兆槐为约顿中国国民党分部执行部书记，谢家琚为约顿中国国民党分部评议部书记，李康衢、谢瑞德、余光礼、余启华、周麟、雷林、李德、谢沐、谭柏为约顿中国国民党分部评议部评议员；钟吉辰为伙伟林中国国民党分部总务科主任，王复苏、李伟三为伙伟林中国国民党分部执行部书记，李琼南、徐长盛、司徒携区、卓光、李炳烈、李福培、林德盘为伙伟林中国国民党分部干事，钟英勤为伙伟林中国国民党分部评议部书记，林北立、李金练、赵林、黄振坤、黄金洪、卫旺、李仁巧为伙伟林中国国民党分部评议部评议员；谢维早为汝利慎中国国民党分部总务科主任，朱仁甫为汝利慎中国国民党分部执行部书记，黄百宽、马维霖、黄锦棠、叶春裔、谢其鸿、朱卓修、叶春华为汝利慎中国国民党分部干事，雷法尧为汝利慎中国国民党分部评议部书记，周廷卫、陈礼光、黄纪祥、胡燮畴、雷锡平、李东初、朱连谦、朱炳长、马荣尧、黄栋铨为汝利慎中国国民党分部评议部评议员；林汉兴为所慎尾利中国国民党分部总务科主任，李树庭、李明东为所慎尾利中国国民党分部执行部书记，李玉亭、林焯雄、林奕权、李芳华为所慎尾利中国国民党分部干事,赵景福为所慎尾利中国国民党分部评议部书记,林长胜、甄祥伟、林进三、李玉三、林日章、李玉庵、李卓平、李振民、李健初、赵国乔、李怀民、冯贤起为所慎尾利中国国民党分部评议部评议员;黄业初为波兰佛中国国民党分部总务科主任,黄护民、李植庭为波兰佛中国国民党分部执行部书记,许昌登、伍浩川、许生、黄求丁、李云熠、李启光、许会民、黄撰文、黄亦民、黄新有为波兰佛中国国民党分部干事,黄洪卓为波兰佛中国国民党分部评议部书记,黄人杰、黄昂赞、黄作严、黄东三、黄芝桢、黄雄亚、许植民、李谷棠为波兰佛中国国民党分部评议部评议员;麦世泽为雷城中国国民党分部总务科主任,李血生为雷城中国国民党分部执行部书记,余海和、刘希初、李一一、梁鸿威、陈西就、余卫汉、余燊熙、蔡燊盛为雷城中国国民党分部干事,蔡蕃春为雷城中国国民党分部评议部书记,李谷全、陈命之、雷康勉、陈明、李惠民、李朗天、周寿民、余毓照、黄焕业、马悦常为雷城中国国民党分部评议部评议员;吕燿南为顷士顿中国国民党分部总务科主任,李雄亚为顷士顿中国国民党分部执行部书记,谭文键、李向景、李宪章、李景民、谭廷芳、邝镇修、李瀚兴、李寄汉、李侠民、李世遐、梁凤韶、林立楠为顷士顿中国国民党分部干事,李镜如为顷士顿中国国民党分部评议部书记,李达民、林进元、雷我武、林德云、李康平、谭颂平、蔡珠盛为顷士顿中国国民党分部评议部评议员;黄锦如为沙城中国国民党分部总务科主任,廖麟为沙城中国国民党分部执行部书记,黎保、叶元、阮石瑚、马炳林、陆逢、黄毓相、李猷新、胡沃如、林胜、黄贞民、梁在为沙城中国国民党分部干事,黄育为沙城中国国民党分部评议部书记,胡杖昌、李文、余富、廖振、李英、李逸民、陈潜、胡遵滋为沙城中国国民党分部评议部评议员;余端和为波兰顿中国国民党分部总务科主任,陈宪民、谭扳为波兰顿中国国民党分部执行部书记,谭品臣、黄显逢、黄树彭、梁勤、曾显锋、李炳银、李梓云、黄合、曾云渠、黄健夫为波兰顿中国国民党分部干事,黄树沽为波兰顿中国国民党分部评议部书记,黄昂舜、胡江林、谭显德、曾玉麟、黄兆钿、方仲海、曾祐荣、冯少平为波兰顿中国国民党分部评议部评议员;谭家豪为圣转中国国民党分部总务科主任,谭宇明、赵镛大为圣转中国国民党分部执行部书记,李期进、余修中、谭家岳、谭昌琛、郑传发为圣转中国国民党分部干事,谭蔚文为圣转中国国民党分部评议部书记,谭声鉴、谭伟林、孔洪生、谭杰芬、谭昌琛、郑厚聪、郑号亮为圣转中国国民党分部评议部评议员;司徒仕焯为柯京中国国民党分部总务科主任,梁凤年为柯京中国国民党分部执行部书记,周荫南、麦国兴、梁竞雄、林善逵、谭步觉为柯京中国国民党分部干事,周豪伟为柯京中国国民党分部评议部书记,黄福盛、司徒文海、周在俭、司徒俊璧、林廷干、周一新、司徒文质、李树屏、司徒文学、梁羡如、敖文锦、谭杰生为柯京中国国民党分部评议部评议员;司徒若海为片市打佛中国国民党分部总务科主任,司徒德彬、李尚志为片市打佛中国国民党分部执行部书记,麦炳暖、司徒汉庭、李达、麦琼三、马培灿为片市打佛中国国民党分部干事,司徒仲明为片市打佛中国国民党分部评议部书记,司徒俊照、陈若民、马力强、麦伯干、黄福盈、麦圣雪、梁玉书、李秉均、叶卫民、司徒如、麦锡儿、梁锦棠、谭开锦、司徒业、麦侣云、司徒发淦、李溥、李维、陈郁、司徒发舜为片市打佛中国国民党分部评议部评议员;石美基为委伴中国国民党分部总务科主任,石美基、余新为委伴中国国民党分部执行部书记,黄燕和、黄昂参、陈江如、李圣福、李猷立、李圣庭、李绣石、余述畬为委伴中国国民党分部干事,陈彪为委伴中国国民党分部评议部书记,陈明熠、陈应学、李云达、李民丁、梁天池、陈日光、陈华、陈大、胡寂然、朱开强为委伴中国国民党分部评议部评议员;黄焕伦为温谐中国国民党分部总务科主任,黄静村为温谐中国国民党分部执行部书记,周干平、黄凤朝、黄绰洪、马炯刚、梁信仍、黄瑞云、陈杰民、郑聘三、盘益民、李日升、郑民强、黄国荣、李雨琴、黄广森、黄祐之、黄同享为温谐中国国民党分部干事,郑侠夫为温谐中国国民党分部评议部书记,黄传尧、陈丽初、苏树洪、李成兆、廖兰初、黄宽启、黄惠初、梁煜成、麦英球、黄振华为温谐中国国民党分部评议部评议员;李云奎为吉治打中国国民党通讯处总务科科长,陈肇元为吉治打中国国民党通讯处执行部书记,梁福为吉治打中国国民党通讯处评议部评议员;黄培进为老市仑中国国民党通讯处总务科科长,黄纯杰为老市仑中国国民党通讯处执行部书记,梁社元、马庄修、黄朝舜为老市仑中国国民党通讯处评议部评议员;龚莘平为迫架中国国民党通讯处执行部书记,黄均旺为迫架中国国民党通讯处评议部书记,谢汝畅、盘润、曾优群、梁璞珊、周馥兰为迫架中国国民党通讯处评议部评议员;燨和为尾利和中国国民党通讯处总务科科长,燿田为尾利和中国国民党通讯处执行部书记,蔡洪为尾利和中国国民党通讯处评议部书记,大礼、瑞安、瑞铿、余保、荣润、祥盛为尾利和中国国民党通讯处评议部评议员;关天民为笠夫李市中国国民党通讯处总务科科长,李文藻为笠夫李市中国国民党通讯处执行部书记,关天民为笠夫李市中国国民党通讯处评议部书记,陈伯衮、余少民、陈福、陈始平为笠夫李市中国国民党通讯处评议部评议员;马锦棠为企仑打中国国民党通讯处总务科科长,李根民为企仑打中国国民党通讯处执行部书记,李琼波、黄颂棠为企仑打中国国民党通讯处科员,李天洽、黄英德、黄达强、马淮清、黄洽传为企仑打中国国民党通讯处评议部评议员;何剑侠为圣卡顿中国国民党通讯处总务科科长,伍权洽为圣卡顿中国国民党通讯处执行部书记,黄衡石、甄天民、邝卓云、张懒臣、方持平、司徒懿渠为圣卡顿中国国民党通讯处科员,赵一山为圣卡顿中国国民党通讯处评议部书记,谢伯杰、黄洛运、张觐庆、李光华、刘省三、李兆汉、李育之、张纬培、张汉雄为圣卡顿中国国民党通讯处评议部评议员;赵卓忠为且砝中国国民党通讯处总务科科长,赵楚珩为且砝中国国民党通讯处执行部书记,林我醒为且砝中国国民党通讯处评议部书记,甄明霭、汤名惠、李如松为且砝中国国民党通讯处评议部评议员。此状。

总理(印)

总务部部长　彭素民副署

据中国国民党中央文化传播委员会党史馆藏一般档案051/323

给鲍应隆等委任状

（一九二三年四月十八日）

委任鲍应隆为横滨中国国民党支部正部长,阮茂熊为横滨中国国民党支部副部长,鲍次楼为横滨中国国民党支部评议部正议长,梁觐三为横滨中国国民党支部评议部副议长;关瑞祥为市必汗中国国民党分部正部长,胡恪廷为市必汗中国国民党分部副部长,余锦森为市必汗中国国民党分部评议部正议长,关国仪为市必汗中国国民党分部评议部副议长;张晓初为叻架伙中国国民党分部正部长,关洪德为叻架伙中国国民党分部副部长,李育之为叻架伙中国国民党分部评议部正议长,张元章为叻架伙中国国民党分部评议部副议长;黄惠民为品夫中国国民党分部正部长,敖奕生为品夫中国国民党分部副部长,黄俊伟为品夫中国国民党分部评议部正议长,黄树畅为品夫中国国民党分部评议部副议长;黄毅夫为列孔列姐中国国民党分部正部长,陈定之为列孔列姐中国国民党分部副部长,梁龙廷为列孔列姐中国国民党分部评议部正议长,黄黔禺为列孔列姐中国国民党分部评议部副议长;黄松友为喜路市姊中国国民党分部正部长,盘璀隆为喜路市姊中国国民党分部副部长,盘铨隆为喜路市姊中国国民党分部评议部正议长,盘炯尊为喜路市姊中国国民党分部评议部副议长;周瑞述为把利佛中国国民党分部正部长,胡汉宸为把利佛中国国民党分部副部长,周匡时为把利佛中国国民党分部评议部正议长,胡汉宸为把利佛中国国民党分部评议部副议长;曾民权为片市阻珠中国国民党分部正部长,钟铨如为片市阻珠中国国民党分部副部长,马锦登为片市阻珠中国国民党分部评议部正议长,梁成光为片市阻珠中国国民党分部评议部副议长;余庆宗为卡忌利中国国民党分部正部长,何井立为卡忌利中国国民党分部副部长,黄民章为卡忌利中国国民党分部评议部正议长,李沛如为卡忌利中国国民党分部评议部副议长;伍愤然为都朗杜中国国民党分部正部长,陈志英为都朗杜中国国民党分部副部长,赵文蔚为都朗杜中国国民党分部评议部正议长,吴竞道为都朗杜中国国民党分部评议部副议长;马光珠为点问顿中国国民党分部正部长,朱祖汉为点问顿中国国民党分部副部长,黄纯亨为点问顿中国国民党分部评议部正议长,马大扬为点问顿中国国民党分部评议部副议长;李华隆为宙巴仑中国国民党分部正部长,黄惠谦为宙巴仑中国国民党分部副部长,关荣燊为宙巴仑中国国民党分部评议部正议长,马宗孟为宙巴仑中国国民党分部评议部副议长;梁星初为古璧中国国民党分部正部长,司徒绚墀为古璧中国国民党分部副部长,司徒碧珊为古璧中国国民党分部评议部正议长,黄树庆为古璧中国国民党分部评议部副议长;黄修平为片市鲁别中国国民党分部正部长,黄桂荣为片市鲁别中国国民党分部副部长,黄卓凡为片市鲁别中国国民党分部评议部正议长,林举多为片市鲁别中国国民党分部评议部副议长;司徒朝相为夏路弗市中国国民党分部正部长,司徒乙秀为夏路弗市中国国民党分部副部长,区栋纲为夏路弗市中国国民党分部评议部正议长,谭炳堃为夏路弗市中国国民党分部评议部副议长;马世源为宙布碌中国国民党分部正部长,苏准如为宙布碌中国国民党分部副部长,李惠元为宙布碌中国国民党分部评议部正议长,伍宏汉为宙布碌中国国民党分部评议部副议长;梁贤天为多榄喜亚中国国民党分部正部长,罗璧初为多榄喜亚中国国民党分部副部长,李自坚为多榄喜亚中国国民党分部评议部正议长,关崇汉为多榄喜亚中国国民党分部评议部副议长;黄信德为云高华中国国民党分部正部长,周直民为云高华中国国民党分部副部长,朱直民为云高华中国国民党分部评议部正议长,马观宦为云高华中国国民党分部评议部副议长;黄亦蓁为尾利慎血中国国民党分部正部长,余卫民为尾利慎血中国国民党分部副部长,余礼敦为尾利慎血中国国民党分部评议部正议长;黄述传为片的顿中国国民党分部正部长,黄广传为片的顿中国国民党分部副部长,邓钜普为片的顿中国国民党分部评议部正议长,朱灼均为片的顿中国国民党分部评议部副议长;梁廷相为市打罅中国国民党分部正部长,潘德芳为市打罅中国国民党分部副部长,潘璧光为市打罅中国国民党分部评议部正议长,潘寅善为市打罅中国国民党分部评议部副议长;余金中为约顿中国国民党分部正部长,李楷为约顿中国国民党分部副部长,谢参为约顿中国国民党分部评议部正议长,周达为约顿中国国民党分部评议部副议长;黄举昌为伙伟林中国国民党分部正部长,李穗农为伙伟林中国国民党分部副部长,李崇殿为伙伟林中国国民党分部评议部正议长,黄超励为伙伟林中国国民党分部评议部副议长;马大俸为汝利慎中国国民党分部正部长,刘绍勋为汝利慎中国国民党分部副部长,马群生为汝利慎中国国民党分部评议部正议长,马高明为汝利慎中国国民党分部评议部副议长;赵耀楼为所慎尾利中国国民党分部正部长,李榆南为所慎尾利中国国民党分部副部长,林共进为所慎尾利中国国民党分部评议部正议长,李廷光为所慎尾利中国国民党分部评议部副议长;许瑞轩为波兰佛中国国民党分部正部长,黄剑魂为波兰佛中国国民党分部副部长,黄少白为波兰佛中国国民党分部评议部正议长,黄茂兰为波兰佛中国国民党分部评议部副议长;余兖羡为雷城中国国民党分部正部长,李庆宏为雷城中国国民党分部副部长,李平来为雷城中国国民党分部评议部正议长,李忠为雷城中国国民党分部评议部副议长;林启文为顷士顿中国国民党分部正部长,李唤觉为顷士顿中国国民党分部副部长,李辅仁为顷士顿中国国民党分部评议部正议长,叶伯英为顷士顿中国国民党分部评议部副议长;谭在田为沙城中国国民党分部正部长,麦泳舟为沙城中国国民党分部副部长,胡启为沙城中国国民党分部评议部正议长,黎藉为沙城中国国民党分部评议部副议长;谭显辉为波兰顿中国国民党分部正部长,冯达生为波兰顿中国国民党分部副部长,马亮为波兰顿中国国民党分部评议部正议长,谭洛川为波兰顿中国国民党分部评议部副议长;谭声兆为圣转中国国民党分部正部长,李期戮为圣转中国国民党分部副部长,谭炳桓为圣转中国国民党分部评议部正议长,关崇宇为圣转中国国民党分部评议部副议长;林举棠为柯京中国国民党分部正部长,梁博平为柯京中国国民党分部副部长,司徒德伦为柯京中国国民党分部评议部正议长,陈明铨为柯京中国国民党分部评议部副议长;麦林为片市打佛中国国民党分部正部长,马耀星为片市打佛中国国民党分部副部长,李屈儿为片市打佛中国国民党分部评议部正议长,陈惠予为片市打佛中国国民党分部评议部副议长;陈众憎为委伴中国国民党分部正部长,李富为委伴中国国民党分部副部长,朱开鳌为委伴中国国民党分部评议部正议长,李池为委伴中国国民党分部评议部副议长;盘卓山为温谙中国国民党分部正部长,黄钊传为温谙中国国民党分部副部长,黄嵩亭为温谙中国国民党分部评议部正议长,黄文波为温谙中国国民党分部评议部副议长;李经五为吉治打中国国民党通讯处正主任,周华林为吉治打中国国民党通讯处副主任,李礽彬为吉治打中国国民党通讯处评议部副议长;梁求贤为老市仑中国国民党通讯处正主任,黄晃纯为老市仑中国国民党通讯处评议部正议长,黄树俊为老市仑中国国民党通讯处评议部副议长；马砺余为迫架中国国民党通讯处正主任，伍禄寿为迫架中国国民党通讯处副主任，黄贻亮为迫架中国国民党通讯处评议部正议长，马惠群为迫架中国国民党通讯处评议部副议长；马培为尾利和中国国民党通讯处正主任，煦章为尾利和中国国民党通讯处评议部正议长；陈新民为笠夫李市中国国民党通讯处正主任，宋柏多为笠夫李市中国国民党通讯处副主任，关仲民为笠夫李市中国国民党通讯处评议部正议长，陈仲平为笠夫李市中国国民党通讯处评议部副议长；关占鳌为企仑打中国国民党通讯处正主任，李昌庭为企仑打中国国民党通讯处评议部正议长；罗振邦为圣卡顿中国国民党通讯处正主任，刘蒉生为圣卡顿中国国民党通讯处副主任，谢渔伯为圣卡顿中国国民党通讯处评议部正议长，黎日初为圣卡顿中国国民党通讯处评议部副议长；刘宗汉为且砧中国国民党通讯处正主任，雷任庄为且砧中国国民党通讯处副主任，汤名骥为且砧中国国民党通讯处评议部正议长，黄植生为且砧中国国民党通讯处评议部副议长。此状。

总理（印）

总务部部长　彭素民副署

代理党务部部长　孙　镜副署

财务部部长　林业明副署

宣传部部长　叶楚伧副署

交际部部长　张秋白副署

据中国国民党中央文化传播委员会党史馆藏一般档案 051/323

准任吴嵋职务令

（一九二三年四月十八日）

大元帅令

　　大本营参军长朱培德呈请任命吴嵋为大本营参军处上校副官。应照准。此令。

(中华民国陆海军大元帅之印)

中华民国十二年四月十八日

据大本营秘书处编《陆海军大元帅大本营公报》第八号（广州一九二三年四月二十七日）

任命胡谦职务令

(一九二三年四月十八日)

大元帅令

  任命胡谦为大本营高级参谋。此令。

(中华民国陆海军大元帅之印)

中华民国十二年四月十八日

据大本营秘书处编《陆海军大元帅大本营公报》第八号（广州一九二三年四月二十七日）

免杨蓁职务令

(一九二三年四月十八日)

大元帅令

  大本营高级参谋杨蓁另有任用，应免本职。此令。

(中华民国陆海军大元帅之印)

中华民国十二年四月十八日

据大本营秘书处编《陆海军大元帅大本营公报》第八号（广州一九二三年四月二十七日）

任命杨蓁职务令

（一九二三年四月十八日）

大元帅令

　　任命杨蓁为大本营秘书。此令。

（中华民国陆海军大元帅之印）

中华民国十二年四月十八日

据大本营秘书处编《陆海军大元帅大本营公报》第八号（广州一九二三年四月二十七日）

着取消谢心准委任令

（一九二三年四月十八日）

着秘书处取消谢心准之委任，另有任务。此令。

孙　文

据谭延闿编《总理遗墨》第一辑（一九二八年印行，广东省社会科学院藏）

任命朱培德兼职令

（一九二三年四月十八日）

军政部长程潜出差，着参军长朱培德兼军政部长。此令。

孙　文

十二年四月十八日

据谭延闿编《总理遗墨》第一辑（一九二八年印行，广东省社会科学院藏）

任命陈同赞职务令

（一九二三年四月十九日）

任命陈同赞为钦防司令。此令。

孙　文
十二年四月十九日

据谭延闿编《总理遗墨》第一辑（一九二八年印行，广东省社会科学院藏）

免朱卓文职务令

（一九二三年四月十九日）

大元帅令

　　广东兵工厂厂长朱卓文另有任用，应免本职。此令。

（中华民国陆海军大元帅之印）
中华民国十二年四月十九日

据大本营秘书处编《陆海军大元帅大本营公报》第八号（广州一九二三年四月二十七日）

免朱和中职务令

（一九二三年四月十九日）

大元帅令

　　大本营高级参谋朱和中另有任用，应免本职。此令。

（中华民国陆海军大元帅之印）
中华民国十二年四月十九日

据大本营秘书处编《陆海军大元帅大本营公报》第八号（广州一九二三年四月二十七日）

任命朱和中职务令

（一九二三年四月十九日）

大元帅令

　　任命朱和中为广东兵工厂厂长。此令。

（中华民国陆海军大元帅之印）
中华民国十二年四月十九日

据大本营秘书处编《陆海军大元帅大本营公报》第八号（广州一九二三年四月二十七日）

给霍居南等委任状

（一九二三年四月二十日）

委任霍居南为南非洲中国国民党支部正部长，陈佐兴为南非洲中国国民党支部副部长,朱轰为南非洲中国国民党支部评议部正议长,何伟臣为南非洲中国国民党支部评议部副议长;郭致安为苏洛中国国民党支部正部长,吕水源为苏洛中国国民党支部副部长,何君子为苏洛中国国民党支部评议部正议长,林兴为苏洛中国国民党支部评议部副议长;池任男为万隆中国国民党分部正部长,周子球为万隆中国国民党分部副部长,陈骏衡为万隆中国国民党分部评议部正议长,李觉民为万隆中国国民党分部评议部副议长。此状。

总理(印)

总务部部长　彭素民副署

代理党务部部长　孙　镜副署

财务部部长　林业明副署

宣传部部长　叶楚伧副署

交际部部长　张秋白副署

据中国国民党中央文化传播委员会党史馆藏一般档案 051/323

给廖文科等委任状

(一九二三年四月二十日)

委任廖文科为南非洲中国国民党支部党务科正主任,廖云炳为南非洲中国国民党支部党务科副主任;张汉持为苏洛中国国民党支部党务科正主任,赵卓为苏洛中国国民党支部党务科副主任;张伯轩为万隆中国国民党分部党务科主任。此状。

总理(印)

总务部部长　彭素民副署

代理党务部部长　孙　镜副署

据中国国民党中央文化传播委员会党史馆藏一般档案 051/323

给邓伯朋等委任状

（一九二三年四月二十日）

委任邓伯朋为南非洲中国国民党支部会计科正主任，霍锡桂为南非洲中国国民党支部会计科副主任；吕青云为苏洛中国国民党分部会计科正主任，林开宗为苏洛中国国民党支部会计科副主任；古继鹏为万隆中国国民党分部会计科主任。此状。

总理（印）
总务部部长　彭素民副署
财务部部长　林业明副署

据中国国民党中央文化传播委员会党史馆藏一般档案 051/323

给霍胜刚等委任状

（一九二三年四月二十日）

委任霍胜刚为南非洲中国国民党支部宣传科正主任，朱印山为南非洲中国国民党支部宣传科副主任；吴麟趾为苏洛中国国民党支部宣传科正主任，林生江为苏洛中国国民党支部宣传科副主任；侯民柱为万隆中国国民党分部宣传科主任。此状。

总理（印）
总务部部长　彭素民副署
宣传部部长　叶楚伧副署

据中国国民党中央文化传播委员会党史馆藏一般档案 051/323

给黎铁石等委任状

(一九二三年四月二十日)

　　委任黎铁石为南非洲中国国民党支部总务科正主任，岑宗焕为南非洲中国国民党支部总务科副主任，梁景星为南非洲中国国民党支部评议部书记，谭孙田、霍晋云、梁洁修、梁念德、霍锡根、万丽生、叶嵩庆、梁景星为南非洲中国国民党支部评议部评议员；吴克明为苏洛中国国民党支部总务科正主任，陈克明为苏洛中国国民党支部总务科副主任，林德雄、吕妈成为苏洛中国国民党支部执行部书记，余子豪、陈活生、陈胜、赵社龙为苏洛中国国民党支部干事，邓义、黄玉科、张贤、陈槐、符家衿、林烟、钟汉民、黎士启、刘益、李林、伍德为苏洛中国国民党支部评议部评议员；池任男为万隆中国国民党分部总务科主任，黄伯蕃为万隆中国国民党分部执行部书记，李问凡、刘进旭、蓝茂春、房蔚岩、彭梓彬、朱伟南、崔文灼、胡润盛为万隆中国国民党分部干事，彭伯良、杨辉兰、丘汉根、钟军凯、潘克修、方汉京、杨兆创、杨继初为万隆中国国民党分部评议部评议员。此状。

总理（印）

总务部部长　彭素民副署

据中国国民党中央文化传播委员会党史馆藏一般档案051/323

任命罗翼群职务令

（一九二三年四月二十日）

大元帅令

特任罗翼群为大本营兵站总监。此令。

（中华民国陆海军大元帅之印）

中华民国十二年四月廿日

据大本营秘书处编《陆海军大元帅大本营公报》第八号
（广州一九二三年四月二十七日）

任命喻毓西职务令

（一九二三年四月二十日）

大元帅令

任命喻毓西为大本营高级参谋。此令。

（中华民国陆海军大元帅之印）

中华民国十二年四月二十日

据大本营秘书处编《陆海军大元帅大本营公报》第八号
（广州一九二三年四月二十七日）

委派赵士觐等职务令

（一九二三年四月二十日）

大元帅令

　　派赵士觐为管理俘虏主任委员，黄馥生、关汉光为管理俘虏委员。此令。

（中华民国陆海军大元帅之印）

中华民国十二年四月廿日

据大本营秘书处编《陆海军大元帅大本营公报》第八号
（广州一九二三年四月二十七日）

褫夺李易标沈荣光职务令

（一九二三年四月二十日）

大元帅令

　　沈逆鸿英称兵作乱，业经明令讨伐。各军分途进击，期速荡平。所有附逆军官李易标、沈荣光等，甘心从乱，扰害地方，均属罪无可逭。中央直辖第五军军长李易标、第六军军长沈荣光，着即褫夺本职，并着各军长官饬令前敌将领，将沈鸿英、李易标、沈荣光悬赏购拿，务获惩办，以伸国法而快人心。此令。

（中华民国陆海军大元帅之印）

中华民国十二年四月二十日

据大本营秘书处编《陆海军大元帅大本营公报》第八号
（广州一九二三年四月二十七日）

给黄馥生派状

（一九二三年四月二十日）

派状

派黄馥生为管理俘虏委员。此状。

孙　文

中华民国十二年四月二十日

据中国国民党中央文化传播委员会党史馆藏一般档案051/147

给刘进旭委任状

（一九二三年四月二十日）

委任状

委任刘进旭为万隆中国国民党分部干事。此状。

中国国民党总理　孙　文
总务部部长　彭素民
中华民国十二年四月二十日

据中国国民党中央文化传播委员会党史馆藏一般档案051/165

准林云陔辞职令

（一九二三年四月二十一日）

大元帅令

　　大本营财政部第三局局长林云陔呈请辞职。林云陔准免本职。此令。

　　　　　　　　　　　　　　　（中华民国陆海军大元帅之印）

　　　　　　　　　　　　　　　中华民国十二年四月廿一日

据大本营秘书处编《陆海军大元帅大本营公报》第八号
（广州一九二三年四月二十七日）

给梁鸿楷的指令

（一九二三年四月二十一日）

大元帅指令第一一一号

　　令广东讨贼军第四军军长兼大本营驻江办事处主任梁鸿楷

　　呈请解除驻江办事处主任兼职由

　　呈悉。应照准。此令。

　　　　　　　　　　　　　　　（中华民国陆海军大元帅之印）

　　　　　　　　　　　　　　　中华民国十二年四月廿一日

据大本营秘书处编《陆海军大元帅大本营公报》第八号
（广州一九二三年四月二十七日）

任命陈可钰职务令

（一九二三年四月二十三日）

大元帅令

　　任命陈可钰为广东宪兵司令。此令。

（中华民国陆海军大元帅之印）

中华民国十二年四月二十三日

据大本营秘书处编《陆海军大元帅大本营公报》第八号
（广州一九二三年四月二十七日）

给郭铸人等委任状

（一九二三年四月二十四日）

　　委任郭铸人为棉兰中国国民党分部总务科主任，郭铸人为棉兰中国国民党分部执行部书记，黄丕安、梁如九、罗中奭、李闻一、严子芸、赵璧磋为棉兰中国国民党分部干事，方怀南为棉兰中国国民党分部评议部书记，方怀南、苏维亚、李良芬、洪敬铭、纪晖生为棉兰中国国民党分部评议部评议员。此状。

总理（印）

总务部部长　彭素民副署

据中国国民党中央文化传播委员会党史馆藏一般档案051/323

给张蓝田委任状

（一九二三年四月二十四日）

委任张蓝田为棉兰中国国民党分部宣传科主任。此状。

总理（印）

总务部部长　彭素民副署

宣传部部长　叶楚伧副署

据中国国民党中央文化传播委员会党史馆藏一般档案051/323

给冯少强委任状

（一九二三年四月二十四日）

委任冯少强为棉兰中国国民党分部会计科主任。此状。

总理（印）

总务部部长　彭素民副署

财务部部长　林业明副署

据中国国民党中央文化传播委员会党史馆藏一般档案051/323

给潘奕源委任状

（一九二三年四月二十四日）

委任潘奕源为棉兰中国国民党分部党务科主任。此状。

　　　　　　　　　　　　　　　　　　总理（印）
　　　　　　　　　　总务部部长　彭素民副署
　　　　　　　　　　代理党务部部长　孙　镜副署

据中国国民党中央文化传播委员会党史馆藏一般档案051/323

给陈白宣等委任状

（一九二三年四月二十四日）

委任陈白宣为棉兰中国国民党分部正部长，伍璇玑为棉兰中国国民党分部副部长，苏英会为棉兰中国国民党分部评议部正议长，叶燕浅为棉兰中国国民党分部评议部副议长。此状。

　　　　　　　　　　　　　　　　　　总理（印）
　　　　　　　　　　总务部部长　彭素民副署
　　　　　　　　　　代理党务部部长　孙　镜副署
　　　　　　　　　　财务部部长　林业明副署
　　　　　　　　　　宣传部部长　叶楚伧副署
　　　　　　　　　　交际部部长　张秋白副署

据中国国民党中央文化传播委员会党史馆藏一般档案051/323

任命卢焘职务令

（一九二三年四月二十四日）

卢焘为大本营高级参谋。此令。

孙　文
中华民国十二年四月二十四日

据谭延闿编《总理遗墨》第一辑（一九二八年印行，广东省社会科学院藏）

任命蒋隆棻职务令

（一九二三年四月二十四日）

大元帅令

任命蒋隆棻为大本营高级参谋。此令。

（中华民国陆海军大元帅之印）

中华民国十二年四月廿四日

据大本营秘书处编《陆海军大元帅大本营公报》第九号（广州一九二三年五月四日）

委派宋子文职务令

（一九二三年四月二十四日）

大元帅令

　　派宋子文为中央银行筹备员。此令。

（中华民国陆海军大元帅之印）

中华民国十二年四月廿四日

据大本营秘书处编《陆海军大元帅大本营公报》第九号
（广州一九二三年五月四日）

给黄同发等委任状

（一九二三年四月二十五日）

　　委任黄同发为威灵顿中国国民党分部正部长，颜继昌为威灵顿中国国民党分部副部长，周细为威灵顿中国国民党分部评议部正议长，吴楫康为威灵顿中国国民党分部评议部副议长；司徒桂为谷架坡中国国民党分部正部长，邝松为谷架坡中国国民党分部副部长，周想为谷架坡中国国民党分部评议部正议长，梁业为谷架坡中国国民党分部评议部副议长；郭醴泉为苏华中国国民党分部正部长，方汉章为苏华中国国民党分部副部长，余顺为苏华中国国民党分部评议部正议长，张廷琛为苏华中国国民党分部评议部副议长；关嗣澄为普扶中国国民党分部正部长，谭英文为普扶中国国民党分部副部长，谢坤为普扶中国国民党分部评议部正议长，关嗣瀚为普扶中国国民党分部评议部副议长；陈立梅为庇利士滨中国国民党分部正部长，萧庚盖为庇利士滨中国国民党分部副部长，阮力为庇利士滨中国国民党分部评议部正议长，杨健清为庇利士滨中国国民党分部评议部副议长；陈公秉为纽丝仑屋仑中国国民党分部正部长，吴群芳为纽丝仑屋仑中国国民党分部副部长，周桂枝为纽丝仑屋仑中国国民党分部评议部正议长,刘南为纽丝仑屋仑中国国民党分部评议部副议长;林甲为墨溪中国国民党分部正部长,赵珊达为墨溪中国国民党分部副部长,冯寿为墨溪中国国民党分部评议部正议长,余冠成为墨溪中国国民党分部评议部副议长;雷鹏为美利滨中国国民党分部正部长,陈任一为美利滨中国国民党分部副部长,雷惠和为美利滨中国国民党分部评议部正议长,刘希波为美利滨中国国民党分部评议部副议长。此状。

总理(印)

总务部部长　彭素民副署

代理党务部部长　孙　镜副署

财务部部长　林业明副署

宣传部部长　叶楚伧副署

交际部部长　张秋白副署

据中国国民党中央文化传播委员会党史馆藏一般档案051/323

给陈中等委任状

（一九二三年四月二十五日）

委任陈中为威灵顿中国国民党分部党务科主任;梁秩为谷架坡中国国民党分部党务科主任;朱许为苏华中国国民党分部党务科主任;胡乃和为普扶中国国民党分部党务科主任;陈景廉为庇利士滨中国国民党分部党务科主任;刘锦梁为纽丝仑屋仑中国国民党分部党务科主任;梁骚为墨溪中国国民党分部党务科主任;雷衡为美利滨中国国民党分部党务科主任。此状。

总理(印)

总务部部长　彭素民副署

代理党务部部长　孙　镜副署

据中国国民党中央文化传播委员会党史馆藏一般档案051/323

给杨刘安等委任状

(一九二三年四月二十五日)

委任杨刘安为威灵顿中国国民党分部会计科主任;司徒圣为谷架坡中国国民党分部会计科主任;方生发为苏华中国国民党分部会计科主任;钟启镇为普扶中国国民党分部会计科主任;刘敬为庇利士滨中国国民党分部会计科主任;区星耀为纽丝仑屋仑中国国民党分部会计科主任;孙鉴贞为墨溪中国国民党分部会计科主任;周家珍为美利滨中国国民党分部会计科主任。此状。

总理(印)

总务部部长　彭素民副署
财务部部长　林业明副署

据中国国民党中央文化传播委员会党史馆藏一般档案051/323

给颜丽邦等委任状

(一九二三年四月二十五日)

委任颜丽邦为威灵顿中国国民党分部宣传科主任;梁秩为谷架坡中国国民党分部宣传科主任;梅廼铭为苏华中国国民党分部宣传科主任;黄达峰为普扶中国国民党分部宣传科主任;孙玉韶为庇利士滨中国国民党分部宣传科主任;鲍以文为纽丝仑屋仑中国国民党分部宣传科主任,曾三贵为墨溪中国国民党分部宣传科主任;萧述之为美利滨中国国民党分部宣传科主任。此状。

总理(印)

总务部部长　彭素民副署
宣传部部长　叶楚伧副署

据中国国民党中央文化传播委员会党史馆藏一般档案051/323

给颜鉴光等委任状

（一九二三年四月二十五日）

委任颜鉴光为威灵顿中国国民党分部总务科主任，谢巨非为威灵顿中国国民党分部执行部书记，颜孟玑、黄嘉树、谢福煦、颜耀华、杨培基、苏树燊、黄灼南、颜焯辉为威灵顿中国国民党分部干事，颜利和为威灵顿中国国民党分部评议部书记，朱栋、黄子培、黄华健、颜炳抵、颜炳联、谢伯伦、谢容光、梁星俦、苏炳培、颜绪华为威灵顿中国国民党分部评议部评议员；谢登为谷架坡中国国民党分部总务科主任，刘景三为谷架坡中国国民党分部执行部书记，李石、麦更、关敖、司徒宗、黄有、陈才为谷架坡中国国民党分部干事，杨焯为谷架坡中国国民党分部评议部书记，司徒福、李万、黄带、黎东、司徒扬、利亨为谷架坡中国国民党分部评议部评议员；梁寿显为苏华中国国民党分部总务科主任，苏惠潮为苏华中国国民党分部执行部书记，黄龙佐、司徒高、邝诚敬、刘麟、林芳、蔡铨、梅廼安、邝央、苏惠潮、邝日波、李祥、司徒专佑、邝敬活、黄品辉、萧福、黄添喜、黄用源、邝修献、毛周照、谭声攸为苏华中国国民党分部干事，谢参汉为苏华中国国民党分部评议部书记，陈石兰、黄照康、张元琮、邓创强、钟连福、余尧礼、邝修栋、雷华桂、李祐、马社祥、钟庆、邝松伟、谭南、李惠金为苏华中国国民党分部评议部评议员；司徒董为普扶中国国民党分部总务科主任，陈立祚、谭小赤为普扶中国国民党分部执行部书记，温振洽、胡昌炽、钱椿荣、谢华威、梁修文、潘积、谢海、钟大囊、陈典赛、尹德、黄麟望、何贻煐、谢维显、伍遇春、赵启棠、梁乃缵、何燕杰、谢永璁、钟孔心、潘保荣、李昌济、李传远、刘景士蔑女士、关柏、陈鸿荣为普扶中国国民党分部干事，谢栋为普扶中国国民党分部评议部书记，李仲泉、陈琼宜、范明扬、刘畅亭、潘盛财、黄宗培、朱始杏、廖登、胡植邦、黄彪、张文桑为普扶中国国民党分部评议部评议员；高绍清为庇利士滨中国国民党分部总务科主任，杨健清为庇利士滨中国国民党分部执行部书记，刘廷、高永安、刘敬、刘泗全、刘平、刘玉湖为庇利士滨中国国民党分部干事,郑昌信为庇利士滨中国国民党分部评议部书记,欧颂尧、萧介生、萧生贤、侯然、侯留、阮义顺、麦健昌、郑何、蔡己未、萧照然、陈华庆、冯兴、刘见、李茂、刘耀伦、萧焯熙、黄兆光、阮礼宏为庇利士滨中国国民党分部评议部评议员;陈华福为纽丝仑屋仑中国国民党分部总务科主任,吴砥伯、陈华东为纽丝仑屋仑中国国民党分部执行部书记,陈兴、杨文捷、王北善、黄鉴澄、吴千蒿、吴涤凡、钟锦芬、张若湖、陈登翰、陈明、关燊南、谢麟柱、石大、黎并佳、李爱用、陈寿南、黄卓池、莫汝材、黄添培、黎闰华为纽丝仑屋仑中国国民党分部干事,钟桃辉为纽丝仑屋仑中国国民党分部评议部书记,张丽坝、黄锡尧、叶汝蓁、林茂龄、李敬之、李成、邵栋华、蔡永光、方祐、林泉、余淦、缪晃、卢玉颜、钟妙容、黄坤一为纽丝仑屋仑中国国民党分部评议部评议员;陈乾为墨溪中国国民党分部总务科主任,叶经和、刘晚江为墨溪中国国民党分部执行部书记,杨水、王保、梁金福、司徒双龙、赵祥、曹树棠、黄赐、梁达、梁望为墨溪中国国民党分部干事,刘海为墨溪中国国民党分部评议部书记,陈总平、黄丁贵、林锦华、何桐、陈傍、温观福、麦根、林达、陈仰、谭振、曾康义、黄来为墨溪中国国民党分部评议部评议员;陈孟枢为美利滨中国国民党分部总务科主任,黄襄望为美利滨中国国民党分部执行部书记;高厚华、刘维侣、余权和、钟镒、刘康民、雷学海、雷惠和夫人、林榛、刘维光、黄天祥、陈壮、张祥、萧述之夫人、周申、梁解、雷岳为美利滨中国国民党分部干事,雷丽琴为美利滨中国国民党分部评议部书记,黄孔望、黄铨昆、杨备朝、梁梅、黄楼望、雷家稔、张孔钿、陈宗权、关玉云、雷遇、潘森、钟燮、缪官维、李理臣为美利滨中国国民党分部评议部评议员。此状。

总理(印)

总务部部长　彭素民副署

据中国国民党中央文化传播委员会党史馆藏一般档案051/323

任命周演明等职务令

（一九二三年四月二十六日）

大元帅令

　　任命周演明为大本营兵站总监部交通局局长；徐伟为经理局局长；李奉藻为卫生局局长；陈兴汉为铁路输送局局长。此令。

（中华民国陆海军大元帅之印）

中华民国十二年四月廿六日

据大本营秘书处编《陆海军大元帅大本营公报》第九号
（广州一九二三年五月四日）

准任侬鼎和职务令

（一九二三年四月二十六日）

大元帅令

　　大本营参谋长张开儒呈请任命侬鼎和为大本营参谋处上校参谋。应照准。此令。

（中华民国陆海军大元帅之印）

中华民国十二年四月廿六日

据大本营秘书处编《陆海军大元帅大本营公报》第九号
（广州一九二三年五月四日）

委派王国璇等职务令

（一九二三年四月二十六日）

大元帅令

　　派王国璇为广东造币厂总办，邝次昆、王棠为广东造币厂会办，黄骚为广东造币厂监督兼工程师。此令。

（中华民国陆海军大元帅之印）
中华民国十二年四月廿六日

据大本营秘书处编《陆海军大元帅大本营公报》第九号
（广州一九二三年五月四日）

命即发委黄骚职务令

（一九二三年四月二十六日）①

　　黄骚为造币厂监督，着即发委，以便进行。

据谭延闿编《总理遗墨》第三辑（印行时间不详，广东省社会科学院藏）

准任王吉壬杨泰职务令

（一九二三年四月二十七日）

大元帅令

　　大本营参军长朱培德呈请任命王吉壬、杨泰为大本营参军处少校副官。

---

① 此件未署时间。所标时间系据《陆海军大元帅大本营公报》黄骚委任令发表日期。

均照准。此令。

(中华民国陆海军大元帅之印)

中华民国十二年四月廿七日

据大本营秘书处编《陆海军大元帅大本营公报》第九号
(广州一九二三年五月四日)

准任高中禹职务令

(一九二三年四月二十七日)

大元帅令

　　大本营参军长朱培德呈请任命高中禹为大本营参军处少校副官。应照准。此令。

(中华民国陆海军大元帅之印)

中华民国十二年四月廿七日

据大本营秘书处编《陆海军大元帅大本营公报》第九号
(广州一九二三年五月四日)

任命林直勉职务令

(一九二三年四月二十八日)

大元帅令

　　任命林直勉为大本营秘书。此令。

(中华民国陆海军大元帅之印)

中华民国十二年四月廿八日

据大本营秘书处编《陆海军大元帅大本营公报》第九号
(广州一九二三年五月四日)

准任张鉴藻职务令

（一九二三年四月二十八日）

大元帅令

　　大本营兵站总监罗翼群呈请任命张鉴藻为大本营兵站第一支部长。应照准。此令。

（中华民国陆海军大元帅之印）

中华民国十二年四月廿八日

据大本营秘书处编《陆海军大元帅大本营公报》第九号
（广州一九二三年五月四日）

委派李亦梅等职务令

（一九二三年四月二十八日）

大元帅令

　　派李亦梅、李煜堂、吴东启、林护、徐仪峻、余斌臣、雷荫荪、黎海山、吴业创、林泽生、马永灿、蔡昌、王国璇、郭泉、林晖庭、李星衢、郑香题、伍于簪为中央财政委员会委员。此令。

（中华民国陆海军大元帅之印）

中华民国十二年四月二十八日

据大本营秘书处编《陆海军大元帅大本营公报》第十号
（广州一九二三年五月十一日）

准杨煕绩辞职令

（一九二三年四月二十八日）

大元帅令

　　大本营秘书杨煕绩呈请辞职。杨煕绩准免本职。此令。

　　　　　　　　　　　　　　　　（中华民国陆海军大元帅之印）
　　　　　　　　　　　　　　　中华民国十二年四月廿八日

据大本营秘书处编《陆海军大元帅大本营公报》第九号
（广州一九二三年五月四日）

任命田士捷职务令

（一九二三年四月二十九日）

大元帅令

　　任命田士捷为大本营参军。此令。

　　　　　　　　　　　　　　　　（中华民国陆海军大元帅之印）
　　　　　　　　　　　　　　　中华民国十二年四月廿九日

据大本营秘书处编《陆海军大元帅大本营公报》第九号
（广州一九二三年五月四日）

任命卢兴原职务令

（一九二三年四月二十九日）

大元帅令

任命卢兴原为总检察厅检察长。此令。

（中华民国陆海军大元帅之印）

中华民国十二年四月廿九日

据大本营秘书处编《陆海军大元帅大本营公报》第十号（广州一九二三年五月十一日）

任命徐于职务令

（一九二三年四月二十九日）

徐于为大本营军事委员。此令。

孙　文

中华民国十二年四月二十九日

据谭延闿编《总理遗墨》第一辑（一九二八年印行，广东省社会科学院藏）

委派万黄裳职务令

（一九二三年四月二十九日）

大元帅令

　　派万黄裳为潮桥运副。此令。

（中华民国陆海军大元帅之印）

中华民国十二年四月廿九日

据大本营秘书处编《陆海军大元帅大本营公报》第九号（广州一九二三年五月四日）

任命戴任职务令

（一九二三年四月三十日）

大元帅令

　　任命戴任为大本营参军。此令。

（中华民国陆海军大元帅之印）

中华民国十二年四月卅日

据大本营秘书处编《陆海军大元帅大本营公报》第十号（广州一九二三年五月十一日）

任命罗伟疆职务令

（一九二三年四月三十日）

大元帅令

　　任命罗伟疆为中央直辖东路警备军第一路司令。此令。

（中华民国陆海军大元帅之印）

中华民国十二年四月三十日

<small>据大本营秘书处编《陆海军大元帅大本营公报》第十号（广州一九二三年五月十一日）</small>

准任容景芳职务令

（一九二三年四月三十日）

大元帅令

　　大本营参军长朱培德呈请任命容景芳为大本营参军处上校副官。应照准。此令。

（中华民国陆海军大元帅之印）

中华民国十二年四月卅日

<small>据大本营秘书处编《陆海军大元帅大本营公报》第十号（广州一九二三年五月十一日）</small>

任命赵志戎职务手谕

（一九二三年四月）①

赵志戎，英国土木工程毕，工兵委员。

文

<small>据谭延闿编《总理遗墨》第一辑（一九二八年印行，广东省社会科学院藏）</small>

---

① 原件无日期，据《陆海军大元帅大本营公报》，赵志戎之任命于1923年4月2日发布，当在同一时期。

附件一　委任中华革命党人员姓名录

（一九一四至一九一六年）

委任令第一号（一九一四年七月）①

总务部长　陈其美
　副部长　谢　持
党务部长　居　正
　副部长　冯自由
军务部长　许崇智
　副部长　周应时
政治部长　胡汉民
　副部长　杨庶堪
财政部长　张人杰
　副部长　廖仲恺

委任令第二号

党务部第一局长　凌　钺
　　第二局长　萧　萱
　　第三局长　张肇基
　　第四局长　贺治寰
　　第五局长　徐朗西
　机要职务长　范鸿钧

---

① 括号内年月系据秦孝仪主编《国父全集》考订增列。

机要庶务　　方　谷
　　第三局职务员　周道万
　（第三局职务员）夏重民
　　　　　　　　　钟　鼎

委任令第三号

　　江西支部长　徐苏中　三年四月①
　　河南支部长　凌　钺
　　云南支部长　杨益谦
　　陕西支部长　宋元恺
　　福建支部长　许崇智
　　安徽支部长　张汇滔　三年十月
　　湖北支部长　田　桐　三年九月
　　广东支部长　何天炯
　　江苏支部长　吴藻华
　　署理浙江支部长　戴天仇
　　东三省支部长　刘大同　四年一月十四发

委任令第四号　十月二十八号（一九一四年）

　　菲律宾支部长　郑汉淇(重)
　　菲律宾联络委员　伍平一
　　新加坡支部长　张永福
　　　　副支部长　陈楚楠
　　庇能支部长　陈新政

---

① 文内纪年均为中华民国纪年。

芙蓉支部长　伍熹石
副支部长　伍蕴山
麻坡分部长　郑文炳　　取消前发委状尚未收转
副分部长
巴东支部长　杨汉孙
檀香山支部长　谢己原
副支部长　余　楫
烈港支部长　黄甲元　　四年一月十四发
巴城支部长　沈选青
副支部长　林温良
新加坡联络委员　梁允煊　陈孔忠　吴炽寰　郑少芝　李霞举
　　　　　　　　何德如　卢耀堂　邓子瑜

委任令第五号　十月三十一日（一九一四年）

麻城支部长　郑文炳
副支部长　林照英

委任令第六号　十一月二日（一九一四年）

广西支部长　苏无涯

委任令第七号　十一月四日（一九一四年）

吧城联络委员　弓长杰

委任令第八号　十一月十日（一九一四年）

菲律滨群岛支部长　郑汉淇
　　副支部长　王忠诚

委任令第九号　十一月十九日（一九一四年）

浙江支部长　戴传贤
山西支部长　阎崇义

委任令第十号　十一月三十日（一九一四年）

宿雾正支部长　叶独醒
　　副支部长　伍尚铨

委任令第十一号　十二月一日（一九一四年）

吉礁正支部长　傅荣华
　　副支部长　李启明

委任令第十二号　十二月七日（一九一四年）

　地洋丸分部长　黄　林　辞
　飞腊宾筹饷委员　薛汉英
　西伯利亚丸分部长　卢伯筠
　支那丸分部长　蔡文修
　满洲丸分部长　戴焯文　收转

蒙古船分部长　罗光汉

委任令第十三号　十二月九日（一九一四年）

　　巨港正支部长　谢谦谐
　　　副支部长　潘珠安

委任令第十四号　十二月十三日（一九一四年）

　　日里正支部长　梁　愚
　　　副支部长　陈乙民
　　星加坡联络委员　刘福田　梁允祺

委任令第十五号　十二月十八日（一九一四年）

　　广东支部长　何天炯　十月
　　湖南支部长　陈家鼎　三年五月
　　甘肃支部长　张宗海

委任令第十六号　一月七日（一九一五年）

　　山东支部长　刘　光
　　缅甸仰光联络委员　陈廷楷

委任令第十七号　一月十四日（一九一五年）

　　仰光支部长　何荫三
　　湖南支部长　覃　振

南洋荷属联络员　李容恢　收转
麻六甲正支部长　沈鸿相
　　副支部长　龙道舜

委任令第十八号　一月二十三日(一九一五年)

吉樵名誉正部长　林天奇
　　副部长　李友朋
麻褚吧辖分部正部长　甄寿南
　　副部长　雷绵超
贵州支部长　凌　霄　十月

委任令第十九号　二月三日(一九一五年)

桑港支部长　林　森
　　　　　　冯自由

委任令第二十号　二月十五日(一九一五年)

神户大坂支部长　王敬祥
云南支部长　周知礼
福建支部长　黄展云

委任令第二十一号　二月十九日(一九一五年)

江苏支部党务科科长　张　维
江苏支部总务科科长　茅祖权
　江苏支部参议　施承谟　张锦堂

委任令第二十二号　二月二十七日（一九一五年）

鄂属汉口交通委员　李祖贻

委任令第二十三号　三月二日（一九一五年）

新加坡联络委员　简任甫

委任令第二十四号　三月十六日（一九一五年）

满洲船分部长　赵植芝

委任令第二十五号　四月六日（一九一五年）

菲律宾怡朗埠正支部长　陈民钟
　　　　　副支部长　余以和
巴城副支部长　温君文

委任令第二十六号　四月十四日（一九一五年）

英国利物浦支部长　陆孟飞　骆　谭

委任令第二十七号　四月十九日（一九一五年）

代理党务部第三局局长　刘廷汉
党务部第二局职员　曾省三　区汉奇
党务部机要处职务员　孙　镜

仰光支部副支部长　曹伯忠

委任令第二十八号　四月二十六日（一九一五年）

加拿大联络委员　夏重民
海洋各船舶交际员　严华生　苏无涯

委任令第二十九号　四月二十九日（一九一五年）

南洋荷属联络委员　金一清

委任令第三十号　五月一日（一九一五年）

四川支部长　龙　光

委任令第三十一号　五月五日（一九一五年）

安徽支部长　谭惟洋
云南缅甸分部长　寸海亭
苏洛正支部长　张成谟
副支部长　江琼波
总务科主任　谭攻阻
暹罗支部长　萧佛成　四月九日

委任令第三十二号　六月十日（一九一五年）

琼州正分部长　陈侠农
副分部长　吴　伯

星加坡联络委员　许逸夫　郭剑存　徐洞云　李天如

委任令第三十三号　六月十五日(一九一五年)

勃生分部长　李庆标
瓦城分部长　陈泰高

委任令第三十四号　六月十六日(一九一五年)

春洋丸分部长　罗锦星
地洋丸分部长　麦睿珊

委任令第三十五号　六月二十日(一九一五年)

福建兴化党务联络员　涂寄舫

委任令第三十六号　七月十七日(一九一五年)

菲律宾联络委员　黄燨恭　甄　佑　冯伯罹　陈天扶　张本汉
　　　　　　　　李思辕

委任令第三十七号　七月十九日(一九一五年)

长崎联络委员兼办交通事务　彭养光

委任令第三十八号　七月二十六日(一九一五年)

芙蓉支部总务科主任　麦炳初

党务科主任	邓培生	
财务科主任	梁　英	
巨港支部财务科主任	许清滚	
党务科主任	郑太奇	收转交总务部
总务科主任	林连称	收转交总务部
吉礁支部总务科主任	林偶然	
财务科主任	林有祥	
副主任	徐群芳	
党务科主任	蔡怀安	
副主任	李茂海	
调查科主任	陈英担	
交际科主任	李引口	
副主任	顾金叶	
巴城支部交际科正主任	钟公任	
副主任	饶镜彬	
调查科主任	李逊三	
副主任	饶弼臣	
财务科主任	钟秀珊	
副主任	黎倬云	
党务科主任	陈相鹏	
副主任	钟少文	
总务科主任	吴公辅	
副主任	沈树良	
巴东支部财务科主任	颜春侯	
副主任	韩亨丰	
党务科主任	廖南华	
副主任	张义斋	
总务科主任	翁享周	

副主任	黄洛澂
怡朗支部总务科主任	关国昶
副主任	余陶民
党务部主任	谢耀公
副主任	吴庆余
财务科主任	关国深
调查科主任	余治中
交际科主任	黄汉兴
副主任	关国赓
星加坡支部长	黄吉宸
副支部长	徐统雄
名誉支部长	梁谷勋
	简英甫
总务科主任	黄子明
副主任	廖挽权
党务科主任	陆指明
副主任	陈湛权
财政科主任	刘福田
副主任	陈紫和
调查科主任	欧达泉
交际科主任	丘天锡
星加坡分部长	卢耀堂
财政科主任	梁允祺
宿务支部总务科主任	谢汉兴
党务科主任	傅子政
财务科主任	陈伯豪
交际科主任	刘谦祥
仰光支部总务科主任	饶潜川

副主任　李引随
党务科主任　郑士铨
　　副主任　池吉尹
财政科主任　黄德源
　　副主任　彭炳森
调查科主任　蓝　磊
　　副主任　杜督夷
交际科主任　曹华碧
　　副主任　朱立初

委任令第三十九号　八月二日（一九一五年）

天洋丸分部长　唐正隆　收转交总务部
满堤高船分部长　陈炳生
南洋联络委员　张民达

委任令第四十号　八月五日（一九一五年）

山口羊支部正支部长　林龙祥
　　副支部长　邓铿堂
总务科正主任　邓克辛
　　副主任　廖耀轩
党务科正主任　吴小枚
　　副主任　沈炳煌
财务科正主任　龚桂森
　　副主任　谢广源
调查科正主任　李公杰
　　副主任　黄能昌

　　　　交际科正主任　林西黎
　　　　　副主任　邓剑南
　　　　泗水支部正支部长　陈铁伍　收转
　　　　　副支部长　陈瑞昌　收转
　　　　　总务科正主任　赖文齐　收转
　　　　　　副主任　黄北明　收转
　　　　　党务科正主任　谭焯耀　收转
　　　　　　副主任　张恩汉　收转
　　　　　调查科正主任　梁　其　收转
　　　　　　副主任　李紫宸
　　　　　财务科正主任　冯锦堂　收转
　　　　　　副主任　刘福江　收转
　　新加坡支部调查科副主任　蓝衡史
　　新加坡支部交际科副主任　何少芝
　　新加坡分部副分部长　何瑞廷
　　　总务科正主任　李霞举
　　　党务科主任　何德如
　　　财务科主任　梁允祺
　　　调查科主任　胡廷川
　　　交际科主任　何国基

委任令第四十一号　八月五日（一九一五年）

　　　　联络员　王镜波
　　　　星加坡联络员　陈峰海

委任令第四十二号　八月五日（一九一五年）

檀香山特派联络委员　吴铁城
泗水正支部长　古宗尧
副支部长　黄谷如
总务科正主任　杨灼如
党务科正主任　陈铁伍
财务科正主任　古仰周
副主任　莫　炯
调查科正主任　谭卓耀
交际科正主任　叶新元

委任令第四十三号　八月二十七日（一九一五年）

孖礼位分部长　苏　坤
苏洛支部交际科正主任　林怡孙
苏洛支部总务科主任　陈　毅
财务科正主任　吕绍登
副主任　戴谷辉
调查科正主任　陈　应
副主任　朱　佳

委任令第四十四号　九月四日（一九一五年）

巨港支部总务科正主任　李成其
副主任　蒲星若
党务科正主任　林连称

　　　　副主任　　　　　陈责吾
　　　财务科正主任　　　许清滚
　　　　副主任　　　　　许元和
　　　调查科正主任　　　丘苑庵
　　　　副主任　　　　　杨春畴
　　　交际科正主任　　　许得水
　　　　副主任　　　　　徐壮立
　　　广东琼州分部长　　郑振春
　　　安徽颍州分部长　　王善继
　　　缅属勃卧分部长　　周希尧
　　　泗属玛垄分部长　　赵　超
　　　沙胜越分部长　　　萧春生
　　　星属石龙门分部长　何权甫
　　　星属沙胜越副分部长　李鸿标
　　　亚庇联络委员　　　李运玉
　　　柔佛六条石联络委员　李贞庭

委任令第四十五号　九月二十四日（一九一五年）

　　　天洋丸分部长　　　李竹田
　　　宿务调查科正主任　薛家弼
　　　　副主任　　　　　林仲寿
　　　芙蓉总务科主任　　邓子实
　　　庇能支部长　　　　林世安
　　　总务科主任　　　　廖桂生
　　　党务科主任　　　　王镜波
　　　财务科正主任　　　熊玉珊
　　　　副主任　　　　　朱伯卿

笠庇坦分部长　李雁行
　　麻六甲总务科正主任　刘汉香
　　　　副主任　蔡石香

委任令第四十六号　十月六日（一九一五年）

　　横滨正支部长　黄绰民
　　横滨副支部长　陈自觉
　　驾芽鄢支部交际科主任　林忠华
　　　　财务科主任　张侯椿

委任令第四十七号　十月十七日（一九一五年）

　　琼侨联络委员　吴　伯
　　广东琼州分部总务科主任　陈岛沧
　　　　党务科主任　陈得平
　　　　财务科主任　龙唐阶
　　　　交际科主任　吴公侠
　　　　调查科主任　符公民

委任令第四十八号　十月二十日（一九一五年）

　　菲律宾支部正支部长　戴金华
　　　　副支部长　陈贵成
　　　　总务科正主任　黄开物
　　　　党务科正主任　吴宗明
　　　　财务科正主任　叶扳桂
　　　　调查科正主任　黄家声

　　　　交际科正主任　黄三记

委任令第四十九号　十月二十二日（一九一五年）

　　　　广州湾党务联络委员　周之贞

委任令第五十号　十月二十五日（一九一五年）

　　　　衣士顿船分部长　黄　益

委任令第五十号　十月二十九日（一九一五年）

　　　　印度支部正支部长　汉雨翘
　　　　副支部长　熊明兴
　　　　总务科正主任　朱　明
　　　　副主任　王梯云
　　　　党务科正主任　欧岳舟
　　　　副主任　黄应辉
　　　　财务科正主任　欧卓兰
　　　　副主任　李汉修
　　　　沙胜越联络委员　李　汉
　　　　诗鹅联络委员　陈电洲
　　　　新加坡支部党务科副主任　徐飞虎
　　　　调查科副主任　刘华生

委任令第五十一号　十月三十一日（一九一五年）

　　　　横滨支部总务科主任　陈荷荪

财务科主任　陈泽景
交际科主任　杨少佳
调查科主任　成　均
副主任　刘季谋
港澳支部正支部长　叶夏声
副支部长　李海云
香港上海交通委员　赵植芝
海防支部正支部长　梁丽生
副支部长　杜子齐

委任令第五十二号　十一月二日（一九一五年）

四川支部参议兼总务科科长　赵铁桥
党务科科长　夏名儒
会计科科长　吴　山
调查科科长　刘　庸
书记长　卢师谞
怡保支部正支部长　郑螺生
副支部长　李源水
党务科主任　李孝章
财务科主任　冯业生
闽南支部正支部长　叶青眼
总务科主任　邱廑竞
副主任　黄　冈
党务科正主任　许春草
副主任　黄瑞伯
财务科正主任　陈金芳
财务科副主任　施仁德

　　　　　太平支部正支部长　梁省躬
　　　　　　　副支部长　唐藻华
　　　　　　　总务科正主任　雷宜礼
　　　　　　　党务科正主任　陆元陞
　　　　　　　财务科正主任　何鉴源
　　　　　甲必地分部正分部长　梁泽生
　　　　　　　副分部长　胡维济
　　　　　　　总务科主任　蔡庆平
　　　　　　　党务科主任　余　才
　　　　　　　财务科主任　余　京
　　　　　　　调查科主任　李　福
　　　　　　　交际科主任　高　福

委任令第五十三号　十一月四日（一九一五年）

　　　　　钦廉分部长　彭吉平
　　　　　苏洛支部财务科副主任　江沃华

委任令第五十四号　十一月九日（一九一五年）

　　　　　东婆罗洲支部长　洪耀国
　　　　　副支部长　洪兆创

委任令第五十五号　十一月十一日（一九一五年）

　　　　　麻六甲支部党务科正主任　程文岳
　　　　　　　副主任　吴六奇
　　　　　　　调查科副主任　郑美金

交际科正主任　姚金溪　收转交总部十二月二十二日
副主任　何　纲　收转交总部十二月二十二日

委任令第五十六号　十一月十七日（一九一五年）

吡叻朱毛分部正分部长　欧雨初
副分部长　陈克萨
总务科主任　霍　荫
党务科主任　招　爽
财务科主任　林　滔
调查科主任　梁　潋
交际科主任　林　维
南海漳分部正分部长　潘云村
财务科主任　伍丽臣
摩洛棉分部正分部长　黄汉章

委任令第五十七号　十一月二十五日（一九一五年）

江西龙南分部长　赖其辉
江西安远分部长　叶彬章
江西会昌分部长　曾维翰
江西长宁分部长　黄炳麟
江西宁都州分部长　曾　辕
江西雩都分部长　邱汇宗
江西定南分部长　叶含芬
江西信丰分部长　赖多三
江西崇义分部长　赖家骈
江西南康分部长　郭伯棠

江西大庾分部长　　刘祖向
江西支部书记长　　徐　鉴
江西支部调查科科长　张四维
江西支部党务科科长　王有蓉
江西支部总务科科长　黄　觉
芙蓉支部交际科正主任　梅锦棠
　　　　副主任　柯武炎
　　调查科正主任　李　容
　　　　副主任　谭丙子
　　财务科副主任　叶泽民
　　党务科副主任　谭元贵
　　总务科正主任　邓　光
　　　　副主任　陈　鸿
菲律宾支部总务科副主任　孙清标
　　党务科副主任　林籁余
　　财务科副主任　李秉传
　　调查科副主任　林维祥
　　交际科副主任　林金柳

补九月二十六日委任(一九一五年)

巴双支部正部长　　吴采若
　　总务科正主任　郑受炳
　　党务科正主任　陈　聪
　　财务科正主任　谭　进

委任令第五十八号　十二月九日（一九一五年）

港澳支部总务科正主任　陈永惠
　　　　　　副主任　陆任宇
　　党务科正主任　陆觉生
　　　　　　副主任　邓仕学
　　财务科正主任　陈耀平
　　调查科正主任　李宝祥
巴东支部调查科正主任　方拔馨
　　　　　　副主任　李新宇
　　交际科正主任　李兆楼
　　　　　　副主任　欧阳卿

委任令第五十九号　十二月十七日（一九一五年）

　　福生船正分部长　郑成忠
　　　　　副分部长　余启康
　　南洋航路联络委员　谢炳坤
　　　班让分部部长　余文学
　彭亨文冬支部部长　伍发文
　　　总务科正主任　覃体仁
　　　党务科正主任　熊伯言
　　　财务科正主任　严瑞轩

委任令第六十号　十二月二十一日（一九一五年）

　江西德安县分部长　夏拯民

江西瑞昌县分部长　李觉民
江西湖口县分部长　蔡任民
江西彭泽县分部长　周济时
江西德化县分部长　罗立民
横滨支部党务科主任　胡铁生
广东支部参议　朱　道　谢永年　区汉奇
　　书记长　苏理平
　　总务科长　连声海
　　党务科长　朱相州
　　调查科长　黎　光
　　会计科长　梅　迳
埔吧哇分部正分部长　林玉郎
　　副分部长　谢福郎
　　总务科主任　侯顺兴
　　党务科主任　邓来发
　　财务科主任　刘贵友

委任令第六十一号　十二月二十七日(一九一五年)

湖南支部参议　陈家鼐　荆嗣佑　李　焕　万黄裳
湖南支部总务科长　罗　迈
　　党务科长　林祖涵
　　会计科长　熊兆孟
　　调查科长　唐　健
　　书记长　易　象
纳卯支部正支部长　洪铨禄
　　副支部长　李　练
　　总务科正主任　林美回

党务科正主任　邝子修
财务科正主任　李赉明
调查科正主任　苏　广

委任令第六十二号　一月五日（一九一六年）

马六甲支部交际科正主任　赖玉生
　　　　　　　　副主任　姚金溪
峇眼西比支部正分部长　黄卓汉
　　　　　　副分部长　黄天降
　　　总务科正主任　翁了解
　　　　　　副主任　洪宇声
　　　党务科正主任　洪周武
　　　　　　副主任　宋萃仁
　　　财务科正主任　孙文盖
　　　　　　副主任　黄天鹅
　　　交际科正主任　王淑涵
　　　　　　副主任　黄犹兴
噫申分部正分部长　林泽斋
　　　总务科主任　裼善庭
　　　党务科主任　吴礼庭
　　　财务科主任　熊炳霖
　　　交际科主任　符受初
亚沙汉分部正分部长　郭晓村
　　　总务科主任　陈咸亨
　　　党务科主任　陈宽深
　　　财务科主任　陈贵和
　　　交际科主任　罗兰汀

广东支部长　　伍云披
　　雪兰峨支部长　　陈占梅　　补四年九月二十六日委
　　　　副部长　　彭泽文
　　财务科正主任　　张志升

委任令第六十三号　一月十五日（一九一六年）

　　雪兰峨支部总务科正主任　　林希逸
　　　　副主任　　何希池
　　党务科正主任　　冯炎公
　　　　副主任　　梁　如
　　财务科正主任　　廖　全
　　调查科正主任　　彭星海
　　　　副主任　　符树秀
　　交际科正主任　　罗寿三
　　　　副主任　　黄爱群
　　苏洛支部调查科正主任　　戴谷辉
　　嘉丽支部正支部长　　杨诚恺
　　　　总务科正主任　　张昌鲁
　　　　副主任　　庄硕三
　　党务科正主任　　李少璋
　　　　副主任　　吕怀素
　　财务科正主任　　卓慈生
　　调查科正主任　　吕毓童
　　　　副主任　　张西溪
　　交际科正主任　　廖衍甫
　　　　副主任　　黄长庚
　　四川支部参议兼驻沪联络委员　　曹　笃　　游盛庠

江西支部长　徐苏中

委任令第六十四号　一月十七日（一九一六年）

西都文罗分部长　吴菜瓜
闽南支部书记长　傅振箕
福建泉州分部长　王泉笙
福建同安分部长　陈延香
海防支部总务科正主任　邓直愚
　　　　　副主任　黄卓知
党务科正主任　梁复光
　　　副主任　李　瀚
财务科正主任　黄志愚
　　　副主任　梁耀池
调查科正主任　彭吉平
　　　副主任　潘　南
交际科正主任　守　义
　　　副主任　陈觉梦
依里岸分部正分部长　杨佳礼
　　　副分部长　邝　满
总务科正主任　张土有
党务科主任　谭　平
财务科主任　李国炳
交际科主任　何敬听
江西支部会计科长　谢式南

委任令第六十五号　一月十八日（一九一六年）

　　　南生船正分部长　麦源就
　　　　　副分部长　黄瑞生

委任令第六十六号　一月二十日（一九一六年）

　　　江西清江分部长　曾宗鲁
　　　江西武宁分部长　黄　辉
　　东婆罗洲支部总务科正主任　李光坤
　　　　　副主任　吴南宫
　　　党务科正主任　郭兰圃
　　　　　副主任　俞继进
　　　财务科正主任　洪有源
　　　　　副主任　翁志山
　　　调查科正主任　陈红治
　　　　　副主任　周振华
　　　交际科正主任　黄世诚
　　　　　副主任　杨四兴
　　三宝垄支部正支部长　郑绍本
　　　　　副支部长　李　澍
　　　总务科正主任　廖爕南
　　　党务科正主任　张世宗
　　　　　副主任　郑三阳
　　　财务科正主任　黄贞诵
　　　调查科正主任　谭子钜
　　　交际科正主任　陈德洲

四年九月二十六日

  吉生船正分部长 周柏祥

    副分部长 吴 芳

  高丽船正分部长 宋瑞珊

    副分部长 黄碧珊

委任令第六十七号　一月二十四日（一九一六年）

  吡叻布先分部正分部长 吕 生

    副分部长 罗达廷

    总务科正主任 蔡缉熙

    党务科主任 曹品昆

    财务科主任 叶 义

    调查科主任 张伟勋

    交际科主任 梁 生

  江西新昌县分部长 漆瞻琪

  江西萍乡县分部长 彭汝颜

  霹雳安顺分部正分部长 黄少行

    副分部长 邓子贤

    总务科主任 施炳华

    党务科主任 林松友

    财务科主任 吴合胜

    调查科主任 简乾仰

    交际科主任 吴 进

  万里望分部正分部长 杨大汉

    总务科主任 冯天然

    党务科主任 伍秉汉

    财务科主任 黄国公

　　　　　　　调查科主任　　伍乾三
　　　　　　　交际科主任　　张益友
　　　　实兆远分部正分部长　林初来
　　　　　　　总务科主任　　柯教诲
　　　　　　　党务科主任　　陈良知
　　　　　　　财政科主任　　陈克朗
　　　　　　　调查科主任　　王晏来
　　　　　　　交际科主任　　林持纲
怡保支部　　总务科副主任　　区信英
　　　　　　党务科副主任　　朱进德
　　　　　　财务科副主任　　符东海
　　　　　　调查科正主任　　吴公奋
　　　　　　　　　副主任　　吴琰生
　　　　　　交际科正主任　　林志光
　　　　　　　　　副主任　　胡　华
　　　　怡保支部副支部长　　杨炳辉
　　　　　　　总务科主任

委任令第六十八号　一月二十八日（一九一六年）

　　　　　文都鲁苏分部长　　郭绍珍
　　　　　加里昔分部部长　　卢桂华
　　西都文罗分部财务科主任　温宗发
　　　　　　　宿务支部长　　陈伯豪
　　　　　　　　副支部长　　叶独醒
　　　　宿务总务科正主任　　伍尚铭
　　　　　　　　　副主任　　庄应宜
　　　　　　财务科正主任　　江维三

副主任　　　　伍卓庭
　　党务科正主任　　张文财
　　　副主任　　　　萧剑云
　　交际科正主任　　刘谦祥
　　　副主任　　　　郑丹老
　　调查科正主任　　甄英羡
　　　副主任　　　　林伸寿
　　金宝分部正分部长　黄心持
　　　副分部长　　　郑茂生
　　总务科主任　　　高一峰
　　党务科主任　　　沈铁武
　　财务科主任　　　黄瑞麟
　　调查科主任　　　邓惠田
　　交际科主任　　　黄如筠

委任令第六十九号　二月八日（一九一六年）

　　江西上高县分部长　罗　震
　　驾芽鄢分部长　　　吴世桢
　　　副分部长　　　　关晓初
　　财务科主任　　　　吴进初

委任令第七十号　二月十五日（一九一六年）

　　檀香山正支部长　　杨广达
　　　副支部长　　　　许直臣
　　总务科正主任　　　李成功
　　　副主任　　　　　谭　钊

　　　　党务科正主任　　杨耀焜
　　　　　　副主任　　喻　业
　　　　财务科正主任　　曾长福
　　　　　　副主任　　许石贵
　　　　调查科正主任　　萧全棣
　　　　　　副主任　　温崇礼
　　　　交际科正主任　　李　流
　　　　　　副主任　　陈　阁
　　　　大完肚正分部长　　陈永德
　　　　　　副分部长　　钟金昌
　　　　总务科主任　　李善明
　　　　党务科主任　　温呈祥
　　　　财务科主任　　黄石松
　　　　调查科主任　　赖纯卿
　　　　交际科主任　　刘凤生
　　　　三宝雁正分部长　　关焯堂
　　　　　　副分部长　　黄保之
　　　　党务科主任　　曾干楠
　　　　财务科主任　　曾杏初
甘肃支部　党务科科长　　师尚谦
　　　　会计科科长　　张永修
　　　　江西永丰县分部长　　廖雯尘
　　　　仙葛洛分部长　　杨谋强
　　　　巴生港口正分部长　　叶承祖
　　　　　　副分部长　　陈德熹
　　　　总务科主任　　陈序洲
　　　　党务科主任　　严福纪
　　　　财务科主任　　周孙维

调查科主任　王瑞庭
交际科主任　林梅端

委任令第七十一号　二月十五日(一九一六年)

高砥分部长　丘炯堂
生瓦分部长　岑菊邻
特别团体联络委员　杨德麟　一右
特别团体联络委员　温山炎　一左
仁丹分部长　麦燹堂
副分部长　邹义同
总务科主任　林政良
党务科主任　崔改非
财务科主任　林天相
调查科主任　温玉铿
交际科主任　郑达棠
浮卢山背分部正分部长　徐德祐
副分部长　陈　俄
总务科主任　张振南
党务科主任　罗金开
财务科主任　罗　满
调查科主任　黄启光
交际科主任　欧阳志夷
大山脚分部正分部长　朱步云
副分部长　李发斌
总务科主任　何以兴
党务科主任　卢炳勋
财务科主任　王如进

　　　　　调查科主任　何旺龙
　　　　　交际科主任　甄炜吉
　　双溪大哖正分部长　杜文福
　　　　　副分部长　林文鸿
　　　　　总务科主任　陈瑞云
　　　　　党务科主任　陈大深
　　　　　财务科主任　梁文钦
　　　　　调查科主任　冯观霖
　　　　　交际科主任　卢启彬
　　雪兰峨古毛分部正分部长　官文森
　　　　　副分部长　袁景荣
　　　　　总务科主任　郭锡龄
　　　　　党务科主任　江若云
　　　　　财务科主任　庄家传
　　　　　调查科主任　丘玉如
　　　　　交际科主任　叶毓勋
　　雪兰峨琼州分部正分部长　陈家凤
　　　　　副分部长　陈振鋆
　　　　　总务科主任　陈养民
　　　　　党务科主任　王　裔
　　　　　财务科主任　符树秀
　　　　　调查科主任　陈世德
　　　　　交际科主任　陈治大

委任令第七十二号　三月九日（一九一六年）

　　孟加映分部正部长　古锦祥
　　　　　副部长　杨桂廷

总务科主任　蔡德三
党务科主任　张莲生
财务科主任　陈乙秀
交际科主任　杨南仁
调查科主任　黄添喜
天洋丸分部部长　陈槐卿

委任令第七十三号　三月十七日（一九一六年）

广东肇庆分部长　朱相丹
副分部长　伍洪培
广东四邑两阳分部长　黎　光
副部长　唐熙年
江西修水县分部长　吴　炅
江西铜鼓县分部长　袁　瀶
江西宜黄县分部长　尹辅汤
江西建昌县分部长　萧文楼

委任令第七十四号　三月二十一日（一九一六年）

都湾分部正部长　黄俊仪
副部长　郭立业
党务科主任　周玉成
财务科主任　林瑞安
驻连交通委员　傅笠渔

委任令第七十五号 三月二十二日（一九一六年）

吉林党务联络委员　史明民
仰光支部正部长　曾允明
副部长　黄德源
总务科正主任　杨昭雅
副主任　黄壬戌
党务科正主任　陈琴舫
副主任　曾金坛
财务科正主任　林经国
副主任　彭炳森
调查科正主任　蓝　磊
副主任　曾清早
交际科正主任　陈甘敏
副主任　朱立初
罅辖分部正部长　王星泉
副部长　林　有
总务科主任　彭维纲
党务科主任　林英石
财务科主任　梁栋英
调查科主任　唐　贵
交际科主任　胡　佐
华都呀吡分部正部长　祁　寿
副部长　何大生
总务科主任　黄佐廷
党务科主任　罗伯绸
财务科主任　李普恩

调查科主任　梁逢生
交际科主任　黄云清
打扣分部部长　何钟汉
总务科主任　区景才
党务科主任　曾宪纯
财务科主任　冯泽泉
调查科主任　钟景邦
交际科主任　古宗邦
端洛分部部长　陈炳秋
总务科主任　廖景唐
党务科主任　温锦池
财务科主任　林三和
调查科主任　林扬武
交际科主任　冯　祺
亚巴里分部部长　曾志高

委任令第七十六号　三月二十七日（一九一六年）

芙蓉琼州分部长　陈序机
芙蓉琼州副分部长　符兰亭
总务科主任　陈敬初
党务科主任　蔡　辉
财务科主任　吴昌贤
调查科主任　陈玉山
交际科主任　梁善卿
山口羊支部总务科主任　廖耀轩
副主任　蔡祝军
党务科主任　陈宴堂

调查科主任　黄德祥

委任令第七十七号　四月十七日(一九一六年)

江西万安县分部长　曾振五
星加坡琼州分部正部长　符养华
　　　　　副部长　张　刚
　　　总务科主任　符尚志
　　　党务科主任　洪世丙
　　　财务科主任　陈绍平
　　　调查科主任　王华庭
　　　交际科主任　陈继平

委任令第七十八号　四月二十一日(一九一六年)

亚细亚皇后船分部长　陈　荣
坤甸支部正部长　林梅六
　　　副部长　林文安
　总务科正主任　林宝田
　　　副主任　黄强斋
　党务科正主任　赖炳文
　财务科正主任　黄炎裔
　　　副主任　黎洪汉
　调查科正主任　丘祝汉
　　　副主任　谢源兴
　交际科正主任　陈贞吉
　　　副主任　江英华
南非洲支部正部长　陈沛南

　　　　　副部长　　朱印山
槟榔屿支部正部长　　张援民
　　　　　副部长　　关　铭
　　总务科副主任　　高振汉
　　党务科副主任　　贺向宾
　　交际科正主任　　冯中行
　　　　　副主任　　林伟夫
　　调查科正主任　　李英才
　　　　　副主任　　伍警常
　通扣分部正部长　　郭少慈
　　　　　副部长　　郭心田
　　　总务科主任　　黄　先
　　　党务科主任　　陈汉文
　　　财务科主任　　杨建来
　　　调查科主任　　李朗溪
　　　交际科主任　　陆伯泉
　巴双支部副部长　　陈明春
　　总务科副主任　　陈荣气
　　党务科副主任　　邝景云
　　财务科副主任　　符建章
　　调查科正主任　　曾飞云
　　　　　副主任　　王士才
　　交际科正主任　　温冀生
　　　　　副主任　　陈北平

委任令第七十九号　四月二十八日（一九一六年）

三宝雁分部总务科主任　　庄廷芳

　　　　　调查科主任　胡　珍
　　　　　交际科主任　黄允材
　　西都文罗分部副部长　温山炎
　　　　　总务科主任　杨德麟
　　　　　党务科主任　黄接桂
　　　　　调查科主任　郑清渊
　　　　　交际科主任　郭瑞庆
　　加里昔分部副部长　伍麟祥
　　　　　党务科主任　卢己明
　　　　　财务科主任　卢天祥
　　仁物分部正部长　伍麟祥
　　　　　　副部长　黎玉成
　　　　　党务科主任　杨明扬
　　　　　财务科主任　饶秋元

据中国国民党中央文化传播委员会党史馆藏一般档案 395/26

附件二　中华革命党各支分部职员姓名录

（一九一四至一九一六年）

马尼剌支部
　　部　长　郑汉淇　三年十月七日①给委
巴东支部
　　部　长　杨汉孙　三年十月十二日给委
　　总　务　翁享周　四年七月十九日给委

---

① 文内纪年均为中华民国纪年。

		黄济瀓	四年七月十九日给委	
党	务	廖南华	四年七月十九日给委	
		张义斋	四年七月十九日给委	
财	政	颜春侯	四年七月十九日给委	
		韩亨丰	四年七月十九日给委	
调	查	方拔馨	四年十二月七日给委	
		李新宇	四年十二月七日给委	
交	际	李兆楼	四年十二月七日给委	
		欧阳卿	四年十二月七日给委	
副部长		温菊朋	五年二月二十六日给委	

麻坡支部

部	长	郑文炳	三年十月十二日给委	三年十月三十日改委
		林照英	三年十月十二日给委	为正副支部长

芙蓉支部

部	长	伍薏石	三年十月十二日给委
		伍蕴山	三年十月十二日给委
总	务	麦炳初	四年七月二十二日给委
党	务	邓培生	四年七月二十二日给委
财	政	梁 英	四年七月二十二日给委
总	务	邓子实	四年九月二十六日给委
		邓 光	四年十一月三十日给委
		陈 鸿	四年十一月三十日给委
党	务	谭元贵	四年十一月三十日给委
财	务	叶泽民	四年十一月三十日给委
调	查	李 容	四年十一月三十日给委
		谭丙子	四年十一月三十日给委
交	际	梅锦棠	四年十一月三十日给委
		柯武炎	四年十一月三十日给委

新嘉坡支部
    部   长   张永福   三年十月十二日给委
                 陈楚楠   三年十月十二日给委
                 黄吉宸   四年七月二十二日给委
                 徐统雄   四年七月二十二日给委
    名誉部长   梁谷勋   四年七月二十二日给委
                 简英甫   四年七月二十二日给委
    总   务   黄子明   四年七月二十二日给委
                 廖挽权   四年七月二十二日给委
    党   务   陆指明   四年七月二十二日给委
                 陈湛权   四年七月二十二日给委
    财   政   刘福田   四年七月二十二日给委
                 陈紫和   四年七月二十二日给委
    调   查   欧达泉   四年七月二十二日给委
                 李访仙   四年七月二十二日给委
    交   际   丘天锡   四年七月二十二日给委
                 杨蕃史   四年七月二十二日给委
                 何少芝   四年八月三日给委
    调   查   蓝衡史   四年八月三日给委
    党   务   徐飞虎   四年十一月一日给委
    调   查   刘华生   四年十一月一日给委
檀香山支部
    部   长   谢己原   三年十月十二日给委
                 余   揖   三年十月十二日给委
    部   长   杨广达   五年二月十三日给委
                 许直臣
    总   务   李成功
                 谭   钊

党　务　杨耀焜
　　　　　　喻　业
　　财　政　曾长福
　　　　　　许石贵
　　调　查　萧全棣
　　　　　　温崇礼
　　交　际　李　流
　　　　　　陈　阁
春洋丸分部
　　部　长　梁日青　三年十月二十二日给委
　　　　　　罗锦星　四年六月十日给委
烈港支部
　　部　长　黄甲元　三年十月二十八日给委
庇能支部
　　部　长　陈新政　三年十月二十八日给委
巴城支部
　　部　长　沈选青　三年十月二十八日给委
　　　　　　林温良　三年十月二十八日给委
　　　　　　温君文　四年四月二日给委
　　总　务　吴公辅　四年七月二十二日给委
　　　　　　沈树良　四年七月二十二日给委
　　党　务　陈相鹏　四年七月二十二日给委
　　　　　　钟少文　四年七月二十二日给委
　　财　务　钟秀珊　四年七月二十二日给委
　　　　　　黎倬云　四年七月二十二日给委
　　调　查　李逊三　四年七月二十二日给委
　　　　　　饶弼臣　四年七月二十二日给委
　　交　际　钟公任　四年七月二十二日给委

| | | 饶镜彬 | 四年七月二十二日给委 |

飞立宾支部
	部　　长	郑汉淇	三年十一月十日给委
		王忠诚	三年十一月十日给委
		戴金华	四年十月十一日给委
		陈贵成	四年十月十一日给委
	总　　务	黄开物	四年十月十六日给委
	党　　务	吴宗明	四年十月十六日给委
	财　　务	叶扳桂	四年十月十六日给委
	交　　际	黄三记	四年十月十六日给委
	调　　查	黄家声	四年十月十六日给委
	总　　务	孙清标	四年十一月二十四日给委
	党　　务	林籁余	四年十一月二十四日给委
	财　　务	李秉传	四年十一月二十四日给委
		林维祥	四年十一月二十四日给委
	交　　际	林金柳	四年十一月二十四日给委

高丽丸分部
| | 部　　长 | 宋瑞珊 | 三年十一月二十日给委 |
| | | 黄碧珊 | 三年十一月二十日给委 |

天洋丸分部
	部　　长	陈槐卿	三年十一月二十日给委
		唐正隆	四年八月二日给委
		李竹田	四年九月二十五日给委

吉礁支部
	部　　长	傅荣华	三年十一月二十八日给委
		李启明	三年十一月二十八日给委
	名誉部长	林天奇	四年一月二十二日给委
		李友朋	四年一月二十二日给委

总　务	林偶然	四年七月二十三日给委	
党　务	蔡怀安	四年七月二十三日给委	
	李茂海	四年七月二十三日给委	
财　务	林有祥	四年七月二十三日给委	
	徐群芳	四年七月二十三日给委	
调　查	陈英担	四年七月二十三日给委	
交　际	李引口	四年七月二十三日给委	
	颜金叶	四年七月二十三日给委	

宿雾支部

部　长	叶独醒	三年十一月二十八日给委
	伍尚铨	三年十一月二十八日给委
总　务	谢汉兴	四年七月二十二日给委
党　务	傅子政	四年七月二十二日给委
财　务	陈伯豪	四年七月二十二日给委
交　际	刘谦祥	四年七月二十二日给委
调　查	薛家弼	四年七月二十二日给委
	林仲寿	四年七月二十二日给委

宿务支部

部　长	陈伯豪	五年正月二十日给委
	叶独醒	五年正月二十日给委
总　务	伍尚铭	五年正月二十日给委
	庄应宜	五年正月二十日给委
党　务	张文财	五年正月二十日给委
	萧剑云	五年正月二十日给委
交　际	刘谦祥	五年正月二十日给委
	郑丹老	五年正月二十日给委
调　查	甄英羡	五年正月二十日给委
	林仲寿	五年正月二十日给委

　　　　财　务　江维三　五年正月二十日给委
　　　　　　　　伍卓庭　五年正月二十日给委
巨港支部
　　　　部　长　谢谦谐　三年十二月五日给委
　　　　　　　　潘珠安　三年十二月五日给委
　　　　总　务　林连称　四年七月二十二日给委
　　　　党　务　郑大奇　四年七月二十二日给委
　　　　财　务　许清滚　四年七月二十二日给委
　　　　总　务　李成其　四年九月二日给委
　　　　　　　　蒲星若　四年九月二日给委
　　　　党　务　林连称　四年九月二日给委
　　　　　　　　陈责吾　四年九月二日给委
　　　　财　务　许清滚　四年九月二日给委
　　　　　　　　许和元　四年九月二日给委
　　　　调　查　丘苑庵　四年九月二日给委
　　　　　　　　杨春畴　四年九月二日给委
　　　　交　际　许得水　四年九月二日给委
　　　　　　　　徐壮立　四年九月二日给委
西伯利亚船分部
　　　　部　长　卢伯筠　三年十二月六日给委
地洋丸分部
　　　　部　长　黄　林　三年十二月六日给委
　　　　　　　　麦睿珊　四年六月十日给委
蒙古船分部
　　　　部　长　罗光汉　三年十二月六日给委
支那船分部
　　　　部　长　蔡文修　三年十二月六日给委

满洲船分部
  部 长 戴焯文 三年十二月六日给委
         赵植芝 四年三月十五日给委

日里支部
  部 长 梁 愚 三年十二月六日给委
         陈乙民 三年十二月六日给委

仰光支部
  部 长 何荫三 四年一月十日给委
         曹伯忠 四年四月十三日给委
  总 务 饶潜川 四年七月二十三日给委
         李引随 四年七月二十三日给委
  党 务 郑士铨 四年七月二十三日给委
         池吉尹 四年七月二十三日给委
  财 务 黄德源 四年七月二十三日给委
         彭炳森 四年七月二十三日给委
  调 查 蓝 磊 四年七月二十三日给委
         杜督夷 四年七月二十三日给委
  交 际 曹华碧 四年七月二十三日给委
         朱立初 四年七月二十三日给委

麻六甲支部
  部 长 沈鸿柏 四年一月十三日给委
         龙道舜 四年一月十三日给委
  调 查 陈炳坤 四年九月二十六日给委
         程文岳 四年九月二十六日给委
  总 务 刘汉香 四年九月二十六日给委
         蔡石泉 四年九月二十六日给委
  党 务 郑炳南 四年九月二十六日给委
         邱仰峰 四年九月二十六日给委

財　務　张　庆　四年九月二十六日给委
　　　　　杨　焜　四年九月二十六日给委
　　　　　姚金溪　四年九月二十六日给委
　　　　　何　纲　四年九月二十六日给委
党　务　程文岳　四年十一月五日给委
　　　　　吴六奇　四年十一月五日给委
调　查　郑美金　四年十一月五日给委
交　际　姚金溪　四年十一月五日给委
　　　　　何　纲　四年十一月五日给委

麻楮巴辖分部

部　长　甄寿南　四年一月二十二日给委
　　　　　雷绵超　四年一月二十二日给委

美州〔洲〕支部

部　长　林　森　四年二月二日给委
　　　　　冯自由　四年二月二日给委

神户大阪支部

部　长　王敬祥　四年二月十一日给委

怡朗埠支部

部　长　陈民钟　四年四月二日给委
　　　　　余以和　四年四月二日给委
总　务　关国昶　四年七月十九日给委
　　　　　余陶民　四年七月十九日给委
党　务　谢耀公　四年七月十九日给委
　　　　　吴庆余　四年七月十九日给委
交　际　关国赓　四年七月十九日给委
　　　　　黄汉兴　四年七月十九日给委
调　查　余治中　四年七月十九日给委
　　　　　关国深　四年七月十九日给委

暹罗支部
 部　　长　萧佛成　四年四月七日给委
利物浦支部
 部　　长　陆孟飞　四年四月十三日给委
     骆　谭　四年四月十三日给委
苏禄支部
 部　　长　张成谟　四年五月五日给委
     江琼波　四年五月五日给委
 总务主任　谭攻阻　四年五月五日给委
     陈　毅　四年八月二十四日给委
 财　　务　吕绍登　四年八月二十四日给委
 调　　查　戴谷辉　五年正月十二日给委
     朱　佳　五年正月十二日给委
 交　　际　林怡孙　五年正月十二日给委
 财　　务　江沃华　四年十一月一日给委
云南缅甸分部
 部　　长　寸海亭　四年五月五日给委
勃生分部
 部　　长　李庆标　四年六月八日给委
瓦城分部
 部　　长　陈泰高　四年六月八日给委
琼州分部
 部　　长　陈侠农　四年六月十日给委
     吴　伯　四年六月十日给委
 总　　务　陈岛沧　四年六月十六日给委
 党　　务　陈得平　四年六月十六日给委
 财　　务　龙唐阶　四年六月十六日给委
 交　　际　吴公侠　四年六月十六日给委

调　查　符公民　四年六月十六日给委
星加坡分部
　　　部　长　卢耀堂　四年六月十九日给委
　　　　　　　何德如　四年六月十九日给委
　　财政主任　梁允祺　四年六月十九日给委
　　　部　长　何瑞廷　四年八月三日给委
　　　总　务　李霞举　四年八月三日给委
　　　党　务　何德如　四年八月三日给委
　　　财　务　梁允祺　四年八月三日给委
　　　调　查　胡廷川　四年八月三日给委
　　　交　际　何德基　四年八月三日给委
满堤高船分部
　　　部　长　陈炳生　四年八月二日给委
山口羊支部
　　　部　长　林龙祥　四年八月三日给委
　　　　　　　邓铿堂　四年八月三日给委
　　总务主任　邓克辛　四年八月三日给委
　　　　　　　廖耀轩　四年八月三日给委
　　　党　务　吴小枚　四年八月三日给委
　　　　　　　沈炳煌　四年八月三日给委
　　　财　务　龚桂森　四年八月三日给委
　　　　　　　谢广源　四年八月三日给委
　　　　　　　李公杰　四年八月三日给委
　　　　　　　黄能昌　四年八月三日给委
　　　交　际　林西黎　四年八月三日给委
　　　　　　　邓剑南　四年八月三日给委
　　　总　务　廖耀轩　五年三月二十六日给委
　　　　　　　蔡祝军　五年三月二十六日给委

| 党　　务 | 陈宴棠 | 五年三月二十六日给委 |
| 调　　查 | 黄德祥 | 五年三月二十六日给委 |

泗水支部
部　　长	陈铁伍	四年八月三日给委
	陈瑞昌	四年八月三日给委
总　　务	赖文齐	四年八月三日给委
	黄北明	四年八月三日给委
党　　务	谭焯耀	四年八月三日给委
	张恩汉	四年八月三日给委
调　　查	梁　其	四年八月三日给委
	李紫宸	四年八月三日给委
财　　务	冯锦堂	四年八月三日给委
	刘福江	四年八月三日给委
	古仰周	四年八月十五日给委
	莫　炯	四年八月十五日给委
总　　务	杨灼如	四年八月十五日给委
党　　务	陈铁伍	四年八月十五日给委
交　　际	叶新元	四年八月十五日给委
调　　查	谭焯耀	四年八月十五日给委
部　　长	古宗尧	四年八月十五日给委
	黄谷如	四年八月十五日给委

纽丝纶支部
| 部　　长 | 黄国民 | 四年八月十九日给委 |

孖礼位分部
| 部　　长 | 苏　坤 | 四年八月二十四日给委 |

玛珑分部
| 部　　长 | 赵　超 | 四年九月二日给委 |

勃卧分部
| 部　　长 | 周希尧 | 四年九月二日给委 |

沙胜越分部
　　部　　长　萧春生　四年九月二日给委
　　　　　　　李鸿标　四年九月二日给委
石龙门分部
　　部　　长　何权甫　四年九月二日给委
巴双支部
　　部　　长　吴采若　四年九月二十六日给委
　　总　　务　郑受炳　四年九月二十六日给委
　　党　　务　陈　聪　四年九月二十六日给委
　　财　　务　谭　进　四年九月二十六日给委
　　副部长　　陈明春　五年四月十三日给委
　　副总务　　陈荣气　五年四月十三日给委
　　副党务　　邝景云　五年四月十三日给委
　　副财务　　符建章　五年四月十三日给委
　　调　　查　曾飞云　五年四月十三日给委
　　　　　　　王士才　五年四月十三日给委
　　交　　际　温冀生　五年四月十三日给委
　　　　　　　陈北平　五年四月十三日给委
吉生船分部
　　部　　长　周柏祥　四年九月二十六日给委
　　　　　　　吴　芳　四年九月二十六日给委
雪兰峨支部
　　部　　长　陈占梅　四年九月二十六日给委
　　　　　　　彭泽文　四年九月二十六日给委
　　财　　务　张志昇　四年九月二十六日给委
　　　　　　　廖　全　五年正月十二日给委
　　总　　务　林希逸　五年正月十二日给委
　　　　　　　何森池　五年正月十二日给委

党　务	冯炎公	五年正月十二日给委	
	梁　如	五年正月十二日给委	
调　查	彭星海	五年正月十二日给委	
	符树秀	五年正月十二日给委	
交　际	罗寿三	五年正月十二日给委	
	黄爱群	五年正月十二日给委	

槟榔屿支部

　部　　长　林世安　四年九月二十六日给委
　总　　务　廖桂生　四年九月二十六日给委
　党　　务　王镜波　四年九月二十六日给委
　财　　务　熊玉珊　四年九月二十六日给委
　　　　　　朱伯卿　四年九月二十六日给委
　部　　长　张援民　五年四月十三日给委
　副部长　　关　铭　五年四月十三日给委
　副总务　　高振汉　五年四月十三日给委
　副党务　　贺向宾　五年四月十三日给委
　调　　查　李英才　五年四月十三日给委
　副调查　　伍警常　五年四月十三日给委
　交　　际　冯中行　五年四月十三日给委
　副交际　　林伟夫　五年四月十三日给委

笠庇坦分部

　部　　长　李雁行　四年九月二十六日给委

驾芽鄢分部

　财　　务　张侯春　四年十月六日给委
　　　　　　林忠华　四年十月六日给委
　部　　长　吴世桢　五年二月三日给委
　　　　　　关晓初　五年二月三日给委
　财　　务　吴进安　五年二月三日给委

— 553 —

横滨支部

 部　　长　黄绰民　四年十月六日给委
     陈自觉　四年十月六日给委
 总　　务　陈荷荪　四年十一月一日给委
 财　　务　陈泽景　四年十一月一日给委
 交　　际　杨少佳　四年十一月一日给委
 调　　查　成　均　四年十一月一日给委
     刘季谋　四年十一月一日给委
 党　　务　胡铁生　四年十二月十七日给委

衣士顿船分部

 部　　长　黄　益　四年十月二十五日给委

海防支部

 部　　长　梁丽生　四年十一月一日给委
     杜子齐　四年十一月一日给委
 总　　务　邓直愚　五年正月十二日给委
     黄卓知　五年正月十二日给委
 党　　务　梁复光　五年正月十二日给委
     李　瀚　五年正月十二日给委
 财　　务　黄志愚　五年正月十二日给委
     梁耀池　五年正月十二日给委
 调　　查　彭吉平　五年正月十二日给委
     潘　南　五年正月十二日给委
 交　　际　守　义　五年正月十二日给委
     陈觉梦　五年正月十二日给委

印度支部

 部　　长　汉雨翘　四年十一月一日给委
     熊明兴　四年十一月一日给委
 总　　务　朱　明　四年十一月一日给委

		王梯云	四年十一月一日给委
党	务	欧岳舟	四年十一月一日给委
		黄应辉	四年十一月一日给委
财	务	欧卓兰	四年十一月一日给委
		李汉修	四年十一月一日给委

港澳支部

部	长	叶夏声	四年十一月一日给委
		李海云	四年十一月一日给委
总	务	陈永惠	四年十二月七日给委
		陆任宇	四年十二月七日给委
党	务	陆觉生	四年十二月七日给委
		邓仕学	四年十二月七日给委
财	务	陈耀平	四年十二月七日给委
调	查	李宝祥	四年十二月七日给委

甲必地分部

部	长	梁泽生	四年十一月一日给委
		胡惟济	四年十一月一日给委
总	务	蔡庆平	四年十一月一日给委
党	务	余　才	四年十一月一日给委
财	务	余　京	四年十一月一日给委
调	查	李　福	四年十一月一日给委
交	际	高　福	四年十一月一日给委

怡保支部

部	长	郑螺生	四年十一月一日给委
		李源水	四年十一月一日给委
党	务	李孝章	四年十一月一日给委
财	务	冯业生	四年十一月一日给委
		符东海	五年正月二十日给委

副部长　　杨炳辉　　五年正月二十日给委
　　总　　务　　李南生　　五年正月二十日给委
　　　　　　　　区信英　　五年正月二十日给委
　　党　　副　　朱进德　　五年正月二十日给委
　　调　　查　　吴公奋　　五年正月二十日给委
　　　　　　　　吴琰生　　五年正月二十日给委
　　交　　际　　林志光　　五年正月二十日给委
　　　　　　　　胡　华　　五年正月二十日给委
太平支部
　　部　　长　　梁省躬　　四年十一月一日给委
　　　　　　　　唐藻华　　四年十一月一日给委
　　总　　务　　雷宜礼　　四年十一月一日给委
　　党　　务　　陆元陞　　四年十一月一日给委
　　财　　务　　何鉴源　　四年十一月一日给委
闽南支部
　　部　　长　　叶青眼　　四年十一月一日给委
　　总　　务　　邱厘竞　　四年十一月一日给委
　　　　　　　　黄　冈　　四年十一月一日给委
　　党　　务　　许春草　　四年十一月一日给委
　　　　　　　　黄瑞伯　　四年十一月一日给委
　　财　　务　　陈金芳　　四年十一月一日给委
　　　　　　　　施仁德　　四年十一月一日给委
　　书记长　　傅振箕　　五年正月十五日给委
　　调　　查　　黄廷元　　五年二月二十六日给委
东婆罗支部
　　部　　长　　洪国耀　　四年十一月五日给委
　　　　　　　　洪兆刱　　四年十一月五日给委
　　总　　务　　李光坤　　五年正月十九日给委

　　　　　吴南宫　五年正月十九日给委
党　　务　郭兰圃　五年正月十九日给委
　　　　　俞继进　五年正月十九日给委
财　　务　洪有源　五年正月十九日给委
　　　　　翁志山　五年正月十九日给委
调　　查　陈红治　五年正月十九日给委
　　　　　周振华　五年正月十九日给委
交　　际　黄世诚　五年正月十九日给委
　　　　　杨四兴　五年正月十九日给委

吡叻朱毛分部
　部　　长　欧雨初　四年十一月十五日给委
　　　　　　陈克萨　四年十一月十五日给委
　总　　务　霍　荫　四年十一月十五日给委
　党　　务　招　爽　四年十一月十五日给委
　财　　务　林　滔　四年十一月十五日给委
　调　　查　梁　漅　四年十一月十五日给委
　交　　际　林　维　四年十一月十五日给委

南海漳分部
　部　　长　潘云村　四年十一月十五日给委
　财　　务　伍丽臣　四年十一月十五日给委

摩洛棉分部
　部　　长　黄汉章　四年十一月十五日给委

彭亨文冬支部
　部　　长　伍发文　四年十二月十三日给委
　总　　务　覃体仁　四年十二月十三日给委
　党　　务　熊伯言　四年十二月十三日给委
　财　　务　严瑞轩　四年十二月十三日给委

班让分部
  部　　长　余文学　四年十二月十三日给委
福生船分部
  部　　长　郑成忠　四年十二月十六日给委
      余启康　四年十二月十六日给委
埔吧哇分部
  部　　长　林玉郎　四年十二月十七日给委
      谢福郎　四年十二月十七日给委
  总　　务　侯顺兴　四年十二月十七日给委
  党　　务　邓来发　四年十二月十七日给委
  财　　务　刘贵友　四年十二月十七日给委
纳卯支部
  部　　长　洪铨禄　四年十二月二十六日给委
      李　练　四年十二月二十六日给委
  总　　务　林美回　四年十二月二十六日给委
  党　　务　邝子修　四年十二月二十六日给委
  财　　务　李赉明　四年十二月二十六日给委
  调　　查　苏　广　四年十二月二十六日给委
江西德化分部
  部　　长　罗立民　四年十二月二十日给委
江西彭泽分部
  部　　长　周济时　四年十二月二十日给委
江西湖口分部
  部　　长　蔡任民　四年十二月二十日给委
江西瑞昌分部
  部　　长　李觉民　四年十二月二十日给委
江西德安分部
  部　　长　夏拯民　四年十二月二十日给委

江西龙南分部
　　部　长　赖其辉　四年十一月二十四日给委
广东钦廉分部
　　部　长　彭吉平　四年十一月四日给委
江西大庾分部
　　部　长　刘祖向　四年十一月二十四日给委
江西南康分部
　　部　长　郭伯棠　四年十一月二十四日给委
江西崇义分部
　　部　长　赖家骈　四年十一月二十四日给委
江西信丰分部
　　部　长　赖多三　四年十一月二十四日给委
江西定南分部
　　部　长　叶含芬　四年十一月二十四日给委
江西雩都分部
　　部　长　邱汇宗　四年十一月二十四日给委
江西宁都分部
　　部　长　曾　辕　四年十一月二十四日给委
江西长宁分部
　　部　长　黄炳麟　四年十一月二十四日给委
江西会昌分部
　　部　长　曾维翰　四年十一月二十四日给委
江西安远分部
　　部　长　叶彬章　四年十一月二十四日给委
湖北支部
　　部　长　田　桐　三年十月七日给委
云南支部
　　部　长　杨益谦　三年十月七日给委

　　　　　周知礼　四年二月十一日给委
江西支部
　　部　　长　徐苏中　三年十月七日给委
　　总　　务　黄　觉　四年十一月二十四日给委
　　党　　务　王有蓉　四年十一月二十四日给委
　　调　　查　张四维　四年十一月二十四日给委
　　书记长　徐　鉴　四年十一月二十四日给委
　　会　　计　谢式南　五年正月十五日给委
江苏支部
　　部　　长　吴藻华　三年十月十二日给委
　　总务科长　茅祖权　四年二月十九日给委
　　参　　议　张锦堂　四年二月十九日给委
　　　　　　　施承谟　四年二月十九日给委
　　党务科长　张　维　四年二月十九日给委
河南支部
　　部　　长　凌　钺　三年十月十二日给委
安徽支部
　　部　　长　张汇滔　三年十月十二日给委
　　　　　　　谭惟洋　四年五月五日给委
陕西支部
　　部　　长　宋元恺　三年十月十二日给委
浙江支部
　　部　　长　戴天仇　三年十月二十二日给委,三年十一月
　　　　　　　　　　　十九改署理为特任,更名传贤
广西支部
　　部　　长　苏无涯　三年十一月二日给委
山西支部
　　部　　长　阎崇义　三年十一月十九日给委

湖南支部

  部　　长　覃　振　　四年一月十三日给委

  参　　议　陈家鼐　　四年十二月二十六日给委

      荆嗣佑　　四年十二月二十六日给委

      李　焕　　四年十二月二十六日给委

      万黄裳　　四年十二月二十六日给委

  总　　务　罗　迈　　四年十二月二十六日给委

  党　　务　林祖涵　　四年十二月二十六日给委

  会　　计　熊兆孟　　四年十二月二十六日给委

  调　　查　唐　健　　四年十二月二十六日给委

  书　　记　易　象　　四年十二月二十六日给委

甘肃支部

  部　　长　张宗海　　三年十二月十七日给委

  党　　务　师尚谦　　五年二月十一日给委

  会　　计　张永修　　五年二月十一日给委

广东支部

  部　　长　何天炯　　三年十二月十七日给委

  总　　务　连声海　　四年十二月十七日给委

  党　　务　朱相州　　四年十二月十七日给委

  调　　查　黎　光　　四年十二月十七日给委

  会　　计　梅　迳　　四年十二月十七日给委

  书　　记　苏理平　　四年十二月十七日给委

  参　　议　区汉奇　　四年十二月十七日给委

      谢永年　　四年十二月十七日给委

      朱　道　　四年十二月十七日给委

山东支部

  部　　长　刘　光　　四年一月五日给委

东三省支部
  部　　长　刘大同　四年一月十日给委
  吉林党务联络委员　史明民　五年三月十八日给委
贵州支部
  部　　长　凌　霄　四年一月二十二日给委
福建支部
  部　　长　黄展云　四年二月八日给委
四川支部
  部　　长　龙　光　四年四月二十九日给委
  参议兼总务　赵铁樵　四年十一月二日给委
  党　　务　夏名儒　四年十一月二日给委
  会　　计　吴　山　四年十一月二日给委
  调　　查　刘　庸　四年十一月二日给委
  书记长　卢师谡　四年十一月二日给委
  参议兼驻沪联络委员　曹　笃　五年正月十二日给委
         游盛庠　五年正月十二日给委
广东琼州分部
  部　　长　郑振春　四年九月二日给委
安徽颍州分部
  部　　长　王善继　四年九月二日给委
嘉丽支部
  部　　长　杨诚恺　五年正月十二日给委
  总　　务　张昌鲁　五年正月十二日给委
     　庄硕三　五年正月十二日给委
  党　　务　李少璋　五年正月十二日给委
     　吕素怀　五年正月十二日给委
  财　　务　卓慈生　五年正月十二日给委
  调　　查　吕毓童　五年正月十二日给委

　　　　　　　张西溪　五年正月十二日给委
　　交　际　廖衍甫　五年正月十二日给委
　　　　　　　黄长庚　五年正月十二日给委
依里岸分部
　　部　长　杨佳礼　五年正月十五日给委
　　　　　　　邝　满　五年正月十五日给委
　　总　务　张土有　五年正月十五日给委
　　党　务　谭　平　五年正月十五日给委
　　财　务　李国炳　五年正月十五日给委
　　交　际　何敬听　五年正月十五日给委
西都文罗分部
　　部　长　吴菜瓜　五年正月十五日给委
　　财　务　温宗发　五年正月二十五日给委
　　副部长　温山炎　五年四月二十四日给委
　　总　务　杨德麟　五年正月二十四日给委
　　党　务　黄接桂　五年正月二十四日给委
　　调　查　郑清渊　五年正月二十四日给委
　　交　际　郭瑞庆　五年正月二十四日给委
福建泉州分部
　　部　长　王泉笙　五年正月十五日给委
福建同安分部
　　部　长　陈延香　五年正月十五日给委
南生船分部
　　部　长　麦源就　五年正月十八日给委
　　　　　　　黄瑞生　五年正月十八日给委
江西武宁分部
　　部　长　黄　辉　五年正月十九日给委
江西清江分部
　　部　长　曾宗鲁　五年正月十九日给委

三宝垄支部
　　部　　长　郑绍本　五年正月十九日给委
　　　　　　　李　澍　五年正月十九日给委
　　总　　务　廖燮南　五年正月十九日给委
　　党　　务　张世宗　五年正月十九日给委
　　　　　　　郑三阳
　　财　　务　黄贞诵　五年正月十九日给委
　　调　　查　谭子钜　五年正月十九日给委
　　交　　际　陈德洲　五年正月十九日给委
江西新昌县分部
　　部　　长　漆瞻琪　五年正月二十日给委
江西萍乡县分部
　　部　　长　彭汝颜　五年正月二十日给委
万里望分部
　　部　　长　杨大汉　五年正月二十日给委
　　总　　务　冯天然　五年正月二十日给委
　　党　　务　伍秉汉　五年正月二十日给委
　　财　　务　黄国公　五年正月二十日给委
　　调　　查　伍乾三　五年正月二十日给委
　　交　　际　张益友　五年正月二十日给委
霹雳安顺分部
　　部　　长　黄少行　五年正月二十日给委
　　　　　　　邓子贤　五年正月二十日给委
　　总　　务　施炳华　五年正月二十日给委
　　党　　务　林松友　五年正月二十日给委
　　财　　务　吴合胜　五年正月二十日给委
　　调　　查　简乾仰　五年正月二十日给委
　　交　　际　吴　进　五年正月二十日给委

实兆远分部

  部　　长　林初来　五年正月二十日给委

  总　　务　柯教诲　五年正月二十日给委

  党　　务　陈良知　五年正月二十日给委

  财　　务　陈克朗　五年正月二十日给委

  调　　查　王晏来　五年正月二十日给委

  交　　际　林持纲　五年正月二十日给委

呲叻布先分部

  部　　长　吕　生　五年正月二十日给委

  　　　　　罗达廷　五年正月二十日给委

  总　　务　蔡缉熙　五年正月二十日给委

  党　　务　曹品昆　五年正月二十日给委

  财　　务　叶　义　五年正月二十日给委

  调　　查　张伟勋　五年正月二十日给委

  交　　际　梁　生　五年正月二十日给委

文都鲁苏分部

  部　　长　郭绍珍　五年正月二十五日给委

加里昔分部

  部　　长　卢桂华　五年正月二十五日给委

  　　　　　伍麟祥　五年四月二十四日给委

  党　　务　卢己明　五年四月二十四日给委

  财　　务　卢天祥　五年四月二十四日给委

金宝分部

  部　　长　黄心持　五年正月二十五日给委

  　　　　　郑茂生　五年正月二十五日给委

  总　　务　高一峰　五年正月二十五日给委

  党　　务　沈铁成　五年正月二十五日给委

  财　　务　黄瑞麟　五年正月二十五日给委

调　查　邓惠田　　五年正月二十五日给委
　　交　际　黄如筠　　五年正月二十五日给委
江西上高县分部
　　部　长　罗　震　　五年二月三日给委
仙葛洛分部
　　部　长　杨谋强　　五年二月十一日给委
江西永丰县分部
　　部　长　廖霎尘　　五年二月十一日给委
巴生港口分部
　　部　长　黄承祖　　五年二月十一日给委
　　　　　　陈德熹　　五年二月十一日给委
　　总　务　陈序洲　　五年二月十一日给委
　　党　务　严福纪　　五年二月十一日给委
　　财　务　周孙维　　五年二月十一日给委
　　调　查　王瑞庭　　五年二月十一日给委
　　交　际　林梅端　　五年二月十一日给委
三宝雁分部
　　部　长　关焯堂　　五年二月十三日给委
　　　　　　黄保之　　五年二月十三日给委
　　党　务　曾干楠　　五年二月十三日给委
　　财　务　曾杏初　　五年二月十三日给委
　　总　务　庄廷芳　　五年四月二十四日给委
　　调　查　胡　珍　　五年四月二十四日给委
　　交　际　黄允材　　五年四月二十四日给委
大完肚正分部
　　部　长　陈永德　　五年二月十三日给委
　　　　　　钟金昌　　五年二月十三日给委
　　总　务　李善明　　五年二月十三日给委

党　　务　　温呈祥　　五年二月十三日给委
　　财　　务　　黄石松　　五年二月十三日给委
　　调　　查　　赖纯卿　　五年二月十三日给委
　　交　　际　　刘凤生　　五年二月十三日给委
高砥分部
　　部　　长　　丘炯堂　　五年二月十八日给委
生瓦分部
　　部　　长　　岑菊邻　　五年二月十八日给委
雪兰峨琼州分部
　　部　　长　　陈家凤　　五年二月十八日给委
　　　　　　　　陈振鋆　　五年二月十八日给委
　　总　　务　　陈养民　　五年二月十八日给委
　　党　　务　　王　裔　　五年二月十八日给委
　　财　　务　　符树秀　　五年二月十八日给委
　　调　　查　　陈世德　　五年二月十八日给委
　　交　　际　　陈治大　　五年二月十八日给委
星加坡琼州分部
　　部　　长　　符养华　　五年二月十八日给委
　　　　　　　　张　刚　　五年二月十八日给委
　　总　　务　　符尚志　　五年二月十八日给委
　　党　　务　　洪世丙　　五年二月十八日给委
　　财　　务　　陈绍平　　五年二月十八日给委
　　调　　查　　王华庭　　五年二月十八日给委
　　交　　际　　陈继平　　五年二月十八日给委
大山脚分部
　　部　　长　　朱步云　　五年二月十八日给委
　　　　　　　　李发斌　　五年二月十八日给委
　　总　　务　　何以兴　　五年二月十八日给委

党　　务　　卢炳勋　　五年二月十八日给委

　　财　　务　　王如进　　五年二月十八日给委

　　调　　查　　何旺龙　　五年二月十八日给委

　　交　　际　　甄炜吉　　五年二月十八日给委

双溪大吽分部

　　部　　长　　杜文福　　五年二月十八日给委

　　　　　　　　林文鸿　　五年二月十八日给委

　　总　　务　　陈瑞云　　五年二月十八日给委

　　党　　务　　陈大深　　五年二月十八日给委

　　财　　务　　梁文钦　　五年二月十八日给委

　　调　　查　　冯观霖　　五年二月十八日给委

　　交　　际　　卢启彬　　五年二月十八日给委

浮芦山背分部

　　部　　长　　徐德祐　　五年二月十八日给委

　　　　　　　　陈　俄　　五年二月十八日给委

　　总　　务　　张振南　　五年二月十八日给委

　　党　　务　　罗金开　　五年二月十八日给委

　　财　　务　　罗　满　　五年二月十八日给委

　　调　　查　　黄启光　　五年二月十八日给委

　　交　　际　　欧阳志夷　　五年二月十八日给委

仁丹分部

　　部　　长　　麦燨堂　　五年二月十八日给委

　　　　　　　　邹义同　　五年二月十八日给委

　　总　　务　　林政良　　五年二月十八日给委

　　党　　务　　崔改非　　五年二月十八日给委

　　财　　务　　林天相　　五年二月十八日给委

　　调　　查　　温玉铿　　五年二月十八日给委

　　交　　际　　郑达棠　　五年二月十八日给委

天洋丸分部
　　部　　长　陈槐卿　五年三月八日给委
孟加映分部
　　部　　长　古锦祥　五年三月八日给委
　　　　　　　杨桂廷　五年三月八日给委
　　总　　务　蔡德三　五年三月八日给委
　　党　　务　张莲生　五年三月八日给委
　　财　　务　陈乙秀　五年三月八日给委
　　交　　际　杨南仁　五年三月八日给委
　　调　　查　黄添喜　五年三月八日给委
江西修水县分部
　　部　　长　吴　炅　五年三月十四日给委
江西铜鼓县分部
　　部　　长　袁　瀍　五年三月十四日给委
江西宜黄县分部
　　部　　长　尹辅汤　五年三月十四日给委
江西建昌县分部
　　部　　长　萧文楼　五年三月十四日给委
广东肇庆分部
　　部　　长　朱相州　五年三月十四日给委
　　　　　　　伍洪培　五年三月十四日给委
广东四邑两阳分部
　　部　　长　黎　光　五年三月十四日给委
　　　　　　　唐熙年　五年三月十四日给委
都弯分部
　　部　　长　黄俊仪　五年三月十六日给委
　　　　　　　郭立业　五年三月十六日给委
　　党　　务　周玉成　五年三月十六日给委

财　务　林瑞安　五年三月十六日给委

罅辖分部

　　　部　长　王星泉　五年三月十八日给委
　　　　　　　林　有　五年三月十八日给委
　　　总　务　彭维纲　五年三月十八日给委
　　　党　务　林英石　五年三月十八日给委
　　　财　务　梁栋英　五年三月十八日给委
　　　调　查　唐　贵　五年三月十八日给委
　　　交　际　胡　佐　五年三月十八日给委

华都呀吔分部

　　　部　长　祁　寿　五年三月十八日给委
　　　　　　　何大生　五年三月十八日给委
　　　总　务　黄佐廷　五年三月十八日给委
　　　党　务　罗伯绸　五年三月十八日给委
　　　财　务　李普恩　五年三月十八日给委
　　　调　查　梁逢生　五年三月十八日给委
　　　交　际　黄云清　五年三月十八日给委

打扣分部

　　　部　长　何钟汉　五年三月十八日给委
　　　总　务　区景才　五年三月十八日给委
　　　党　务　曾宪纯　五年三月十八日给委
　　　财　务　冯泽泉　五年三月十八日给委
　　　调　查　钟景邦　五年三月十八日给委
　　　交　际　古宗邦　五年三月十八日给委

端洛分部

　　　部　长　陈炳秋　五年三月十八日给委
　　　总　务　廖景唐　五年三月十八日给委
　　　党　务　温锦池　五年三月十八日给委

财　务　林三和　五年三月十八日给委
　　调　查　林扬武　五年三月十八日给委
　　交　际　冯　祺　五年三月十八日给委
亚巴里分部
　　部　长　曾志高　五年三月十二日给委
仰光支部
　　部　长　曾允明　五年三月二十日给委
　　　　　　黄德源　五年三月二十日给委
　　总　务　杨昭雅　五年三月二十日给委
　　　　　　黄壬戌　五年三月二十日给委
　　党　务　陈琴舫　五年三月二十日给委
　　　　　　曾金坛　五年三月二十日给委
　　财　务　林经国　五年三月二十日给委
　　　　　　彭炳森　五年三月二十日给委
　　调　查　蓝　磊　五年三月二十日给委
　　　　　　曾清早　五年三月二十日给委
　　交　际　陈甘敏　五年三月二十日给委
　　　　　　朱立初　五年三月二十日给委

芙蓉琼州分部
　　部　长　陈序机　五年三月二十六日给委
　　　　　　符兰亭　五年三月二十六日给委
　　总　务　陈敬初　五年三月二十六日给委
　　党　务　蔡　辉　五年三月二十六日给委
　　财　务　吴昌贤　五年三月二十六日给委
　　调　查　陈玉山　五年三月二十六日给委
　　交　际　梁善卿　五年三月二十六日给委
南菲洲支部
　　部　长　陈沛南　五年四月十三日给委

　　　　　　朱印山　五年四月十三日给委

通扣分部

　　部　　长　郭少慈　五年四月十三日给委
　　　　　　郭心田　五年四月十三日给委
　　总　　务　黄　先　五年四月十三日给委
　　党　　务　陈汉文　五年四月十三日给委
　　财　　务　杨建来　五年四月十三日给委
　　调　　查　李朗溪　五年四月十三日给委
　　交　　际　陆伯泉　五年四月十三日给委

坤甸支部

　　部　　长　林梅六　五年四月十三日给委
　　　　　　林文安　五年四月十三日给委
　　总　　务　林宝田　五年四月十三日给委
　　　　　　黄强斋　五年四月十三日给委
　　党　　务　赖炳文　五年四月十三日给委
　　财　　务　黄炎裔　五年四月十三日给委
　　　　　　黎洪汉　五年四月十三日给委
　　调　　查　丘祝汉　五年四月十三日给委
　　　　　　谢源兴　五年四月十三日给委
　　交　　际　陈贞吉　五年四月十三日给委
　　　　　　江英华　五年四月十三日给委

江西万安县分部

　　部　　长　曾振五　五年四月十三日给委

亚细亚皇后船分部

　　部　　长　陈　荣　五年四月十三日给委

仁物埠分部

　　部　　长　伍麟祥　五年四月二十四日给委
　　　　　　黎玉成　五年四月二十四日给委

党　务　杨明扬　五年四月二十四日给委
财　务　饶秋元　五年四月二十四日给委

据中国国民党中央文化传播委员会党史馆藏一般档案 395/26

附件三　中华革命党特务职员姓名录

（一九一四至一九一六年）

地　点	职　务	姓　名	给委年月日
飞立宾	联络委员	伍平一	三年十月七日[①]
飞立宾	联络委员	冯百罹	四年六月十七日
飞立宾	联络委员	李思辕	四年六月十七日
飞立宾	联络委员	张本汉	四年六月十七日
飞立宾	联络委员	陈天扶	四年六月十七日
飞立宾	联络委员	黄燮恭	四年六月十七日
飞立宾	联络委员	甄　祐	四年六月十七日
飞立宾	筹饷特派员	宋　振	四年九月二十三日
飞立宾	筹饷特派员	胡汉民	四年九月二十三日
飞立宾	筹饷特派员	杨庶堪	四年九月二十三日
汉口	联络委员	岑　楼	三年十月十二日
汉口	交通委员	李祖诒	四年二月二十一日
海上各船舶	交际委员	林　来	三年十月二十二日
海上各船舶	交际委员	苏无涯	四年四月二十六日
海上各船舶	交际委员	严华生	四年四月二十六日

---

①　文内纪年均为中华民国纪年。

地　点	职　务	姓　名	给委年月日
新加坡	联络委员	梁允煊	三年十月二十八日
新加坡	联络委员	陈孔忠	三年十月二十八日
新加坡	联络委员	吴炽寰	三年十月二十八日
新加坡	联络委员	郑少芝	三年十月二十八日
新加坡	联络委员	李霞举	三年十月二十八日
新加坡	联络委员	何德如	三年十月二十八日
新加坡	联络委员	卢耀堂	三年十月二十八日
新加坡	联络委员	邓子瑜	三年十月二十八日
新加坡	联络委员	梁允祺	三年十二月十日
新加坡	联络委员	刘福田	三年十二月十日
新加坡	联络委员	简英甫	四年三月一日
新加坡	联络委员	郭剑存	四年六月十日
新加坡	联络委员	许逸夫	
新加坡	联络委员	徐洞云	
新加坡	联络委员	李天如①	
巴城	联络委员	弓长杰	三年十一月三日
仰光	联络委员	陈廷楷	四年一月五日
南洋各埠	特务委员	许崇智	四年三月三日
南洋各埠	特务委员	何天炯	四年三月三日
南洋各埠	特务委员	叶夏声	四年三月三日
南洋各埠	筹办福建军债特派员	许崇智	四年六月八日
南洋各埠	筹办福建军债特派员	宋　振	四年六月八日
南洋各埠	筹办福建军债特派员	黄展云	四年六月八日

---

① 许逸夫、徐洞云、李天如三人给委日期不详。

附件三　中华革命党特务职员姓名录

地　点	职　务	姓　名	给委年月日
南洋各埠	联络委员	张民达	四年八月三日
加拿大	联络委员	夏重民	四年四月二十六日
南洋荷属	联络委员	金一清	四年四月二十九日
福建兴化	联络委员	涂寄舫	四年六月二十日
长崎	联络委员	彭养光	四年七月十七日
檀香山	联络委员	吴铁城	四年八月十日
亚庇	联络委员	李运玉	四年九月二日
柔佛六条	联络委员	李贞廷	四年九月二日
琼侨	联络委员	吴　伯	四年十月十六日
广州湾	联络委员	周子贞	四年十月二十一日
诗鹅	联络委员	陈电洲	四年十一月一日
砂胜越	联络委员	李　汉	四年十一月一日
香港	海上交通员	赵植芝	四年十一月一日
南洋航路	联络委员	谢炳坤	四年十二月十六日
西都文罗	特别团体联络委员	温山炎	五年二月十八日
西都文罗	特别团体联络委员	杨德麟	五年二月十八日
南洋澳洲	特派委员	冯自由	五年二月二十二日
大连	交通委员	傅笠渔	五年三月十六日

据中国国民党中央文化传播委员会党史馆藏一般档案 395/27

附件四 委任中华革命军人员姓名录

（一九一五至一九一六年）

邓　铿　委任为广东革命军司令长官。
刘　崛　委任为广西革命军司令长官。
高建瓴　委任为湖北革命军荆沙司令官,十一月八日亲手领去。
安　健　委任为贵州司令长官。
张汇滔　委为江北皖北司令长官。
吴藻华　委为江南司令长官。
王善继　河南军事联络员。
白耀辰　关外军事联络员。
梁宗汉　委为湖北宜昌司令官,已交。
李　萁　为广东游击队司令。
卢师谛　委任为四川司令长官,正月十六号。
蔡济民　委任为湖北司令长官。
夏尔玙　委任为浙江革命军司令长官,四年正月卅一号①领去。当具服务状一纸。
江炳灵　湖北革命军司令长官部副官长,二月五日委。
吴醒汉　湖北革命军司令长官部参谋长,二月五日委。
郑炳垣　浙江革命军第一旅旅长,五号委。
金维系　浙江革命军严州司令长官,五号委。
邵元冲　浙江革命军绍兴司令官,五号委。
程　壮　江北革命军通州司令官,三号委。
哈在田　江北革命军徐州司令官,三号委。

---

① 文内纪年均为中华民国纪年。

丁明钦　江北革命军海州司令官,三号委。
臧在新　江北革命军淮上司令官。
庞三杰　鲁豫淮游击司令官。
盛碧潭　宁波革命军司令官。
周应时　兼充江苏革命军司令长官。
吴藻华　江苏革命军司令长官部参谋长。
丁士杰　江苏革命军司令长官副官长。
俞　奋　南京革命军司令官。
陈　剧　镇江革命军司令官。
吴江左　苏州革命军司令官。
吴正卿　苏州革命军司令部参谋长。
孙宗孺　苏州革命军司令部副官长。
陈雄洲　江苏革命军第二师师长。
张建勋　江宁革命军第一旅旅长。
刘　泽　江宁革命军第二旅旅长。
华盛文　南京军事特派员。
丁联英　太湖军事联络员。
王程远　苏州革命军警察厅长。
伏　龙　南京革命军司令部参谋长。
蒯　辅　南京革命军司令部副官长。
文鼎仙　南京军械局正局长。
李　郯　南京军械局副局长。
刘　斌　通州革命军司令部参谋长。
童勤培　通州革命军司令部副官长。
祁耿寰　关外革命军司令长官。
余良材　武汉军事联络员。
邹云彪　福建革命军汀龙司令官。
沈国英　福建革命军泉州司令官。

江　涛　福建革命军兴化司令官。
吴俊杰　福建革命军第一师第一团团长。
徐镜清　福建革命军第二师师长兼延建邵司令官。
沈汉秋　福建革命军第一师骑兵营营长。
黄国华　福州革命军司令官。
林德轩　湖南革命军司令长官。
谭　根　航空队司令长官。
许崇智　南洋特派员。
夏之麒①　江西司令长官,四年十一月初在沪被刺。
曾　杰　河南司令长。
熊炳坤　湖北第二区司令官。
王华国　湖北第五区司令官。
刘　英　湖北第三区司令官。
赵鹏飞　湖北第一区司令官。
曾尚武　湖北第四区司令官。
明星辰　委任为云南军事联络员。
席正铭　贵州司令长官部参谋长。
朱卓文　中华革命军广东全权筹备委员。
杨　虎　海军联络员。
杨圭瓒　中华革命军湖南司令长官部驻沪联络正委员,七月九号委。
廖家骥　中华革命军湖南司令长官部驻沪联络副委员,七月九号委。
黄庆喜　关外游击司令部卫队长（七月十号委）。
徐炳炎　关外军事筹备委员（七月十号委）。
宁　武　关外军事筹备委员（七月十号委）。
柴子安　关外游击司令部先锋队长（七月十号委）。

---

①　原件为夏之麟,秦孝仪主编《国父全集》据1915年4月委夏之麒为江西司令长官的记载,校改为夏之麒。另,夏之麟乃夏之麒之弟。

黄廷剑　关外游击司令官（七月十号委）。

尹　钧　关外军事联络委员（七月十号委）。

聂　豫　湖北第一区司令部参谋长。

黄　石　湖北第一区司令部副官长。

熊　持　湖北第二区司令部参谋长。

田　牺　湖北第三区司令部副官长。

谢超武　湖北第三区司令部参谋长，已辞职。

陈人杰　湖北第三区司令部副官长。

吴继玠　湖北第四区司令部参谋长。

冉　鑫　湖北第四区司令部副官长。（曹东侠被捕以冉鑫改任）

王守愚　湖北司令长官部参谋。（已升为第三区参谋长）

阮　复　湖北司令长官副官。

李祖贻　湖北第二区司令部参谋。

马祖谟　湖北第二区司令部副官。

张鹏程　湖北第三区司令部参谋。

刘　洁　湖北第三区司令部副官。

索飞龙　湖北第四区司令部副官。

梁耀斌　为湖北第三区司令部参谋。⎫
朱旭东　为湖北第三区司令部参谋。⎬均由部委，十一月五日发。

廖　藻　为湖北第三区司令部副官。

王守愚　湖北第三区参谋长。

山东方面新委人员

吴大洲　山东司令长官。

庄文学　曹州司令。

赵中玉　胶东司令。

戚云龙　登州司令。

张健斋　胶州司令。

刘毓斗　兖州司令。

陈冠五　武定司令。

王献芝　德州司令。

张香坡　青州司令。

尤操范　岱南招抚使。

邓天乙　胶东招抚使。

薄子明　岱南司令。

江苏方面新委人员

李佩莲　徐海游击队司令官。

庞子舟　丰沛砀游击队司令官。

钱　通　安徽军事联络委员，八月二十一日委。

李　武　湖南司令长官部军事联络委员。

刘国佐　四川川北区司令官，十月二十八日委。

韩　傧　四川下川南区司令官，十月二十八日委。

赖天球　南赣游击司令，十月二十八日委。
　　　　（已改委韶赣游击司令）

石蕴光　四川川东区司令官，十月二十八日委。

印　　数

发湖北司令长官印一颗，七月一号发。

发江苏司令长官印一颗，七月五号发。

发江西司令长官印一颗，八月三十一号。

发广东司令长官印一颗，八月三十一号。

发浙江司令长官印一颗，七月十八日。

发湖南司令长官印一颗，八月十三日。

发广西司令长官印一颗，八月十六日。

发四川司令长官印一颗，十月二日。

发云南司令长官印一颗，十月十八日。

发山东司令长官印一颗，十月十八日。

发福建司令长官印一颗，九月六日。

发河南司令长官印一颗,九月二十七日。

颁发各省司令长官印信日期录下:

湖北	四年七月一日	四川	四年十月二日
江苏	四年七月五日	云南	四年十月十八日
浙江	四年七月十八日	山东	四年十月十八日
湖南	四年八月十三日	福建	四年九月六日
广东	四年八月三十一日	河南	四年九月三十日
广西	四年八月十六日	贵州	四年九月二十七日
江西	四年八月三十一日		

总务部机要处录十一月四日

谢介僧　湖南司令长官部副官长。
林修梅　湖南司令长官部参谋长。　}均十一月初八给。
仇　鳌　湖南司令长官部军事参议。
徐炳炎　山东济南先锋司令,十一月二给。
陈文选　湖南司令长官部辰沅靖筹备委员,十一月二十八委。
黄　伟　湖南第一区司令部参谋,十一月十五由军事部委。
方　震　湖南第一区司令部参谋,十一月十五由军事部委。
蔡福来　湖北第一区司令部副官,十一月十五由军事部委。
赖天球　改委中华革命军韶赣游击司令,十一月十九委。
黄汉杰　委广东两阳军事筹备委员,十一月二十三日。
李海云　委广东高雷两阳恩开新等处区司令,十一月二十三日。
朱执信　广东司令长官,十二月初二。
陆任宇　广东高雷司令官,五年正月四日委。
李可简　广东恩开新司令官,五年正月四日委。

据中国国民党中央文化传播委员会党史馆藏一般档案
395/48

附件五　大元帅府特任人员职务姓名录

（一九一七至一九一八年）

特任月日	受任姓名	特任职务	任状号数	缮状姓名	校状姓名	发状月日
六年九月十一日①	伍廷芳	中华民国军政府外交总长	一	万黄裳	万黄裳	
六年九月十一日	唐绍仪	中华民国军政府财政总长	二	万黄裳	万黄裳	
六年九月十一日	张开儒	中华民国军政府陆军总长	五	万黄裳	万黄裳	
六年九月十一日	程璧光	中华民国军政府海军总长	四	万黄裳	万黄裳	
六年九月十一日	孙洪伊	中华民国军政府内务总长	三	万黄裳	万黄裳	
六年九月十一日	胡汉民	中华民国军政府交通总长	六	万黄裳	万黄裳	
六年九月十一日	林葆怿	中华民国军政府海军总司令	一二	万黄裳	万黄裳	
六年九月十一日	方声涛	中华民国军政府卫戍总司令	九	万黄裳	万黄裳	
六年九月十一日	李烈钧	中华民国军政府参谋总长	八	万黄裳	万黄裳	
六年九月十一日	章炳麟	大元帅府秘书长	七	万黄裳	万黄裳	九月十一日
六年九月十一日	许崇智	大元帅府参军长	一一	万黄裳	万黄裳	
六年九月十一日	王正廷	暂行兼署中华民国军政府外交总长		万黄裳	万黄裳	

---

① 表内纪年均为中华民国纪年。

附件五　大元帅府特任人员职务姓名录

续表

特任月日	受任姓名	特任职务	任状号数	缮状姓名	校状姓名	发状月日
六年九月十一日	居　正	暂行兼署中华民国军政府内政总长		万黄裳	万黄裳	
六年九月十二日	陈炯明	中华民国军政府第一军总司令	四四	万黄裳	万黄裳	九月十三日
六年九月十五日	汪兆铭	代理大元帅府秘书长	命令一	万黄裳	万黄裳	
六年九月二十二日	徐　谦	代理大元帅府秘书长	命令五	万黄裳	万黄裳	
六年九月二十五日	马君武	署理中华民国军政府交通总长	命令一三	潘应民	万黄裳	
六年九月二十五日	王正廷	署理中华民国军政府外交总长	命令一四	潘应民	万黄裳	
六年九月二十六日	廖仲恺	署理中华民国军政府财政总长	命令一五	万黄裳	万黄裳	
六年九月二十六日	居　正	署理中华民国军政府内政总长	命令一六	万黄裳	万黄裳	
六年十月十四日	许崇智	署理中华民国军政府陆军总长	令二〇	万黄裳	万黄裳	
六年十月十四日	黄大伟	代理中华民国军政府参军长	令二一	万黄裳	万黄裳	
六年十一月四日	孙洪伊	中华民国军政府驻沪全权代表	七九九	周应云	万黄裳	
六年十二月十六日	古应芬	代理秘书长	令二九	周应云	万黄裳	十二月二十六日
七年一月十日	李烈钧	总参谋长	九九九	周应云	郑　涛	一月二十日

据中国国民党中央文化传播委员会党史馆藏一般档案404/42

附件六　大元帅府简任人员职务姓名录

（一九一七至一九一八年）

任命月日	受任姓名	任命职务	任状号数	缮状姓名	校状姓名	发状月日	备注
民　国　六　年							
九月十一日	王正廷	中华民国军政府外交次长	一四	万黄裳	万黄裳		注销改任
九月十一日	居正	中华民国军政府内政次长	一五	万黄裳	万黄裳		
九月十一日	李福林	大元帅府亲军总司令	一三	万黄裳	万黄裳		
九月十一日	黄大伟	大元帅府参军	一六	万黄裳	万黄裳	九月十三日	
九月十一日	周应时	大元帅府参军	一七	万黄裳	万黄裳	九月十三日	
九月十一日	邓玉麟	大元帅府参军	一八	万黄裳	万黄裳	九月十三日	
九月十一日	高尚志	大元帅府参军	一九	万黄裳	万黄裳	九月十三日	
九月十一日	周之贞	大元帅府参军	二〇	万黄裳	万黄裳	九月十八日	
九月十一日	罗家衡	大元帅府秘书	二一	万黄裳	万黄裳	九月十四日	
九月十一日	刘奇瑶	大元帅府秘书	二二	万黄裳	万黄裳	九月十四日	
九月十一日	秦广礼	大元帅府秘书	二三	万黄裳	万黄裳	九月十四日	
九月十一日	叶夏声	大元帅府秘书	二四	万黄裳	万黄裳	九月十四日	

续表

任命月日	受任姓名	任命职务	任状号数	缮状姓名	校状姓名	发状月日	备注
九月十一日	张大义	大元帅府秘书	二五	万黄裳	万黄裳	九月十四日	
九月十一日	马君武	大元帅府秘书	二六	万黄裳	万黄裳	九月十四日	
九月十一日	贺赞元	大元帅府秘书	二七	万黄裳	万黄裳	九月十四日	
九月十一日	刘盥训	大元帅府秘书	二八	万黄裳	万黄裳	九月十四日	
九月十一日	张伯烈	大元帅府秘书	二九	万黄裳	万黄裳	九月十四日	
九月十一日	平　刚	大元帅府秘书	一○	万黄裳	万黄裳	九月十日	
九月十一日	吕　复	大元帅府秘书	三○	万黄裳	万黄裳	九月十四日	
九月十一日	吴宗慈	大元帅府参议	三一	万黄裳	万黄裳	九月十四日	
九月十一日	宋渊源	大元帅府参议	三二	万黄裳	万黄裳	九月十四日	
九月十一日	周震鳞	大元帅府参议	三三	万黄裳	万黄裳	九月十四日	
九月十一日	茅祖权	大元帅府参议	三四	万黄裳	万黄裳	九月十四日	
九月十一日	吕志伊	大元帅府参议	三五	万黄裳	万黄裳	九月十四日	
九月十一日	王　湘	大元帅府参议	三六	万黄裳	万黄裳	九月十四日	
九月十一日	马　骧	大元帅府参议	三七	万黄裳	万黄裳	九月十四日	
九月十一日	王法勤	大元帅府参议	三八	万黄裳	万黄裳	九月十四日	
九月十一日	凌　钺	大元帅府参议	四一	万黄裳	万黄裳	九月十四日	
九月十一日	邹　鲁	大元帅府参议	三九	万黄裳	万黄裳	九月十四日	

续表

任命月日	受任姓名	任命职务	任状号数	缮状姓名	校状姓名	发状月日	备注
九月十一日	赵世钰	大元帅府参议	四〇	万黄裳	万黄裳	九月十四日	
九月十二日	吴宗慈	川滇劳军使	四二	万黄裳	万黄裳	九月十二日	
九月十二日	王湘	川滇劳军使	四三	万黄裳	万黄裳	九月十二日	
九月十二日	万黄裳	大元帅府秘书	四五	陈群	万黄裳	九月十八日	
九月十二日	陈群	大元帅府秘书	四六	万黄裳	万黄裳	九月十八日	
九月十三日	陆兰清	大元帅府参军	四七	万黄裳	万黄裳	九月十三日	
九月十三日	崔文藻	大元帅府参议	四八	万黄裳	万黄裳	九月十四日	
九月十三日	刘成禺	大元帅府参议	四九	万黄裳	万黄裳	九月十四日	
九月十三日	刘英	大元帅府参议	五〇	万黄裳	万黄裳	九月十四日	
九月十三日	彭介石	大元帅府参议	五一	万黄裳	万黄裳	九月十四日	
九月十三日	萧晋荣	大元帅府参议	五二	万黄裳	万黄裳	九月十四日	
九月十三日	谢持	大元帅府参议	五三	万黄裳	万黄裳	九月十四日	
九月十三日	张大昕	大元帅府参议	五四	万黄裳	万黄裳	九月十四日	
九月十三日	李执中	大元帅府参议	五五	万黄裳	万黄裳	九月十四日	
九月十三日	胡祖舜	大元帅府参议	五六	万黄裳	万黄裳	九月十四日	
九月十四日	郭椿森	大元帅府参议	六一	万黄裳	万黄裳	九月十九日	
九月十四日	曾彦	大元帅府参议	五九	万黄裳	万黄裳	九月十九日	

续表

任命月日	受任姓名	任命职务	任状号数	缮状姓名	校状姓名	发状月日	备注
九月十四日	覃 超	大元帅府参议	六〇	万黄裳	万黄裳	九月十九日	
九月十四日	龚 政	大元帅府参议	六二	万黄裳	万黄裳	九月十九日	
九月十四日	徐之琛	大元帅府参议	六三	万黄裳	万黄裳	九月十九日	
九月十四日	徐瑞霖	大元帅府参议	六七	万黄裳	万黄裳	九月十八日	
九月十四日	曹亚伯	大元帅府参议	六八	万黄裳	万黄裳	九月十八日	
九月十四日	许继祥	大元帅府参议	六九	万黄裳	万黄裳	九月十八日	
九月十四日	毛仲芳	大元帅府参议	七〇	万黄裳	万黄裳	九月十九日	
九月十四日	谢英伯	大元帅府秘书	五七	万黄裳	万黄裳	九月十六日	
九月十四日	黄展云	大元帅府秘书	六四	万黄裳	万黄裳	九月十八日	
九月十四日	苏理平	大元帅府秘书	六五	万黄裳	万黄裳	九月十八日	
九月十四日	梅 培	大元帅府秘书	六六	万黄裳	万黄裳	九月十八日	注销改任
九月十四日	古应芬	大元帅府秘书	七二	万黄裳	万黄裳	九月十九日	
九月十四日	熊 英	大元帅府秘书	七三	万黄裳	万黄裳	九月十九日	
九月十四日	梁树熊	大元帅府秘书	七四	万黄裳	万黄裳	九月十九日	
九月十四日	汪兆铭	大元帅府秘书	七五	万黄裳	万黄裳	九月十九日	辞,注销
九月十四日	冯自由	大元帅府参议	七一	万黄裳	万黄裳	九月十八日	
九月十六日	邓 耀	广东安抚委员长	七七	万黄裳	万黄裳	九月十八日	注销

续表

任命月日	受任姓名	任命职务	任状号数	缮状姓名	校状姓名	发状月日	备注
九月十六日	谭民三	大元帅府参议	七九	万黄裳	万黄裳	九月十八日	
九月十六日	刘汉华	大元帅府委员	七六	万黄裳	万黄裳	九月十六日	注销改委
九月十六日	张民达	大元帅府委员	八三	万黄裳	万黄裳	九月二十日	
九月十六日	李安邦	大元帅府委员	八四	万黄裳	万黄裳	九月二十五日	
九月十六日	李天德	大元帅府委员	八七	万黄裳	万黄裳	十月二日	
九月十六日	李绮庵	大元帅府委员	八八	万黄裳	万黄裳	十月一日	
九月十六日	杨西岩	筹饷委员	九六	万黄裳	万黄裳	九月十八日	
九月十六日	林　护	筹饷委员	九七	万黄裳	万黄裳	九月十八日	
九月十六日	谢树棠	筹饷委员	九八	万黄裳	万黄裳	九月十八日	
九月十六日	邓仲泽	筹饷委员	九九	万黄裳	万黄裳	九月十八日	
九月十六日	伍耀庭	筹饷委员	一〇〇	万黄裳	万黄裳	九月十八日	
九月十六日	余斌臣	筹饷委员	一〇一	万黄裳	万黄裳	九月十八日	
九月十六日	李自重	筹饷委员	一〇二	万黄裳	万黄裳	九月十八日	
九月十六日	梁振华	筹饷委员	一〇三	万黄裳	万黄裳	九月十八日	
九月十六日	吴东启	筹饷委员	一〇四	万黄裳	万黄裳	九月十八日	
九月十六日	何乐琴	筹饷委员	一〇六	万黄裳	万黄裳	九月十八日	
九月十六日	马应彪	筹饷委员	一〇七	万黄裳	万黄裳	九月十八日	

续表

任命月日	受任姓名	任命职务	任状号数	缮状姓名	校状姓名	发状月日	备注
九月十六日	伍学焜	筹饷委员	一〇九	万黄裳	万黄裳	九月十八日	
九月十六日	简让之	筹饷委员	一〇八	万黄裳	万黄裳	九月十八日	
九月十六日	张吉盛	筹饷委员	一一〇	万黄裳	万黄裳	九月十八日	
九月十六日	陈卓平	筹饷委员	一一一	万黄裳	万黄裳	九月十八日	
九月十六日	郭 同	大元帅府参议	八〇	万黄裳	万黄裳	九月十八日	
九月十六日	邵元冲	大元帅府秘书	八一	万黄裳	万黄裳	九月十八日	
九月十六日	林焕廷	大元帅府秘书	八二	万黄裳	万黄裳	九月十八日	
九月十六日	蒋文汉	大元帅府秘书	八九	万黄裳	万黄裳	九月十八日	
九月十六日	李禄超	大元帅府秘书	九〇	万黄裳	万黄裳	九月十八日	
九月十六日	林直勉	大元帅府秘书	九一	万黄裳	万黄裳	九月十八日	
九月十六日	陈民钟	大元帅府参议	九二	万黄裳	万黄裳	九月十八日	
九月十六日	时功玖	大元帅府参议	九四	万黄裳	万黄裳	九月十八日	
九月十六日	董昆瀛	大元帅府参议	九五	万黄裳	万黄裳	九月十八日	
九月十六日	邓 耀	广东招抚局长	八五	万黄裳	万黄裳	九月十七日	
九月十六日	陈清文	大元帅府秘书	八六	万黄裳	万黄裳	九月十八日	
九月十七日	杨福田	大元帅府参军	一一三	万黄裳	万黄裳	九月十八日	
九月十八日	赵植之	驻港航海筹饷委会	一一二	万黄裳	万黄裳	九月十八日	

续表

任命月日	受任姓名	任命职务	任状号数	缮状姓名	校状姓名	发状月日	备注
九月十八日	黄伯耀	大元帅府秘书	一一八	万黄裳	万黄裳	九月十八日	
九月十八日	李建中	大元帅府秘书	一一七	万黄裳	万黄裳	九月十八日	
九月十八日	吕 复	兼大元帅府秘书	命令二	万黄裳	万黄裳	九月二十日	
九月十八日	林学衡	大元帅府秘书	一一九	万黄裳	万黄裳	九月二十日	
九月十八日	蒙民伟	大元帅府参议	一二〇	万黄裳	万黄裳	九月二十日	
九月十八日	段 雄	大元帅府参议	一二一	万黄裳	万黄裳	九月二十日	
九月十八日	张华澜	大元帅府参议	一二二	万黄裳	万黄裳	九月二十日	
九月十八日	梁 培	大元帅府参议	一二三	万黄裳	万黄裳	九月二十日	
九月十八日	李茂之	大元帅府参议	一二四	万黄裳	万黄裳	九月二十日	
九月十八日	卢 信	大元帅府参议	一二五	万黄裳	万黄裳	九月二十日	
九月十八日	李华林	大元帅府参议	一二六	万黄裳	万黄裳	九月二十日	
九月十八日	朱念祖	大元帅府参议	一二七	万黄裳	万黄裳	九月二十日	
九月十八日	王有兰	大元帅府参议	一二八	万黄裳	万黄裳	九月二十日	
九月十八日	张于浔	大元帅府参议	一二九	万黄裳	万黄裳	九月二十日	
九月十八日	陈时铨	大元帅府参议	一三〇	万黄裳	万黄裳	九月二十日	
九月十八日	黄元白	大元帅府参议	一三一	万黄裳	万黄裳	九月二十日	
九月十八日	黄攻素	大元帅府参议	一三二	万黄裳	万黄裳	九月二十日	

续表

任命月日	受任姓名	任命职务	任状号数	缮状姓名	校状姓名	发状月日	备注
九月十八日	卢仲琳	大元帅府参议	一三五	万黄裳	万黄裳	九月二十日	
九月十八日	杨大实	大元帅府参议	一三六	万黄裳	万黄裳	九月二十日	
九月十八日	于洪起	大元帅府参议	一三七	万黄裳	万黄裳	九月二十日	
九月十八日	邓天一	大元帅府参议	一三八	万黄裳	万黄裳	九月二十日	
九月十八日	李秉恕	大元帅府参议	一三九	万黄裳	万黄裳	九月二十日	
九月十八日	方 潜	大元帅府参议	一四〇	万黄裳	万黄裳	九月二十日	
九月十八日	张瑞萱	大元帅府参议	一四一	万黄裳	万黄裳	九月二十日	
九月十八日	曹振懋	大元帅府参议	一四二	万黄裳	万黄裳	九月二十日	
九月十八日	王观铭	大元帅府参议	一四三	万黄裳	万黄裳	九月二十日	
九月十八日	冠 遐	大元帅府参议	一四四	万黄裳	万黄裳	九月二十日	
九月十八日	杨铭源	大元帅府参议	一四五	万黄裳	万黄裳	九月二十日	
九月十八日	王乃昌	大元帅府参议	一四六	万黄裳	万黄裳	九月二十日	
九月十八日	丁象谦	大元帅府参议	一四七	万黄裳	万黄裳	九月二十日	
九月十八日	刘泽龙	大元帅府参议	一四八	万黄裳	万黄裳	九月二十日	
九月十八日	李国定	大元帅府参议	一四九	万黄裳	万黄裳	九月二十日	
九月十八日	李含芳	大元帅府参议	一五〇	万黄裳	万黄裳	九月二十日	
九月十九日	覃 振	大元帅府参议	一五一	万黄裳	万黄裳	九月二十一日	

续表

任命月日	受任姓名	任命职务	任状号数	缮状姓名	校状姓名	发状月日	备注
九月十九日	田 桐	大元帅府参议	一五二	万黄裳	万黄裳	九月二十一日	
九月十九日	陈 策	大元帅府参议	一五三	万黄裳	万黄裳	九月二十一日	
九月十九日	王 釜	大元帅府参议	一五四	万黄裳	万黄裳	九月二十一日	
九月十九日	陈寿如	大元帅府参议	一五五	万黄裳	万黄裳	九月二十一日	
九月十九日	刘芷芬	大元帅府参议	一五六	万黄裳	万黄裳	九月二十一日	
九月十九日	陈鸿钧	大元帅府参议	一五七	万黄裳	万黄裳	九月二十一日	
九月十九日	汪哕鸾	大元帅府参议	一五八	古应芬	万黄裳	九月二十一日	
九月十九日	简经纶	大元帅府参议	一五九	古应芬	万黄裳	九月二十一日	
九月十九日	陆孟飞	大元帅府参议	一六〇	万黄裳	万黄裳	九月二十一日	
九月十九日	廖德山	大元帅府参议	一六一	万黄裳	万黄裳	九月二十一日	
九月十九日	陈培深	筹饷委员	一三四	万黄裳	万黄裳	十月二日	
九月十九日	周昭岳	筹饷委员	一三三	万黄裳	万黄裳	九月二十日	注销
九月十九日	伍横贯	筹饷委员	一六四	万黄裳	万黄裳	九月二十一日	
九月十九日	关宝华	筹饷委员	一六五	万黄裳	万黄裳	九月二十一日	辞职注销
九月十九日	陈大年	大元帅府秘书	一六六	万黄裳	万黄裳	九月二十一日	
九月十九日	杜之秋	大元帅府秘书	一六七	万黄裳	万黄裳	九月二十一日	
九月二十日	张左丞	大元帅府参议	一六八	万黄裳	万黄裳	九月二十一日	

续表

任命月日	受任姓名	任命职务	任状号数	缮状姓名	校状姓名	发状月日	备注
九月二十日	林镜台	大元帅府参议	一六九	万黄裳	万黄裳	九月二十一日	
九月二十日	伍于簪	大元帅府参议	一六七	万黄裳	万黄裳	九月二十一日	
九月二十日	简英甫	筹饷委员长	一六六	万黄裳	万黄裳	九月二十一日	
九月二十一日	王　杰	大元帅府参议	一七〇	万黄裳	万黄裳	九月二十三日	
九月二十一日	李式璠	大元帅府参议	一七一	万黄裳	万黄裳	九月二十三日	
九月二十一日	文笃周	大元帅府参议	一七二	万黄裳	万黄裳	九月二十三日	
九月二十一日	周之翰	大元帅府参议	一七三	万黄裳	万黄裳	九月二十三日	
九月二十一日	傅　谐	大元帅府参议	一七四	万黄裳	万黄裳	九月二十三日	
九月二十一日	王绍鏊	大元帅府参议	一七五	万黄裳	万黄裳	九月二十三日	
九月二十一日	孙　钟	大元帅府参议	一七六	万黄裳	万黄裳	九月二十三日	
九月二十一日	苏祐慈	大元帅府参议	一七七	万黄裳	万黄裳	九月二十三日	
九月二十一日	梁士模	大元帅府参议	一七八	万黄裳	万黄裳	九月二十三日	
九月二十一日	汪建刚	大元帅府参议	一七九	万黄裳	万黄裳	九月二十三日	
九月二十一日	林伯和	大元帅府参议	一八〇	万黄裳	万黄裳	九月二十三日	
九月二十一日	李自芳	大元帅府参议	一八一	万黄裳	万黄裳	九月二十三日	
九月二十一日	邹　鲁	中华民国军政府财政次长	一八三	万黄裳	万黄裳	九月二十二日	注销
九月二十一日	陈嘉猷	筹饷委员	一八二	万黄裳	万黄裳	九月二十二日	

续表

任命月日	受任姓名	任命职务	任状号数	缮状姓名	校状姓名	发状月日	备注
九月二十一日	张丹青	筹饷委员	一八五	万黄裳	万黄裳	九月二十二日	
九月二十一日	刘恢汉	筹饷委员	一八四	潘应民	万黄裳	九月二十二日	注销
九月二十一日	沈智夫	筹饷委员	一八六	潘应民	万黄裳	九月二十二日	
九月二十一日	徐东垣	吉林军事委员	一八七	潘应民	万黄裳	九月二十二日	
九月二十一日	张 继	中华民国军政府驻日外交代表	一八九	万黄裳	万黄裳		
九月二十一日	殷汝耕	驻日外交代表秘书			万黄裳		
九月二十二日	黄 林	筹饷委员	一九〇	万黄裳	万黄裳	九月二十四日	
九月二十二日	邓荫南	军事委员	一九一	万黄裳	万黄裳	九月二十四日	
九月二十二日	陈 清	军事委员	一九二	万黄裳	万黄裳	九月二十四日	
九月二十二日	邹 鲁	中华民国军政府财政次长	（重）	万黄裳	万黄裳	九月二十五日	注销
九月二十三日	刘 崛	大元帅府参议	一九三	万黄裳	万黄裳	九月二十五日	
九月二十三日	徐元诰	大元帅府参议	一九四	万黄裳	万黄裳	九月二十九日	
九月二十四日	廖仲恺	中华民国军政府财政次长	一九六	万黄裳	万黄裳	九月二十五日	
九月二十四日	邹 鲁	代理中华民国军政府财政次长	命令七	潘应民	万黄裳	九月二十五日	
九月二十四日	汤廷光	大元帅府参军	一九七	万黄裳	万黄裳	九月二十八日	
九月二十四日	程耀垣	大元帅府参军	一九八	万黄裳	万黄裳	九月二十八日	
九月二十四日	李国堂	大元帅府参军	一九九	万黄裳	万黄裳	九月二十八日	

续表

任命月日	受任姓名	任命职务	任状号数	缮状姓名	校状姓名	发状月日	备注
九月二十四日	魏子浩	大元帅府参军	二〇〇	万黄裳	万黄裳	九月二十八日	
九月二十四日	郑祖怡	大元帅府参军	二〇一	万黄裳	万黄裳	九月二十八日	
九月二十四日	吴志馨	大元帅府参军	二〇二	万黄裳	万黄裳	九月二十八日	
九月二十四日	饶鸣鸾	大元帅府参军	二三〇	潘应民	万黄裳	九月二十八日	
九月二十五日	叶夏声	代理中华民国军政府内政部次长	命令七一	万黄裳	万黄裳	九月二十九日	
九月二十五日	邓慕韩	大元帅府参议	二〇五	万黄裳	万黄裳	九月二十九日	
九月二十五日	崔灼明	筹饷委员	二〇四	万黄裳	万黄裳	九月二十六日	
九月二十六日	朱本富	军事委员	二〇七	万黄裳	万黄裳	九月二十七日	
九月二十七日	杨汉魂	筹饷委员	二〇九	潘应民	万黄裳	九月二十七日	
九月二十七日	李炳初	筹饷委员	二一一	潘应民	万黄裳	九月二十七日	
九月二十七日	雷荫棠	筹饷委员	二一三	潘应民	万黄裳	九月二十七日	
九月二十七日	李元白	大元帅府秘书	二〇八	潘应民	万黄裳	九月二十九日	
九月二十七日	吴铁城	大元帅府参军	二〇一	潘应民	万黄裳	九月二十九日	
九月二十七日	余雅丞	大元帅府参军	二一二	潘应民	万黄裳	九月二十九日	
九月二十七日	孙继烈	大元帅府参军	二二一	潘应民	万黄裳	九月二十九日	
九月二十七日	冯镇东	大元帅府参军	二一五	潘应民	万黄裳	九月二十九日	
九月二十七日	彭泽	大元帅府参军	二一六	潘应民	万黄裳	九月二十九日	

续表

任命月日	受任姓名	任命职务	任状号数	缮状姓名	校状姓名	发状月日	备注
九月二十七日	黄时澄	大元帅府参军	二一七	潘应民	万黄裳	十月二日	十月四日注销
九月二十七日	黄承胄	大元帅府参军	二一八	潘应民	万黄裳	九月二十九日	
九月二十七日	谢已原	檀香山筹饷委员	二二三	潘应民	万黄裳	九月二十九日	
九月二十八日	简崇光	筹饷委员	二二四	潘应民	万黄裳	九月二十六日	
九月二十八日	黄心持	筹饷委员	二二八	万黄裳	万黄裳	九月二十六日	
九月二十八日	陈言	大元帅府秘书	二三三	万黄裳	万黄裳	九月二十九日	
九月二十八日	彭养光	大元帅府参军			万黄裳		注销
九月二十八日	梁钟汉	大元帅府参军			万黄裳		注销
九月二十八日	叶富	筹饷委员	二二五	万黄裳	万黄裳	九月二十八日	
九月二十八日	侯锡蕃	筹饷委员	二二六	万黄裳	万黄裳	九月二十八日	
九月二十八日	刘伟卿	筹饷委员	二二七	万黄裳	万黄裳	九月二十八日	
九月二十八日	黄杰亭	筹饷委员	二二九	潘应民	万黄裳	九月二十八日	
九月二十八日	刘汉川	大元帅府参议	二三四	万黄裳	万黄裳	十月二日	
九月二十八日	刘成	大元帅府参军	二三二	万黄裳	万黄裳	九月二十九日	
九月二十九日	邬宝祥	大元帅府参军	二三一	万黄裳	万黄裳	九月二十九日	
九月二十九日	梁钟汉	大元帅府参议	二三六	万黄裳	万黄裳	九月二十九日	
九月二十九日	安健	大元帅府参议	二三七	万黄裳	万黄裳	十月一日	

续表

任命月日	受任姓名	任命职务	任状号数	缮状姓名	校状姓名	发状月日	备注
九月二十九日	彭养光	军事委员	二三五	万黄裳		九月二十九日	
九月二十九日	饶章甫	军事委员	二三八	万黄裳	万黄裳	十月一日	
十月一日	刘子文	筹饷委员	二三九	万黄裳	万黄裳	十月一日	
十月一日	陈云峰	筹饷委员	二四〇	万黄裳	万黄裳	十月一日	
十月一日	邓家彦	大元帅府秘书	二四一	万黄裳	万黄裳	十月二日	辞职注销
十月一日	赵荣勋	大元帅府秘书	二四二	万黄裳	万黄裳	十月二日	
十月一日	李增霨	大元帅府秘书	二四三	万黄裳	万黄裳	十月二日	
十月一日	朱念祖	兼大元帅府秘书	令一八	万黄裳	万黄裳	十月二日	
十月一日	江柏坚	大元帅府〈参〉议	二四四	万黄裳	万黄裳	十月二日	
十月二日	刘治洲	大元帅府秘书	二四五	万黄裳	万黄裳	十月三日	
十月二日	吴醒汉	大元帅府参军	二四六	万黄裳	万黄裳	十月三日	
十月二日	彭介石	兼大元帅府秘书		万黄裳	万黄裳	十月三日	
十月三日	梁端益	筹饷委员	二四七	万黄裳	万黄裳	十月三日	
十月三日	郑行果	筹饷委员	二四八	万黄裳	万黄裳	十月三日	
十月三日	任　重	筹饷委员	二四九	万黄裳	万黄裳	十月三日	
十月四日	罗春霖	筹饷委员	二五	万黄裳	万黄裳	十月四日	注销
十月四日	邓剑灵	筹饷委员	二五〇	万黄裳	万黄裳	十月四日	注销
十月四日	袁炳煌	大元帅府参议	二五五	万黄裳	万黄裳	十月八日	
十月四日	文登瀛	大元帅府参议	二五六	万黄裳	万黄裳	十月八日	
十月四日	马良弼	大元帅府参议	二五七	万黄裳	万黄裳	十月八日	
十月四日	王秉谦	大元帅府参议	二五八	万黄裳	万黄裳	十月八日	
十月四日	李永声	大元帅府参议	二五九	万黄裳	万黄裳	十月八日	
十月四日	李克明	大元帅府参议	二六〇	万黄裳	万黄裳	十月八日	
十月四日	李景泉	大元帅府参议	二六一	万黄裳	万黄裳	十月八日	
十月四日	阎鸿举	大元帅府参议	二六二	万黄裳	万黄裳	十月八日	

续表

任命月日	受任姓名	任命职务	任状号数	缮状姓名	校状姓名	发状月日	备注
十月四日	罗黼	大元帅府参议	二六三	万黄裳	万黄裳	十月八日	
十月四日	石璜	大元帅府参议	二六四	万黄裳	万黄裳	十月八日	
十月四日	尚镇圭	大元帅府参议	二六五	万黄裳	万黄裳	十月八日	
十月四日	张廷弼	大元帅府参议	二六六	万黄裳	万黄裳	十月八日	
十月四日	丁骞	大元帅府参议	二六七	万黄裳	万黄裳	十月八日	
十月四日	廉炳华	大元帅府参议	二六八	万黄裳	万黄裳	十月八日	
十月四日	邵仲康	大元帅府参议	二六九	万黄裳	万黄裳	十月八日	
十月四日	罗永庆	大元帅府参议	二七〇	万黄裳	万黄裳	十月八日	
十月四日	何海涛	大元帅府参议	二七一	万黄裳	万黄裳	十月八日	
十月四日	姚翰卿	大元帅府参议	二七三	万黄裳	万黄裳	十月八日	
十月四日	郝濯	大元帅府参议	二七四	万黄裳	万黄裳	十月八日	
十月四日	狄楼海	大元帅府参议	二七五	万黄裳	万黄裳	十月八日	
十月四日	陈纯修	大元帅府参议	二七六	万黄裳	万黄裳	十月八日	
十月四日	张敬之	大元帅府参议	二七七	万黄裳	万黄裳	十月八日	
十月四日	金贻厚	大元帅府参议	二七八	万黄裳	万黄裳	十月八日	
十月四日	赵金堂	大元帅府参议	二七九	万黄裳	万黄裳	十月八日	
十月四日	杜凯元	大元帅府参议	二八一	万黄裳	万黄裳	十月八日	
十月四日	宋桢	大元帅府参议	二八九	万黄裳	万黄裳	十月八日	
十月四日	谢鹏翰	大元帅府参议	二九〇	万黄裳	万黄裳	十月八日	
十月四日	窦应昌	大元帅府参议	二九一	万黄裳	万黄裳	十月八日	
十月四日	景定成	大元帅府参议	二九二	万黄裳	万黄裳	十月八日	
十月四日	于均生	大元帅府参议	二九三	万黄裳	万黄裳	十月八日	
十月四日	覃寿恭	大元帅府参议	二九四	万黄裳	万黄裳	十月八日	
十月四日	廖宗北	大元帅府参议	二九五	万黄裳	万黄裳	十月八日	
十月四日	彭汉遗	大元帅府参议	二九六	万黄裳	万黄裳	十月八日	
十月四日	吴昆	大元帅府参议	二九七	万黄裳	万黄裳	十月八日	
十月四日	杨时杰	大元帅府参议	二九八	万黄裳	万黄裳	十月八日	
十月四日	范鸿钧	大元帅府参议	二九九	万黄裳	万黄裳	十月八日	
十月四日	赵鲸	大元帅府参议	三〇〇	万黄裳	万黄裳	十月八日	

续表

任命月日	受任姓名	任命职务	任状号数	缮状姓名	校状姓名	发状月日	备注
十月四日	李汉丞	大元帅府参议	三〇一	潘应民	万黄裳	十月八日	
十月四日	彭邦栋	大元帅府参议	三〇二	潘应民	万黄裳	十月八日	
十月四日	禹　瀛	大元帅府参议	三〇三	潘应民	万黄裳	十月八日	
十月四日	梁系登	大元帅府参议	三〇四	潘应民	万黄裳	十月八日	
十月四日	周泽苞	大元帅府参议	三〇五	潘应民	万黄裳	十月八日	
十月四日	魏肇文	大元帅府参议	三〇六	潘应民	万黄裳	十月八日	
十月四日	李积芳	大元帅府参议	三〇七	潘应民	万黄裳	十月八日	
十月四日	陈九韶	大元帅府参议	三〇八	潘应民	万黄裳	十月八日	
十月四日	彭允彝	大元帅府参议	三〇九	潘应民	万黄裳	十月八日	
十月四日	童杭时	大元帅府参议	三一〇	潘应民	万黄裳	十月八日	
十月四日	陈子斌	大元帅府参议	三一一	潘应民	万黄裳	十月八日	
十月四日	赵　舒	大元帅府参议	三一二	潘应民	万黄裳	十月八日	
十月四日	彭学浚	大元帅府秘书	三六八	潘应民	万黄裳	十月八日	
十月四日	邓　元	大元帅府参议	三一五	潘应民	万黄裳	十月八日	
十月四日	卢元弼	大元帅府参议	三一六	潘应民	万黄裳	十月八日	
十月四日	黄懋鑫	大元帅府参议	三一七	潘应民	万黄裳	十月八日	
十月四日	卢式楷	大元帅府参议	三一八	潘应民	万黄裳	十月八日	退回
十月四日	欧阳沂	大元帅府参议	三一九	潘应民	万黄裳	十月八日	退回
十月四日	赖庆晖	大元帅府参议	三二〇	潘应民	万黄裳	十月八日	
十月四日	曾干桢	大元帅府参议	三二一	潘应民	万黄裳	十月八日	
十月四日	蔡突灵	大元帅府参议	三二二	潘应民	万黄裳	十月八日	
十月四日	萧辉锦	大元帅府参议	三二三	潘应民	万黄裳	十月八日	
十月四日	邹树声	大元帅府参议	三二四	潘应民	万黄裳	十月八日	
十月四日	黄宝铭	大元帅府参议	三二五	潘应民	万黄裳	十月八日	
十月四日	严　恭	大元帅府参议	三二六	潘应民	万黄裳	十月八日	
十月四日	程修鲁	大元帅府参议	三二七	潘应民	万黄裳	十月八日	
十月四日	翟富文	大元帅府参议	三二八	潘应民	万黄裳	十月八日	
十月四日	王永锡	大元帅府参议	三二九	潘应民	万黄裳	十月八日	
十月四日	黄绍侃	大元帅府参议	三三〇	潘应民	万黄裳	十月八日	

续表

任命月日	受任姓名	任命职务	任状号数	缮状姓名	校状姓名	发状月日	备注
十月四日	黄宏宪	大元帅府参议	三三一	潘应民	万黄裳	十月八日	已故注销
十月四日	卢天游	大元帅府参议	三三二	潘应民	万黄裳	十月八日	
十月四日	詹永祺	大元帅府参议	三三三	潘应民	万黄裳	十月八日	
十月四日	李文治	大元帅府参议	三三四	潘应民	万黄裳	十月八日	
十月四日	杨开源	大元帅府参议	三三五	潘应民	万黄裳	十月八日	
十月四日	何畏	大元帅府参议	三三六	潘应民	万黄裳	十月八日	
十月四日	刘楚湘	大元帅府参议	三三七	潘应民	万黄裳	十月八日	
十月四日	李燊阳	大元帅府参议	三三八	潘应民	万黄裳	十月八日	
十月四日	李正阳	大元帅府参议	三三九	潘应民	万黄裳	十月八日	
十月四日	蒋应澍	大元帅府参议	三四〇	潘应民	万黄裳	十月八日	
十月四日	角显溃	大元帅府参议	三四一	潘应民	万黄裳	十月八日	
十月四日	陈祖基	大元帅府参议	三四三	潘应民	万黄裳	十月八日	
十月四日	赵诚	大元帅府参议	三四四	潘应民	万黄裳	十月八日	
十月四日	毕宣	大元帅府参议	三四五	潘应民	万黄裳	十月八日	
十月四日	丁超五	大元帅府参议	三四六	潘应民	万黄裳	十月八日	
十月四日	詹调元	大元帅府参议	三四七	潘应民	万黄裳	十月八日	
十月四日	朱观玄	大元帅府参议	三四八	潘应民	万黄裳	十月八日	退回
十月四日	裘章淦	大元帅府参议	三四九	潘应民	万黄裳	十月八日	退回
十月四日	陈堃	大元帅府参议	三四二	潘应民	万黄裳	十月八日	退回
十月四日	金溶熙	大元帅府参议	三五〇	潘应民	万黄裳	十月八日	
十月四日	周学宏	大元帅府参议	三五一	潘应民	万黄裳	十月八日	
十月四日	程铎	大元帅府参议	三五二	潘应民	万黄裳	十月八日	退回
十月四日	潘乃德	大元帅府参议	三五三	潘应民	万黄裳	十月八日	
十月四日	王安富	大元帅府参议	三五四	潘应民	万黄裳	十月八日	
十月四日	曹玉德	大元帅府参议	三五五	潘应民	万黄裳	十月八日	
十月四日	谢良牧	大元帅府参议	三五六	潘应民	万黄裳	十月八日	
十月四日	萧凤翥	大元帅府参议	三五七	潘应民	万黄裳	十月八日	

续表

任命月日	受任姓名	任命职务	任状号数	缮状姓名	校状姓名	发状月日	备注
十月四日	饶芙裳	大元帅府参议	三五八	潘应民	万黄裳	十月八日	
十月四日	黄汝瀛	大元帅府参议	三五九	潘应民	万黄裳	十月八日	
十月四日	彭建标	大元帅府参议	三六〇	潘应民	万黄裳	十月八日	
十月四日	李英铨	大元帅府参议	三六一	潘应民	万黄裳	十月八日	
十月四日	邱福鎏	大元帅府参议	三六二	潘应民	万黄裳	十月八日	
十月四日	杨梦弼	大元帅府参议	三六三	潘应民	万黄裳	十月八日	
十月四日	陆祺	大元帅府参议	三六四	潘应民	万黄裳	十月八日	
十月四日	郭宝慈	大元帅府参议	三六五	潘应民	万黄裳	十月八日	
十月四日	杨永泰	大元帅府参议	三六六	潘应民	万黄裳	十月八日	
十月四日	沈智夫	大元帅府参议	三六七	万黄裳	万黄裳	十月八日	
十月四日	黄时澄	大元帅府参议	二五二	万黄裳	万黄裳	十月四日	
十月四日	周知礼	大元帅府参议	二五三	万黄裳	万黄裳	十月四日	注销
十月四日	王树槐	大元帅府参议	二五四	万黄裳	万黄裳	十月四日	
十月五日	谢松南	西堤筹饷局长		万黄裳	万黄裳	十月十八日	
十月五日	梁耀池	河内筹饷局长		万黄裳	万黄裳	十月十八日	
十月五日	梁丽生	海防筹饷局长		万黄裳	万黄裳	十月十八日	
十月五日	陈顺和	金边筹饷委员	二八五	万黄裳	万黄裳	十月十八日	
十月五日	罗春霖	美荻筹饷委员	二八六	万黄裳	万黄裳	十月六日	
十月五日	邓剑灵	茶荣筹饷委员	二八七	万黄裳	万黄裳	十月六日	
十月五日	马培生	西堤公债支局长	二八八	万黄裳	万黄裳	十月十七日	注销
十月五日	伍朝枢	中华民国军政府外交次长	二八〇	万黄裳	万黄裳	十月五日	
十月五日	陈林	筹饷委员	二七二	万黄裳	万黄裳	十月五日	
十月八日	徐惠霖	大元帅府参议	三六九	万黄裳	万黄裳	十月十日	

续表

任命月日	受任姓名	任命职务	任状号数	缮状姓名	校状姓名	发状月日	备注
十月九日	梁国栋	大元帅府参议	三七〇	万黄裳	万黄裳	十月十日	
十月九日	李玉昆	大元帅府参军	三七一	万黄裳	万黄裳	十月十日	
十月九日	崔文藻	中华民国军政府交通次长	三七二	万黄裳	万黄裳	十月十日	
十月九日	伦允襄	财政委员	三七三	万黄裳	万黄裳	十月十日	
十月十一日	王仲文	大元帅府参议	三七四	万黄裳	万黄裳	十月十三日	
十月十一日	吴鸿勋	大元帅府参议	三七六	万黄裳	万黄裳	十月十三日	
十月十一日	叶心传	大元帅府参军	三七五	万黄裳	万黄裳	十月十三日	
十月十一日	熊秉坤	大元帅府参军	三八二	万黄裳	万黄裳	十月十三日	
十月十一日	曾尚武	大元帅府参军	四六五	万黄裳	万黄裳	十月十五日	
十月十一日	席正铭	大元帅府参军	三七七	万黄裳	万黄裳	十月十三日	七年一月二十日奉令免职
十月十一日	何子奇	大元帅府参议	三七八	万黄裳	万黄裳	十月十三日	
十月十一日	萧萱	大元帅府秘书	三八一	万黄裳	万黄裳	十月十三日	
十月十一日	蒋群	大元帅府参议	三七九	万黄裳	万黄裳	十月十三日	注销
十月十一日	徐清泰	大元帅府参军	三八〇	万黄裳	万黄裳	十月十三日	
十月十二日	赖人存	大元帅府参军	三八三	万黄裳	万黄裳	十月十三日	
十月十三日	蔡公时	大元帅府参军	四六六	潘应民	万黄裳	十月十五日	
十月十三日	李桢	大元帅府参军	四六七	潘应民	万黄裳	十月十五日	

续表

任命月日	受任姓名	任命职务	任状号数	缮状姓名	校状姓名	发状月日	备注
十月十三日	蔡启顽	筹饷委员会			万黄裳	十月十三日	
十月十四日	许崇智	中华民国军政府陆军总长			万黄裳	十月十四日	另入特任表
十月十四日	黄大伟	代理参军长			万黄裳	十月十四日	另入特任表
十月十四日	刘玉山	大元帅府参议	四六八	潘应民	万黄裳	十月十六日	
十月十五日	李国定	四川劳军使	四六九	潘应民	万黄裳	十月十六日	
十月十五日	刘泽龙	四川劳军使	四七一	潘应民	万黄裳	十月十六日	
十月十五日	王树槐	筹饷委员	四七二	潘应民	万黄裳	十月十六日	
十月十五日	黄振中	筹饷委员	四七三	潘应民	万黄裳	十月十六日	
十月十五日	蒋 群	大元帅府参军	四七四	潘应民	万黄裳	十月十六日	
十月十五日	阎志远	大元帅府参议	四七〇	潘应民	万黄裳	十月六日	
十月十五日	梁钟汉	大元帅府参军		潘应民	万黄裳	十月六日	注销
十月十五日	刘星海	澳洲昆士仑筹饷委员	四七五	潘应民	万黄裳	十月六日	
十月十五日	陈春舫	暹逻筹饷委员	四七六	潘应民	万黄裳	十月六日	
十月十五日	李伟儒	香港筹饷委员	四七七	潘应民	万黄裳	十月六日	
十月十五日	孙光明	香港筹饷委员	四七八	潘应民	万黄裳	十月六日	
十月十七日	陈炽南	河内筹饷委员	四九九	潘应民	万黄裳	十月十八日	
十月十七日	赵弼卿	海防筹饷委员	五〇〇	潘应民	万黄裳	十月十八日	

续表

任命月日	受任姓名	任命职务	任状号数	缮状姓名	校状姓名	发状月日	备注
十月十七日	郑福东	南定筹饷委员	五〇一	潘应民	万黄裳	十月十八日	
十月十七日	陈绵继	河内筹饷委员	五〇二	潘应民	万黄裳	十月十八日	
十月十七日	谭云轩	河内筹饷委员	五〇三	潘应民	万黄裳	十月十八日	
十月十七日	林春树	河内筹饷委员	五〇四	潘应民	万黄裳	十月十八日	
十月十七日	胡子昭	河内筹饷委员	五〇五	潘应民	万黄裳	十月十八日	
十月十七日	杜子齐	海防筹饷委员	五〇六	潘应民	万黄裳	十月十八日	
十月十七日	潘灼南	海防筹饷委员	五〇七	潘应民	万黄裳	十月十八日	
十月十七日	梁复先	海防筹饷委员	五〇八	潘应民	万黄裳	十月十八日	
十月十七日	张南生	海防筹饷委员	五〇九	潘应民	万黄裳	十月十八日	
十月十七日	李泰初	海防筹饷委员	五一〇	潘应民	万黄裳	十月十八日	
十月十七日	钱显章	海防筹饷委员	五一一	潘应民	万黄裳	十月十八日	
十月十七日	杨温泉	海防筹饷委员	五一二	潘应民	万黄裳	十月十八日	
十月十七日	黄志愉	海防筹饷委员	五一三	潘应民	万黄裳	十月十八日	
十月十七日	苏玉田	海防筹饷委员	五一四	潘应民	万黄裳	十月十八日	
十月十七日	阮其昌	海防筹饷委员	五一六	潘应民	万黄裳	十月十八日	
十月十七日	黄隆生	越南筹饷委员	五一五	潘应民	万黄裳	十月十八日	
十月十七日	崔鼎新	西堤筹饷委员	四九七	潘应民	万黄裳	十月十七日	

续表

任命月日	受任姓名	任命职务	任状号数	缮状姓名	校状姓名	发状月日	备注
十月十七日	林永伦	西堤筹饷委员	四九六	黄允斌	万黄裳	十月十七日	
十月十七日	黎赞新	西堤筹饷委员	四九五	黄允斌	万黄裳	十月十七日	
十月十七日	陈金钟	西堤筹饷委员	四九四	黄允斌	万黄裳	十月十七日	
十月十七日	辛景祺	西堤筹饷委员	四九三	黄允斌	万黄裳	十月十七日	
十月十七日	樊镇安	西堤筹饷委员	四九二	黄允斌	万黄裳	十月十七日	
十月十七日	王瑶笃	西堤筹饷委员	四九一	黄允斌	万黄裳	十月十七日	
十月十七日	邱永生	西隄筹饷委员	四九○	黄允斌	万黄裳	十月十七日	
十月十七日	李少逸	西隄筹饷委员	四八九	黄允斌	万黄裳	十月十七日	
十月十七日	黄景南	西隄筹饷委员	四八六	黄允斌	万黄裳	十月十七日	
十月十七日	马培生	安南筹饷委员长	四八七	黄允斌	万黄裳	十月十七日	
十月十七日	叶伯衡	安南筹饷委员	四八八	黄允斌	万黄裳	十月十七日	
十月十七日	曾翰生	金边筹饷委员	四八五	黄允斌	万黄裳	十月十七日	
十月十七日	黄兴汉	金边筹饷委员	四八二	黄允斌	万黄裳	十月十七日	
十月十七日	薛汉英	小吕宋筹饷局长	四八一	万黄裳	万黄裳	十月十七日	
十月十七日	吕渭生	小吕宋筹饷委员	四七九	万黄裳	万黄裳	十月十七日	
十月十七日	戴金华	小吕宋筹饷委员	四八三	万黄裳	万黄裳	十月十七日	
十月十七日	冯伯砺	小吕宋筹饷委员	四八四	万黄裳	万黄裳	十月十七日	

续表

任命月日	受任姓名	任命职务	任状号数	缮状姓名	校状姓名	发状月日	备注
十月十七日	林祖涵	湖南劳军使		万黄裳	万黄裳	十月十七日	
十月十八日	黄进步	南定筹饷委员	五一八	周应云	万黄裳	十月十九日	
十月十八日	林潮清	南定筹饷委员	五一九	周应云	万黄裳	十月十九日	
十月十八日	黄灼之	河内筹饷委员	五一〇	周应云	万黄裳	十月十九日	
十月十八日	黄师瑶	海防筹饷委员	五二一	周应云	万黄裳	十月十九日	
十月十八日	徐 璞	大元帅府参议	五二二	周应云	万黄裳	十月十九日	
十月十八日	张百麟	大元帅府参议	五二六	周应云	万黄裳	十月十九日	
十月十八日	雷维森	军事委员	五一七	万黄裳	万黄裳	十月十八日	
十月十八日	钟坚持	冲旧筹饷委员	五二四	周应云	万黄裳	十月十八日	
十月十八日	梁世慈	冲旧筹饷委员	五二五	周应云	万黄裳	十月十八日	
十月十八日	林飞云	大元帅府秘书	五二七	万黄裳	万黄裳	十月十八日	
十月二十日	罗 锌	军事委员	五二八	周应云	万黄裳	十月十八日	
十月二十二日	高亢藩	大元帅府参议	五二九	周应云	万黄裳	十月二十三日	
十月二十二日	陈人杰	大元帅府参议	五三〇	周应云	万黄裳	十月二十三日	
十月二十二日	蒋国斌	大元帅府参军	五三一	周应云	万黄裳	十月二十三日	
十月二十四日	吴少琴	毛里士埠筹饷委员	五三二	万黄裳	万黄裳	十月二十三日	
十月二十四日	彭邦栋	湘南劳军使	五三三	万黄裳	万黄裳	十月二十三日	

续表

任命月日	受任姓名	任命职务	任状号数	缮状姓名	校状姓名	发状月日	备注
十月二十四日	陈九韶	湘南筹饷委员	五三四	万黄裳	万黄裳	十月二十三日	
十月二十五日	徐承庶	大元帅府参议	五三六	周应云	万黄裳	十月二十五日	
十月二十六日	程天斗	大元帅府参议	五三五	万黄裳	万黄裳	十月二十六日	
十月二十九日	曹玉德	大元帅府参议	五三八	周应云	万黄裳	十月二十九日	
十月二十九日	谢家鸿	大元帅府参议	五三九	周应云	万黄裳	十月二十九日	
十月二十九日	管鹏	大元帅府参议	五四〇	周应云	万黄裳	十月二十九日	
十月二十九日	吴山	大元帅府秘书	五四一	万黄裳	万黄裳	十月二十九日	
十月二十九日	黄兴汉	金边筹饷局长	五四二	万黄裳	万黄裳	十月二十九日	
十月三十日	朱晋经	筹饷委员	五四四	周应云	万黄裳	十月三十一日	
十月三十一日	钟应熙	大元帅府参议	五四五	万黄裳	万黄裳	十月三十一日	
十月十六日	钟炳良	军事委员		万黄裳	万黄裳		
十月十六日	陆宗绪	军事委员		万黄裳	万黄裳		
十一月一日	张群	大元帅府参军	五四六	潘应民	万黄裳	十一月一日	
十一月一日	蒋介石	大元帅府参军	五四七	潘应民	万黄裳	十一月一日	
十一月一日	甄兆麟	温地群筹饷委员	五四八	潘应民	万黄裳	十一月一日	
十一月三日	刘汉华	军事委员	五四九	周应云	万黄裳	十一月五日	
十一月四日	洪慈	大元帅府参军	五五〇	黄允斌	万黄裳	十一月四日	

续表

任命月日	受任姓名	任命职务	任状号数	缮状姓名	校状姓名	发状月日	备注
十一月四日	瞿钧	大元帅府参军	五五一	黄允斌	万黄裳	十一月四日	
十一月四日	祁耿寰	大元帅府参军	五五二	黄允斌	万黄裳	十一月五日	
十一月四日	陈煊	筹饷委员	五五三	黄允斌	万黄裳	十一月五日	
十一月四日	伍横贯	军事委员	五五四	黄允斌	万黄裳	十一月五日	
十一月五日	牟琳	大元帅府参议	七八五	周应云	万黄裳	十一月七日	
十一月五日	陈箇民	安南筹饷委员	五五五	黄允斌	万黄裳	十一月六日	
十一月五日	刘悦生	金边筹饷委员	七八六	黄允斌	万黄裳	十一月六日	
十一月五日	刘汉臣	金边筹饷委员	七八四	黄允斌	万黄裳	十一月六日	
十一月五日	池顺利	金边筹饷委员	七八七	黄允斌	万黄裳	十一月六日	
十一月五日	吴起汉	金边筹饷委员	七八八	黄允斌	万黄裳	十一月六日	
十一月五日	赵之璋	金边筹饷委员	七八九	黄允斌	万黄裳	十一月六日	
十一月五日	刘汉华	东海十六沙督办		周应云	万黄裳	十一月六日	
十一月六日	陈剑虹	军事委员	七九一	万黄裳	万黄裳	十一月六日	
十一月六日	卢师谛	川西招讨使	七九二	周应云	万黄裳	十一月七日	
十一月六日	石青阳	川东招讨使	七九三	周应云	万黄裳	十一月七日	
十一月六日	宋以梅	筹饷委员	七九四	郑涛	万黄裳	十一月七日	
十一月六日	吴肇甫	筹饷委员	七九五	郑涛	万黄裳	十一月七日	

附件六　大元帅府简任人员职务姓名录

续表

任命月日	受任姓名	任命职务	任状号数	缮状姓名	校状姓名	发状月日	备注
十一月六日	钱祖勤	无锡筹饷委员	七九六	郑涛	万黄裳	十一月七日	
十一月六日	胡龙	苏门答腊筹饷委员	七九七	郑涛	万黄裳	十一月七日	
十一月六日	蔡鹤朋	军事委员	八〇〇	周应云	万黄裳	十一月七日	
十一月六日	顾时济	大元帅府秘书	七九八	周应云	万黄裳	十一月七日	
十一月五日	刘汉华	东海十六沙护沙督办	四六〇	周应云	万黄裳	十一月五日	补前
十一月八日	黎萼	大元帅府参军	八〇一	周应云	万黄裳	十一月九日	
十一月八日	钟资能	亚齐筹饷委员	八〇二	周应云	万黄裳	十一月九日	
十一月九日	杨伯文	吻里洞筹饷委员	八〇三	周应云	万黄裳	十一月九日	
十一月九日	张国桢	军事委员	八〇四	周应云	万黄裳	十一月九日	
十一月九日	黄钺锋	军事委员	八〇五	周应云	万黄裳	十一月九日	
十一月十日	赵端	军事委员	八〇六	周应云	万黄裳	十一月十日	
十一月十二日	陈铁五	军事委员	八〇七	万黄裳	万黄裳	十一月十二日	
十一月十二日	李松年	军事委员	八〇八	黄允斌	万黄裳	十一月十二日	
十一月十二日	黄炎	军事委员	八一二	黄允斌	万黄裳	十一月十二日	
十一月十二日	谢白燊	军事委员	八一三	黄允斌	万黄裳	十一月十二日	
十一月十二日	陈树森	筹饷委员	八一〇	黄允斌	万黄裳	十一月十二日	
十一月十二日	魏熙	筹饷委员	八一一	黄允斌	万黄裳	十一月十二日	

续表

任命月日	受任姓名	任命职务	任状号数	缮状姓名	校状姓名	发状月日	备注
十一月十二日	陈寿如	军事委员	八一五	周应云	万黄裳	十一月十三日	
十一月十三日	黄季陆	四川军事委员	八一六	黄允斌	万黄裳	十一月十三日	
十一月十三日	邓天翔	四川军事委员	八一七	黄允斌	万黄裳	十一月十三日	
十一月十三日	陈得尊	四川军事委员	八一八	黄允斌	万黄裳	十一月十三日	
十一月十三日	李栖云	军事委员	八一九	黄允斌	万黄裳	十一月十三日	
十一月十五日	黄范一	军事委员	八二二	周应云	万黄裳	十一月十五日	
十一月十五日	周仲良	大元帅府秘书	八二三	周应云	万黄裳	十一月十五日	
十一月十五日	黄嘉梁	大元帅府秘书	八三四	周应云	万黄裳	十一月十五日	
十一月十五日	杨德麟	荷属特别团体联络委员	八二五	周应云	万黄裳	十一月十六日	
十一月十七日	罗锌	筹饷委员	八二七	周应云	万黄裳	十一月十七日	
十一月十七日	林铁汉	军事委员	八二八	周应云	万黄裳	十一月十七日	
十一月十七日	刘 庚	军事委员	八二九	周应云	万黄裳	十一月十七日	
十一月十七日	沈维心	军事委员	八三〇	周应云	万黄裳	十一月十七日	
十一月十七日	李国柱	军事委员	八三一	周应云	万黄裳	十一月十七日	
十一月十八日	赵志超	军事委员	八三三	周应云	万黄裳	十一月十八日	
十一月十九日	李汉丞	湖南安抚使	八三四	周应云	万黄裳	十一月十九日	
十一月十九日	许继祥	海军参谋	八三五	周应云	万黄裳	十一月十九日	

续表

任命月日	受任姓名	任命职务	任状号数	缮状姓名	校状姓名	发状月日	备注
十一月二十日	温德尧	军事委员	八三六	潘应民	万黄裳	十一月二十日	
十一月二十日	杨华馨	大元帅府参议	八三七	周应云	万黄裳	十一月二十日	
十一月二十二日	尹骥	湖南特务委员	八四〇	潘应民	万黄裳	十一月二十二日	
十一月二十二日	王振渚	湖南特务委员	八三九	潘应民	万黄裳	十一月二十二日	
十一月二十二日	罗冀群	大元帅府参议	八三八	潘应民	万黄裳	十一月二十二日	
十一月二十三日	李国柱	大元帅府参议	八四一	周应云	万黄裳	十一月二十四日	
十一月二十四日	区培	军事委员	八四二	万黄裳	万黄裳		
十一月二十四日	左新辉	军事委员	八四四	周应云	万黄裳	十一月二十四日	
十一月二十四日	丁复	军事委员	八四五	周应云	万黄裳	十一月二十四日	
十一月二十四日	吴兆鲤	军事委员	八四六	周应云	万黄裳	十一月二十四日	
十一月二十四日	安健	川边宣抚使	八四七	周应云	万黄裳	十一月二十五日	
十一月二十四日	欧阳豪	大元帅府参议	八四三	万黄裳	万黄裳	十一月二十四日	
十一月二十四日	伍瑞年	西堤筹饷委员	二五二	潘应民	万黄裳	十一月二十四日	补
十一月二十四日	劳伟	西堤筹饷委员	八五三	潘应民	万黄裳	十一月二十四日	
十一月二十四日	张化成	西堤筹饷委员	八五四	潘应民	万黄裳	十一月二十四日	
十一月二十四日	卢梓竹	西堤筹饷委员	八五五	潘应民	万黄裳	十一月二十四日	
十一月二十四日	何勤	西堤筹饷委员	八五六	潘应民	万黄裳	十一月二十四日	

续表

任命月日	受任姓名	任命职务	任状号数	缮状姓名	校状姓名	发状月日	备注
十一月二十六日	刘德泽	西堤筹饷委员	八五〇	周应云	万黄裳	十一月二十六日	
十一月二十六日	钟琦	西堤筹饷委员	八五一	周应云	万黄裳	十一月二十六日	
十一月二十六日	林义顺	西堤筹饷委员	八五九	潘应民	万黄裳	十一月二十七日	
十一月二十六日	陈中孚	参议兼军事委员	八六〇	潘应民	万黄裳	十一月二十七日	
十一月二十六日	李思汉	大元帅府秘书	八六一	潘应民	万黄裳	十一月二十七日	
十一月二十八日	秦广智	大元帅府参议	八六二	周应云	万黄裳	十一月二十八日	
十一月二十九日	高建平	军事委员	八六六	周应云	万黄裳	十一月二十九日	
十一月二十九日	周况	湖南军事特派员	八六七	黄允斌	万黄裳	十一月二十九日	
十一月二十九日	连声海	印铸局长	八六八	周应云	万黄裳	十一月二十九日	
十一月三十日	周知礼	大元帅府参议	八六九	周应云	万黄裳	十一月三十日	
十一月三十日	李凤威	大元帅府秘书	八七一	周应云	万黄裳	十一月三十日	
十一月三十日	苏苍	大元帅府秘书	八七二	周应云	万黄裳	十一月三十日	
十二月一日	冯中兴（川）	军事委员	八七三	万黄裳	万黄裳	十二月一日	注销
十二月一日	许人观	军事委员	八七四	万黄裳	万黄裳	十二月一日	
十二月三日	欧阳琳（浙）	军事委员	八七五	万黄裳	万黄裳	十二月三日	
十二月四日	安瑞莊	云南拖垔司筹饷委员	八七六	万黄裳	万黄裳	十二月五日	
十二月四日	杨春浩	云南拖垔司筹饷委员	八七七	万黄裳	万黄裳	十二月五日	

附件六　大元帅府简任人员职务姓名录

续表

任命月日	受任姓名	任命职务	任状号数	缮状姓名	校状姓名	发状月日	备注
十二月四日	钱祖勤	江苏筹饷委员	令二五	周应云	万黄裳	十二月五日	
十二月五日	杨虎	军事委员	八七八	潘应民	万黄裳	十二月五日	
十二月五日	杨春浩	大元帅府参议	八七九	潘应民	万黄裳	十二月五日	
十二月六日	温宗铠	四川军事委员	八八〇	周应云	万黄裳	十二月六日	
十二月七日	刘荫	军事委员	八八三	郑涛	万黄裳	十二月七日	
十二月七日	陆高满	军事委员	八八四	郑涛	万黄裳	十二月七日	
十二月七日	赵之璋	金边筹饷局董事长	八九一	周应云	万黄裳	十二月十六日	
十二月八日	彭程万	大元帅府参议	八八九	周应云	万黄裳	十二月八日	
十二月十日	彭瑞麟	军事委员	九四二	周应云	万黄裳	十二月八日	七年一月二十五日奉令免职
十二月十日	张伯烈	湖北劳军使	九四三	周应云	万黄裳	十二月八日	
十二月十日	蒋文汉	湖北劳军使	九四四	周应云	万黄裳	十二月八日	
十二月十四日	黄嘉梁	云南劳军使	九四八	周应云	万黄裳	十二月十五日	
十二月十八日	蔡晓舟	大元帅府参议	九四九	万黄裳	万黄裳	十二月十八日	
十二月十八日	陆杰	大元帅府参议	九五〇	万黄裳	万黄裳	十二月十八日	
十二月十八日	丁蔚若	大元帅府参议	九五一	万黄裳	万黄裳	十二月十八日	
十二月十八日	杨友熙	大元帅府参议	九五二	万黄裳	万黄裳	十二月十八日	

续表

任命月日	受任姓名	任命职务	任状号数	缮状姓名	校状姓名	发状月日	备注
十二月十八日	曹子瑞	大元帅府参议	九五三	万黄裳	万黄裳	十二月十八日	
十二月十八日	马荫秋	军事委员	九五四	万黄裳	万黄裳	十二月十八日	
十二月十八日	张　煦	川南镇守使	九五四（号重）	万黄裳	万黄裳	十二月十八日	
十二月十八日	傅畅龢	大元帅府参议	九五五	万黄裳	万黄裳	十二月十八日	
十二月十八日	马右白	大元帅府参议	九五六	万黄裳	万黄裳	十二月十八日	
十二月十八日	傅畅龢	四川建昌道尹	九五七	万黄裳	万黄裳	十二月十八日	
十二月十八日	马右白	四川宁远慰问使	九五八	万黄裳	万黄裳	十二月十八日	
十二月十八日	杜润昌	四川宁远军事特派员	九五九	万黄裳	万黄裳	十二月十八日	
十二月十八日	孙纵横	大元帅府参军	九六二	周应云	万黄裳	十二月二十日	
十二月十九日	师世昌	大元帅府参议	九六〇	周应云	万黄裳	十二月十九日	
十二月二十三日	林春华	大元帅府参议	九六三	万黄裳	万黄裳	十二月二十三日	
十二月二十三日	顾人宜	大元帅府参军	九六四	万黄裳	万黄裳	十二月二十四日	
十二月二十三日	赵德恒	大元帅府参军	九六五	万黄裳	万黄裳	十二月二十四日	
十二月二十三日	赵德裕	大元帅府参军	九六六	万黄裳	万黄裳	十二月二十四日	
十二月二十四日	赵德恒	云南靖国后备军慰问使	令二八	万黄裳	万黄裳	十二月二十四日	
十二月二十七日	李思辕	大元帅府参议	九六七	潘应民	万黄裳	十二月二十七日	
十二月二十八日	郑炳煊	四川军事委员	九六八	潘应民	万黄裳	十二月二十八日	

续表

任命月日	受任姓名	任命职务	任状号数	缮状姓名	校状姓名	发状月日	备注
十二月二十八日	董耕云	大元帅府参军	九七〇	潘应民	万黄裳		
十二月二十八日	王洪身	大元帅府参军	九七一	潘应民	万黄裳	十二月二十八日	
十二月三十日	吴忠信	大元帅府参军	九七二	周应云	万黄裳	十二月三十一日	
民 国 七 年							
一月二日	刘景双	大元帅府参军	九七六	周应云	万黄裳	一月三日	
一月二日	张汇滔	大元帅府参军	九七七	周应云	万黄裳	一月三日	
一月二日	石青阳	川北招讨使	令三〇	周应云	万黄裳	一月三日	
一月六日	李建中	湘西劳军使	九七八	万黄裳	万黄裳	一月六日	
一月八日	但焘	大元帅府参议	九七九	周应云	万黄裳	一月九日	
一月十一日	万斌	四川军事委员	九八〇	万黄裳	万黄裳	一月十一日	
一月十一日	冯中兴	四川军事委员	九八一	万黄裳	万黄裳	一月十一日	
一月十二日	焦易堂	大元帅府参议	九八二	潘应民	万黄裳	一月十二日	
一月十四日	刘星海	澳洲筹饷委员	九八三	周应云	万黄裳	一月十四日	
一月十五日	李锦纶	外交委员	九八五	万黄裳	万黄裳	一月十六日	
一月十五日	郭泰祺	大元帅府秘书	九八六	万黄裳	万黄裳	一月十六日	
一月十五日	陈家鼐	大元帅府秘书	九八七	万黄裳	万黄裳	一月十六日	
一月十五日	岑楼	大元帅府秘书	九八八	万黄裳	万黄裳	一月十六日	
一月十五日	徐世强	大元帅府秘书	九八九	万黄裳	万黄裳	一月十八日	
一月十六日	罗诚	广州交涉员	九九〇	万黄裳	万黄裳	一月十六日	

续表

任命月日	受任姓名	任命职务	任状号数	缮状姓名	校状姓名	发状月日	备注
一月十七日	颜如愚	四川军事特派员	九九一	黄允斌	万黄裳	一月十八日	
一月十八日	萧辉锦	大元帅府秘书	九九四	周应云	万黄裳	一月十八日	
一月十九日	严培俊	大元帅府参议	九九五	周应云	万黄裳	一月十九日	
一月十九日	刘燧昌	大元帅府参议	九九六	周应云	万黄裳	一月十九日	
一月二十日	李安邦	行营守卫队司令	九九七	周应云	万黄裳	一月二十日	
一月二十二日	杨华馨	滇边宣慰使	一〇〇〇	周应云	万黄裳	一月二十三日	
一月二十二日	余祥炘	军事委员	一〇〇一	周应云	万黄裳	一月二十四日	
一月二十三日	邓柏年	大元帅府参议	一〇〇二	周应云	万黄裳	一月二十三日	
一月二十四日	徐瑞霖	潮汕筹饷委员长	一〇〇三	周应云	万黄裳	一月二十五日	
一月二十四日	田永正	大元帅府秘书	一〇〇四	周应云	万黄裳	二月四日	
一月二十五日	张鉴安	大元帅府参议	一〇〇五	周应云	万黄裳	一月二十六日	
一月二十七日	陈家鼎	大元帅府参议	一〇〇八	潘应民	方 谷	一月二十八日	
一月二十七日	恩秉彝	大元帅府参议	一〇〇九	潘应民	方 谷	一月二十八日	
一月二十七日	于均生	大元帅府参议	一〇一〇	潘应民	方 谷	一月二十八日	
一月二十七日	徐忠立	大元帅府参议	一〇一一	潘应民	方 谷	一月二十八日	
一月二十八日	马 索	美东筹饷局长	一〇一二	潘应民	郑 涛	一月二十八日	
一月二十八日	方 谷	大元帅府秘书	一〇一三	潘应民	郑 涛	一月二十八日	

附件六 大元帅府简任人员职务姓名录

续表

任命月日	受任姓名	任命职务	任状号数	缮状姓名	校状姓名	发状月日	备注
一月二十九日	陈其权	广州地方审判厅长	一〇一四	周应云	方 谷	一月三十日	
一月二十九日	卢振柳	华侨义勇队司令	一〇一五	周应云	方 谷	一月三十日	
一月三十日	侯湘涛	大元帅府参议	一〇一六	周应云	方 谷	一月三十日	
一月三十日	梁醉生	大元帅府秘书	一〇一七	周应云	方 谷	一月三十日	
二月一日	杨庶堪	四川宣抚使	一〇一八	周应云	方 谷		
二月一日	易廷熹	大元帅府秘书	一〇一九	周应云	方 谷		
二月一日	马超群	大元帅府秘书	一〇二〇	周应云	方 谷		
二月二日	曾景星	大元帅府参议	一〇二一	周应云	方 谷		
二月二日	林君复	大元帅府参议	一〇二二	周应云	方 谷		
二月二日	松 筠	军事委员	一〇二三	周应云	方 谷		
二月二日	赵介宸	军事委员	一〇二四	周应云	方 谷		
二月二日	刘万里	军事委员	一〇二五	周应云	方 谷		
二月二日	汪宪琦	军事委员	一〇二六	周应云	方 谷		
二月二日	宋惠卿	军事委员	一〇二七	周应云	方 谷		
二月四日	潘训初	大元帅府参议	一〇二八	周应云	方 谷		
二月四日	陈祖烈	大元帅府参议	一〇二九	周应云	方 谷		
二月四日	郑德元	大元帅府参议	一〇三〇	周应云	方 谷		
二月四日	黄肇河	大元帅府参议	一〇三一	周应云	方 谷		
二月四日	李自芳	大元帅府参议	一〇三二	周应云	方 谷		
二月四日	周道万	大元帅府秘书	一〇三三	周应云	方 谷		
二月四日	谢心准	大元帅府参议	一〇三四	周应云	方 谷		
二月四日	林 翔	广州地方检察厅检察长	一〇三六	黄允斌	方 谷		
二月五日	崔肃平	军事委员	一〇三七	黄允斌	方 谷		

续表

任命月日	受任姓名	任命职务	任状号数	缮状姓名	校状姓名	发状月日	备注
二月六日	李述膺	大元帅府参议	一〇三八	周应云	方 谷		
二月六日	甄元熙	大元帅府参议	一〇三九	周应云	方 谷		
二月六日	沈 靖	大元帅府参军	一〇四〇	周应云	方 谷		
二月六日	邹苦辛	大元帅府秘书	一〇四一	周应云	方 谷		
二月七日	秦树勋	广东高等审判厅长	一〇四三	黄允斌	方 谷		
二月七日	张仁普	广东高等检察厅检察长	一〇四四	黄允斌	方 谷		
二月八日	李元白	四川调查员	一〇四五	黄允斌	方 谷		
二月十二日	张义华	大元帅府参议	一〇四七	周应云	方 谷		
二月十二日	彭素民	大元帅府秘书	一〇四八	周应云	方 谷		
二月十二日	罗剑仇	湘西军事委员	一〇四九	周应云	方 谷		
二月十二日	张兆辰	大元帅府参议	一〇五〇	周应云	方 谷		
二月二十一日	郑氿辰	大元帅府参议	一一五四	黄允斌	方 谷		
二月二十一日	简 书	山东军事委员	一一五五	黄允斌	方 谷		
二月二十一日	安克庚	山东军事委员	一一五六	黄允斌	方 谷		
二月二十一日	杨 惠	山东军事委员	一一五七	黄允斌	方 谷		
二月二十二日	蔡庆璋	安南滀臻埠筹饷委员	一一五八	黄允斌	方 谷		
二月二十二日	刘柳坡	安南滀臻埠筹饷委员	一一五九	黄允斌	方 谷		
二月二十二日	黄洽仁	安南滀臻埠筹饷委员	一一六〇	黄允斌	方 谷		
二月二十二日	游子山	安南滀臻埠筹饷委员	一一六一	黄允斌	方 谷		

续表

任命月日	受任姓名	任命职务	任状号数	缮状姓名	校状姓名	发状月日	备注
二月二十二日	陈星阁	安南薄寮埠筹饷委员	一一六二	黄允斌	方　谷		
二月二十二日	杨木钦	安南薄寮埠筹饷委员	一一六三	黄允斌	方　谷		
二月二十二日	夏斗田	安南薄寮埠筹饷委员	一一六四	黄允斌	方　谷		
二月二十二日	陈侣云	安南薄寮埠筹饷委员	一一六五	黄允斌	方　谷		
二月二十二日	李睦之	安南薄寮埠筹饷委员	一一六六	黄允斌	方　谷		
二月二十二日	郭澍亭	安南薄寮埠筹饷委员	一一六七	黄允斌	方　谷		
二月二十二日	张仰云	安南薄寮埠筹饷委员	一一六八	黄允斌	方　谷		
二月二十二日	刘懋卿	安南薄寮埠筹饷委员	一一六九	黄允斌	方　谷		
二月二十二日	彭玉田	安南啨吥埠筹饷委员	一一七〇	黄允斌	方　谷		
二月二十二日	张化璋	安南啨吥埠筹饷委员	一一七一	黄允斌	方　谷		
二月二十五日	胡汝翼	大元帅府参议	一一七三	黄允斌	方　谷		
二月二十五日	蔡承瀛	大元帅府参议	一一七四	黄允斌	方　谷		
二月二十六日	丘国翰	大元帅府参议	一一七五	黄允斌	方　谷		
二月二十六日	李载赓	大元帅府秘书	一一七六	黄允斌	方　谷		
二月二十六日	刘　白	大元帅府秘书	一一七七	黄允斌	方　谷		
二月二十七日	焦易堂	陕西劳军使	一一七八	黄允斌	方　谷		
二月二十七日	王用宾	大元帅府参议	一一七九	黄允斌	方　谷		

续表

任命月日	受任姓名	任命职务	任状号数	缮状姓名	校状姓名	发状月日	备注
三月一日	宋大章	大元帅府参议	一一八〇	黄允斌	方 谷		
三月二日	蔡 匡	大元帅府参议	一一八一	黄允斌	方 谷		
三月六日	邹建廷	大元帅府秘书	一一八二	黄允斌	方 谷		
三月六日	颜炳元	大元帅府参议	一一八三	黄允斌	方 谷		
三月六日	李茂之	两广盐运使	一一八四	郑 涛	方 谷		
三月八日	熊克武	四川督军	一一八五	黄允斌	方 谷		
三月八日	杨庶堪	四川省长	一一八六	黄允斌	方 谷		
三月十二日	王安富	四川靖国军援鄂第一路总司令	一一八七	郑 涛	方 谷		
三月十二日	李善波	四川靖国军援鄂第一路副司令	一一八八	郑 涛	方 谷		
三月十二日	石青阳	四川陆军第二师师长兼川北镇守使	一一八九	黄允斌	方 谷		
三月十四日	林伸寿	宿务筹饷局局长	一一九〇	黄允斌	方 谷		
三月十四日	江维三	宿务筹饷局监督	一一九一	黄允斌	方 谷		
三月二十日	黄德彰	高雷军事委员	一一九二	黄允斌	方 谷		
三月二十日	陈养愚	大元帅府参议	一一九三	黄允斌	方 谷		
三月二十日	吴澍勋	湖南军事调查员	一一九四	黄允斌	方 谷		
三月二十一日	黄汉杰	两阳四邑军事调查员	一一九五	黄允斌	方 谷		
三月二十一日	杨 虎	大元帅府参军	一一九六	郑 涛	方 谷		
三月二十一日	马伯麟	大元帅府参军	一一九七	郑 涛	方 谷		
三月二十五日	周应时	陆军部司长	一一九九	黄允斌	方 谷		

续表

任命月日	受任姓名	任命职务	任状号数	缮状姓名	校状姓名	发状月日	备注
三月二十六日	邱于寄	大元帅府参议	一二〇〇	黄允斌	方 谷		
三月二十九日	林 翔	广东高等检察厅检察长	一二一六	黄允斌	方 谷		
三月二十九日	马廷勤	大元帅府参军	一二一二	黄允斌	方 谷		
四月二日	戴传贤	代理中华民国军政府外交次长		黄允斌	方 谷		
四月二日	江屏藩	大元帅府参议	一二一七	黄允斌	方 谷		
四月二日	严 骥	大元帅府参议	一二一八	黄允斌	方 谷		
四月三日	陈德全	大元帅府参议	一二一九	黄允斌	方 谷		
四月三日	高尔登	卫戍总司令部参谋长	一二二〇	黄允斌	方 谷		
四月四日	吴承斋	交通部秘书	一二二一	黄允斌	方 谷		
四月六日	李锦纶	外交部政务司长	一二二二	黄允斌	方 谷		
四月六日	孙 科	外交部荐任秘书	二一九	黄允斌	方 谷		
四月六日	陈天骥	外交部荐任秘书	二二〇	黄允斌	方 谷		
四月八日	李安邦	行营卫队司令	一二二四	黄允斌	方 谷		
四月九日	马崇昌	大元帅府参议	一二二五	郑 涛	方 谷		
四月九日	郑 权	大元帅府秘书	一二二六	郑 涛	方 谷		
四月九日	沈 靖	陆军部练兵处参谋长	一二二七	郑 涛	方 谷		
四月十日	丁士杰	大元帅府参军	一二二八	郑 涛	方 谷		
四月十六日	华世澂	大元帅府秘书	一二三〇	黄允斌	方 谷		
四月十六日	陈家鼐	大元帅府参军	一二三一	黄允斌	方 谷		
四月十六日	杨克兴	谏义里筹饷委员	一二三二	黄允斌	方 谷		
四月十七日	黄金城	大元帅府参议	一二三三	黄允斌	方 谷		

续表

任命月日	受任姓名	任命职务	任状号数	缮状姓名	校状姓名	发状月日	备注
四月十八日	林英杰	陆军部靖国援鄂军第一旅旅长	一二三七	黄允斌	方 谷		
四月十八日	邓 耀	陆军部靖国援鄂军第二旅旅长	一二三五	黄允斌	方 谷		
四月十八日	崔文藻	陆军次长	一二三六	黄允斌	方 谷		
四月十九日	凌 霄	大元帅府参军	一二三八	黄允斌	方 谷		
四月二十四日	赵 超	大元帅府参军	一二三九	黄允斌	方 谷		
四月二十五日	王伟夫	大元帅府参议	一二四〇	黄允斌	方 谷		
四月二十六日	陈 毅	大元帅府参议	一二四一	黄允斌	方 谷		
四月二十六日	朱家训	大元帅府参议	一二四二	黄允斌	方 谷		
四月二十六日	吴江左	大元帅府参议	一二四三	黄允斌	方 谷		
四月二十六日	陈创远	大元帅府参议	一二四四	黄允斌	方 谷		
四月二十六日	张本汉	大元帅府参军	一二四五	黄允斌	方 谷		
四月二十六日	唐康培	大元帅府参军	一二四六	黄允斌	方 谷		
四月二十六日	李兴高	大元帅府参军	一二四七	黄允斌	方 谷		
四月二十六日	林者仁	大元帅府秘书	一二四八	黄允斌	方 谷		
四月二十七日	萧 文	军事委员	一二四九	郑 涛	方 谷		
四月二十九日	姜汇清	山东西南路总司令	一二五〇	郑 涛	方 谷		
四月二十九日	冯百砺	大元帅府参议	一二五一	黄允斌	方 谷		
四月三十日	张庆豫	大元帅府参议	一二五二	黄允斌	方 谷		

续表

任命月日	受任姓名	任命职务	任状号数	缮状姓名	校状姓名	发状月日	备注
四月三十日	王子中	大元帅府参议	一二五四	黄允斌	方 谷		
四月三十日	杜濬源	大元帅府参议	一二五五	黄允斌	方 谷		
五月二日	林斯琛	大元帅府参议	一二五六	黄允斌	方 谷		

据中国国民党中央文化传播委员会党史馆藏一般档案 040/41

附件七　大元帅府荐任人员职务姓名录

（一九一七至一九一八年）

任命月日	受任姓名	任命职务	任状号数	缮状姓名	核状姓名	发状月日	备注
民　国　六　年							
九月十七日	蒋国斌	参军处总务科科长	简任状一一四	万黄裳	万黄裳		
九月十七日	梅 培	参军处会计科科长	三	万黄裳	万黄裳		
九月十七日	陈永惠	参军处庶务科科长	二	万黄裳	万黄裳		
九月二十三日	殷汝耕	驻日外交代表秘书			万黄裳		
十一月五日	阮 复	内政部秘书	四	周应云	万黄裳	十一月六日	
十一月五日	丁 震	内政部秘书	五	周应云	万黄裳	十一月六日	
十一月五日	王 度	内政部秘书	六	周应云	万黄裳	十一月六日	
十一月五日	张龙云	内政部秘书	七	周应云	万黄裳	十一月六日	

续表

任命月日	受任姓名	任命职务	任状号数	缮状姓名	核状姓名	发状月日	备注
十一月五日	方谷	内政部秘书	八	周应云	万黄裳	十一月六日	
十一月五日	方策	内政部佥事	九	周应云	万黄裳	十一月六日	
十一月五日	詹德烜	内政部佥事	十	周应云	万黄裳	十一月六日	
十一月五日	丁象离	内政部佥事	一一	周应云	万黄裳	十一月六日	
十一月九日	许荷德	东海十六沙护沙自卫局会办	一三	潘应民	万黄裳	十一月九日	
十一月九日	何干新	东海十六沙护沙自卫局会办	一四	潘应民	万黄裳	十一月九日	
十一月九日	孔祥麟	东海十六沙护沙自卫局坐办	一五	潘应民	万黄裳	十一月九日	
十一月九日	何菁宸	东海十六沙护沙自卫局坐办	一六	潘应民	万黄裳	十一月九日	
十一月九日	徐召虎	东海十六沙护沙自卫局局董	一七	潘应民	万黄裳	十一月九日	
十一月九日	林宝彝	东海十六沙护沙自卫局局董	一八	潘应民	万黄裳	十一月九日	
十一月九日	李云阶	东海十六沙护沙自卫局局董	二〇	潘应民	万黄裳	十一月九日	
十一月九日	杨锦堂	东海十六沙护沙自卫局局董	二一	潘应民	万黄裳	十一月九日	
十一月九日	谭佐卿	东海十六沙护沙自卫局局董	二二	潘应民	万黄裳	十一月九日	
十一月九日	李重贤	东海十六沙护沙自卫局局董	二三	潘应民	万黄裳	十一月九日	
十一月九日	钟超俸	东海十六沙护沙自卫局局董	二四	潘应民	万黄裳	十一月九日	
十一月九日	何齐端	东海十六沙护沙自卫局局董	二五	潘应民	万黄裳	十一月九日	
十一月九日	刘剑芬	东海十六沙护沙自卫局督征委员	二六	潘应民	万黄裳	十一月九日	
十一月十二日	张重兴	东海十六沙护沙自卫团正团长	二七	潘应民	万黄裳	十一月十二日	

附件七　大元帅府荐任人员职务姓名录

续表

任命月日	受任姓名	任命职务	任状号数	缮状姓名	核状姓名	发状月日	备注
十一月十二日	梁意和	东海十六沙护沙自卫团副团长	二八	潘应民	万黄裳	十一月十二日	
十一月十四日	袁逸	财政部员	二九	黄允斌	万黄裳	十一月十四日	
十一月十四日	覃集成	财政部员	三〇	黄允斌	万黄裳	十一月十四日	
十一月十四日	区汉奇	财政部员	三一	黄允斌	万黄裳	十一月十四日	
十一月二十一日	郑振春	内政部佥事	三二	万黄裳	万黄裳	十一月二十二日	
十一月二十一日	袁麟阁	内政部佥事	三三	万黄裳	万黄裳	十一月二十二日	
十一月二十一日	黎庆恩	内政部佥事	三四	万黄裳	万黄裳	十一月二十二日	
十一月二十一日	林者仁	内政部佥事	三五	万黄裳	万黄裳	十一月二十三日	
十一月二十一日	曹羡	内政部佥事	三六	万黄裳	万黄裳	十一月二十三日	
十一月二十一日	吴适	内政部佥事	三七	万黄裳	万黄裳	十一月二十三日	
十二月二十一日	李维新	内政部技正	三八	万黄裳	万黄裳	十一月二十三日	
十二月一日	刘兆铭	财政部员	四四	万黄裳	万黄裳	十二月一日	
十二月一日	陈璞	财政部员	四五	万黄裳	万黄裳	十二月一日	
十二月七日	周道万	内政部佥事	四九	周应云	万黄裳	十二月七日	
十二月七日	周知礼	内政部佥事	五〇	周应云	万黄裳	十二月七日	
十二月七日	汪鲲南	内政部佥事	五一	周应云	万黄裳	十二月七日	
十二月七日	蔡蓉芝	金边筹饷局副局长	五二	周应云	万黄裳	十二月十六日	
十二月七日	许则敦	金边筹饷局总务科主任	五三	周应云	万黄裳	十二月十六日	

续表

任命月日	受任姓名	任命职务	任状号数	缮状姓名	核状姓名	发状月日	备注
十二月七日	陈 辉	金边筹饷局财政员	五四	周应云	万黄裳	十二月十六日	
十二月七日	杨 复	金边筹饷局文事员	五五	周应云	万黄裳	十二月十六日	
十二月七日	吴起汉	金边筹饷局董事	五六	周应云	万黄裳	十二月十六日	
十二月七日	李芳洲	金边筹饷局董事	五七	周应云	万黄裳	十二月十六日	
十二月七日	文步阶	金边筹饷局董事	五八	周应云	万黄裳	十二月十六日	
十二月七日	刘茂三	金边筹饷局董事	五九	周应云	万黄裳	十二月十六日	
十二月七日	蔡润生	金边筹饷局董事	六〇	周应云	万黄裳	十二月十六日	
十二月七日	陈有庚	金边筹饷局董事	六一	周应云	万黄裳	十二月十六日	
十二月七日	张 阁	金边筹饷局董事	六二	周应云	万黄裳	十二月十六日	
十二月七日	陈开兴	金边筹饷局董事	六三	周应云	万黄裳	十二月十六日	
十二月七日	郑金兴	金边筹饷局董事	六四	周应云	万黄裳	十二月十六日	
十二月十四日	秦天枢	秘书处办事员	六六	周应云	万黄裳	十二月十五日	
十二月十四日	马德贵	财政部员	六七	周应云	万黄裳	十二月十五日	
十二月二十二日	周鹤年	印铸局签事	六八	周应云	万黄裳	十二月二十三日	
十二月二十二日	尹 岳	印铸局签事	六九	周应云	万黄裳	十二月二十三日	
十二月二十二日	钱 述	印铸局技正	七〇	周应云	万黄裳	十二月二十三日	
十二月二十六日	马伯麟	大元帅府参军处副官	七三	周应云	万黄裳	十二月二十八日	

续表

任命月日	受任姓名	任命职务	任状号数	缮状姓名	核状姓名	发状月日	备注
十二月二十六日	左新辉	大元帅府参军处副官	七四	周应云	万黄裳	十二月二十八日	
十二月二十六日	刘项	大元帅府参军处副官	七五	周应云	万黄裳	十二月二十八日	
十二月二十六日	童常志	大元帅府参军处副官	七六	周应云	万黄裳	十二月二十八日	
十二月二十六日	孙本戌	大元帅府参军处副官	七七	周应云	万黄裳	十二月二十八日	
十二月二十六日	曾昭墀	大元帅府参军处副官	七八	周应云	万黄裳	十二月二十八日	
十二月二十六日	卢振柳	大元帅府参军处副官	七九	周应云	万黄裳	十二月二十八日	
十二月二十六日	张贞	大元帅府参军处副官	八〇	周应云	万黄裳	十二月二十八日	
十二月二十六日	宋世科	大元帅府参军处副官	八一	周应云	万黄裳	十二月二十八日	
十二月二十六日	杨家骈	大元帅府参军处副官	八二	周应云	万黄裳	十二月二十八日	
十二月二十六日	倪瀛	大元帅府参军处副官	八三	周应云	万黄裳	十二月二十八日	
十二月二十六日	袁瑋明	大元帅府参军处副官	八四	周应云	万黄裳	十二月二十八日	
十二月二十六日	王大光	大元帅府参军处副官	八五	周应云	万黄裳	十二月二十八日	
十二月二十六日	袁培	大元帅府参军处副官	八六	周应云	万黄裳	十二月二十八日	
十二月二十六日	任培生	大元帅府参军处副官	八七	周应云	万黄裳	十二月二十八日	
十二月二十六日	赵国铮	大元帅府参军处副官	八八	周应云	万黄裳	十二月二十八日	
十二月二十六日	冯坤	大元帅府参军处副官	八九	周应云	万黄裳	十二月二十八日	
十二月二十六日	施自鸣	大元帅府参军处副官	九〇	周应云	万黄裳	十二月二十八日	

续表

任命月日	受任姓名	任命职务	任状号数	缮状姓名	核状姓名	发状月日	备注
十二月二十六日	黄启元	大元帅府参军处副官	九一	周应云	万黄裳	十二月二十八日	
十二月二十六日	李树南	大元帅府参军处副官	九二	周应云	万黄裳	十二月二十八日	
十二月二十六日	冯福田	大元帅府参军处副官	九三	周应云	万黄裳	十二月二十八日	
十二月二十六日	曹兆征	大元帅府参军处副官	九四	周应云	万黄裳	十二月二十八日	
十二月二十六日	彭堃	大元帅府参军处副官	九五	周应云	万黄裳	十二月二十八日	
十二月二十六日	王鸿猷	大元帅府参军处副官	九六	周应云	万黄裳	十二月二十八日	
十二月二十六日	杨树德	大元帅府参军处副官	九七	周应云	万黄裳	十二月二十八日	
十二月二十六日	宋填华	大元帅府参军处副官	九八	周应云	万黄裳	十二月二十八日	
十二月二十六日	马荫秋	大元帅府参军处副官	九九	周应云	万黄裳	十二月二十八日	
十二月二十六日	黄燻	大元帅府参军处副官	一〇〇	周应云	万黄裳	十二月二十八日	
十二月二十六日	徐演群	大元帅府参军处副官	一〇一	周应云	万黄裳	十二月二十八日	
十二月二十六日	叶醉生	大元帅府参军处副官	一〇二	周应云	万黄裳	十二月二十八日	
十二月二十六日	高元仕	大元帅府参军处副官	一〇四	周应云	万黄裳	十二月二十八日	
十二月二十六日	何梓林	大元帅府参军处副官	一〇五	周应云	万黄裳	十二月二十八日	
十二月二十六日	左忠文	大元帅府参军处副官	一〇六	周应云	万黄裳	十二月二十八日	
十二月二十六日	詹炳炎	大元帅府参军处副官	一〇七	周应云	万黄裳	十二月二十八日	
十二月二十六日	朱震	大元帅府参军处总务科一等科员	一〇九	周应云	万黄裳	十二月二十八日	

续表

任命月日	受任姓名	任命职务	任状号数	缮状姓名	核状姓名	发状月日	备注
十二月二十六日	李 焕	大元帅府参军处总务科一等科员	一一〇	周应云	万黄裳	十二月二十八日	
十二月二十六日	许 济	大元帅府参军处总务科一等科员	一一一	周应云	万黄裳	十二月二十八日	
十二月二十六日	刘竣复	大元帅府参军处总务科一等科员	一一二	周应云	万黄裳	十二月二十八日	
十二月二十六日	李达贤	大元帅府参军处会计科一等科员	一一三	周应云	万黄裳	十二月二十八日	
十二月二十六日	梅放洲	大元帅府参军处庶务科一等科员	一一四	周应云	万黄裳	十二月二十八日	
十二月二十六日	李志强	大元帅府参军处庶务科一等科员	一一五	周应云	万黄裳	十二月二十八日	
十二月二十六日	何登瀛	大元帅府参军处总务科二等科员	一一六	周应云	万黄裳	十二月二十八日	
十二月二十六日	雷 震	大元帅府参军处总务科二等科员	一一七	周应云	万黄裳	十二月二十八日	
十二月二十六日	谢 恺	大元帅府参军处总务科二等科员	一一八	周应云	万黄裳	十二月二十八日	
十二月二十六日	萧祖雄	大元帅府参军处总务科二等科员	一一九	周应云	万黄裳	十二月二十八日	
十二月二十六日	方 毅	大元帅府参军处总务科二等科员	一二〇	周应云	万黄裳	十二月二十八日	
十二月二十六日	杨义胜	大元帅府参军处总务科二等科员	一二一	周应云	万黄裳	十二月二十八日	
十二月二十六日	黄 伟	大元帅府参军处总务科二等科员	一二二	周应云	万黄裳	十二月二十八日	
十二月二十六日	李寅钟	大元帅府参军处庶务科二等科员	一二三	周应云	万黄裳	十二月二十八日	
十二月二十六日	伍颂唐	大元帅府参军处庶务科二等科员	一二四	周应云	万黄裳	十二月二十八日	
十二月二十六日	赵 义	大元帅府参军处庶务科二等科员	一二五	周应云	万黄裳	十二月二十八日	
十二月二十六日	谭炜楼	大元帅府参军处庶务科二等科员	一二六	周应云	万黄裳	十二月二十八日	

续表

任命月日	受任姓名	任命职务	任状号数	缮状姓名	核状姓名	发状月日	备注
十二月二十六日	雷金玉	大元帅府参军处庶务科二等科员	一二七	周应云	万黄裳	十二月二十八日	
十二月二十六日	彭毅	大元帅府参军处总务科三等科员	一〇三	周应云	万黄裳	十二月二十八日	
十二月二十六日	李锐军	大元帅府参军处总务科三等科员	一二九	周应云	万黄裳	十二月二十八日	
十二月二十六日	胡树藩	大元帅府参军处总务科三等科员	一三〇	周应云	万黄裳	十二月二十八日	
十二月二十六日	吴岐	大元帅府参军处总务科三等科员	一三一	周应云	万黄裳	十二月二十八日	
十二月二十六日	黄体荣	大元帅府参军处总务科三等科员	一三二	周应云	万黄裳	十二月二十八日	
十二月二十六日	易致和	大元帅府参军处总务科三等科员	一三三	周应云	万黄裳	十二月二十八日	
十二月二十六日	李富	大元帅府参军处会计科三等科员	一三四	周应云	万黄裳	十二月二十八日	
十二月二十六日	伍耀三	大元帅府参军处庶务科三等科员	一三五	周应云	万黄裳	十二月二十八日	
十二月二十六日	叶建兴	大元帅府参军处庶务科三等科员	一三六	周应云	万黄裳	十二月二十八日	
十二月二十六日	吴泽理	大元帅府参军处庶务科三等科员	一三八	周应云	万黄裳	十二月二十八日	
十二月二十六日	吴业刚	大元帅府参军处庶务科三等科员	一四〇	周应云	万黄裳	十二月二十八日	
十二月二十六日	叶镇	大元帅府参军处军医	一四一	周应云	万黄裳	十二月二十八日	
十二月二十六日	郑校之	大元帅府参军处技师	一四二	周应云	万黄裳	十二月二十八日	
民国七年							
一月十日	钟嘉澍	内政部佥事	一四三	周应云	万黄裳	一月十日	
一月十二日	和耀奎	内政部秘书	一四四	周应云	万黄裳	一月十二日	
一月十八日	张世忱	内政部秘书	一四八	周应云	万黄裳	一月十八日	

续表

任命月日	受任姓名	任命职务	任状号数	缮状姓名	核状姓名	发状月日	备注
	乔 根	内政部佥事	一四九	周应云	万黄裳	一月十八日	
	方作桢	内政部佥事	一四七	周应云	万黄裳	一月十八日	
一月二十四日	李焕章	内政部佥事	一五〇	周应云	万黄裳	一月二十四日	
	甘华黼	内政部佥事	一五一	周应云	万黄裳	一月二十四日	
	张治中	内政部佥事	一五二	周应云	万黄裳	一月二十四日	
二月一日	赵精武	大元帅府参军处副官	一五三	周应云	方 谷		
二月一日	辛焕庭	大元帅府参军处副官	一五四	周应云	方 谷		
二月一日	朱海山	大元帅府参军处副官	一五五	周应云	方 谷		
二月一日	钱嘉祥	大元帅府参军处副官	一五六	周应云	方 谷		
二月一日	文明清	大元帅府参军处副官	一五七	周应云	方 谷		
二月一日	何贵元	大元帅府参军处副官	一五八	周应云	方 谷		
二月一日	徐 适	大元帅府参军处副官	一五九	周应云	方 谷		
二月一日	萧荣芳	大元帅府参军处副官	一六〇	周应云	方 谷		
二月一日	李兴高	大元帅府参军处副官	一六一	周应云	方 谷		
二月一日	张本汉	大元帅府参军处副官	一六二	周应云	方 谷		
二月一日	丁士杰	大元帅府参军处副官	一六三	周应云	方 谷		
二月一日	陈方培	大元帅府参军处副官	一六四	周应云	方 谷		

续表

任命月日	受任姓名	任命职务	任状号数	缮状姓名	核状姓名	发状月日	备注
二月一日	陈万金	大元帅府参军处副官	一六五	周应云	方 谷		
二月一日	罗家修	大元帅府参军处副官	一六六	周应云	方 谷		
二月一日	夏登云	大元帅府参军处副官	一六七	周应云	方 谷		
二月一日	张海洲	大元帅府参军处副官	一六八	周应云	方 谷		
二月一日	陈庆云	大元帅府参军处副官	一六九	周应云	方 谷		
二月一日	张惠长	大元帅府参军处副官	一七〇	周应云	方 谷		
二月一日	刘 浩	大元帅府参军处副官	一七一	周应云	方 谷		
二月一日	邓治斌	大元帅府参军处副官	一七二	周应云	方 谷		
二月一日	李景熙	大元帅府参军处副官	一七三	周应云	方 谷		
二月一日	许德宽	大元帅府参军处副官	一七四	周应云	方 谷		
二月一日	彭维杰	大元帅府参军处副官	一七五	周应云	方 谷		
二月一日	刘 靖	大元帅府参军处副官	一七六	周应云	方 谷		
二月一日	高秉元	大元帅府参军处副官	一七七	周应云	方 谷		
二月一日	于尧勋	大元帅府参军处副官	一七八	周应云	方 谷		
二月一日	安瑞荘	财政部员	一七九	周应云	方 谷		
二月四日	宋华荀	内政部秘书	一八〇	周应云	方 谷		
二月八日	陈承经	内政部佥事	一八一	黄允斌	方 谷		
二月八日	王荫槐	内政部佥事		黄允斌	方 谷		
二月八日	彭 年	内政部佥事	一八三	黄允斌	方 谷		

续表

任命月日	受任姓名	任命职务	任状号数	缮状姓名	核状姓名	发状月日	备注
二月十二日	宋树勋	内政部佥事	一八四	周应云	方 谷		
二月十五日	曹利民	内政部佥事	一八五	周应云	方 谷		
二月二十二日	胡光姚	大元帅府参军处副官	一八六	黄允斌	方 谷		
二月二十二日	陈鸣谈	内政部佥事	一八七	黄允斌	方 谷		
二月二十二日	陈伯江	内政部佥事	一八八	黄允斌	方 谷		
二月二十二日	邓元章	内政部佥事	一八九	黄允斌	方 谷		
二月二十二日	刘 屹	内政部佥事	一九〇	黄允斌	方 谷		
三月十四日	伍尚铨	宿务筹饷局财政员	一九二	黄允斌	方 谷		
三月十四日	黄 瑞	宿务筹饷局书记	一九三	黄允斌	方 谷		
三月十四日	刘谦祥	宿务筹饷局董事	一九四	黄允斌	方 谷		
三月十四日	廖宿生	宿务筹饷局董事	一九五	黄允斌	方 谷		
三月十四日	包魏荣	宿务筹饷局董事	一九六	黄允斌	方 谷		
三月十四日	郑丹志	宿务筹饷局董事	一九七	黄允斌	方 谷		
三月十四日	薛彬良	宿务筹饷局董事	一九八	黄允斌	方 谷		
三月十四日	薛秉禧	宿务筹饷局董事	一九九	黄允斌	方 谷		
三月十四日	叶独醒	宿务筹饷局董事	二〇〇	黄允斌	方 谷		
三月十四日	谢耀光	宿务筹饷局董事	二〇一	黄允斌	方 谷		

续表

任命月日	受任姓名	任命职务	任状号数	缮状姓名	核状姓名	发状月日	备注
三月十四日	林良玉	宿务筹饷局董事	二〇二	黄允斌	方 谷		
三月十四日	枢 金	宿务筹饷局董事	二〇三	黄允斌	方 谷		
三月十四日	冯国华	宿务筹饷局董事	二〇四	黄允斌	方 谷		
三月十四日	林应祥	宿务筹饷局董事	二〇五	黄允斌	方 谷		
三月十四日	梁宝珊	宿务筹饷局董事	二〇六	黄允斌	方 谷		
三月十八日	冯汝枂	署理澄海地方审判厅厅长	民四	黄允斌	方 谷		
三月二十三日	林达存	交际委员	二〇七	郑 涛	方 谷		
三月二十三日	郑国华	交际委员	二〇八	郑 涛	方 谷		
三月二十五日	杨世督	大元帅府参军处副官	二一四	黄允斌	方 谷		
三月二十五日	鲁 鸣	大元帅府参军处副官	二一五	黄允斌	方 谷		
三月二十五日	曾子书	陆军部秘书	二〇九	黄允斌	方 谷		
三月二十五日	孙天霖	陆军部秘书	二一〇	黄允斌	方 谷		
三月二十五日	姚景澄	陆军部秘书	二一一	黄允斌	方 谷		
三月二十五日	马汝刚	兼署陆军部副官长	民四	黄允斌	方 谷		
三月二十五日	曹 铭	陆军政科长	二一二	黄允斌	方 谷		
三月二十五日	李月秋	陆军政科长	二一三	黄允斌	方 谷		
三月二十六日	陈养愚	署理澄海地方审判厅厅长	民六	黄允斌	方 谷		

附件七 大元帅府荐任人员职务姓名录

续表

任命月日	受任姓名	任命职务	任状号数	缮状姓名	核状姓名	发状月日	备注
三月二十六日	陈其植	署理澄海地方检察厅检察长	民七	黄允斌	方 谷		
三月二十九日	陆际升	内政部佥事	二一四	黄允斌	方 谷		
三月二十九日	夏重民	大元帅府稽查长	二一五	黄允斌	方 谷		
四月三日	章勤士	卫戍总司令部秘书	二一八	黄允斌	方 谷		
四月四日	吴承斋	交通部秘书	二二一	黄允斌	方 谷		
四月六日	孙 科	外交部秘书	二一九	黄允斌	方 谷		
四月六日	陈天骥	外交部秘书	二二〇	黄允斌	方 谷		
四月十日	杨 芳	外交部秘书	二二二	郑 涛	方 谷		
四月十日	胡继贤	外交部佥事	二二三	郑 涛	方 谷		
四月十七日	余辉照	大元帅府参军处副官	二二六	黄允斌	方 谷		
四月十七日	胡 砼	大元帅府参军处副官	二二七	黄允斌	方 谷		
四月二十七日	林仲鲁	内政部佥事	二二八	郑 涛	方 谷		
四月二十七日	郭冰槐	内政部佥事	二二九	郑 涛	方 谷		
四月二十九日	陈树枘	印铸局佥事	二三〇	郑 涛	方 谷		
四月三十日	薛云章	大元帅府参军处副官	二三一	黄允斌	方 谷		
五月二日	蔡公时	陆军部练兵处秘书	二三三	黄允斌	方 谷		

据中国国民党中央文化传播委员会党史馆藏一般档案 404/48

附件八　民国十一年大元帅任命讨陈将领姓名录

（一九二二年六月至十二月）

姓名	职衔	委任日期	号次	备考
李禄超	驻港军事委员	十一年八月二十二日①	特字一四三	二号委任状只此一纸
蔡钜猷	讨贼军湘军第二路司令	十一年八月三十日	特字一四四	头号委任状
陈渠珍	讨贼军湘军第三路司令	十一年八月三十日	特字一四五	
陈继虞	讨贼军琼崖总司令		特字一四六	
黄胜朱	讨贼军琼崖副司令		特字一四七	
臧致平	福建讨贼军南路司令	十一年九月二十九日	特字一四八	
李芳苞	福建讨贼军南路前敌指挥官	十一年九月二十九日	特字一四九	
巢安澜	福建漳厦宣慰员	十一年九月二十九日	特字一五零	
刘焜	闽南第六路司令	十一年九月三十日	特字一五一	取销
林寿华	闽南第七路司令	十一年九月三十日	特字一五二	
刘焜灿	闽南第六路司令	十一年九月三十日	特字一五三	
许崇智	东路讨贼军总司令兼第二军军长	十一年十月十八日	特字一五四	
黄大伟	东路讨贼军第一军军长	十一年十月十八日	特字一五五	
李福林	东路讨贼军第三军军长	十一年十月十八日	特字一五六	
蒋中正	东路讨贼军参谋长	十一年十月十八日	特字一五七	

① 表内纪年均为中华民国纪年。

附件八　民国十一年大元帅任命讨陈将领姓名录

续表

姓　名	职　衔	委　任　日　期	号　次	备　考
叶定国	讨贼军闽军第六司令	十一年十月十八日	特字一五八	特字一五九至一六八空白带交福建总司令部
徐镜清	福建暂编陆军第一师师长兼福建建邵地方警备司令官	十一年九月二十九日	特字一六九	
蓝　仁	筹饷委员	十一年十月二十三日	特字一七零	
何　侠	军事咨〔谘〕议	十一年十月二十三日	特字一七一	特字一七二至一九一空白交邹海滨带至香港
伍汝康	中央盐务督办兼福建盐务稽核所经理	十一年十月三十一日	特字一九二	
王懋功	东路讨贼军第一旅长	十一年十一月三日	特字一九三	
陈得平	东路讨贼军第二旅长	十一年十一月三日	特字一九四	
邱鸿钧	东路讨贼军第三旅长	十一年十一月三日	特字一九五	特字一九六至二二零筹饷委员交黄馥生带至仰光
张　超	河南陆军第一师师长兼步兵第一旅旅长	十一年六月十二日	特字二二一	
李凤山	河南陆军步兵第二旅长	十一年六月十二日	特字二二二	
申　鼎	河南陆军步兵第一混成旅旅长	十一年六月十二日	特字二二三	
王　耀	河南陆军第二混成旅长	十一年六月十二日	特字二二四	
陈　云	河南第一混成旅步兵第一团团长	十一年六月十二日	特字二二五	
崔　吉	河南第一混成旅步兵第二团团长	十一年六月十二日	特字二二六	
郭　魁	河南第一混成旅混成团团长	十一年六月十二日	特字二二七	

续表

姓　名	职　衔	委　任　日　期	号　次	备　考
李　明	河南第二混成旅步兵第三团团长	十一年六月十二日	特字二二八	
张　胜	河南第二混成旅步兵第四团团长	十一年六月十二日	特字二二九	
樊　福	河南第二混成旅混成团团长	十一年六月十二日	特字二三零	
何家瑞	讨贼第四军参谋长	十一年十一月十三日	特字二三一	特字二三二至二三六取消
黄业兴	讨贼军中路第二军司令	十一年十一月二十日	特字二四九	特字二三七至二四八交王亮成
郭宪成	讨贼军中路第二军副司令	十一年十一月二十日	特字二五零	
吴宝功	讨贼军中路第二军前敌司令兼第八支队第一统领	十一年十一月二十日	特字二五一	
黄其祥	讨贼军中路第二军第七支队司令	十一年十一月二十日	特字二五二	
翟崇亮	讨贼军中路第二军第八支队司令	十一年十一月二十日	特字二五三	
王定华	讨贼军中路第二军第九支队司令	十一年十一月二十日	特字二五四	
陈家威	讨贼军中路第二军第十支队司令	十一年十一月二十日	特字二五五	
沈启琳	讨贼军中路第二军第八支队第二统领	十一年十一月二十日	特字二五六	
吴　近	东路讨贼军第三军第一旅旅长	十一年十一月二十日	特字二五七	
袁德墀	东路讨贼军第三军第二旅旅长	十一年十一月二十日	特字二五八	
郑咏琛	东路讨贼军第三军第四旅旅长	十一年十一月二十日	特字二六零	
林　驹	东路讨贼军第三军第三旅旅长	十一年十一月二十日	特字二五九	
沈霭塘	南洋筹饷专员	十一年十一月二十二日	特字二六一	

续表

姓　名	职　衔	委任日期	号　次	备　考
吴　旭	南洋筹饷副委员	十一年十一月二十二日	特字二六二	
刘达庆	中央直辖桂军第二路司令	十一年十一月二十二日	特字二六三	
谢愤生	西江军事联络员	十一年十一月二十二日	特字二六四	
李纪堂	西江军事特派员	十一年十一月二十九日	特字二六五	
刘玉山	中央直辖桂军第二师师长	十一年十二月一日	特字二六六	
张文生	皖豫边防督办	十一年六月一日	特字二六七	
蔡懿恭	西江军事联络员	十一年十一月三十日	特字二六八	
杨仙逸	航空局长	十一年十二月六日	特字二八八	
周之贞	西江讨贼军司令	十一年十二月十四日	特字二八九	

据中国国民党中央文化传播委员会党史馆藏一般档案 424/17